W0286146

SAGGI 1055

Titolo originale *Shadow Plays. Virtual Realities in an Analog World.*
© 2024 Massimo Riva

© 2025 Giulio Einaudi editore s.p.a., Torino

Versione italiana di:
Shadow Plays. Virtual Realities in an Analog World
(Stanford University Press, 2022)

La casa editrice, esperite le pratiche per acquisire tutti i diritti relativi al corredo iconografico della presente opera, rimane a disposizione di quanti avessero comunque a vantare ragioni in merito.

www.einaudi.it

ISBN 978-88-06-26614-1

Massimo Riva

Giochi d'ombra

Preistoria curiosa della realtà virtuale

Giulio Einaudi editore

Prefazione all'edizione italiana

Questa edizione italiana traduce e adatta al formato della stampa e del libro la monografia digitale pubblicata da Stanford University Press nel 2022 (https://shadow-plays.supdigital.org/cover/index.html). Una breve storia del progetto che ne è all'origine può essere utile al lettore per apprezzare la differenza tra le due pubblicazioni, differenza che rende questo volume piú un adattamento che una semplice traduzione (curata da chi scrive) dell'originale. La tecnologia digitale ci fornisce una combinazione ancora piú potente delle fondamentali operazioni cognitive che sono al lavoro nei libri: unendo lettura e visione – l'interpretazione di simboli e la percezione di immagini – essa configura una dimensione in cui queste operazioni si rafforzano a vicenda, estendendo le possibilità della stampa. La mia intenzione originale era di scrivere un libro tanto copiosamente illustrato da rischiare di essere troppo costoso per una pubblicazione accademica. Quando, nell'autunno del 2016, la biblioteca della Brown University, grazie a un finanziamento della Fondazione Andrew W. Mellon, lanciò un programma di pubblicazioni born digital *e* open access *destinato a sperimentare forme monografiche alternative, che si avvalessero di tutte le risorse e le potenzialità offerte dalla tecnologia, pensai che il mio progetto ne avrebbe beneficiato. Ebbi effettivamente la fortuna che venisse selezionato tra i due progetti-pilota di quella che sarebbe diventata la* Brown Digital Publications Initiative. *Grazie alle risorse messe a disposizione dalla Fondazione Mellon, ho potuto contare sul prezioso aiuto di specialisti, informatici ed editoriali, che menziono per nome nella pagina dei ringraziamenti. A parte le immagini, i video e i* links *inclusi nell'edizione Stanford, intitolata* Shadow Plays, *la risorsa piú preziosa che ho potuto mettere a mia volta a disposizione del lettore consiste in una serie di modelli 2.5D (isometrici) dei dispositivi e spettacoli che prendo in considerazione. Queste simulazioni, non dissimili da quelle fornite dallo stereoscopio, ma ancora limitate da un formato 2D, quello dello schermo di un computer, di una tavoletta o anche di un telefono, su cui l'edizione Stanford è accessibile, hanno un duplice scopo: illustrare il funzionamento dei dispositivi e dare un'idea, anche se necessariamente approssimativa, delle esperienze che questi spettacoli ottici fornivano. In corso d'opera è emerso però un altro aspetto, piú specificamente metodologico, o epistemologico. L'interfaccia digitale permette simulazioni della profondità tridimensionale piú efficaci di quelle consentite da un libro. Viene attivato un nuovo tipo di interscambio tra parola e immagine che, in un certo senso, si ricollega direttamente alla prospettiva fondamentale di questo studio: le simulazioni digitali possono mettere meglio in rilievo certe proprietà delle simulazioni analogiche che dispositivi ottici come il «mondo nuovo», o la lanterna magica, o il panorama, o lo stesso stereoscopio, ponevano già in atto, prefigurando le proprietà degli stessi dispositivi digitali. Si instaura cosí un fecondo «circolo ermeneutico» tra l'oggetto e il metodo di questo studio. La parola può «illuminare» le immagini piú vividamente e, allo stesso tempo, i modelli 3D possono rendere i simboli ancora piú «tangibili», facilitandone l'interpretazione. Tutto questo va in un certo senso perduto in un'edizione a stampa e il rapporto tra parola e immagine rientra nei confini della mera «illustrazione». In compenso, la stampa ha ancora un vantaggio rispetto ai formati digitali, dominati da una logica dell'obsolescenza programmata. I modelli 3D e le simulazioni incluse nell'edizione Stanford sono soggetti a una vita limitata. Il digitale non consente «ristampe», ma solo aggiornamenti spesso tecnicamente e finanziariamente onerosi (l'edizione Stanford è corredata di una documentazione meticolosa che si spera rimanga accessibile dopo che la monografia stessa non sarà piú fruibile, ma ovviamente la lettura dal vivo non sarà in quel caso piú consentita). Per questo, licenziando alle stampe la presente pregevolissima edizione ho la sicurezza, o almeno l'illusione, di prolungare un po' la vita di questo lavoro. Va da sé che ho dovuto adattare il testo supplendo all'assenza delle simulazioni che, in un certo senso, parlavano da sole. Le aggiunte – la piú cospicua, un intero capitoletto dedicato al voyeurismo di Casanova – rendono questa edizione un gemello imperfetto, ma tutto sommato «cresciuto», della monografia digitale.*

Come spiegato nell'Introduzione all'edizione americana, un aspetto importante, che spero anche il lettore dell'edizione italiana abbia modo di apprezzare, è la riflessione critica sul nostro presente che questa preistoria della realtà virtuale intende suggerire: se la tecnologia digitale consente di illustrare meglio la tesi che guida i casi-studio qui presentati, la storia o le storie qui incluse vorrebbero servire a capire meglio la dimensione del virtuale come la esperiamo oggi, tramite i nostri dispositivi. Parimenti, un'ulteriore consapevolezza critica emerge sulla natura della simulazione digitale, vero e proprio paradigma epistemologico della nostra era tecno-culturale. Le nuove simulazioni, i nuovi ambienti immersivi prodotti dalla tecnologia digitale, tanto piú sofisticati di quelli di cui si parla in questo libro, promettono di condurci attraverso una nuova soglia percettiva e cognitiva. Di converso, con la «realizzazione» sempre piú effettiva del virtuale, anche il significato stesso di «simulazione» muta fino a ridefinire potenzialmente l'ontologia stessa tanto dei nostri artefatti culturali quanto delle nostre esperienze sociali. Una prospettiva storica dovrebbe aiutare a vedere meglio la trasformazione in corso. Se per tutto l'Ottocento, fino all'avvento delle avanguardie, l'esperienza del virtuale dipendeva da immagini sempre piú realistiche prodotte da artigiani e professionisti, oggi (nell'era dei selfies*) la riproduzione è interamente nelle mani dei suoi soggetti, a patto che usino il sistema che attiva i dispositivi. L'ipnotica qualità dell'immagine stereoscopica di cui, come illustra l'ultima parte di questo studio, parlava Oliver Wendell Holmes definendo le stereografie «sculture solari» e «ombre fossilizzate», dunque fatte di luce e silicone, ha finito per soggiogare tutti. Fotografie scattate o video girati nei nostri viaggi non sono piú la traccia delle nostre esperienze, la conferma di «essere stati» dove siamo stati, ma sono ormai diventati lo scopo vero del viaggio, dati incorporati nel sistema a uso o sfruttamento futuri. Tramite i nostri dispositivi, l'esperienza è sempre piú astratta dalla «presenza», dall'*hic et nunc *di chi la vive. Sia l'esperienza sia il soggetto sono ormai appendici dell'apparato che simula entrambi, ridotti a impronte, impulsi dell'apparato stesso. Non c'è bisogno neanche di attivarlo, è già sempre attivo. Ormai non possiamo liberarci dal sospetto di vivere in una fantasmagoria, o in una simulazione.*

Citando L'ombra*, una favola di Hans Christian Andersen del 1847, in un'intervista concessa nell'aprile 2024 al «New York Times», il premio Nobel per la letteratura Salman Rushdie parla di come le nostre ombre possano distaccarsi da noi, vivere di una vita propria e persino usurpare il nostro posto nel mondo, il ruolo che ci tocca «giocare» (*play*) e ci mette in gioco: «La gente crede all'ombra e non piú al sé», conclude Rushdie. Come nel racconto di Adelbert von Chamisso,* La storia meravigliosa di Peter Schlemihl *(1814), vendere la propria ombra al diavolo (o ai suoi rappresentanti in terra) può darci l'illusione dell'immortalità, o meglio, paradossalmente, di una im-permanenza oltre i limiti della nostra effimera vita cosciente. Eppure, come insegna la vita postuma di Casa-*

nova, oggetto della terza parte di questo libro, confezionare e consegnare al destino il proprio doppio, il proprio avatar, una pratica divenuta di massa a un secolo dall'avvento della fotografia e del tutto fantasmagorica nell'età dei social media, significa anche alienare sia l'ombra che il sé in una ridda di maschere. Le nostre ombre, oggi, vere o false, naturali o artificiali che siano, recano l'impronta invisibile dei dati anche piú intimi che, volenti o nolenti, forniamo al «sistema», alle «piattaforme», i nuovi palscoscenici su cui si giocano identità, profitti e destini collettivi.

Providence, luglio 2024.

Ringraziamenti

Preparare questa edizione a stampa della mia monografia digitale ha ulteriormente confermato quello che scrivevo a proposito di quest'ultima: ogni impresa editoriale, indipendentemente dal formato, è frutto di collaborazione e somma di svariate e preziose competenze. Rimango anzitutto indebitato con l'intero team di editori, bibliotecari digitali e designer che fa capo alla Brown University Digital Publications e alla biblioteca dell'università dove ho trascorso praticamente tutta la mia carriera accademica negli Stati Uniti, a partire dal 1990 (sono tutti menzionati per nome sul sito della monografia). Per la presente edizione, sono in debito di gratitudine anzitutto con Sergio Luzzatto, che mi ha incoraggiato a proporre una versione del mio lavoro all'editore Einaudi, con Carlo Bonadies, di cui ho avuto modo di apprezzare la gentilezza e la professionalità, e Francesco Guglieri. Grazie a Monica Guerra per il meticoloso aiuto nella preparazione del testo italiano, a Monica Aldi e alle altre collaboratrici sia di Einaudi che di Mondadori per la realizzazione dell'(ingente) apparato iconografico. Non solo chi scrive vorrebbe che la propria voce risuonasse nel coro di tutti quelli che hanno scritto prima di lui sullo stesso argomento, ma è anche ben consapevole che il suo contributo non sarebbe stato minimamente possibile senza il lavoro di chi lo ha precorso. A parte i giganti sulle cui spalle cerchiamo tutti, con piú o meno successo, di arrampicarci (basti menzionare qui Walter Benjamin), vorrei almeno ricordare gli studiosi e artisti che, con le loro variegate esplorazioni degli spettacoli ottici, della realtà virtuale e di altri generi di ombre naturali o artificiali, hanno ispirato vari aspetti del presente lavoro: Gian Piero Brunetta, Roberto Calasso, Donata P. Compagnoni, Jonathan Crary, Ernst Gombrich, David Hockney, Erkki Huhtamo, Martin Kemp, William Kentridge, Jaron Lanier, Laurent Mannoni, Paolo Rosa, Victor Stoichita, Marina Warner... la lista potrebbe essere molto piú lunga. Mi hanno insegnato tutti che, senza ombre, saremmo irrimediabilmente ciechi. Tra coloro che non solo mi hanno ispirato, ma hanno direttamente contribuito alla realizzazione di questo progetto, sia la monografia digitale che la qui presente versione a stampa, vanno menzionati anzitutto Alberto Zotti Minici e la sua impareggiabile genitrice, Laura Minici Zotti, che mi hanno accolto calorosamente nel loro magico reame, il Museo del Precinema di Padova. Alberto Zoina, amico fraterno di lunga data (dai tempi dei nostri studi all'Università di Firenze) e mastro «burattinaio», oltre che incisore e scrittore dai molti talenti, che ha animato il teatrino d'ombre di Casanova, trasformando questa ideuzza in «realtà». Ad altri fortunati incontri nel mio personale viaggio di scoperta faccio riferimento nella pagina dei ringraziamenti dell'edizione Stanford, a cui rimando. Infine, questa edizione corona un mio piccolo sogno che risale a quando, all'inizio della mia carriera, scrivendo di malinconie letterarie, avevo scartabellato in lungo e in largo la traduzione magnificamente illustrata di *Saturno e la malinconia*, apparsa nella stessa collana in cui ora esce questo mio modesto contributo (*Ubi maior*...).

Alle mie grazie (L., A. e S.), con un pizzico di nostalgia
per le nostre domestiche e sempre «magiche» ombre...

Giochi d'ombra

Introduzione

Quindi, eccoci giunti a una tensione interessante e fondamentale. Un obiettivo per la realtà virtuale deve essere quello di rendere l'illusione il piú convincente possibile, altrimenti cosa stiamo a fare? Ma la migliore fruizione della realtà virtuale richiede che non si sia interamente convinti. Come in uno spettacolo di magia.

JARON LANIER[1].

Aspetto pedagogico di questo progetto: «Educare in noi il medium creatore di immagini allo sguardo stereoscopico e dimensionale nella profondità delle ombre della storia».

WALTER BENJAMIN[2].

1. *«Chi vuol vedere il mondo nuovo?»*

Due secoli fa, chiunque passeggiasse per le vie di Roma o nelle calli di Venezia poteva imbattersi in un singolare artista di strada che trasportava a spalle uno strano marchingegno. Al grido «Chi vuol vedere il mondo nuovo?» accompagnato dalle note di un organetto, questo membro della vasta famiglia dei nomadi e dei venditori ambulanti dava accesso, per pochi soldi, a un'esperienza senza precedenti: il viaggio virtuale[3]. Come recita un cartiglio databile intorno al 1760, a chi poggiasse l'occhio a una finestrella del marchingegno – una scatola grezzamente adornata che richiamava in modo vago la cassa di uno strumento musicale – si sarebbe presentato uno spettacolo senza precedenti, un vero e proprio

> Teatro Ottico, nel quale si rappresentano grandi lontananze e prospettive di Templi, Piazze, Sale, Palazzi, Cortili, Giardini, Dirocazioni [*sic*], Accampamenti, Boschi, Montuose [*sic*], Pianure e Porti di Mare, il tutto viene adornato da sorprendenti variazioni di scene, le quali adornano ogni veduta a guisa di un intero Teatro compiuto di Opera, come pure le medesime compariscono anche di notte, con apparati nelle stanze di molti e variati colori ed illuminazioni esterne bellissime, con la Luna, e le Stelle al naturale, ed altre cose[4].

Improbabili evocatori di remote «lontananze e prospettive», i savoiardi, stagionali girovaghi provenienti dalle valli alpine al confine tra la Francia e l'Italia, recavano in spalla il mondo intero, racchiuso nella loro *cassela* (cassetta), e offrivano in visione «un fine spettacolo

1. Giovanni Volpato, da un soggetto di Francesco Fedeli, detto il Maggiotto, *Savoiardi colla lanterna magica*, acquaforte, 1765 circa.

a Londra, e un nuovo mondo a Roma»[5] [*Fig. 1*]. Nel XVIII e XIX secolo, forme di intrattenimento popolare come questa offrivano esperienze «immersive» che trasportavano lo spettatore in un altrove, adombrando le esperienze di realtà virtuale o aumentata fornite oggi dai nostri dispositivi digitali. Tutte le curiose esperienze di cui si parla in questo libro non sono ancora immersioni totali in realtà virtuale come quelle consentite oggi dalla tecnologia digitale ma vi preludono già, le prefigurano (dove il termine «figurare» ha una centrale importanza, come sinonimo di «simulare»). Tradizionalmente oggetti della storia del precinema, o dell'archeologia dei media, dispositivi analogici come il «mondo nuovo» o il cosmorama, la lanterna magica, la fantasmagoria, il panorama e lo stereoscopio, si offrono anche a suggestive considerazioni da un punto di vista che possiamo definire di preistoria del postcinema. In sei casi-studio, o racconti epistemologici, questo libro passa in rassegna alcuni significativi episodi nella lunga preistoria del «realismo virtuale» che caratterizza la cultura moderna, gettando al contempo un'inedita luce su figure illustri o dimenticate del nostro passato che hanno aperto la strada alla formazione della nostra idea di un mondo virtuale, doppio o, come si dice oggi, «gemello» utopico o perturbante del mondo in cui viviamo[6]. Categoria storica ed epistemologica, oltre che estetica, questo «realismo virtuale» è un concetto bifronte, descrive la virtualizzazione del reale che caratterizza l'età moderna e prelude alla realizzazione del virtuale inaugurata dall'età contemporanea: il mondo in cui viviamo, l'età del simulacro e della simulazione[7], paradossale prodotto del nostro razionalismo magico, come il pioniere e guru della realtà virtuale Jaron Lanier sottolinea nella citazione posta a epigrafe.

2. *Viaggio virtuale e voyeurismo sociale.*

Il nostro itinerario prende avvio nella Venezia del XVIII secolo, con il dispositivo chiamato «mondo nuovo», che registra già nel nome tanto l'inedita visione che offriva quanto il fascino della novità da cui era avvolto il semplice congegno che quella visione rendeva possibile. Nel primo dei nostri casi-studio, il dipinto di Giandomenico Tiepolo noto appunto come *Il Mondo novo* apre il sipario, fornendoci una lente di ingrandimento utile per mettere a fuoco i due temi principali del nostro percorso: il viaggio virtuale e il voyeurismo sociale che lo accompagna, due fenomeni costitutivi del paradossale realismo che informa la cultura popolare sette-ottocentesca e l'ideologia della modernità, prefigurando due aspetti essenziali dell'epoca digitale a noi contemporanea. Anche quando il viaggio virtuale era basato su riproduzioni fotografiche di luoghi reali, come nella stereoscopia, quella che veniva evocata era una copia umbratile della realtà, un'eterotopia che esercitava sull'osservatore una sorprendente e strana attrazione. Viceversa, questa prospettiva radicata nel presente permette di gettare una luce inedita sui reperti del passato, instaurando una sorta di meccanismo cognitivo a retroazione che rivela aspetti poco esplorati della modernità. Rimanendo a Venezia, il secondo caso-studio mette in scena il «casotto» di Domenico e Lorenzo Selva, un «mondo nuovo» di grandi dimensioni che offriva a chi vi entrasse una veduta panoramica e un magico miraggio della Venezia del 1760, confermando come una realtà teatralmente percepita tramite un apparato ottico, di fatto un'immersiva camera oscura, esercitasse un fascino singolare sulla mentalità del tardo Illuminismo.

Completando un simbolico trittico, il terzo caso-studio si sofferma su due opere teatrali di due celebrati autori del Settecento veneziano, Carlo Goldoni e Giacomo Casanova. In queste due *pièces*, un dramma giocoso per musica e una tragicommedia, due dispositivi ottici, il telescopio e il polemoscopio, forniscono rispettivamente tanto la macchina scenica quanto la chiave di una rappresentazione sofisticata e ironica della società settecentesca: un gioco di specchi e di lenti che mette a fuoco le illusioni e gli inganni delle relazioni amorose, inesorabilmente invischiate nella rete di sorveglianza dell'occhio sociale. La *pièce* di Casanova prefigura persino alcuni aspetti «paranoici» dei *social media* contemporanei, all'insegna di una simulazione non proprio onesta. La rilettura di alcuni episodi della *Storia della mia vita* dello stesso Casanova aiuta a illustrare poi il voyeuristico patto con il lettore che informa la scrittura di quest'opera, in cui il polemoscopio diventa dispositivo retorico. L'autobiografia del libertino viene paragonata a uno spettacolo di lanterna magica, in cui l'autore è personaggio e spettatore insieme: le ombre del passato tornano a condensarsi sullo schermo della memoria e da qui sulla pagina, nella «camera oscura» del castello boemo di Dux, dove l'esule veneziano trascorre gli ultimi, melanconici anni della sua esistenza. La conclusione del caso-studio immagina, con l'aiuto di un artista del teatro di figura, un ipotetico «ultimo spettacolo» di Casanova: un gioco d'ombre e di vetri dipinti che illustra la strana, fantasmagorica eterotopia sottomarina evocata dall'*Icosameron*, romanzo filosofico e fantascientifico, l'ultimo viaggio virtuale del libertino grafomane.

Il quarto caso-studio ricostruisce la straordinaria messa in scena che nel 1821 consentí ai londinesi di visitare le camere sepolcrali del faraone Psammis (Seti I). Concepita da Giovanni Battista Belzoni, singolare figura di saltimbanco e pioniere dell'archeologia che aveva scoperto e scavato il labirintico complesso sepolcrale nella Valle dei Re e «riprodotto» un perfetto facsimile di due delle sue stanze, la Tomba egizia è un'illusione ottica che non utilizza lenti e dispositivi. Si tratta piuttosto di un dispositivo architettonico atto a produrre un'esperienza immersiva non dissimile da quelle che consentono i nostri apparati digitali. Al centro del caso-studio c'è un concetto fondamentale nella nostra ricostruzione di una preistoria della realtà virtuale: l'aura del facsimile[8], ulteriore manifestazione di un paradossale realismo che da tecnica di rappresentazione evolve in sistema di riproduzione culturale, raggiungendo la sua epitome nelle grandi fantasmagorie delle Esposizioni universali. La pionieristica installazione di Belzoni, infatti, non solo prefigura l'applicazione delle tecniche piú sofisticate a disposizione degli archeologi contemporanei per ricostruire un passato remoto e perduto, ma inaugura una nuova esperienza emotiva e interattiva che ha largo corso nei musei contemporanei, una tendenza che la pandemia del 2020 ha ulteriormente consolidato. La Tomba allestita da Belzoni all'Egyptian Hall, episodio saliente dell'egittomania ottocentesca, illustra inoltre quanto la realizzazione del virtuale si intrecci per tutta l'età moderna con l'appropriazione sia materiale sia fantasmagorica dell'Altro coloniale: un vero e proprio saccheggio, fisico e psicologico.

Il quinto caso-studio illustra la vita e la carriera di Giuseppe Garibaldi raccontata in un panorama mobile acquisito e digitalizzato dalla biblioteca della Brown University circa vent'anni fa. Viene ripercorso l'itinerario che porta questo singolare artefatto da Nottingham, la cittadina inglese dove fu prodotto nel 1860 – all'apice della popolarità dell'eroe in camicia rossa, impegnato in quei mesi nella storica spedizione dei Mille –, al Nordamerica, dove approdò verso la fine della guerra civile, nel 1864. In entrambe le sue tipologie, quella circolare e quella mobile, il panorama è forse il piú rappresentativo dei media ottocenteschi analizzati in questo libro, emblematica incarnazione del realismo virtuale che caratterizza l'arte popolare e la società dell'informazione del secolo XIX. Precursore del CinemaScope e dei cinegiornali, strutturalmente collegato al ciclo della stampa illustrata, il panorama Garibaldi dimostra come forme ibride di informazione e intrattenimento svolgano un ruolo cruciale nella spettacolarizzazione della storia contemporanea, producendo una nuova dimensione del viaggio virtuale e del voyeurismo sociale: il turismo di guerra, componente essenziale di una nascente coscienza collettiva del presente storico nell'epoca delle rivoluzioni nazionali e della globalizzazione imperialistica.

Per finire, il sesto caso-studio guida il lettore in un mini Grand Tour dell'Italia di fine Ottocento e dei primi del Novecento, attraverso lo stereoscopio. Quest'ultimo esempio di viaggio virtuale è reso possibile da un sistema brevettato da una ditta americana, la Underwood & Underwood, che per molti aspetti prefigura il sistema di geolocalizzazione di Google, con la sua duplice visione cartografica e immersiva, al livello di strada [*Fig. 2*]. Con lo stereoscopio, per molti aspetti il dispositivo che corona tecnicamente il sistema

2. *Underwood Travel System*, serie *Italy through the Stereoscope* (1900-12), Underwood & Underwood, New York 1903.

del realismo virtuale ottocentesco, il viaggio virtuale si trasforma in un'autonoma attività voyeuristica, una consumistica appropriazione del mondo del tutto coerente con l'ideologia del nascente imperialismo americano, che porta a compimento l'epoca dell'immagine del mondo[9]. Lo stereoscopio è l'apparato che piú fedelmente prefigura l'esperienza immersiva consentita dai dispositivi digitali, antenato dei visori che alimentano l'industria del turismo virtuale rilanciata dalla pandemia. Fedele al suo etimo (*stereos* in greco vuol dire «solido»), lo stereoscopio solidifica, rendendoli quasi tangibili, gli stereotipi culturali mentre offre l'assoluta libertà di movimento consentita dalla smaterializzazione del reale. Prefigurando quel mondo nuovo che oggi chiamiamo metaverso, lo stereoscopio prelude anche a quelle pratiche solipsistiche e allucinatorie che i *social media* hanno virtualmente sostituito ai concreti rapporti sociali e personali, portando a compimento la trasformazione del mondo in una fantasmagoria.

Ma il lettore sia avvertito: alla fine del viaggio, in fondo alla penisola, in una landa suggestiva di rovine archeologiche e vulcanici paesaggi, meta di un turista onnivoro che vuole consumare in breve tempo, con i propri occhi, il mondo intero, presente e passato, una rivelazione inattesa lo attende. E l'immaginazione di un altrove che accomuna tutte queste simulazioni si rivela per quello che veramente è: una dimensione al confine tra il «qui e ora» e il «là e allora», prefigurando un'età in cui il virtuale ha ormai colonizzato (quasi) del tutto l'esperienza vissuta.

3. *Ombre italiane.*

Non tutti ambientati in Italia, questi racconti epistemologici sono nondimeno espressione di una cultura visiva e letteraria che si può definire squisitamente «italiana». A partire dall'esperimento del Battistero di Brunelleschi e dall'invenzione e codificazione quattrocentesca della prospettiva lineare «monoculare», metodo tecnico e forma simbolica che aprono la strada alla simulazione realistica, l'arte italiana ha contribuito forse piú di ogni altra alla genealogia di una realtà virtuale, a scopo sia religioso che profano: per rendere piú vere e credibili al popolo analfabeta le storie bibliche o evangeliche; o per dare forma percepibile ai sofisticati sogni della cultura classica, a beneficio di una nuova élite culturale. Il tutto sullo sfondo di città e paesaggi reali ma idealizzati, o virtualizzati, sospesi al confine tra l'aldiquà e l'aldilà. Questa tendenza accelera nel periodo esaminato in questo libro, con progressiva secolarizzazione. Non è un caso che il nostro racconto cominci nella Venezia di metà Settecento e, percorrendo tutta la penisola, si concluda all'alba del XX secolo con un'Italia profonda e del tutto virtuale, vista da lontano, dal Nuovo Mondo, appunto, la postazione da cui scrivo. Città-palcoscenico per eccellenza, modello di innumerevoli «città invisibili» ma virtualmente reali, Venezia spinge un'illusionistica scenografia al limite dell'invenzione architettonica per poi rivelarsi il modello della propria virtualizzazione, come testimoniano le sue tante copie sparse oggi per il mondo, dalla Cina a Las Vegas[10].

Venezia fornisce il modello per l'immagine complessiva del *bel paese*. Dall'età del Grand Tour alla nostra epoca del turismo di massa, il viaggio virtuale è una dimensione imprescindibile della mobilità reale che accompagna la globalizzazione avanzante, nell'era del mercato senza frontiere, del colonialismo compiuto e delle grandi migrazioni. Dal «mondo nuovo» allo stereoscopio, i dispositivi ottici analizzati in questo libro offrono un sostituto del Grand Tour a chi non può permettersi di viaggiare se non per necessità. Vedute di Venezia, Firenze o Roma, spesso prodotte con la camera oscura e destinate a marchingegni come il pantoscopio (nome tecnico del «mondo nuovo»), funzionano sia come invito al viaggio reale che come sostituzione di un viaggio soltanto immaginabile. Di questo intreccio tra viaggio reale e virtuale sono emblema i savoiardi, che portano nelle metropoli europee, Londra o Parigi, le loro «lontananze e prospettive»: «ombre italiane», come questi giochi ottici venivano chiamati allora, nella Londra settecentesca. Dal cosmorama allo stereoscopio, i dispositivi che rendono percepibili e palpabili queste ombre evanescenti adempiono alla stessa funzione dei nostri apparati tecnologicamente molto piú progrediti: estendere la nostra visione del mondo, approfondire la nostra percezione della realtà, o offrire a buon mercato una via di fuga dalla realtà e dal mondo «vero».

«Con le ombre, il progresso dell'immagine diventa problematico, – scrive l'artista sudafricano William Kentridge, – c'è una fonte di luce, c'è un oggetto che blocca la luce»[11]. Questa pratica osservazione di un vero mago dei giochi d'ombra si può applicare ai meccanismi del vedere come al ruolo simbolico della produzione di immagini, artistica o commerciale che sia, nell'età moderna. Non siamo sempre coscienti delle ombre che percepiamo, gli fa eco (forse pensando alla lezione di Leonardo da Vinci) David Hockney, un altro artista che dietro le piú sofisticate illusioni del realismo pittorico ipotizza siano presenti dissimulati dispositivi ottici[12]. E proprio applicandola al *Cenacolo* di Leonardo e alle *Nozze di Cana* di Paolo Veronese, Peter Greenaway ha dimostrato la magia ermeneutica dell'ombra[13].

Le macchine curiose che presentiamo qui appartengono a una storia in minore rispetto alla storia dell'arte, della cultura e della tecnologia, ingegnosamente costruite come sono per giocare con le ombre e i riflessi e ingannare i sensi, confondere ma anche stimolare la mente di chi le usa. Ma proprio per la loro appartenenza a una cultura «popolare» e in un certo senso infantile, esse rivelano l'avanzare di un'inesorabile logica della simulazione nel secolo del realismo, un realismo sempre piú fantasmagorico[14]. Da questo punto di vista, sia tecnico che ideologico, si tratta di simulazioni appartenenti a una zona grigia, sospesa tra le luci e le tenebre, che inaugura il nuovo mondo della modernità. Seminascosti sul fondo del palcoscenico sociale, come il «mondo nuovo» nei quadri di Tiepolo o di Longhi, in cui un fanciullo virtualmente si immerge immaginando lontananze e prospettive, questi congegni, e le eterotopie che evocano, sono in realtà frutto maturo dell'Illuminismo europeo: del suo utopistico slancio volto a disperdere gli spettri del pregiudizio e della superstizione e alleggerire il peso della realtà. Come tali, queste ludiche e ingegnose simulazioni preludono a un'esperienza che ci è del tutto familiare, frutto del desiderio di rendere l'illusione il piú convincente possibile, cui fa da contraltare, sempre piú debole, il sano scetticismo di chi sa, o sospetta che – sotto sotto – il trucco c'è.

Parte prima

Viaggio nel «mondo nuovo»
Il cosmorama dei Tiepolo
Venezia, 1757-91

Capitolo primo
Teatrino del mondo

Il cosmorama di Venezia veduto da lontano è unico al mondo e ciò non abbisogna di dimostrazioni. O sia che il sole la illumini co' raggi nascenti o coi vespertini; ossia che spanda sopra le sue cupole lucenti e sul levigato specchio della laguna il torrente di sua luce meridiana, Venezia brilla, incanta, innamora: e in verità non so dove abbiano il cuore e l'intelletto coloro, che arrivando la prima volta su queste magiche rive han cuor di dire, dopo aver veduto (o creduto di vedere) – io mi figuravo di piú!...

GIULIO PULLÈ[1].

Vivendo io in cosí Illustre, & chiara Città come è questa, la qual senza alcun dubbio si può chiamar il Theatro del Mondo, & l'occhio d'Italia.

FRANCESCO SANSOVINO[2].

1. *Prospettive veneziane.*

Chi attraversi la galleria panoramica al secondo piano del museo di Ca' Rezzonico – l'imponente palazzo marmoreo che si affaccia sul Canal Grande a Rio San Barnaba – e faccia ingresso nella stanza nota come «Portego del mondo nuovo», si trova al cospetto di una delle piú iconiche ed enigmatiche scene carnevalesche del Settecento veneziano. Dipinta nel 1791 da Giandomenico Tiepolo, figlio del famoso Giambattista, quest'opera è nota come *Il Mondo novo* [*Fig. 3*]. Si tratta di un affresco strappato dal *portego* della residenza di campagna dei Tiepolo a Zianigo, nel retroterra veneziano: circondato da altre immagini provenienti dalla villa, è la ricostruzione piú fedele della sua collocazione originaria realizzabile nelle stanze di un museo. Questa scena accattivante presenta la variopinta «folla settecentesca di una sagra domenicale», un gruppo assortito di persone che indossano abiti di moda all'epoca in cui Giandomenico le dipinse:

> ... c'è gente in parrucca e in tricorno, chi veste una lunga zimarra gialla, chi un mantellone rosso ed ha in capo una misteriosa parrucca nera bicornuta; e c'è chi copre spalle e testa con la *tonda* bianca; e c'è chi indossa la *velada* di colore (si noti quel magnifico tono verde di *velada* dell'uomo visto di schiena); vi sono cittadini e vi sono popolani, uomini e donne con i loro bambini: uno di questi troppo piccolo per avvicinar l'occhio all'orlo del canocchiale e potervi guardar dentro è sollevato di peso, sotto il braccio, dal suo papà[3].

Ma a cosa sono intenti questi personaggi? Che cosa guardano? Lo strano assembramento si estende per tutta l'ampiezza del dipinto, con un effetto asimmetrico accentuato dall'assenza di un chiaro punto di fuga: la scena occupa uno spazio verticalmente raccorciato tra l'appiattito orizzonte che si intravede sopra le teste e i copricapi (uno sfondo azzurro cinerino, vagamente annuvolato), l'assenza di pavimentazione (i personaggi poggiano praticamente i piedi sul margine inferiore del dipinto) e la staccionata che, sulla sinistra, sembra fare da parziale e diagonale sipario.

Secondo le prevalenti interpretazioni, *Il Mondo novo* di Giandomenico Tiepolo proietterebbe l'osservatore nello spazio affollato della «piazzetta», il prolungamento perpendicolare di piazza San Marco che si estende lungo il colonnato del Palazzo Ducale da un lato e l'edificio della Zecca (oggi la Biblioteca Marciana) dall'altro, verso la Riva degli Schiavoni e lo sbocco arioso del bacino. Seguendo questo orientamento, anche chi osserva la scena guardando il quadro sarebbe rivolto verso la riva, con le spalle girate alla Torre dell'Orologio e alla basilica sulla sinistra, al campanile e al vasto spazio della grande

3. Giandomenico Tiepolo, *Il Mondo novo*, affresco strappato, 1791.

piazza sulla destra. A giudicare dalle ombre strette e appuntite che si allungano a sinistra, dunque verso est, se il nostro orientamento è corretto, è tardo pomeriggio, verosimilmente l'ora del tramonto, probabile allusione al lungo crepuscolo della Serenissima.

In effetti, un'atmosfera di attesa sembra pervadere la scena. Forse per le curiose dimensioni del suo formato rettangolare, il quadro esercita una strana attrazione sull'osservatore: tanto per cominciare, rovescia la prospettiva tradizionale di tante vedute a noi familiari, come quelle piú note di Canaletto che rappresentano *La piazzetta e Riva degli Schiavoni* da un punto virtualmente sospeso sul bacino di San Marco, quel «grande specchio acqueo che è quasi abbracciato in forma di mezzaluna dalla città vera e propria», come scrive Goethe la prima volta che quel glorioso panorama gli si staglia davanti[4]. Nel dipinto di Tiepolo non solo la prospettiva è invertita, ma la piccola folla ostruisce la vista. Lo sfondo accentua questo effetto, come se fosse stato lasciato intenzionalmente grezzo per dare risalto alle figure in primo piano. In varie suggestive interpretazioni, gli storici dell'arte che si sono occupati di questo dipinto concordano nel ritenere che *Il Mondo novo* sia tutto basato su un gioco di sguardi, tanto quelli delle figure interne al quadro, quanto quello di noi che le osserviamo[5]. Seguendo le loro indicazioni, cercheremo di decifrare le prospettive interne e i punti ciechi di questa messa in scena, nel tentativo di rispondere alla domanda che abbiamo già posto: cosa aspetta questa folla, colta da Giandomenico nelle sue varie pose come in un'istantanea?

Per quanto evocativo di terre lontane e scoperte geografiche, il «mondo nuovo», che è il vero soggetto di questo quadro, si riferisce al popolare dispositivo ottico che abbiamo già incontrato nell'Introduzione. È infatti intorno a una versione ingrandita della *cassela* portata in giro dai savoiardi e altri girovaghi che la carnevalesca folla del quadro di Tiepolo fa ressa [*Figg. 4-5*]. Molteplici testimonianze confermano che ci si poteva imbattere in tali marchingegni proprio lí, nella piazzetta, e specialmente durante la lunga stagione di Carnevale, oppure nel corso delle solenni feste popolari, come l'Ascensione o la Sensa, lo Sposalizio del mare. Occasioni in cui, con la costruzione di «casotti» o baracche provvisorie, da simbolico *foyer* del teatro sociale di San Marco, la piazzetta si trasformava in una vera e propria fiera, riempiendosi di imbonitori e saltimbanchi, come ci mostra *Ciarlatani in piazzetta*, un dipinto di Gabriel Bella che si può ammirare oggi in un altro museo veneziano, la Fondazione Querini Stampalia. In uno di questi casotti entreremo per scoprire la singolare attrazione che conteneva, una macchina del tempo che ci trasporterà momentaneamente nella Venezia del secondo Settecento. Prima dobbiamo però avventurarci in questo *Mondo novo* dipinto da Giandomenico. Affinché la nostra esplorazione abbia successo, il nostro sguardo di osservatori esterni deve incrociare le linee interne all'immagine, decifrare la rete degli sguardi che si intrecciano nel suo spazio asimmetrico e angusto. Nel nostro breve viaggio scopriremo che, come il dispositivo – seminascosto dalla folla che si accalca e attende il suo turno per guardarci dentro –, anche questo dipinto è un ingegnoso congegno ottico e rimanda alla *cassela* che contiene, o forse al casotto che lo contiene, in un gioco di specchi di cui il suo autore tiene le fila e in cui noi, che guardiamo da questo lato del quadro, senza rendercene subito conto siamo progressivamente irretiti.

4. Giovanni Michele Graneri (attribuito a), *Il Mondo nuovo*, olio su tela, 1750-70.

5. Gaetano Gherardo Zompini, *Spettatori del «mondo novo»*, acquaforte dalla raccolta *Le arti che vanno per via nella città di Venezia*, Venezia 1785[2].

2. *Un'«industriosa macchinetta».*

Cosmorami e pantoscopi non si vedevano solo a Venezia. Erano attrazioni comuni in tutta l'Europa settecentesca, dalla Germania all'Olanda, dalla Francia al Regno Unito[6]. E tuttavia, l'espressione «mondo nuovo» ha un connotato squisitamente veneziano. Il richiamo dei girovaghi («Chi vuol vedere il mondo nuovo?») annunciava per le calli della città lagunare una duplice attrazione: la visione di un «mondo» da scoprire e la «novità» del congegno che la rendeva possibile. A chi guardasse dentro la *cassela*, per un soldo, si dischiudevano «lontananze e prospettive» [*Fig. 6*]. «Mondo nuovo» traduce il termine tecnico (pantoscopio) e quello colto (cosmorama), usati per indicare il congegno, in uno slogan piú comprensibile alla gente comune, aggiungendo una suggestiva sfumatura: alla visione totale del *panto*scopio (dal prefisso greco *pan*) e a quella dell'intera «veduta universale» del cosmorama, si aggiunge l'accento sulla novità, e tanto la novità della visione quanto quella della «nuova tecnologia» che la produce[7]. È una strategia di marketing ancora all'ordine del giorno nella nostra epoca, fornita di ben piú complessi dispositivi digitali. Nel giro di qualche decennio, ai primi dell'Ottocento, il cosmorama evolve in uno spettacolo piú sofisticato, come testimonia questa definizione dell'*Enciclopedia Italiana:*

> Derivata da κόσμος, mondo, e da ὁράω, Io vedo, questa parola significa veduta o rappresentazione del mondo. Si diede per la prima volta questo nome, a Parigi, ad uno spettacolo interessante, ideato dall'abate Enrico Gazzera, piemontese, che lo aperse al pubblico il primo giorno del 1808. Consisteva esso in una ricca collezione di quadri rappresentanti i luoghi e i monumenti piú importanti di tutta la terra, atti a formare un corso di geografia pratica, storica e descrittiva. Intorno alla sala erano disposte 24 lenti a traverso delle quali si vedevano i 72 quadri di cui era ricca ogni esposizione, perocché da ogni lente si potevano vedere tre quadri. Ogni mese

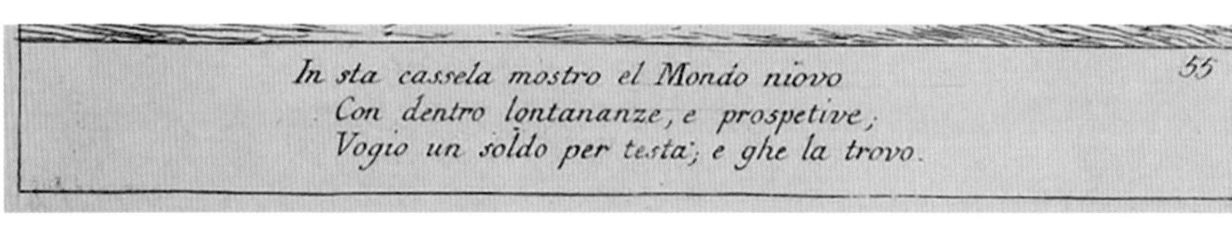

6. Particolare della scritta in calce all'incisione di Gaetano Gherardo Zompini, *Spettatori del «mondo novo»*.

erano rinnovate tutte o in parte le vedute, e in breve il numero dei quadri giunse a quasi 800, dei quali almeno 200 erano opere di artisti non ordinarii di nazioni diverse[8].

Moltiplicando la *vue d'optique* del «mondo nuovo», la galleria dell'abate Gazzera è il prototipo di molte attrazioni che, per tutto l'Ottocento, permettono di viaggiare virtualmente grazie a una serie di apparati ingegnosamente concepiti per la fruizione di immagini dipinte, stampe o, piú tardi, fotografie e stereografie: il berlinese *Kaiserpanorama* di Benjamin ne è un esempio. Accennando alla galleria dell'abate Gazzera, nella sua breve storia delle pratiche dello «sbirciare» (*peeping*), Erkki Huhtamo sottolinea la differenza tra le attrazioni popolari che si potevano incontrare per strada – o nei capannoni delle fiere – e quelle che migrano in luoghi architettonici destinati specificamente a ospitarle, ad esempio le rotonde in cui venivano esibiti i panorami, edifici definibili a loro volta quali macchine ottiche in larga scala[9]. Come vedremo in seguito, la dialettica tra una visione totale, che abbraccia tutto il campo del visibile, e una visione in movimento, che moltiplica il colpo d'occhio, si ritrova in altre tecnologie dello sguardo, come appunto il panorama e lo stereoscopio, e anticipa, oltre che il cinema, la duplice visione – satellitare e a livello di strada – delle applicazioni contemporanee per la geolocalizzazione (Google Maps e Google Earth). Tale dialettica si collega anche a fondamentali sviluppi socio-politici della cultura ottocentesca. Per tutto il secolo, infatti, i macroprocessi della mobilità – inurbamento, costruzione degli stati-nazione, migrazioni di massa, turismo, imperialismo coloniale – sono accompagnati dall'avvento di tecnologie della visione che, promuovendo il viaggio virtuale, contribuiscono a uno spostamento progressivo da una prospettiva esclusivamente «locale» a una sempre piú «globale». Le distanze e prospettive promesse dagli ambulanti del «mondo nuovo» sono un primo esempio di questa espansione dello sguardo e dei suoi orizzonti. Un'espansione paradossale, contenuta in una scatoletta – una *cassela* – foriera di una lunga serie di altre simili.

Venezia è sempre stata protagonista, nella storia della globalizzazione: da piccolo avamposto a potenza commerciale e coloniale, per poi decadere a destinazione del turismo di massa. Ma Venezia è, come vedremo, soprattutto protagonista della dimensione virtuale di questa storia. Ciò che distingue il «mondo nuovo» come intrattenimento di strada tipicamente veneziano è anche il contesto che ispira la scena carnevalesca di Giandomenico Tiepolo. La fonte piú autorevole che abbiamo per esplorare questo contesto è un poemetto in ottave di Carlo Goldoni, intitolato anch'esso *Il Mondo novo*. Pubblicato trent'anni prima che Giandomenico completasse l'affresco di Zianigo ma, come vedremo, circa quattro anni dopo la prima versione della scena da lui dipinta, il poemetto goldoniano è ritenuto da alcuni la fonte del titolo dato al quadro[10]. Protagonista del poemetto è un anziano gondoliere di nome Pasqualino al servizio dell'illustre Casa Balbi, il cui titolare, Nicolò Innocente, è stato nominato provveditore dell'isola di Zante, colonia veneziana. Per distrarre la giovane figlia del provveditore, Contarina, in procinto di entrare nel monastero delle Vergini per attendervi uno sposo («umano» o «divino»), Pasqualino costruisce l'«industriosa macchinetta». Si instaura dunque subito un collegamento giocoso tra l'orizzonte di Venezia come potenza marittima e l'idea del viaggio virtuale:

E mentre anch'egli il suo signore aspetta
Che ritorni alla Patria dal Levante
Per divertir la santa giovanetta
E le amabili sue compagne sante,
Forma un'industriosa macchinetta
Che mostra all'occhio meraviglie tante,
Ed in virtú degli ottici cristalli
Anche le mosche fa parer cavalli[11].

La macchinetta di Pasqualino è una di quelle ludiche distrazioni destinate a intrattenere le novizie, come illustra *Il parlatorio delle monache di San Zaccaria*, un altro convento che ospitava le rampolle prive di dote delle famiglie nobili veneziane, dipinto dallo zio di Giandomenico, Francesco Guardi. Parlando in prima persona, Goldoni fornisce una descrizione ironica ma dettagliata del marchingegno e dei suoi mirabolanti effetti, sottolineando la frenesia che provoca la sua esibizione in piazza: «Di tai lavori ne veggiam sovente | Moltiplicar dagl'inventori in Piazza, | E in specie il Carnoval corre la gente | Ad essi intorno e per vederli impazza» – versi che fanno da perfetta didascalia alla scena dipinta da Giandomenico[12]. Invitato in cantina dal buon Pasqualino a sperimentare, tra un bicchiere e l'altro, gli effetti del meccanismo, il poeta non si sottrae, elogiando l'ingegnosità di questi aggeggi[13] e promettendo al gondoliere di dargli «schiettamente» la sua opinione in proposito. «Bevuto *il suo caffè*» – ossia tracannato un intero fiasco di vino – Pasqualino procede con la sua dimostrazione. La prima impressione, per chi sbircia nella finestrella del dispositivo, è prospettica, fedele alle descrizioni che abbiamo incontrato fin qui:

E si accosta alla macchina quadrata.
Separa alcuni fili, e li comparte,
Ed apre un finestrin sulla facciata.
Io m'accosto a guardar da quella parte,
E veggo una distanza smisurata
E parmi di sentir di qua e di là
Il tamburo suonar tarapatà[14].

Subito, però, sul minuscolo palcoscenico della macchinetta, annunciato da un immaginario rullo di tamburo, ha inizio lo spettacolo vero e proprio e, sullo sfondo delle vedute, si susseguono varie scenette illustrate da Pasqualino nel suo gergo, che all'orecchio del poeta piacevolmente mescola il «barbaro toscan» con «l'idiota venezian»: «Vederano da la prima veduta | Amor, che xe vestio da fantolin, | Al trotolo ziogar con una puta...»[15]. La sequenza di «vedute» con scenette sovrapposte (si presume figurine di carta o di legno ritagliate) sembra fatta apposta per colpire l'immaginazione della fanciulla cui è dedicato il giocattolo:

E vederano abiti e diamanti,
E un monte de ducati e de zechini,
E vederano i cavalieri amanti,
Che fano i Ganimèdi e i Paregini;
E questi sono tuti quanti incanti
Che fano a la dongela i diavolini[16].

Con i suoi amorini e diavoletti, Pasqualino intende distrarre e divertire Contarina, che sta per rinunciare alle lusinghe del mondo (per immaginarie che siano) e abbracciare la reclusione del monastero, ma non sembra del tutto convinta, al punto da tentare la fuga. Ecco che la rappresentazione si anima:

Vardano sta dongela benedia,
Che desprezia sto mondo e no ghe bada.
Vardano che deboto scampa via.
Tiritòpete zo. Dov'ela andada?
Vardano che la tola xe sparia[17].

Nella rapida sequenza di siparietti, come in un gioco di prestigio le figurine appaiono e scompaiono, e il «mondo novo» si rivela tanto lo strumento di una fuga immaginaria quanto un dispositivo ideato per addolcire la pillola della vocazione forzata (e forse per intercedere presso l'illustre genitore a favore della padroncina). La «piegorela che giera smaria», la pecorella smarrita, ritorna presto all'ovile e Pasqualino dipinge «el famoso monestier», il monastero delle Vergini, come un luogo ameno «de pute che se gode e se sbabazza», in cui non mancherebbero dunque le distrazioni[18]. Il segreto dell'«industriosa macchinetta» è proprio questo: la sua capacità di cambiare ripetutamente scena, seguendo una trama immaginaria. È qui, nel dialogo tra il poeta e Pasqualino, che il tema del viaggio virtuale si rivela l'emblema di una poetica minore che, giocando con il genere encomiastico da una prospettiva popolaresca, ironicamente trasfigura il mondo sociale veneziano in una serie di miniature da teatrino di piazza. Tirando le cordicelle del suo marchingegno, Pasqualino ci trasporta all'isola di Zante, dove il capofamiglia di Casa Balbi («Vardano là quel cavalier cortese | mandà da la Republica in Levante») entra in scena «vestío de rosso» come si addice ai senatori della Serenissima[19]. Con una subitanea dissolvenza, siamo ritrasportati a Venezia e qui anche Pasqualino entra in scena a dare il benvenuto al suo *paròn* che ritorna dal Levante in pompa magna, e approfitta per scongiurarlo di tenerlo al suo servizio vita natural durante:

L'Isola se desfanta [svanisce], e vederanno
La Città de Venezia e il Lazaretto.
Vardano quante Gondole, che vanno
A darghe il ben tornao con vero affetto.
Adesso a quel balcon osserveranno
Pasqualin presentarse con respetto
E sconzurarlo ch'el lo torna a tor
In gondola a servir fin a che 'l mor[20].

Segue una divertente galleria di ritratti di Casa Balbi[21]. Ma ecco che, a uno squillo di trombetta, la veduta cambia nuovamente davanti agli occhi divertiti del poeta: «E sparir veggio la goduta scena, | E un'ampia chiesa nella machinetta | Veggio apparir di popolo ripiena», per essere subito sostituita da un'altra ancora: «Mi sorprende, mi piace, e mi diletta | D'un palco musical la vista amena»[22]. Il poeta non può che tessere le lodi del bravo Pasqualino, che tiene abilmente le fila della rappresentazione («lodo l'esecuzion, lodo il pensiero»). Ed ecco che riappare la «gentil damina»: attraversa la navata della chiesa di Santa Maria Vergine, «che un anzolo la par proprio in persona», e si intrattiene con una folla di invitati a un ricco banchetto in parlatorio, «pien de dame e cavalieri a marteleto», fra i quali fa capolino anche Pasqualino che tiene «anca elo in manina el so sorbeto». Al tirare di una cordicina, ecco la scena madre, il «vestimento» della novizia che commuove fino alle lacrime il vecchio gondoliere:

Osservano che adesso i la despoggia
Dei abiti de sea, d'oro, e d'arzento.
Vardano adesso che sta cara Zoggia [fanciulla]
Da Munega se mette el vestimento[23].

Non potendosi piú trattenere, a questo punto Pasqualino compiange apertamente il destino della padroncina:

Oh povera Zelenza Contarina!
La me despiase e la me fa pecà.
Propriamente me sento stamatina
El cuor, co se sol dir, tanto ingropà
Che se no togo un poco de ristoro,
Da la disperazion sento che muoro[24].

Il «ristoro» naturalmente è un'altra tracannata dal «barilotto», un «gotto» condiviso peraltro dal poeta. Il quale deve ammettere, ammiccando al lettore, che il vecchio servitore di Casa Balbi ha trovato un modo davvero ingegnoso di intercedere per la sua padroncina. Ma nell'ironica conclusione del poemetto, il poeta non può esimersi dal fare la morale, «col lume del Vangelo e della Fede», sulle illusioni di felicità terrena che può dare il matrimonio (con uno sposo «umano» e non divino, evidentemente), ammonendo il lettore sulla «moderna usanza» del cicisbeismo, l'insidiosa moda del «servir» (il cavalier servente) che tanto spesso «fa mormorar la gente» ed è fonte di noie e di dolori, soprattutto per le dame maritate che vi si conformano. A buon intenditor poche parole. L'ironica lezione di «filosofia» e «teologia» («che l'amore di Dio fa tutto bello») è rivolta *ad personam* al vecchio gondoliere, con una battuta irresistibile: «Se poteste voi pure immonacarvi, | Credetemi, vel giuro da fratello, | Che ripieno ancor voi d'amor divino, | Sareste un altro, e lasciereste il vino». Il che induce il buon gondoliere a cambiare il finale del suo spettacoletto, aggiungendo un'altra veduta in cui gli spettatori (noi lettori), «vederano la dongela | Co le muneghe aliegra in compagnia | E che tute ghe dicono sorela | Vardano che la va in te la so cela»[25].

In conclusione, il «mondo nuovo» di Goldoni-Pasqualino ironicamente rovescia ciò che promette – la fuga immaginativa del viaggio virtuale –, prendendo atto dell'inesorabile logica che regola la vita sociale veneziana e costringe Contarina ad abbracciare il velo in giovane età. Ma Goldoni aggiunge un'altra coda, che riassume perfettamente il senso dell'emblematica poetica in minore incorporata nel congegno del «mondo nuovo». Il poemetto termina infatti con quella che si può definire una «sprezzatura»: l'industriosità del vecchio gondoliere non è da meno, o meno ingegnosa, dell'arte comica del poeta, tanto da poterne essere considerata, con un pizzico di ironia, un vero e proprio «modellino».

Replico al gondolier: L'arte e l'ingegno
Della macchina vostra io lodo e approvo;
E non mi par della damina indegno
Questo vostro bizzarro *Mondonovo*.
Anzi adesso con voi prendo l'impegno
Se stanco un giorno di compor mi trovo,
Che andiamo per il mondo voi ed io,
Mostrando in piazza il *Mondonovo*. Addio[26].

3. *Mondo (nuovo) e Teatro.*

Mondo e Teatro si rispecchiano l'uno nell'altro, scrive Goldoni in una delle sue piú celebri dichiarazioni di poetica[27]. Nel teatrino del «mondo nuovo», il Mondo è ridotto a un minuscolo palcoscenico semovente. Il poemetto goldoniano che abbiamo appena commentato può essere considerato un manifesto del «realismo virtuale» che «miniaturizza» il modello barocco del Globe shakespeariano e del *Gran teatro del mondo* (1633) di Pedro Calderón de la Barca. Un modello «in minore», equivalente visivo della poetica goldoniana, si incontra nell'opera dell'amico e pittore favorito di Goldoni, Pietro Longhi («Longhi, tu che la mia musa sorella | chiami del tuo pennel che cerca il vero»)[28]. In un quadretto di Longhi, parte di una serie che mostra varie scenette di vita veneziana, il «mondo nuovo» e il suo operatore, intento a tirare le cordicelle che sostituiscono gli scenarietti, si profilano dietro a due gruppi di figure, in maschera e non, sotto le arcate della loggia che affianca la piazzetta. In un altro quadretto, nello stesso contesto, un bambino sorretto da un adulto guarda dentro il dispositivo, proprio come nel dipinto di Giandomenico [*Figg. 7-8*]. Due misteriosi personaggi in *bautta*, rispettivamente in mantello nero e rosso, osservano la scena dalla stessa posizione, di spalle e in diagonale, rimandando alle figure che ci volgono le spalle nella scena tiepolesca.

Anche in queste scenette di Longhi, come nel dipinto di Giandomenico, il «mondo nuovo» non è in primo piano, ma seminascosto, relegato sullo sfondo, e nondimeno offre all'osservatore la chiave, oltre che il titolo, della composizione: quasi a suggerire, in una *mise en abîme*, che la scenetta di fronte ai nostri occhi potrebbe ben essere contenuta in una di quelle *cassele*. Le anonime figurine sono in posa, piú tipi che personaggi, e il colonnato fornisce sia un ambientamento realistico sia una deliberata scenografia. Anche il poemetto di Goldoni sembra giocare con questa duplice prospettiva interna, come se fosse a sua volta l'animazione ironica di un quadretto di Longhi[29]. Sul palcoscenico di maggiori dimensioni del teatro comico goldoniano, le figurine in formato ridotto tornano a grandezza naturale e i tipi diventano veri e propri personaggi, in maschera e non, offrendo una rappresentazione realistica eppur stilizzata della com-

7. Pietro Longhi, *Il Mondo nuovo*, olio su tela, 1756 circa.

8. Pietro Longhi, *Il Mondo novo*, olio su tela, 1750-60 circa.

media umana quale viene recitata a Venezia. E come Goldoni, anche Giandomenico nel suo dipinto sembra offrire una versione ingrandita delle vignette di Longhi, nascondendo a sua volta il dispositivo sullo sfondo, ma facendone il centro focale e di gravità di tutta la sua composizione. Dispositivo che, con tutti i suoi effetti di distanziamento e ingrandimento, suggerisce di guardare in lontananza, con la meraviglia di un fanciullo, e di scrutare da vicino, con il disincanto di un adulto, la commedia che si svolge davanti ai nostri occhi.

4. *Cosmorama.*

Che il cosmorama aspirasse a essere il teatrino del mondo si vede in un magnifico esemplare in forma di teatro all'italiana, completo di arcate e statuine, riemerso dalla sala dei giochi di una villa veneta in cui risiedeva la nobile famiglia Dolfin e ora parte della collezione Minici Zotti del Museo del Precinema di Padova [*Fig. 9*]. Non è però il caso di trascurare il richiamo alle lontananze e scoperte geografiche implicito nel termine e nella sua variante popolare[30]. La stessa espressione «mondo nuovo» può essere ricondotta all'edizione cinquecentesca della lettera di Amerigo Vespucci a Lorenzo di Piefrancesco de' Medici, appunto intitolata *Mundus Novus*[31]. E vari studiosi hanno sottolineato il collegamento tra la scatola ottica raffigurata nel dipinto di Giandomenico e l'immaginazione delle Americhe[32]. Sembrerebbe quindi evidente che anche l'allusione geografica al Nuovo Mondo debba essere compresa in relazione al dispositivo teatrale del «mondo nuovo»[33]. Come vedremo, il dipinto di Giandomenico (che il titolo fosse suo o solo un prestito goldoniano non fa in fondo differenza) gioca sul doppio senso in relazione tanto al contesto della Venezia tardo settecentesca quanto, in modo del tutto specifico, alla visione del minore dei Tiepolo, ereditata dal padre Giambattista. Anzi, a guidare la nostra ricognizione è proprio l'ambiguità del termine che ispira il soggetto del quadro. Un breve *détour* nel reame dell'immaginazione cartografica ci permetterà di precisare meglio lo sfondo di questa interpretazione.

Rispetto al «mondo nuovo», il termine colto «cosmorama» contiene un riferimento alle descrizioni cosmografiche che la «scoperta» delle Americhe aveva rivoluzionato. Un esempio veneziano di cosmorama cartografico è la Sala dello Scudo di Palazzo Ducale. Quattro

9. «Mondo nuovo», seconda metà del XVIII secolo.

grandi mappe decorano l'intera lunghezza delle sue opposte pareti, offrendo, insieme a due grandi mappamondi, una rappresentazione dell'intero mondo conosciuto dalla prospettiva di Venezia, occhio non solo d'Italia ma del cosmo intero[34]. Restaurate da Francesco Griselini nel 1762, le mappe riflettono in dettaglio le descrizioni fornite da navigatori, esploratori e mercanti veneziani nel corso dei secoli, a partire dal leggendario viaggio con cui Marco Polo aveva aperto gli itinerari della Via della Seta che portavano gli intraprendenti mercanti veneziani in Oriente (Constantinopoli, la Palestina, la Persia) e riportavano le ricche mercanzie dei loro scambi a Venezia. Come leggiamo nella *Relazione sul restauro* stilata da Girolamo Zanetti: «Ad una Nazione fino dalla sua origine largamente trafficante in terra e in mare come la nostra, la cognizione della Cosmografia era forse piú che verun'altra necessaria ed opportuna»[35]. Ma le mappe sono anche una variazione sul tema del viaggio virtuale. Osservandole e percorrendole con lo sguardo, si può praticamente circumnavigare il globo conosciuto, spostandosi mentalmente sulle orme dei viaggiatori veneziani del passato. La prima e piú antica delle carte con le relative tavole esplicative «ci espone la Tartaria, ed altri vasti aggiacenti tratti ed isole tutti girati dai mantovati Polo», mentre un'aggiunta molto piú tarda, «quasi in un angolo della Tavola [...] ci rappresenta in confuso gli scoprimenti degli Spagnuoli nell'America Meridionale», completando dunque l'arco cosmografico, dal Mediterraneo tanto verso est quanto verso ovest. La seconda delle grandi mappe, dovuta alla «somma eccellenza ed accuratezza del suo illustre autore che la stese [...] Giambattista Ramusio», mostra «il vasto teatro di tutte le terre e mari che si stendono dalle spiagge della Catalogna fino a buona parte dell'Asia Minore abbracciando particolarmente tutto il Mediterraneo»[36]. La terza comprende «principalmente la Palestina, la Soria [Siria] e buona parte dell'Egitto colle foci e notabil porzione del corso del Nilo e quello che è degno di particolare osservazione, co' nomi antichi e moderni de' luoghi e delle città e colla diligente posizione delle piramidi e di tutti gli altri monumenti sí celebri dell'Egitto». La quarta mappa infine «presenta l'intero teatro del Traffico Viniziano nell'Asia»[37]. Sono descrizioni che, come vedremo, si ritrovano tali e quali nei pamphlet dei panorami che a metà Ottocento permettevano a turisti virtuali di circumnavigare il globo.

Altre «Tavole Geografiche, modernamente ben sí lavorate, ma stese per lo piú sopra le memorie lasciateci ne' loro Itinerari da' nostri nazionali scopritori e viaggiatori», vennero poi aggiunte a queste quattro, a occupare gli spazi vuoti su tre delle cinque porte della sala[38]. Nella prima «sono delineate le Navigazioni di Alvise da Mosto lungo le costiere dell'Africa e all'Isole di Capo Verde delle quali alcune furono da lui per la prima volta ritrovate»; nella seconda «veggonsi rappresentate le costiere del Mar Rosso secondo la diligentissima descrizione di un nocchiere, di cui perdutosi sventuratamente il nome, ci viene indicato soltanto col nome di Comito Viniziano». La relazione di Zanetti si interrompe qui, ma da altre fonti sappiamo che la terza mappa avrebbe mostrato le prime navigazioni e scoperte di Sebastiano Caboto e di suo padre Giovanni fino alle coste nordamericane, dal Labrador alla Florida, facendo dunque intravedere, in lontananza, il Nuovo Mondo[39]. Il Nord Atlantico e i mari artici intorno alla Groenlandia erano stati meta delle esplorazioni dei fratelli Nicolò e Antonio Zen già nel Quattrocento, un viaggio che – nonostante la sua apparente documentazione cartografica – gli studiosi dubitano abbia mai avuto luogo, dunque forse appartenente solo al genere dei viaggi virtuali[40].

Paragonata alla cosmografia della Sala dello Scudo, la *cassela* del «mondo nuovo» sostituisce all'immaginazione cartografica (e alla geopolitica ducale) un'immagine del mondo molto piú modesta e alla portata dell'immaginazione popolare. Per tutto l'Ottocento la cognizione cosmografica, una volta al servizio della potenza mercantile veneziana, si diluisce sempre piú in forme di intrattenimento e acculturazione a beneficio delle emergenti classi medie, come dimostra l'esempio della galleria ottica dell'abate Gazzera. Nello scambio tra cartografia e iconografia, nel passaggio dalla mappa al «tour», come ha scritto Michel de Certeau, si inaugura un nuovo tipo di pratica dello spazio[41]. Contemporaneamente prende forma un nuovo tipo di osservatore attivo, in movimento, il prototipo del turista virtuale, una figura che per tutto il XIX secolo accompagna il diffondersi del Grand Tour e la nascita del turismo di massa. Il viaggio virtuale è una dimensione imprescindibile e uno degli effetti principali di quelle che Jonathan Crary ha definito «tecniche dell'osservare», la costruzione dello sguardo all'interfaccia tra corpo e mente, visione e immaginazione[42]. A distanza di quasi due secoli, il turista che viaggia solo per fotografare (o scattare un *selfie*) è ormai ridotto a un'appendice dell'apparato. Ha sovrapposto la propria immagine alla cognizione e all'emozione dell'altrove. Lontano erede di chi sbirciava nella finestrella o attraverso la lente del cosmorama per guardare lontano, ha perduto ormai del tutto il senso della meraviglia che incantava questi pionieri del viaggio virtuale – ed è ormai del tutto preda della frenesia che coglie i personaggi di Giandomenico.

Certo, si trattava di una meraviglia a buon mercato. Eppure, sbirciare dentro la *cassela* per vedere quel mondo in miniatura paradossalmente allargava gli orizzonti all'infinito. E con tutta la nostra sofisticata esperienza del virtuale, neanche noi siamo forse immuni da una certa nostalgia per quella modesta meraviglia che accomunava bambini e adulti in un'epoca tecnologicamente tanto piú ingenua della nostra. È plausibile pensare che i bambini – come quello al centro del dipinto di Giandomenico o quello che intravediamo sullo sfondo del quadretto di Longhi – fossero incantati da quanto vedevano, mentre gli adulti erano incuriositi dalla novità e ingegnosità del congegno capace di contenere un modellino del mondo in uno spazio cosí minuscolo. A ben guardare, è questa duplice meraviglia e curiosità a spingere anche la nostra esplorazione, stimolandoci a intraprendere un viaggio nel *Mondo novo* di Giandomenico Tiepolo: a partire dalla constatazione già fatta che anche questa scena dipinta è un sofisticato, ingannevole dispositivo non meno ingegnoso di quello che, parzialmente celandolo alla nostra vista, raffigura.

Capitolo secondo
Evoluzione di una scena

> Mio pare, co giera zovene, el me diseva: Vustu véder el Mondo niovo? o vusto, che te daga do soldi? Mi me taccava ai do soldi.
>
> CARLO GOLDONI[1].

> Diffuso nell'aria rimane il sospetto di una beffa che la pittura sta rivolgendo a se stessa.
>
> ROBERTO CALASSO[2].

1. *Giochi ottici.*

Nel corso di trentacinque anni, Giandomenico Tiepolo dipinse quattro (o secondo i pareri, almeno tre) versioni del *Mondo novo*. Alcune figure appaiono e altre scompaiono nella trasformazione della scena, attraverso tre formati e in collocazioni diverse. Analizzando l'intera serie si può mettere in risalto come il soggetto del *Mondo novo* rispecchi le proprietà del dispositivo, una sorta di teatrino ottico che contiene un altro teatrino ottico. Il nostro obiettivo è ricostruire questa specularità per mettere in risalto la modernità dell'opera. Le varie versioni mostrano dunque un'evoluzione dalla *cassela* degli ambulanti verso il piú ampio casotto «del tipo Bolognese» che, secondo testimonianze contemporanee – inclusa quella di Goldoni –, si moltiplicava in piazza e in piazzetta a metà Settecento[3].

La prima versione del *Mondo novo* dipinta da Giandomenico risale al 1757 e fu concepita per la decorazione della Villa Valmarana ai Nani, nell'entroterra vicentino, a cui il giovane Tiepolo contribuí come apprendista-aiuto del suo illustre genitore, Giambattista, al quale era stata affidata la decorazione della villa (la Palazzina e la Foresteria) [*Fig. 10*]. Goethe, che visitò la villa nel 1786, descrive Tiepolo senior come un brillante decoratore famoso in tutta Europa per i suoi spericolati *trompe-l'œils*. Ma noi sappiamo che la decorazione della Foresteria segna il debutto di Giandomenico e, come vedremo, di una sua visione indipendente, anche se ancora sotto l'ala e all'ombra del padre.

La scena del *Mondo novo* è prospetticamente inserita nell'angolo di una parete della Foresteria, sul pianerottolo di una falsa scalinata

10. Giandomenico Tiepolo, *Il Mondo novo*, affresco, 1757.

marmorea [*Fig. 11a*]. Guardiamo piú da vicino. Sulla parete ad angolo, Giandomenico dipinge la silhouette di un Moro (un servitore di casa Valmarana) secondo la moda orientalista tipica della tradizione veneziana allora in voga. La figura si volta come nell'atto di dirigere lo sguardo – attirando il nostro – verso il dipinto incastonato nella parete e incorniciato come se fosse una finestra virtualmente aperta sull'esterno, suggerendo forse una veduta da lontano della piazzetta [*Fig. 11b*]. Cosí, nella sua concezione originale, la scena del «mondo nuovo» è parte di un complicato e virtuosistico inganno architettonico. La composizione evolve ulteriormente nella versione intermedia del 1765, la tela conservata al Museo del Prado di Madrid [*Fig. 12*], in cui Giandomenico introduce il formato rettangolare che avrà la sua piena realizzazione nel grande affresco del 1791[4]. In quest'ultimo si opera uno spettacolare ingrandimento che estende la composizione quasi alle dimensioni tipiche delle vedute panoramiche[5]. A completare la trasformazione, la sua collocazione nel *portego*

11a-b. Foresteria di Villa Valmarana ai Nani, Sala del Carnevale, affreschi di Giambattista con l'aiuto del giovane Giandomenico, 1757.

della villa di Zianigo opera uno «scambio architettonico» rispetto alla prima versione del 1757: da una finestra a una parete virtuale, con un effetto paragonabile a quello che, come vedremo, prende forma all'interno di una camera oscura[6]. È lecito dunque congetturare che nella sua originaria collocazione, prima che venisse posizionata nella stanza del museo dove si trova ora, la versione finale della scena intendesse avere un effetto immersivo, forando la parete e trasportando virtualmente l'osservatore fin dentro il palcoscenico della piazzetta, a mescolarsi con la folla che si accalca intorno al «mondo nuovo». E tuttavia questo effetto immersivo presenta un evidente paradosso: dall'elaborato *trompe-l'œil* architettonico della Villa Valmarana alla sua messa in scena nel *portego* della villa di famiglia a Zianigo, la prospettiva è sí ampliata, ma non approfondita. Da una parte sembra invitare chi guarda a farsi largo tra la folla per sbirciare nel congegno e viaggiare nelle sue profondità, dall'altra pare deliberatamente negare accesso alla visione delle distanze e prospettive che contiene[7].

Un invito al viaggio sembra suggerito nella versione del 1765 da un dettaglio. Sopra la staccionata a sinistra si ha l'impressione di scorgere quella che potrebbe essere una vela sul bompresso di un'imbarcazione attraccata trasversalmente al molo della Riva, un elemento che non

12. Giandomenico Tiepolo, *Il Mondo novo*, olio su tela, 1765 circa.

appare nell'affresco. D'altra parte, quella che abbiamo interpretato come una vela potrebbe anche essere un pennone appeso alla parete di un casotto. Questa staccionata diagonale complica ulteriormente la prospettiva dell'insieme. Come componente della scenografia, sembra intenzionalmente collocata sulla quinta sinistra, in termini teatrali il *côté cour*, o l'angolo del palcoscenico da cui il direttore di scena sorveglia la performance ed elargisce i suoi suggerimenti. Questo dettaglio (su cui ritorneremo) in effetti parrebbe indicare che le figure che vediamo si assembrano all'esterno, o all'ingresso, di uno dei tanti casotti che si erigono in piazzetta a Carnevale; la staccionata sarebbe dunque la parete di un casotto alla Bolognese. Se a Valmarana la scena era intravista a distanza, e trasversalmente, tramite una finestra virtuale, divenendo parte di un raffinato *trompe-l'œil*, dalla versione del Prado a quella di Zianigo l'effetto prospettico rivela la sua autentica focalizzazione: è un dispositivo che illustra un paradosso dello sguardo e il suo vero soggetto non è tanto il viaggio virtuale a cui invita, quanto la frenesia di chi non vede l'ora di intraprenderlo. È l'istantanea di una società di *voyeurs*. E, rendendocene conto, improvvisamente ci troviamo anche noi, osservatori esterni, mescolati alla piccola folla che si accalca intorno al cosmorama[8].

2. *Un altrove nel tempo.*

Ci siamo fin qui concentrati sul formato delle varie versioni, considerandole come una serie che evolve nel tempo. Notevoli cambiamenti hanno luogo anche nella disposizione e nei ritratti delle figure che compongono il piccolo assembramento. Come ha notato Adriano Mariuz, il tema decorativo introdotto a Valmarana nel 1757 viene declinato da Giandomenico a Zianigo nel 1791, dunque a distanza di trentaquattro anni, con uno spirito diverso, quello di chi, ormai anziano, guarda il mondo che amava e comprende che è invecchiato con lui. Quello che a Villa Valmarana era «un delizioso "scherzo", – suggerisce Mariuz, – assume ora, trasferito su scala monumentale e tradotto in un linguaggio volutamente piú crudo, il carattere di una visione "in spaccato" della società contemporanea»[9]. Un altro interprete, Harry Mathews, già membro dell'OuLiPo, si spinge sino ad affermare che l'affresco di Zianigo rappresenta una società di imbecilli[10]. Dallo «scherzo» alla satira, il gioco ottico del «mondo nuovo» evolve dal *trompe-l'œil* rococò, in cui si rispecchia e autocompiace una società raffinata, all'immagine caricaturale di una folla di frenetici *voyeurs*, in parallelo al declino della società veneziana nel lungo *fin de siècle*.

Una vera «svolta» è in atto nel grande affresco del 1791 e riguarda le figure che adesso dobbiamo studiare piú da vicino. Mathews ha contato ventisette figure in totale, almeno cinque delle quali sono di profilo o di tre quarti: «note individuali» nella composizione, in contrappunto al «basso continuo» del gruppo. Mathews introduce cosí una dimensione musicale che, come vedremo, fornirà anche un suggerimento utile per la nostra interpretazione[11]. L'affresco ci presenta «una paratassi di figure colte di spalle, una sequenza di "anti-ritratti"», scrive Mariuz, o di «retro-maschere», come le descrive Mathews[12]. Mariuz osserva che il padre di Giandomenico, Giambattista, aveva esplorato il motivo della figura vista di spalle nelle sue caricature [*Fig. 13*]. Giandomenico riprenderebbe questo isolato prototipo paterno calandolo in uno «spazio empirico», uno spazio sociale, e, aggiungiamo noi, corale[13]. Guardiamole meglio, queste caricature [*Fig. 14*]. Si prenda la figura a sinistra nella scena dell'affresco del 1791, l'uomo con il tricorno (n. 2): è praticamente una copia del disegno di Giambattista. La bizzarria solo suggerita dal disegno si carica nella composizione corale dell'affresco, accentuata dall'inclinazione del corpo, dalla parrucca nera biforcuta, il rosso vivo del mantello, la posizione delle eleganti calzature che sembrano quasi accennare a un passo di danza, ma leggermente sciancato. O si consideri un'altra figura sulla destra, rispetto al centro geometrico della composizione: la figura di una donna corpulenta che indossa un bizzarro copricapo conico, una caricatura che Mathews maliziosamente battezza *Cul majuscule* (n. 8). Entrambe queste figure contribuiscono all'effetto di «stranezza» del dipinto, «letterali trasposizioni in figura del modo di dire "divertirsi alle spalle di qualcuno"», come scrive Mariuz[14]. Omaggio implicito alla vena comica paterna, quello che conta per noi è che le figure di spalle formano una serie di punti ciechi, o muti, che interrompono il gioco prospettico e tuttavia rinforzano la direzione dello sguardo.

Se focalizziamo adesso l'attenzione sulle figure dell'affresco che non ci volgono le spalle – le «note individuali», come dice Mathews – notiamo i seguenti personaggi disposti di profilo: da sinistra a destra, l'inconfondibile sagoma di Pulcinella (n. 1), che ha sostituito quella di

13. Giambattista Tiepolo, *Caricatura di uomo con tricorno, visto di spalle*, penna e inchiostro nero, lavatura grigia, 1760 (?).

un ciarlatano, o del venditore ambulante che fuma la pipa, presente sia nella versione del 1757 che in quella del 1765; due gentiluomini, sulla destra, uno con le braccia conserte (n. 9) e l'altro che, dietro di lui, osserva la scena con un monocolo (n. 10); e una figura femminile con un ventaglio e un cestino da cui spunta una colomba (n. 11). Le linee dei loro sguardi attraversano la scena orizzontalmente, suppergiú sullo stesso piano ma in direzioni opposte, convergenti verso il «mondo nuovo». Ritorneremo su Pulcinella e sulla giovane donna con la colomba. Concentriamoci per il momento sui due gentiluomini a destra, in cui alcuni interpreti hanno voluto riconoscere un ritratto-autoritratto dei Tiepolo padre e figlio, a firma di Giandomenico (il gentiluomo con il monocolo), che guarda da dietro le spalle di un austero Giambattista. Il loro sguardo punta verso il «mondo nuovo» o verso un gruppo di figure che sembra il centro focale di tutta la scena: una figura di schiena indossa un tricorno e una marsina rossa dalle spalline dorate (n. 5); sul suo dorso pende una treccia nera ed è intenta a sorreggere un bambino che guarda nel «mondo nuovo» (n. 4), mentre rivolge lo sguardo, con il capo inclinato, verso due ragazzi (nn. 6 e 7) che sembrano attendere lí accanto il loro turno. In effetti, se c'è un punto di fuga nel dipinto, sembra essere proprio

14. Schema compositivo da Giandomenico Tiepolo, *Il Mondo novo*, 1791 (cfr. Fig. 3): 1. Pulcinella 2. Uomo con il tricorno 3. Uomo in piedi sullo sgabello 4. Bambino che guarda nel «mondo nuovo» 5. Uomo in marsina rossa 6. Ragazzo di schiena 7. Ragazzo di tre quarti 8. Donna corpulenta con copricapo conico 9. Gentiluomo con le braccia conserte 10. Gentiluomo con il monocolo 11. Figura femminile con ventaglio e cestino.

questo, al centro del piccolo assembramento, leggermente spostato in basso rispetto all'orizzonte zigzagante delle teste e dei copricapi[15].

Le figure che occupano il centro dell'immagine hanno suggerito ad alcuni una vera e propria storia. Potrebbe trattarsi di un gruppetto familiare, un padre con i suoi tre figli, e questo padre potrebbe essere il giovane Giambattista Tiepolo che porta i figli a vedere il «mondo nuovo» in piazza a Carnevale. Per quanto a prima vista fantasioso, o proprio perché lo è, accogliamo il suggerimento e avventuriamoci nella nostra personale interpretazione del ritrattino e ricordino di famiglia che si nasconderebbe al centro del *Mondo novo* di Giandomenico. Considerando le date di nascita, i tre fanciulli potrebbero in effetti essere i tre figli di Giambattista e di Maria Cecilia Guardi, la sorella del pittore Francesco Guardi: il bambino che guarda nel «mondo nuovo» potrebbe essere il piccolo Lorenzo (nato nel 1736 e divenuto anche lui pittore), mentre i due ragazzi in piedi potrebbero rappresentare Giuseppe (nato nel 1729, fattosi prete) e lo stesso Giandomenico (nato nel 1727). Una sorta di flashback aprirebbe dunque un vortice temporale nello spazio della composizione il cui centro focale, il ragazzo di tre quarti (n. 7) che attende il suo turno per guardare dentro il «mondo nuovo», sarebbe un autoritratto di Giandomenico ragazzo, il «ricordo di un sé fanciullo», come scrive Mathews. L'autoritratto del pittore da ragazzino si aggiungerebbe cosí all'autoritratto del pittore da adulto, l'uomo con il monocolo che osserva da dietro le spalle del padre (il gentiluomo con le braccia conserte) un episodio della propria adolescenza. Se le diamo credito, questa elaborata messa in scena potrebbe essere a sua volta interpretata come un ironico omaggio alla memoria di Tiepolo senior, il grande illusionista, il maestro di *trompe-l'œils* e incommensurabili prospettive. A lui, al padre che porta i figlioli in piazza a vedere il «mondo nuovo», Giandomenico (come il suo fratellino Lorenzo) deve la vocazione di tutta una vita, l'iniziazione al mestiere e alla magia di una visione come quella che promette, per «do soldi», il savoiardo[16]. Le bizzarre figure di spalle, espressione di un'arte della caricatura ereditata anch'essa dal padre, completerebbero questo scherzoso omaggio.

In un'interpretazione alternativa, Jonathan White ha suggerito che, mostrandoci un bambino che guarda nel «mondo nuovo» – come abbiamo visto, un'immagine ricorrente nell'iconografia, da Graneri a Zompini a Longhi –, Giandomenico vuole dirigere il nostro sguardo verso il futuro e non verso il passato: nel bambino immerso in un viaggio virtuale si incarnerebbe lo sguardo di una generazione che scruta oltre il presente e il declino di Venezia[17]. È un'interpretazione non priva di suggestioni, con la quale possiamo concordare, a patto di modificarla leggermente. Lo sguardo nel «mondo nuovo» è sí gettato al futuro, ma è uno sguardo idiosincraticamente tiepolesco: impietosa rappresentazione del destino di Venezia, una volta occhio d'Italia e ora ridotta a carnevalesca caricatura di se stessa. Ma ciò che ai nostri occhi fa del *Mondo novo* di Giandomenico un'immagine emblematicamente moderna è proprio l'intreccio delle sue prospettive nello spazio e nel tempo: dispositivo mnemonico e ironico, esso rimanda simultaneamente a un imperscrutabile orizzonte di mondi lontani e a un altrove nel tempo, la duplice dimensione del virtuale[18].

3. *Una messa in scena familiare.*

Nell'evoluzione della scena da Valmarana a Zianigo notiamo anche varie sostituzioni. Il ragazzo al centro dell'affresco di Zianigo – il «ricordo di un sé fanciullo», secondo Mathews –, che attende il suo turno per guardare nel cosmorama, ha preso il posto di una piccola figura mascherata dal cappello piumato, con una grande chiave appesa alla cintura e una lente di ingrandimento in mano, che nella versione del 1765, quella conservata al Prado, compare accanto a una fanciulla ritratta di spalle, con un cappellino ornato da un vistoso fiocco rosso [*Fig. 15*, G e F]. Nell'affresco del 1791, queste due figurine sono sostituite dai due ragazzi che abbiamo identificato come i fratelli Tiepolo, Giandomenico e Giuseppe. Nella versione del Prado notiamo anche due imponenti figure in tricorno e *bautta*, una dal mantello nero e una dal mantello rosso (come le figure nei quadretti di Longhi), che si stagliano dietro alla figurina dal cappello piumato (H e I). La figura in rosso regge anch'essa una lente di ingrandimento che sembra puntare in basso, davanti a sé; la figura in nero le si profila accanto, seminascosta. Nell'affresco di Zianigo sono rimpiazzate dal gentiluomo con il monocolo e da quello con le braccia conserte, i due Tiepolo. Sempre nella versione del Prado notiamo anche un piccolo «lanternista» (L) che tira la manica della figura con il mantello rosso per richiamare la sua attenzione e suggerisce dunque un'altra storia nella storia, perché i lanternisti, a Venezia, erano spesso latori di messaggi confidenziali.

Le figure con le lenti di ingrandimento che appaiono nella versione del Prado confermano il gioco ottico che è il vero soggetto del dipinto. Se lo colleghiamo alla storia di famiglia, una vera e propria catena generazionale sembra formarsi, in una lettura a retroazione: dal gentiluomo con il monocolo (l'autoritratto di Giandomenico), che scruta da dietro le spalle del gentiluomo con le braccia conserte (il ritratto di Giambattista), il quale contempla, a occhio nudo, la scenetta familiare che rappresenterebbe se stesso da giovane (l'uomo in marsina rossa) e i suoi tre figli, tra i quali al centro Giandomenico ragazzo, mentre il piú piccolo (l'altro pittore, il fratellino Lorenzo) guarda dentro il cosmorama. Il congegno cosí messo in moto suggerisce un'ipotesi: l'ingegnosa «macchinetta teatrale» che fa funzionare l'intero teatrino ottico si rivela una macchina del tempo. Ma per coglierne il carattere idiosincraticamente tiepolesco dobbiamo seguire un'altra pista, che dallo «scherzo» conduce alla satira.

15. Schema compositivo da Giandomenico Tiepolo, *Il Mondo novo*, 1765 circa (cfr. Fig. 12): A. Staccionata diagonale B. Vela o pennone appeso alla parete di un casotto C. Cappello di Pulcinella D. Venditore ambulante che fuma la pipa E. Uomo con il tricorno F. Fanciulla con il fiocco rosso G. Figura mascherata dal cappello piumato H. Figura dal mantello nero I. Figura dal mantello rosso L. Lanternista.

Concentriamoci per un attimo sulla figura in marsina rossa al centro del gruppo familiare che, come nel quadretto di Longhi, solleva il piú piccolo tra gli spettatori e lo aiuta a guardare dentro il «mondo nuovo» (n. 5): con il suo tricorno e la sua treccia, questo personaggio è vestito come l'altra figura che, in piedi su uno sgabello (n. 3), con l'ausilio di una lunga asta tira le corde del congegno che apre le finestrelle o aziona la serie di vedute che appaiono nel «mondo nuovo». Gli abiti sono quelli degli ambulanti raffigurati nella stampa di Zompini e in altre fonti iconografiche. In effetti li riconosciamo, sono proprio loro: i girovaghi che portano il «mondo nuovo» in piazza a Carnevale. Se tiriamo adesso simultaneamente le fila della storia di famiglia e della scenetta carnevalesca, con la sua satira del voyeurismo collettivo, una nuova interpretazione del *Mondo novo* di Giandomenico comincia a prendere forma. Il grande affresco di Zianigo, strategicamente collocato nel *portego* della villa costruita con i proventi della ditta familiare, sarebbe uno scherzo allo stesso tempo nostalgico e ironico: Giambattista, il capostipite della casata, il grande illusionista della premiata ditta, ci viene presentato dal figlio Giandomenico – che sin dai tempi della decorazione della Villa Valmarana lo ha seguito come apprendista stregone nell'arte del *trompe-l'œil* – nei panni di un saltimbanco che aiuta i piú piccoli tra gli spettatori, inclusi i propri figli, a guardare dentro il «mondo nuovo» e a immaginare chissà che. Se la prendiamo per buona, questa messa in scena, questa carnevalata, ci fa pensare alla conclusione del poemetto di Goldoni, alla «sprezzatura» del poeta che, riconoscendo al gondoliere Pasqualino l'ingegnosità della sua macchinetta, ammette che potrebbe anche decidersi a girare il mondo con lui per mostrare il «mondo nuovo» in piazza, senza per questo abdicare del tutto alla propria vocazione.

Autoironico stemma e marchio di fabbrica del suo ultimo titolare, il «mondo nuovo» è una perfetta *mise en abîme* dell'arte tiepolesca. E il dipinto si rivela uno «scherzo», una burla, un tiro mancino perpetrato da Giandomenico, il gentiluomo con il monocolo, alle spalle del suo illustre padre e dell'intera impresa familiare. Per l'anziano Giandomenico, che ritorna alle origini del suo lungo apprendistato all'ombra del celebre genitore, il virtuoso della spericolata prospettiva e del *trompe-l'œil*, il «mondo nuovo» esprime forse la semplice verità che il piú alto risultato dell'arte è proprio quello di nascondersi, di dissimularsi, come un gioco da ragazzi. Ma questo «scherzo», questa apparente mascherata, contiene anche un elemento criticamente serio; è una sorta di manifesto che riassume la visione di Giandomenico, il gentiluomo con il monocolo: l'impietoso realismo che la contraddistingue e la distanzia dall'eredità paterna. Il *Mondo novo* di Giandomenico rivela, con una goldoniana «sprezzatura», il trucco che si nasconde dietro la piú virtuosistica arte del *trompe-l'œil*.

4. *Uno spettacolare cosmorama.*

Il doppio ritratto-autoritratto dell'affresco di Zianigo ha un antecedente nel doppio autoritratto che compare sul soffitto della scalinata monumentale della residenza del principe-vescovo Johann Philipp Franz von Schönborn a Würzburg [*Fig. 16*]. Giambattista lo intraprese nei primi anni Cinquanta del Settecento con l'aiuto di Giandomenico, allora ventitreenne, dunque pochi anni prima della commissione di Villa Valmarana in cui, come abbiamo visto, la scena del *Mondo novo* fa la sua prima apparizione e Giandomenico comincia a sviluppare la sua vena. La rappresentazione allegorica dei quattro continenti (Europa, Asia, Africa e America) dipinta lungo la cornice del soffitto che domina la scalinata della Residenza di Würzburg è una delle piú spettacolari invenzioni scenografiche di Giambattista, un monumentale *trompe-l'œil* architettonico. È l'equivalente di uno straordinario cosmorama [*Fig. 17*].

I due Tiepolo, padre e figlio, fanno capolino dall'angolo sinistro dell'allegoria dell'Europa, collocata al centro della balaustra superiore [*Fig. 18*]. Il giovane Giandomenico indossa un'elegante parrucca bianca e sembra restituirci lo sguardo da dietro le spalle del padre; a un esame piú attento, potrebbe non guardare noi, ma Giambattista che, vestito da pittore, incluso il tipico berretto, pare a sua volta osservare l'allegoria dell'Europa, invitandoci cosí a fare lo stesso. Sembra che il suo sguardo punti una strana e leggermente sgraziata figura femminile, in primo piano nella composizione dell'allegoria. La figura, inginocchiata accanto al Toro (il ratto di Europa), indossa una gonna rosa antico, il colore che piú contraddistingue la paletta di Tiepolo senior, e sembra intenta, con pennello e tavolozza in mano, a dipingere una sorta di globo terracqueo, un mappamondo:

16. Residenza di Würzburg, scalinata monumentale vista dal pianerottolo intermedio.

forse a suggerire che Würzburg è il centro del mondo, l'occhio dal quale l'intero cosmorama è rappresentato [*Fig. 19*].

Roberto Calasso ha identificato in questa signora in rosa una quasi-caricatura di Madama Pittura[19]. Calasso la collega a un'altra caricatura che si vede sulla cornice a destra, proprio sotto l'allegoria dell'America, il Nuovo Mondo[20] [*Fig. 20*]. Questo «intruso», come lo chiama Calasso, pericolosamente in bilico «nel punto piú pericoloso fra i Quattro Continenti», è un'ulteriore, scherzosa dimostrazione della straordinaria abilità prospettica di Giambattista[21]. Notiamo che l'«intruso» indossa una marsina dello stesso colore di quella del gentiluomo con il monocolo nell'affresco di Zianigo: lo vediamo di spalle, di tre quarti, colto nell'atto di scavalcare il cornicione per raggiungere il Nuovo Mondo, reggendo nella sinistra una grande cartella. Per Calasso non ci sono dubbi, si tratta della caricatura di un aspirante pittore; forse, aggiungiamo noi, una caricatura di Giandomenico maliziosamente ritratto di schiena (e dal basso) da Giambattista[22]. Seguendo un ragionamento piú serio, Calasso identifica l'«intruso» con

17. Giambattista e Giandomenico Tiepolo, *Apollo e i Continenti*, affresco, 1751-53, particolare.

una caricatura dell'Occidente, il piú affidabile, per quanto ridicolo, ritratto di un'intera civiltà. Sarebbe la conferma di un ulteriore collegamento fra il tema del Nuovo Mondo e il cosmorama pittorico dei Tiepolo la cui chiave, come abbiamo visto, è appunto un'autoironica caricatura dell'arte pittorica e una satira del viaggio virtuale. Ma il doppio autoritratto di Würzburg, collocato in un angolo del grande cosmorama, sembrerebbe avvalorare l'ipotesi che il *Mondo novo* di

18. Giambattista e Giandomenico Tiepolo, allegoria dell'Europa, particolare dall'affresco *Apollo e i continenti*, 1751-53.

19. Giambattista e Giandomenico Tiepolo, allegoria dell'Europa, particolare dall'affresco *Apollo e i continenti*, 1751-53.

Zianigo, con la sua messa in scena e il doppio ritratto-autoritratto dei Tiepolo, padre e figlio, rappresenti l'estrema esecuzione di uno «scherzo» familiare – un doppio scherzo, botta e risposta, tra padre e figlio – che ha la sua genesi nell'apprendistato di Giandomenico, tra Würzburg e Valmarana.

Continuando la nostra rapida ispezione dell'allegoria dell'Europa, notiamo infatti altri particolari interessanti: a cominciare da una sorta di tettoia di legno, o di impalcatura sospesa sopra due dettagli architettonici, una colonna tronca e una oblunga, che conferiscono al tutto l'aspetto di un singolare capriccio archeologico. Si tratta di una curiosa composizione, forse volta a suggerire che, per realizzare quelle eleganti imitazioni marmoree e «appendere» al soffitto le loro proiezioni ingannevolmente solide, o disegnare le pareti sospese sulla scalinata monumentale, i pittori devono arrampicarsi e lavorare in bilico su impalcature pericolose (proprio come l'«intruso»). La mezza colonna si ritrova nella versione intermedia del *Mondo novo*, quella del Prado, troncata lí dal margine superiore del quadro: un dettaglio che ha portato a confermare che l'ambientamento della scena è effettivamente la piazzetta di cui rappresenterebbe, in spaccato, una delle due colonne. Quanto all'impalcatura o tettoia di legno, a sua volta ci ricorda la staccionata che appare in tutte le versioni del *Mondo novo* e nella quale abbiamo voluto riconoscere la parete di uno di quei casotti che ospitano le effimere attrazioni nella piazzetta a Carnevale. E proprio come nel *Mondo novo* del Prado, anche sul cornicione di Würzburg uno stendardo rosa vi sventola davanti (qui insieme a uno azzurro).

Un altro curioso dettaglio architettonico si nota accanto a questo capriccio di marmo e legno, proprio sopra il doppio autoritratto dei Tiepolo: sembra un minareto con un pinnacolo e una bandierina (cfr. *supra*, Fig. 18). Potrebbe far pensare a una delle cupole della cattedrale di San Marco. Ma sul lato concavo notiamo un'apertura, una sorta di oblò, che ci ricorda inconfondibilmente una di quelle finestrelle attraverso cui si sbircia nel «mondo nuovo». Infatti, che cosa ci ricorda questa bizzarra forma architettonica che incombe sui Tiepolo,

20. Giambattista e Giandomenico Tiepolo, allegoria dell'America, particolare dall'affresco *Apollo e i continenti*, 1751-53.

se non un «mondo nuovo» ingrandito e distorto dalla prospettiva, sospeso sopra le loro teste come una sorta di emblema della loro impresa?

Nella sua interpretazione, Calasso suggerisce che l'allegoria dell'Europa di Würzburg potrebbe essere intesa come una trasfigurazione di Venezia, metonimia dell'Occidente: un'antica civiltà soggiogata dalla scoperta di un Nuovo Mondo che di fatto scardina la sua cosmografia, riconfigura le sue prospettive (proprio come la Madama in rosa ridipinge il globo) spostando l'asse irreversibilmente da est a ovest, dal Mediterraneo e dalla Via della Seta all'Atlantico e alle Americhe, un Nuovo Mondo che vorrebbe raggiungere, ma che le è vietato avvistare[23]. Riprendendo questo suggerimento, non ci sembra troppo azzardato concludere il nostro rapido e parzialissimo tour del vertiginoso cosmorama dipinto dai Tiepolo a Würzburg ripetendo la constatazione che, a sua volta, il *Mondo novo* di Giandomenico può considerarsi un'emblematica rappresentazione di Venezia e del suo destino. Una civiltà che ha trasformato il mondo a propria immagine e la propria immagine in un'illusione. Venezia: un teatro di marmo costruito su una foresta sottomarina, l'impalcatura invisibile che sostiene il suo peso monumentale. Venezia: impareggiabile cosmorama visto in lontananza e ingegnosa scatola ottica, dipinta dal suo interno. Dispositivo pittorico, teatrale e architettonico, il «mondo nuovo» contiene entrambe le vedute.

Capitolo terzo
Il segreto di Pulcinella

Che cos'è l'arte pura secondo la concezione moderna? È la creazione di una magia suggestiva che accoglie insieme l'oggetto e il soggetto, il mondo esterno all'artista e l'artista nella sua soggettività.
CHARLES BAUDELAIRE[1].

PULCINELLA: I matti siete voi, | Nati a schiena torta. | I savi siamo noi, | Che mai nulla si porta...
GOETHE, *Faust II*[2].

1. «*Pulcinella, c'est moi*».

Vale la pena di ricapitolare, prima di avventurarci verso la nostra conclusione. Abbiamo avvalorato l'ipotesi che un dispositivo autobiografico a retroazione governi la trasformazione della scena dipinta da Giandomenico lungo tutta la sua carriera. Quello che era un decorativo *divertissement* a Valmarana diventa, nella sua ultima versione «panoramica» sulla parete della villa di Zianigo, un doppio gioco mnemonico e satirico. Rievocando varie fasi della sua carriera di artista alle spalle del suo illustre genitore, l'anziano Giandomenico suggella ironicamente la propria vena. In effetti, anche il bambino che guarda nel «mondo nuovo» e la piccola maschera con la lente di ingrandimento nella versione del Prado, come il ragazzo che attende il suo turno nel «gruppetto di famiglia» della versione definitiva di Zianigo, potrebbero essere tutte variazioni sul «ricordo di un sé fanciullo» e comporre cosí un romanzetto di formazione dell'artista che culmina nell'autoritratto del gentiluomo intento a scrutare la scena con il monocolo. Cifra personale e scherzoso stemma di famiglia, orgogliosamente esibito nel *portego* della villa di Zianigo, *Il Mondo novo* si rivelerebbe anche uno straordinario esempio di arte moderna: autoironica dichiarazione di poetica da parte di chi, osservando il mondo alle spalle di un grande scenografo e mago dell'illusione prospettica, è giunto alla conclusione che la lente di ingrandimento vada puntata sull'arte stessa. Implicitamente suggerendo, con ironia, che in fondo il mitico cosmorama paterno, autocelebrazione di una clientela potente e aristocratica, non è poi molto diverso dal «mondo nuovo» degli ambulanti che intrattengono la folla in piazza.

Alla fin fine, come aveva visto bene Mariuz, si tratterebbe di un elaborato «scherzo». Ma è il caso di approfondire ancora il significato di questo termine, tornando al motivo musicale suggerito da Mathews. Musicalmente, «scherzo» è la trasformazione del terzo movimento di una sinfonia, il minuetto, nella sua evoluzione dal Rococò al Romanticismo. In pittura, associato a «capriccio», indica un tipo di fantasia architettonica, o stravagante composizione, che combina elementi realistici e allegorici in scene e vedute immaginarie. Entrambi i termini danno il titolo a una serie di enigmatici disegni e incisioni di Giambattista su cui torneremo. Anche *Il Mondo novo* può ben meritare il titolo di «capriccio». Quanto al minuetto, la danza piú rappresentativa del periodo Rococò, Giandomenico ne dipinse varie versioni lungo la sua carriera. La piccola folla carnevalesca che si accalca intorno al cosmorama nel *Mondo novo* di Zianigo non danza ma, come suggerisce Mathews, forma un coro silenzioso, equivalente visivo di un «basso continuo». Ispirate, come abbiamo visto, dalle caricature di Giambattista, queste figure sono uno scherzoso omaggio di Giandomenico alla vena comica paterna ma, come vedremo, potrebbero dissimulare un doppio gioco psicologico piú complesso. Per metterlo in luce, dobbiamo tornare alle figure di profilo, le «note individuali» della composizione di cui parla Mathews, e in particolare a quelle cui abbiamo solo accennato in precedenza: Pulcinella e la giovane donna con il ventaglio e un cestino da cui sporge il capo di una colomba.

Ai due opposti estremi del palcoscenico, il loro sguardo attraversa orizzontalmente la scena in entrambi i sensi, come se i due personaggi si cercassero, guardando l'uno in direzione dell'altro. Pulcinella emerge gradualmente nell'evoluzione della scena. Nella versione del Prado, il suo inconfondibile «coppolone» (il *tutulus* romano) si profila nel retro della mischia (cfr. *supra*, Fig. 15, c), dietro al «ciarlatano» o venditore ambulante, un personaggio che appare in altri dipinti di Giandomenico e che, sia nella versione di Valmarana che in quella del Prado, occupa il posto sulla quinta sinistra, accanto alla staccionata. Nella versione finale di Zianigo, proprio questa sarà la posizione della maschera napoletana. Anche Pulcinella – figura carnevalesca per eccellenza – fa parte della storia familiare dei Tiepolo. Unica maschera riconoscibile, ma – dettaglio non trascurabile – qui smascherata, ossia senza la tipica maschera proboscidata[3], impugna una forchetta su cui è infilzato uno gnocco: i Tiepolo, padre e figlio, erano infatti devoti membri dell'ordine degli Gnoccolari[4]. Brandendola come fosse la bacchetta di un direttore d'orchestra, il Pulcinella smascherato da il «la» all'esecuzione.

Quanto alla giovane al capo opposto della scena, con il ventaglio, la cuffia e il cestino da cui sporge una colomba, potremmo riconoscervi Colombina, la controparte femminile (e l'oggetto di desiderio) dello Zanni, la servetta, arrampicatrice sociale e maestra di travestimenti. Strana coppia: Pulcinella e Colombina – quest'ultima associata solitamente alla figura di Arlecchino, servitore di due padroni – ci riconducono alla riforma goldoniana del teatro comico, in cui le maschere della Commedia dell'arte si mescolano a personaggi presi dalla vita reale e, come appunto Colombina – la serva padrona della *Locandiera* – evolvono in figure realistiche senza perdere del tutto la loro funzione simbolica. Ulteriore dimostrazione che il *Mondo novo* di Giandomenico è intimamente collegato alla poetica goldoniana, in cui Mondo e Teatro si rispecchiano l'uno nell'altro, con molteplici riflessi.

La progressiva intrusione di Pulcinella aggiunge allo «scherzo», o «capriccio», del *Mondo novo* una nota dissonante. Come è noto,

21. Giandomenico Tiepolo, Stanza dei Pulcinella, Ca' Rezzonico, Venezia, affreschi strappati dalla villa di Zianigo, 1791.

Giandomenico dedicò a Pulcinella una stanza della villa di Zianigo ora reinstallata a Ca' Rezzonico [*Fig. 21*]. Delle dimensioni di un camerino, la stanza brulica di Pulcinella che sembrano emergere dalle viscere della terra arrampicandosi su per una scala, si dondolano su un trapezio o su un'altalena, corteggiano (o molestano) delle figure femminili, ubriacandosi e capitombolando in acrobazie da circo. Questo bizzarro ciclo, insieme ad altre scene che completano la decorazione della villa di Zianigo, fa da simbolico contraltare ai *trompe-l'œils* di Villa Valmarana e alle fantasmagorie mitologiche di Giambattista[5]. Infatti, il termine «fantasmagoria» (alla lettera un'assemblea di fantasmi) e lo spettacolo ottico che si basa su una lanterna magica modificata, come vedremo in dettaglio, divennero popolari proprio nel periodo in cui Giandomenico dipinse *Il Mondo novo* e le altre decorazioni di Zianigo, ovvero subito dopo la Rivoluzione francese, con tutti gli spettri da essa evocati. L'apoteosi dei Pulcinella di Giandomenico è datata del resto intorno al fatidico 1797, l'anno del trattato

22. Giandomenico Tiepolo, frontespizio della serie *Divertimento per li regazzi*, inchiostro bruno e acquerellato e matita nera su carta, 1797-1804.

di Campoformio con cui Napoleone cedette Venezia agli Asburgo, dopo averne saccheggiato il patrimonio artistico.

La Stanza dei Pulcinella è parte di quella che si può descrivere come una vera e propria ossessione che assorbí Giandomenico fino alla sua morte, avvenuta a Zianigo nel 1804, come testimoniano i centoquattro disegni del *Divertimento per li regazzi* [*Fig. 22*]. Sul frontespizio un gobbuto e pensoso Pulcinella, ritratto di spalle, contempla una sorta di altare oblungo, o pietra sepolcrale, su cui è inciso il titolo dell'album. Sopra sono posati dei vasi e davanti è appoggiata una scala, la stessa dipinta sul soffitto della Stanza dei Pulcinella; una scala che forse da sottoterra conduce all'aldilà. Pulcinella regge in braccio una bambola o un burattino, in cui, osservando meglio, riconosciamo una versione in miniatura di Colombina: indossa una cuffia e ha in mano un ventaglio, ma le manca il cestino. I centoquattro disegni del *Divertimento* illustrano la vita, le imprese, la morte e la resurrezione di Pulcinella e sono stati interpretati come un estremo, ironico autoritratto di Giandomenico in un mondo popolato di Pulcinella. In altre parole, *Pulcinella, c'est moi*[6]. Ecco che allora la graduale incursione di Pulcinella sulla scena del *Mondo novo*, fino a occupare il posto del direttore d'orchestra o del regista dell'intero spettacolo, sulla quinta sinistra, ci offre un'ulteriore chiave di interpretazione. Controfigura del gentiluomo con il monocolo, Pulcinella corona l'evoluzione della scena da scherzoso divertimento fino al capriccio finale. Una lunga tradizione, infatti, associa Pulcinella al «mondo nuovo», congegno carnevalesco per eccellenza che, con un trucco ottico, un gioco di lenti, mostra il mondo a testa in giú, ossia – dice Pulcinella – «esattamente com'è»[7].

2. *Un inquietante scherzo musicale.*

Una delle fonti del *Divertimento per li regazzi* di Giandomenico è una serie di enigmatici e inquietanti disegni di Giambattista che recano il titolo di *Scherzi di fantasia* e risalgono agli anni Quaranta del Settecento. Vediamo in essi la sagoma di Pulcinella ergersi da una pietra tombale, tra crani, ossa e altri resti, tenendo a consiglio un'assemblea di strani personaggi, in un'apparente meditazione su vita e morte [*Figg. 23-24*]. Tra in-folio, pergamene abbandonate, bassorilievi, soldati in armatura e tanti serpenti, spesso attorcigliati su rami o spezzoni di legno, come scrive Calasso, Pulcinella appare spesso in compagnia di una figura in foggia «orientale», forse trasfigurazione di un Viaggiatore, di un Mago o di un Filosofo (non è forse Pulcinella stesso chiamato «filosofo pazzo»?) misterioso Testimone delle allegorie[8].

Sorge dunque il dubbio se la fantasmagoria dei Pulcinella, il *double* pulcinellesco – Pulcinella *alter ego* tanto di Giambattista quanto di Giandomenico –, non riveli un'ombra nella loro relazione, aggiungendo allo scherzo perpetrato da Giandomenico alla memoria del padre una sfumatura edipica: si può interpretare il *Divertimento* di Giandomenico, il suo autoritratto da Pulcinella, come un esorcismo della piú cupa versione paterna? Ma chi è, allora, questo Pulcinella dai molteplici volti, questo genio familiare, questo beffardo *Doppelgänger* che ha coabitato a lungo con i Tiepolo per prendere definitiva

23-24. Giambattista Tiepolo, *La scoperta della tomba di Pulcinella* e *Gruppo di figure con Pulcinella*, dalla serie *Scherzi di fantasia*, incisioni, 1743-50 circa.

dimora a Zianigo? Una presenza giocosa o un fantasma, l'irruzione del Perturbante nel buen retiro della campagna veneta? Tutto questo ha anche un *côté* musicale. Possiamo infatti riconoscere nell'affresco di Zianigo la trasformazione di una scena carnevalesca che ha molteplici varianti nella carriera di Giandomenico, quel motivo di danza cui abbiamo accennato prima: a cominciare dal *Minuetto* del 1754 in cui Pulcinella fa la sua apparizione, con l'inconfondibile proboscide, alla testa di una serie di coppoloni bianchi che emergono in processione nella ressa che circonda i ballerini [*Fig. 25*]. Tra la folla si notano varie damigelle con il ventaglio, inclusa una mascherina che sembra indicare proprio l'arrivo o l'intrusione dei Pulcinella. E che dire della figura nell'angolo in alto a sinistra del quadro, che osserva la scena sporgendosi da sopra quello che pare un casotto simile al «mondo nuovo», reggendo in mano un'asta o una bandierina?

Non sembra insomma del tutto azzardato ipotizzare che lo «scherzo» del *Mondo novo* sia un punto di arrivo nell'evoluzione del mi-

25. Giandomenico Tiepolo, *Scena carnevalesca, o Il minuetto*, olio su tela, 1754.

nuetto, oltre che un preludio ai centoquattro capricci del *Divertimento*, e al trionfo di Pulcinella nella Stanza a lui dedicata. Lo confermerebbero le impomatate, ridicole figure alla moda che accennano un minuetto in una scena dipinta da Giandomenico, anch'essa parte della decorazione della villa di Zianigo. Ecco allora che il suggerimento di Mathews, la chiave musicale nella composizione del *Mondo novo*, si arricchisce di ulteriori suggestioni. C'è infatti chi ha visto nell'evoluzione del minuetto da Boccherini a Haydn e da Mozart a Beethoven, autonomo sviluppo del terzo movimento di una sonata, la trasformazione dello spirito della danza dalla formalità cortese dell'*Ancien régime* a un irridente e sovversivo spiritello romantico, collegando questa trasformazione al tema freudiano dell'*Unheimlich* (l'Inquietante o Perturbante)[9]. Che sia proprio Pulcinella, questo irridente spiritello che scatena l'energia della danza, l'incarnazione del Perturbante? Sarebbe questa la chiave (musicale) della sua irruzione definitiva sulla scena del *Mondo novo*?

26. Giandomenico Tiepolo, *La furlana*, tavola n. 31 della serie *Divertimento per li regazzi*, penna e inchiostro bruno e lavaggio bruno su carboncino su carta vergata, 1797-1804.

Nel corso di circa quarant'anni, lungo tutta la carriera di Giandomenico, il dispositivo del «mondo nuovo» e Pulcinella, il fantasma di Carnevale, sono cresciuti insieme di dimensioni e importanza fino a prendere decisamente il sopravvento. Estremo omaggio a una tradizione di famiglia, il dispositivo ottico e la chiave musicale del *Mondo novo* evolvono parallelamente fino a fondersi: dal *trompe-l'œil* rococò allo scherzo romantico, l'ironico divertimento ottico e il motivo di danza «in minore» convergono in una nota beffarda. Una sardonica lente pulcinellesca che impietosamente ingrandisce una scena di voyeurismo collettivo, uno «scherzo demonico» che assimila il tutto a una sorta di bizzarra e «realistica» danza macabra[10]. Al culmine della carriera e della vita di Giandomenico, *Il Mondo novo* fa dunque da preludio a quella vera e propria ridda pulcinellesca che è il *Divertimento per li regazzi*. La tensione tra immobilità e movimento che si percepisce nelle varie versioni del minuetto si è come congelata nelle pose delle sue retro-maschere, colte in un'istantanea, come da un flash. Questa tensione, infine, si scioglie nei centoquattro disegni del *Divertimento*. E la leziosa danza di corte, o di villa, con tutta la sua formale autodisciplina, scatena la sua trattenuta energia in una sfrenata tarantella, o in una furlana, il ballo popolare che si può considerare l'equivalente musicale di un lazzo [*Fig. 26*]. L'intrusione di Pulcinella sul palcoscenico del *Mondo novo* conferma forse che l'ambivalente tributo all'arte paterna, il dispositivo mnemonico-nostalgico che lo ispirerebbe, potrebbe nascondere e progressivamente rivelare un edipico lazzo, una vena satirica a malapena contenuta.

3. *Il retroscena del* Nuovo Mondo*.*

È tempo di tirare le fila del discorso e approdare alla fine del nostro viaggio virtuale nel *Mondo novo* di Giandomenico Tiepolo: lo abbiamo interpretato come un personale talismano e un'emblematica immagine della modernità, nella cifra «carnevalesca» della maschera e del travestimento. Ma prima di concludere dobbiamo porci un'ultima domanda: l'ambiguità dello «scherzo», la sua agilità e qualità mimica, la sua repressa energia sollevano infatti l'interrogativo di cosa, o chi, si metta in movimento con l'irruzione e la ridda dei Pulcinella[11]. Detto altrimenti, chi si nasconde dietro la maschera di Pulcinella, autoritratto dell'artista da vecchio, genio familiare e *Doppelgänger* di entrambi i Tiepolo? Possiamo ricorrere alle interpretazioni che vedono in Pulcinella, oltre che uno spirito familiare, anche un segno, o uno spirito dei tempi, un'epoca che vede la fine della Serenissima, di un intero mondo. Nella fantasmagoria dei Pulcinella, l'ultimo dei Tiepolo, membro di una dinastia di grandi illusionisti che nelle sue spettacolari allegorie ha trasfigurato la storia in una fantasmagoria a beneficio dei suoi aristocratici e semidivini committenti, intende forse, per contrasto, celebrare quella fratellanza di tutti gli esseri umani che Pulcinella incarnerebbe. Unica vita e «ogni vita», immagine del popolo, sí, ma «eterno, senza storia, come gli angeli, o le plebi», come ha scritto Giorgio Agamben[12].

O si tratta solo del proverbiale genietto sfuggito alla bottiglia? Qual è la chiave del *Pulcinella, c'est moi*? L'espressione di un umore corrosivo che rivela un'adesione, una simpatia, per gli ideali rivoluzionari provenienti d'Oltralpe al seguito degli eserciti napoleonici? Oppure l'ironica attitudine di un malinconico misantropo, tanto distaccato dal vecchio mondo in cui è cresciuto quanto disincantato dal nuovo che quegli ideali annunciano? Mi sentirei di concordare con quest'ultima interpretazione. Se accettiamo l'idea che *Il Mondo novo* di Giandomenico contenga un duplice scherzo, ottico e musicale, il congedo di un artista che guarda indietro con sardonica nostalgia a una carriera e a una vita trascorse all'ombra di un imponente *pater familias*, allora possiamo applicare all'affresco di Zianigo quello che Gustav Mahler avrebbe detto del suo scherzo musicale, il terzo movimento della Sinfonia n. 2, *La Resurrezione*: in esso, il mondo appare distorto e squilibrato, «come fosse riflesso in uno specchio concavo», una sorta di telescopica lente che scruta nel passato e intravede un futuro lontano. E ciò che vede, a una distanza incommensurabile, si riflette negli occhi di «chi ha perduto la propria identità e felicità»[13].

Visti da lontano, dal buen retiro di Zianigo, nel 1791 il mondo intero e Venezia – il suo teatro – potevano ben apparire una farsa, una caricatura di se stessi, un Carnevale destinato a essere eterno. Pulcinella annuncia un futuro che sarà dominio del nonsenso e della danza spensierata (TikTok, un altro divertimento *per li regazzi*, ne farà un'insensata coazione a ripetere). Visto con la lente del «mondo nuovo», dal punto di vista di Pulcinella-Giandomenico, questo Nuovo Mondo non è altro che uno «scherzo», dominio di un lazzo irresponsabile[14]. «Il Nuovo Mondo è cosa vecchia per me, – dice il filosofo che fu chiamato pazzo, – perché l'ho visto piú di centocinquanta volte»[15]. Ma questa lettura del *Mondo novo* di Zianigo come cinico scherzo, e del dispositivo che lo ispira come lente deformante e melanconica, in fondo non ci soddisfa del tutto, e non è neppure generosa nei confronti di Giandomenico. Per quanto vagamente spettrale, la fantasmagoria dei Pulcinella è ben lontana dalle spaventevoli larve evocate da Goya nella Quinta del Sordo. Il *Divertimento* è anche quello che il suo titolo promette, o annuncia: un gioco da ragazzi. Giandomenico che gioca con il suo *Doppelgänger* e le sue ombre e, dopo aver esorcizzato lo spettro paterno, si libra spensierato in un finale che sembra rovesciare la profezia del *Don Giovanni* mozartiano.

Sembra questa l'interpretazione cui ci invita la figura dall'inconfondibile cappello conico in uno dei disegni del *Divertimento* [*Fig. 27*]. Riconosciamo la snellita silhouette di *Cul majuscule*, che volgendoci le spalle indica enigmatica un Pulcinella trapezista, il motivo ripetuto sul soffitto della Stanza dei Pulcinella a Ca' Rezzonico.

27. Giandomenico Tiepolo, *Pulcinella trapezista*, tavola n. 46, dalla serie *Divertimento per li regazzi*, penna e inchiostro bruno e lavaggio bruno su carboncino su carta vergata, 1797-1804.

Uno dei tanti *Doppelgänger* dell'artista, sospeso in altalena tra le cime degli alberi e le nuvole, punta lo sguardo altrove, verso un invisibile orizzonte. Figura piú agile e aggraziata dell'«intruso» che tenta di arrampicarsi sul cornicione del Nuovo Mondo nell'allegoria delle Americhe di Würzburg[16]. Ma se l'apoteosi di Pulcinella nella Stanza a lui dedicata rimanda forse a un punto di fuga dalla storia, o dalle miserie di quaggíu, nel disegno del *Divertimento* notiamo un altro particolare che ci riporta ancora una volta al *Mondo novo*: il recinto di legno che fa da sfondo al numero acrobatico di Pulcinella trapezista non può che riportare alla mente la staccionata che, nell'affresco di Zianigo, abbiamo associato alla parete di un casotto. Se questo dettaglio, nell'affresco, suggeriva soltanto una possibilità, il disegno – come molteplici altri nella serie – sembra confermare che questa scena, come buona parte dei numeri del *Divertimento*, si svolge *all'interno* di un casotto.

È giunto il momento di ricapitolare ancora una volta, l'ultima, le tappe del nostro itinerario. Abbiamo seguito l'evoluzione di una scena dipinta: dalla sua concezione come un ingegnoso *trompe-l'œil* alla sua versione finale, rappresentazione satirica di una voyeuristica frenesia. Abbiamo osservato lungo il nostro viaggio virtuale come, incastonato e nascosto nel dispositivo del quadro, il cosmorama o «mondo nuovo» fornisca a Giandomenico la metaforica lente, il monocolo che «accoglie insieme l'oggetto e il soggetto, il mondo esterno all'artista e l'artista nella sua soggettività», come dice Baudelaire definendo l'arte «filosofica» che inaugura la modernità. Sulla scorta di Goldoni, abbiamo riconosciuto nelle varie versioni della scena la trasformazione di una poetica del realismo virtuale e la progressiva emancipazione di Giandomenico dall'eredità di Giambattista. Se le allegorie del vertiginoso cosmorama di Würzburg componevano una straordinaria fantasmagoria da grand'opera barocca, l'«ingegnosa macchinetta», il teatrino del filosofo pazzo Pulcinella, *alter ego* dell'artista ed esorcismo dello spettro paterno, mette a nudo il trucco riportandoci con i piedi per terra, all'eterno Carnevale della commedia umana[17]. Negandoci la veduta che promette, l'utopica profezia di un Nuovo Mondo e di un altrove nel tempo, questa poetica in minore prefigura una critica di quell'ideologia che mesmerizzerà l'immaginazione popolare per i secoli a venire, a cominciare da una serie di dispositivi che esamineremo nel seguito del nostro percorso. Catturata nel «mondo nuovo» di Pulcinella, Venezia stessa, occhio e teatro del mondo, si riduce a quello che è divenuta nella sua lunga decadenza: attrazione turistica e copia virtuale, caricatura di se stessa, un cosmorama, in questo perfetta immagine del mondo intero, culmine di un'intera civiltà dell'immagine. Il futuro che *Il Mondo novo* annuncerebbe è dunque un ipotetico futuro senza storia, una farsa o una fantasmagoria fine a se stessa[18].

Gettando un ultimo sguardo a questo enigmatico *Mondo novo* tiepolesco, ci rendiamo conto che anche noi osservatori siamo ormai inscritti in questa scena, intrappolati nel suo ottico teatro, confusi fra gli spettri multicolori della sua bizzarra danza macabra: guardandolo, siamo infatti attratti come da un vortice nel casotto di Giandomenico, con lui e i suoi *alias* della memoria, i suoi fratellini e il padre Giambattista (in almeno due versioni), con Colombina, Pulcinella e tutte le maschere o retro-maschere del suo Carnevale. E presi nel meccanismo a retroazione di questa macchina del tempo, anche noi vediamo finalmente il Nuovo Mondo. È arrivato il nostro turno, tocca a noi guardare nel dispositivo, solo per scoprire che l'altrove che promette non è altro che il mondo e il tempo in cui viviamo.

Parte seconda

Nel casotto dei Selva
Camera oscura veneziana
Venezia, 1750-87

Capitolo primo
Uno strano casotto

> O siestu benedia! Lontan te vedo | E Sirena del golfo mi te credo; | Ma co' verso de ti sgionfo la vela, | Trovo che ti xe ti, Venezia bela.
>
> JACOPO FOSCARINI[1].

> La Venezia d'oggi è un grande museo, la cui piccola porta d'accesso cigola in continuazione e voi fate ingresso in questa sorta di istituzione assieme a una massa di visitatori [...] Fin dal momento dell'arrivo vi si vuole bene imprimere nella mente che Venezia non è piú una città come le altre, ma solo un bazar, un teatrino ottico.
>
> HENRY JAMES[2].

1. *Quadri animati.*

Il «mondo nuovo» non era l'unico genere di attrazione in cui un viaggiatore avrebbe potuto imbattersi passeggiando per San Marco due secoli e mezzo fa. Nei *Sei dialoghi ottici teorico-pratici* di Lorenzo Selva, pubblicati nel 1787, troviamo la descrizione di un'altra di queste curiosità. Installata in uno di quei casotti alla Bolognese che periodicamente trasformavano la piazzetta in un affollato luna park, l'attrazione descritta da Selva è di un tipo particolare. Si tratta di uno dei molti «giochi» che il padre di Lorenzo, Domenico, metteva in mostra sulla pubblica piazza[3].

Meno noti dei Tiepolo, anche i Selva, padre e figlio, ci offrono un illustre esempio di come una forma di alto artigianato fosse trasmessa di generazione in generazione nella Venezia settecentesca. Domenico Selva, originario del Friuli, era un ottico famoso che teneva bottega in Calle Larga San Marco. Lorenzo, suo figlio, aveva appreso l'arte dal padre, subentrandogli alla sua morte, nel 1758. Sul frontespizio dei citati *Dialoghi*, Lorenzo descrive se stesso come «ottico pubblico stipendiato». Devoto alla memoria paterna, non manca di manifestare la sua eterna gratitudine a Domenico, riconoscendogli il merito di ogni sua opera e invenzione[4]. In altre parole, il marchio di famiglia apparteneva indiscutibilmente a Domenico, mentre Lorenzo nei suoi libri illustrava la scienza su cui l'impresa di famiglia era basata, inclusi gli effetti dei curiosi dispositivi che Domenico produceva per il divertimento dei suoi aristocratici clienti e che Lorenzo descrive in un trattato del 1761[5].

La divulgazione dell'ottica e l'applicazione della scienza sperimentale all'intrattenimento popolare sono una parte importante della nostra storia, come ha illustrato Martin Kemp osservando che, tra la fine del XVIII e l'inizio del XIX secolo, prende piede la fascinazione popolare per le meraviglie della scienza in generale e la magia dei dispositivi ottici in particolare[6]. I «giochi» di Domenico, incluso il teatro ottico di cui parliamo qui, venivano già esibiti in piazza mezzo secolo prima, a confermare il ruolo di avanguardia di Venezia e della cultura veneta in questa cruciale tendenza della modernità. In breve, il casotto dei Selva è concepito come un «mondo nuovo» in cui si può fare ingresso. Uno dei tre protagonisti dei *Dialoghi*, un Religioso, descrive cosí le attrazioni che vi ha visto installate:

> Io le ho vedute entro un Casotto saranno ben 30 anni almeno in un Carnovale, in cui io, giovane essendo, era venuto per divertimento a Venezia. Erano una meraviglia. Il Sig. Conte non può ricordarsele; ma io le ho vive alla memoria. Vi entrai un giorno dopo il mezzodí nel momento in cui vi era un Principe Sovrano, ben non mi ricordo quale; ed era uno spettacolo degno di lui il vedere in quel luogo scuro appesi alle pareti tre quadri animati[7].

Dal momento che i *Dialoghi* furono pubblicati nel 1787, i trent'anni di cui parla l'anonimo Religioso collocherebbero l'episodio suppergiú negli stessi anni in cui il giovane Tiepolo dipinge la prima versione del suo *Mondo novo* a Valmarana, il 1757. È possibile che Giandomenico avesse visitato il casotto dei Selva, magari insieme al padre? Potrebbe essere questa la fonte di ispirazione del suo *trompe-l'œil*? L'ipotesi è suggestiva, ma è impossibile corroborarla o confutarla. Vale piuttosto la pena di capire meglio di che natura fossero il gioco ottico e i «quadri animati» in questione. La descrizione che ne viene data eccita la curiosità del Conte, che chiede spiegazioni al Professore (lo stesso Lorenzo Selva): «Come, tre quadri animati? Caro il mio Selva fattemi [*sic*] il piacere di descrivermeli in qualche maniera»[8]. L'identità di questo Conte ci interessa: si tratta infatti del nipote del famoso e poliedrico Francesco Algarotti, al quale Lorenzo aveva dedicato il trattato sui dispositivi ottici menzionato prima. Noto soprattutto come autore di un bestseller intitolato *Il newtonianismo per le dame*, Algarotti è il testimone piú autorevole della natura virtuale delle piú iconiche rappresentazioni settecentesche di Venezia, collegate a uno strumento di cui tesse le lodi in un'altra sua opera, il

Saggio sopra la pittura, definendolo un «occhio artifiziale». Algarotti ne spiega cosí il funzionamento:

> E cotesto occhio artifiziale, Camera Ottica si appella. Non dando esso l'entrata a niuno altro lume fuorché a quello della cosa che si vuol ritrarre, la immagine ne riesce di una chiarezza, e di una forza da non dirsi. Niente vi ha di piú dilettevole a vedere, e che possa essere di piú utilità che un tal quadro. E lasciando stare la giustezza dei contorni, la verità nella prospettiva e nel chiaroscuro, che né trovarli potrebbe maggiore, né concepirli; il colore è di un vivo, e di un pastoso insieme che nulla piú[9].

Convogliando e concentrando la luce naturale sull'oggetto prescelto, la camera ottica rende l'immagine, il quadro piú vivido, in un gioco armonioso di chiaroscuri e contrasti che ne esalta tanto i contorni quanto le sfumature:

> I chiari principali delle figure vi sono spiccati ed ardenti nelle parti loro piú rilevate ed esposte al lume degradando insensibilmente di mano in mano che quelle declinano: Le ombre sono forti bensí, ma non crude; come non taglienti, ma precisi sono i dintorni. Nelle parti riflessate [*sic*] degli oggetti si scuopre una infinità di tinte, che male si potriano senza ciò distinguere: E in ogni sorta di colori per il ribattimento del lume dall'uno all'altro, ci è una tale armonia, che ben pochi son quelli, che chiamare si possano veramente nemici[10].

È questo il dispositivo che conferisce ai quadri esibiti nel casotto dei Selva la loro «animazione», qualità che impressiona tanto il Conte? Vediamo piú da vicino di cosa esattamente si tratta. Intanto, cosa mostrano questi quadri? Il Professore (Lorenzo Selva) ce li descrive cosí:

> Il Casotto stava già piantato alle Colonne della piazzetta in prospetto all'Orologio, ed a quel lato vi era il primo quadro ben grande, di un cendal bianco preparato, su di cui si vedeano il Palazzo Ducale; la Chiesa di S. Marco, la facciata tutta dell'Orologio coi due Giganti al disopra, che si vedeano propriamente a battere le ore; ed una parte delle Procuratie Vecchie; gli Stendardi, il Campanile, e la Zecca tutta con tutte le persone, che in quel gran tratto di Piazza venivano, ed andavano per ogni parte; e si distinguevano in modo che indicandole si dicea: Questi è il tale che viene al Casotto; ecco là colui che pesa de' pomi per quella Maschera; guardate che gli conta il denaro; vedete qui due cani che sono alle prese insieme. Alcuni uscivano dal Casotto, e faceano al di fuori delle scappellate, prendeano tabacco, si soffiavano il naso, o «cose simili» per farsi vedere, e ritornando entro si facea loro festa col racconto di ciò, che si era veduto da essi fare. Nei due angoli opposti vi erano gli altri due quadri; uno al sinistro, che facea vedere il Molo della Piazzetta, la Riva, degli Schiavoni; il Lido…[11].

Quello che Lorenzo descrive sembra un grandangolo. La veduta descritta è certamente animata, come ripresa dal vivo, con un via-vai di gente e varie scenette che ci ricordano l'istantanea di Giandomenico (ma qui l'orientamento è invertito), o anche le vignette di Longhi (ma lí la veduta era ristretta allo spazio in penombra sotto le arcate del Palazzo Ducale o della Zecca). Rispetto a Tiepolo e Longhi, la prospettiva è invertita anche in un altro senso. Qui non è il dispositivo l'oggetto – per quanto seminascosto – della rappresentazione, e per una ragione semplice: ci siamo dentro. Il centro focale sembra essere l'effetto su chi entra ed esce dal casotto, come in una *candid camera*. Con un'importante differenza: chi ha sperimentato il casotto sa, quando esce, di essere osservato e agisce, o recita, di conseguenza, per farsi notare. Un'altra variazione sul tema del Teatro e del Mondo e un'altra manifestazione del voyeurismo sociale satirizzato da Giandomenico. Coloro che entrano ed escono dal casotto si scambiano le parti e, da attori, ritornano spettatori, o *voyeurs*. Per esaurire la curiosità del Conte, il Religioso descrive i due quadri rimanenti, che estendono la panoramica a 360 gradi:

> Il sinistro dei due quadri agli angoli che le dicea, facea adunque vedere il Molo della vicina Piazzetta; La riva suddetta [la Riva degli Schiavoni], il Lido, l'Isole a quella parte situate, e S. Giorgio-Maggiore con tutte le Navi, e Barche grosse; e minute, che o stavano, o passavano entro a quel tratto di Laguna: Feriva la fantasia il vedere lo scintillamento dei raggi Solari riflettuti dall'ondeggiamento dell'acqua scossa dallo sbattimento de' remi. L'altro al destro, che dava la stessa animata pittura nel prospetto del Canal, della Giudecca, della Dogana, e del Tempio della Salute[12].

Nel casotto dei Selva ciò che è visibile all'esterno si riflette dunque all'interno, tanto il panorama quanto il teatro sociale. Resta l'interrogativo su cosa veramente siano i «quadri animati», quale sia la natura di questa animazione: si tratta di vedute dipinte che riproducono perfettamente lo spettacolo della piazza e del bacino, una versione ridotta della galleria dell'abate Gazzera al Palais Royal? Oppure si tratta di un «mondo nuovo» a rovescio, con le finestrelle o feritoie prospetticamente aperte sull'esterno, in modo da incorniciare come in un quadro – e permettere dunque di «spiare» dal vivo – la scena fuori dal casotto? La maniera in cui Lorenzo descrive la reazione dei visitatori non lascia dubbi sul fatto che di veduta dal vivo effettivamente si tratti. Ecco allora la terza ipotesi, già ventilata: il casotto è l'architettonico apparato di un teatrino ottico e si parla di «quadri» solo per analogia, perché le vedute che contiene sono effettivamente ottenute tramite l'«occhio artifiziale» di cui parla Algarotti, una camera ottica in cui si può entrare e sulle cui pareti sono proiettati i riflessi del mondo esterno. Il resto della descrizione lo conferma. Un ulteriore meccanismo è infatti all'opera nel casotto e lo rende un dispositivo piú complesso di un semplice «mondo nuovo» e anche del cosmorama dell'abate Gazzera:

> Nel mezzo poi del Casotto vi era una gran Vasca sul pavimento chiusa in quadro da un poggiuolo, da cui guardando al fondo di tela con apparecchio candido si vedeano successivamente comparire tutti gli oggetti, che erano visibili sull'orizonte dalla cima del coperto del Casotto, sopra di cui vi era una piccola macchinetta, che fatta dolcemente girare d'intorno, ne tramandava la vivente imagine loro nel fondo della Vasca[13].

Un quarto quadro animato è dunque visibile in questa «vasca», incorniciato dalla balaustra a cui si appoggiano, per guardarvi dentro, i visitatori: il meccanismo descritto da Selva è una lanterna girevole poggiata sul tetto del casotto, simile a quella che abbiamo visto nelle varie raffigurazioni del «mondo nuovo». Ma qui, alla funzione di illuminazione delle vedute se ne aggiunge un'altra: un sistema di specchi o di lenti che, ruotando, riflette l'intero orizzonte del visibile e lo proietta sulla tela nella «vasca», offrendo una panoramica completa di ciò che i tre quadri descritti prima mostravano ciascuno da una particolare angolatura o prospettiva. Se la *candid camera* menzionata in precedenza si riferiva al voyeuristico effetto dell'apparato, l'«apparecchio candido» menzionato da Lorenzo è un riferimento al bianco quasi trasparente della tela, capace di catturare i riflessi evanescenti del mondo esterno. Sembra da escludere che, con quell'espressione, Lorenzo si riferisse invece a un antecedente della «camera lucida» brevettata da William Hyde Wollaston nel 1806, ma già descritta da Keplero nel suo *Dioptrice* due secoli prima. Vedremo però che questo riferimento a un dispositivo pittorico non è del tutto senza merito e si offrirà a ulteriori speculazioni, corroborate anche da quanto scrive Algarotti nel *Saggio sopra la pittura*.

Prima di proseguire, sottolineiamo tuttavia quanto abbiamo stabilito fin qui: il teatro ottico dei Selva esibito in piazzetta per la meraviglia di curiosi, turisti e, soprattutto, dei loro aristocratici clienti, incluso il misterioso Principe Sovrano menzionato dal Religioso, è un altro suggestivo cosmorama veneziano, ottenuto con una sorta di meccanismo ibrido: una combinazione di camere ottiche e di una lanterna girevole, un apparato che produce un effetto complessivo di immersione non troppo diverso da quello ottenuto con i nostri visori per la realtà virtuale: «Le assicuro Sig. Conte, – esclama il Religioso, – non si potea pensare piú delizioso trattenimento, e quel Principe n'era sorpreso, e come incantato non sapea partirsene. Il Casotto ogni mattina prima del pranzo era da me visitato, e lo ritrovava pieno di Nobiltà»[14].

2. *L'interiore del nostro occhio.*

Stabilito che il casotto dei Selva è una sorta di «mondo nuovo» alla rovescia, al cui interno buio operano una combinazione di camere ottiche e una lanterna magica (il meccanismo ruotante sul tetto), possiamo allargare lo sguardo al contesto artistico e scientifico in cui questo gioco si inserisce, ulteriore variazione sul tema del realismo virtuale. Sarà questa la prospettiva che adotteremo, soffermandoci su alcuni sviluppi settecenteschi della lunga storia della camera oscura. Possiamo prendere le mosse da una descrizione canonica, per quanto riguarda il contesto veneziano, quella che ne dà Daniele Barbaro circa due secoli prima di Algarotti, nel 1569:

> Ma per hora io toccherò una bellissima isperienza d'intorno alla Perspettiva. Se vuoi vedere come la natura pone le cose digradate, ne solamente quanto ai contorni del tutto, e delle parti, ma quanto i colori, e le ombre, e le simiglianze, farai uno bucco ne lo scuro di una finestra della stanza dove vuoi vedere, tanto grande quanto è il vetro d'un occhiale. Et piglia un occhiale da vecchio, cioè che abbia alquanto di corpo nel mezzo, e non sia concavo, come gli occhiali da giovani, che hanno la vista curta. E incassa questo vetro nel bucco assaggiato. Serra poi tutte le finestre, e le porte della stanza, sí che non vi sia luce alcuna, se non quella, che viene dal vetro, piglia poi uno foglio di carta, et ponlo incontra il vetro tanto discosto, che tu veda minutamente sopra 'l foglio tutto quello che è fuori di casa, il che si fa in una determinata distanza piú distintamente, il che troverai accostando, ovvero discostando il foglio al vetro, sin che ritrovi il sito conveniente. Qui vederai le forme ne la carta come sono, e le digradazioni, e i colori, e le ombre, e i movimenti, le nubi, il tremolar de le acque, il volare degli uccelli, e tutto quello che si può vedere[15].

Notiamo in questa descrizione l'insistenza sugli effetti naturali della camera oscura, coerente con il paradigma di un realismo virtuale che caratterizza le immagini catturate, o prodotte, dagli strumenti ottici che stiamo esaminando. Elemento essenziale di questo realismo è l'animazione dei quadri dal vero ottenuti con il sistema di proiezioni della camera oscura, che accentua la vividezza della visione naturale: le forme, le ombre e i «movimenti» di nubi e acque. Un dettaglio che ci riporta a una delle prime descrizioni del dispositivo nella tradizione rinascimentale italiana, quella data da Antonio Manetti dell'esperimento di Filippo Brunelleschi: il quadretto del Battistero ottenuto con un sistema di specchi posizionato dirimpetto, pochi metri entro la penombra del Duomo. Infine, notiamo come il potere di concentrazione e magnificazione della lente convessa applicata alla «finestra» aperta sul mondo sia quello di cogliere la totalità del visibile. Ciò conferma che il sistema di proiezioni escogitato dai Selva per il loro casotto è anche una dimostrazione prospettica, una quadruplice inquadratura – tre scorci e una panoramica – volta a dare un effetto complessivo di immersione. Le lenti applicate ai vari punti di osservazione consentirebbero di raddrizzare l'immagine (rovesciata naturalmente) prodotta dalla luce convogliata dalle aperture, in modo del tutto simile a quello che avviene nel nostro occhio, come osservato da Algarotti[16].

Questa analogia tra la camera oscura e l'anatomia dell'apparato visivo era ben consolidata. Leonardo l'aveva già suggerita nei suoi taccuini e Giambattista Della Porta l'aveva ripresa nella sua *Magia naturalis* (1558), espandendola nell'edizione del 1589, in cui giunge a ipotizzare un sistema teatrale e narrativo completo di scenario, attori e accompagnamento musicale[17]. Nei primi anni del Seicento, Keplero aveva accennato a un esperimento di «magia» dello stesso Della Porta, che avrebbe usato una sfera di cristallo per produrre l'impressione di immagini galleggianti nell'aria. Come è noto, fu Keplero a fornire la spiegazione dell'inversione retinica, in cui la pupilla ha la funzione di una finestra e il corpo cristallino quella di uno schermo[18]. In *A History of Optics. From Greek Antiquity to the Nineteenth Century*, Olivier Darrigol sottolinea come, in questa spiegazione, Keplero avesse usato l'analogia «del quadro virtuale» descrivendo l'immagine proiettata sulla retina come equivalente a quella dipinta su una tela o su un foglio di carta (il termine usato da Keplero era *pictura*)[19]. Keplero aveva distinto questa immagine reale impressa sulla retina dalla sua proiezione virtuale, che si forma nella mente, per la quale aveva usato il termine *imago*, un'«ombra» simile alle immagini fluttuanti della messa in scena di Della Porta[20].

Riprendendo la terminologia di Keplero, si potrebbe definire il teatrino ottico dei Selva, o almeno la descrizione che ne viene data da Lorenzo nei *Dialoghi*, come un gioco sul dualismo dell'immagine, reale e virtuale. La magia pratica che produce, per la meraviglia dei suoi visitatori, è fatta tanto di *picturae* (i «quadri animati» sulle pareti) quanto di *imagines* (la proiezione cangiante nella vasca). Non solo, ma si può ipotizzare, anche se non viene affermato esplicitamente da Lorenzo, che questo cosmorama rovesciato di Venezia, una simulazione immersiva dello spettacolo ammirato da tanti turisti del Grand Tour, sia anche un'implicita dimostrazione della teoria kepleriana, realizzando quello che Algarotti, nel Dialogo secondo del suo *Newtonianismo per le dame*, invita la sua interlocutrice a fare per verificare in prima persona le proprietà della camera oscura: «Ma che direte voi quando in questa camera oscura io vi dirò: immaginatevi di essere in uno dei vostri occhi; e di vedere ciò che vi si fa»[21]. Una camera oscura, Algarotti aggiunge, con un pizzico di ironia, non è poi «il peggior luogo del Mondo per trattenere una Dama» [*Fig. 28*].

Algarotti sviluppa per esteso l'analogia:

> La camera oscura è l'interiore del nostro occhio, ch'è della figura a un dipresso d'una palla [...]: il foro nella finestra è la pupilla [...] la lente è l'umor cristallino [...] la carta su cui si riceve l'immagine degli oggetti, è la retina formata da' filamenti e dalla sostanza midollare del nervo ottico, che è dalla parte di dietro attaccato all'occhio, e che è il gran canale di comunicazione tra esso, ed il cervello [...]. Mercè tutto questo apparato, non altrimenti che nella camera di poc'anzi, si dipingono sulla retina in miniatura gli oggetti esteriori, e noi vediamo[22].

Comune dunque all'apparato anatomico dell'occhio umano e a quello artificiale della camera oscura è un effetto di miniaturizzazione che abbiamo visto già all'opera nel «mondo nuovo», descrivendolo come un versione «in minore» del gran teatro del mondo. Algarotti insiste sull'importanza della lente, quella naturale nel cristallino come quella artificiale nella camera oscura, dilungandosi sulle conseguenze diagnostiche per i casi di cataratta e «gutta serena», rispettivamente l'opacizzarsi del corpo cristallino e l'ostruzione o distacco del nervo ottico, che interrompe la comunicazione dell'immagine tra la retina e il cervello[23]. Conseguenza della prima è un rabbuiarsi della visione di chi ne è affetto, come avviene in una camera oscura senza lente (o in una giornata senza sole) in cui si addensano le ombre e gli oggetti perdono i contorni:

28. Marco Pitteri, incisione da un disegno di Giovanni Battista Piazzetta, frontespizio da Algarotti 1737.

> Ma siccome la pittura nella stanza oscura è molto piú debole, e confusa, quando non si applica al foro di essa una lente, cosí lo è quella, che si fa sulla retina di costoro, allorché non v'à piú innanzi alla pupilla l'umor cristallino, che è la lente dell'occhio[24].

La costruzione di lenti è la specialità dei Selva e, nella descrizione che Lorenzo dà della camera oscura per introdurre la discussione del casotto paterno nei *Dialoghi*, l'accento è posto proprio su questo aspetto tecnico e sulla varietà dei tipi di camera concepiti e costruiti da Lorenzo in prima persona:

> ... ne faccio di Portatili in diverse maniere ad uso particolarmente de' Disegnatori con Padiglione; e suo Tavolino da rinchiudersi entro a disegnare; e facili al trasporto, ed anche da stabilir in qualche stanza, levandomî del comune con particolari idee; in estensione di 10, 12, e 15 piedi, con ispecchio di metallo a maggior perfezione, e con vari giuochi; come quelle fatte da mio Padre vedere nella Pubblica Piazza[25].

All'aspetto ludico-sperimentale si aggiunge dunque quello che ci riporta all'intreccio tra scienza ottica e arte della pittura, o del disegno. Le camere oscure di varie dimensioni, a padiglione o camerino, di cui parla il giovane Selva sono infatti strumenti comunemente usati dai disegnatori nel Settecento e nel secolo precedente, inclusi in particolare, come vedremo, i vedutisti veneziani [*Fig. 29*]. Come detto, Algarotti vi dedica un'intera sezione nel *Saggio sopra la pittura* dove, riprendendo l'analogia con l'apparato anatomico, ne tesse le lodi come di un dispositivo particolarmente utile a chi deve farsi la mano, perché nella camera oscura si possono ammirare quadri dipinti dalla mano stessa della Natura: «Simili quadri gli dipinge la Natura del continuo nell'occhio nostro»[26]. Il *Saggio sopra la pittura* di Algarotti è anche un manuale pratico, secondo una tradizione di epistemologia artigianale risalente almeno al Quattrocento (a Leon Battista Alberti). Dal nostro punto di vista, questo conferma il paradosso del realismo virtuale come paradigma moderno in cui culmina il prospettivismo rinascimentale di cui abbiamo visto una formulazione nella descrizione della camera oscura di Daniele Barbaro: «L'estremo inganno al servizio dell'assoluta veracità»[27]. Il tutto mediato dalla tecnologia. In questo, Algarotti è un perfetto rappresentante del suo tempo.

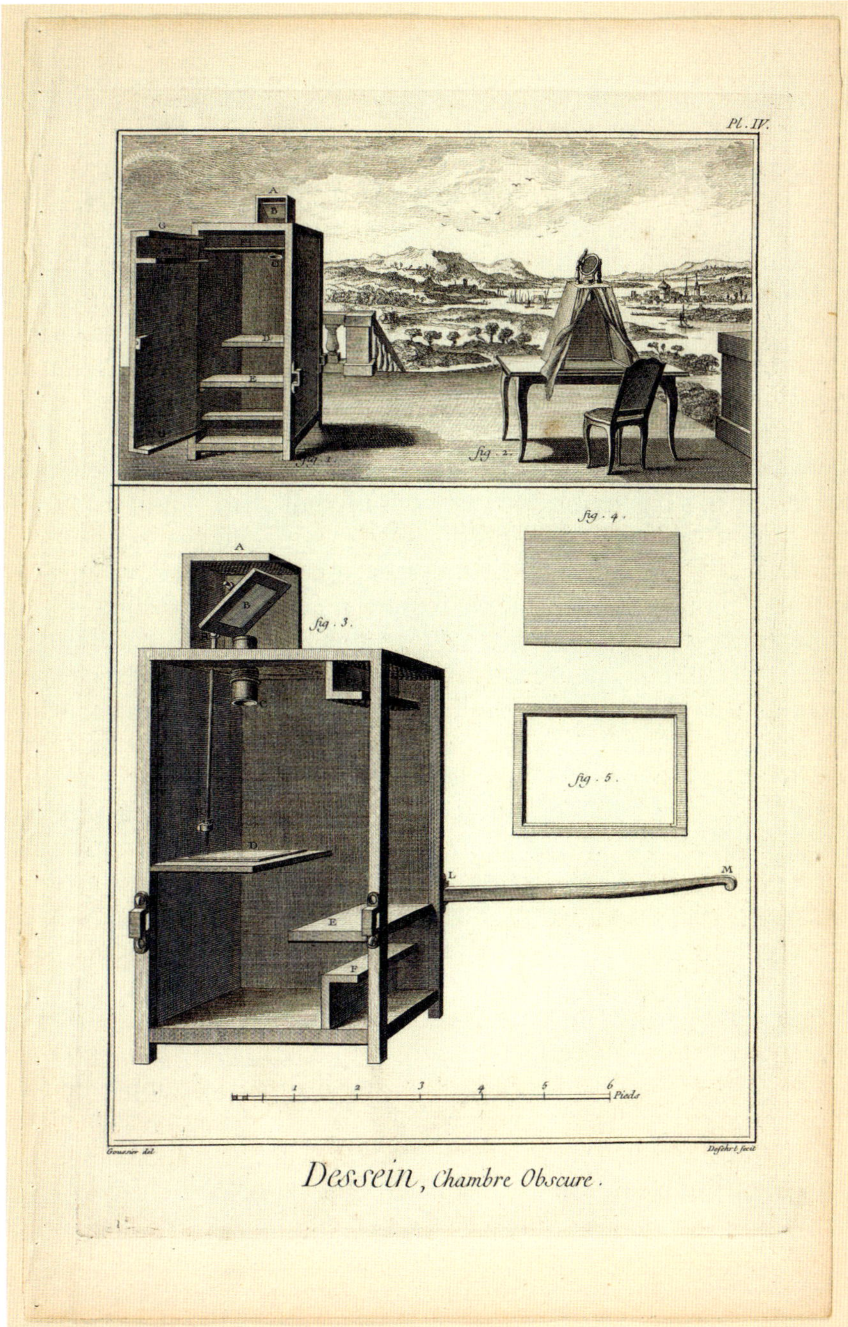

29. Antoine-Jean Defehrt, da un disegno di Louis-Jacques Goussier, *Camera obscura*, incisione dall'*Encyclopédie* di Diderot e D'Alembert, Paris 1751-72.

3. *Epistemologia pittorica.*

L'applicazione pratica dell'analogia tra occhio naturale e occhio artificiale fa sí che essa non rimanga pura curiosità o speculazione filosofica, ma diventi un modello estetico-epistemologico, e tale modello è incorporato nella camera oscura[28]. L'occhio artificiale che simula («contraffà», come dice Algarotti) l'anatomia e la visione umana, diventa anche il modello retroattivo per una spiegazione di quest'ultima, e dell'operare della Natura. Ottica ed estetica, teoria e pratica si incrociano in questo ragionamento: da una parte, la camera oscura modellizza l'apparato della visione, rendendocelo comprensibile in tutte le sue parti e funzioni; dall'altra, è uno strumento che consente al pittore di produrre immagini piú realistiche, ossia piú fedeli all'operare della natura stessa quando dipinge i riflessi delle cose sulla nostra retina come fossero quadri animati. Questi quadri di mano della Natura sono a loro volta il modello cui il pittore deve aspirare. Nei suoi scritti, Algarotti spinge l'elogio della camera oscura piú in là di alcuni suoi illustri contemporanei, come ad esempio Joshua Reynolds che, nel tredicesimo dei suoi *Discorsi sull'arte*, tenuto nel 1786 agli studenti della Royal Academy of Arts in occasione della consegna dei premi, ammoniva che le vedute prodotte «con tutta la verità della camera oscura» non sono comunque all'altezza di un quadro della stessa scena di mano di un grande artista[29]. La scena sarà pure la stessa, ma la differenza è nella maniera in cui viene presentata all'occhio, afferma Reynolds sviluppando il tema del discorso, la superiorità dell'immaginazione sulla pura mimesi. Il vero potere creativo dell'artista sta tanto nella sua capacità di selezionare il proprio materiale quanto in quella di elevare il suo stile. Reynolds porta tre esempi, a sintetizzare il gusto del tempo: Poussin che con i suoi quadri ci trasporta nell'antica Roma, «con tutti gli oggetti che un'educazione letteraria rende cosí preziosi e interessanti»; Sebastian Bourdon, che ci trasporta «nell'oscura antichità delle piramidi di Egitto»; e Claude Lorrain che ci immerge «nella pace delle scene di Arcadia»[30].

Concentrandosi sul potere dimostrativo della camera oscura, l'argomentazione di Algarotti sembra prendere un'altra direzione, piú tecnica, insistendo come abbiamo visto sui meccanismi della visione, sull'occhio dunque, e sulla capacità del dispositivo di aumentare anche il nostro discernimento della realtà. Leggiamo infatti nel *Saggio sopra la pittura*:

> Né punto è da stupirsi, che con tale ordigno quello arriviamo a scernere, che altrimenti non faremmo. Quando noi volgiam l'occhio ad un oggetto per considerarlo, tanti altri ce ne sono dattorno, i quali raggiano ad un tempo medesimo nell'occhio nostro, che non ci lasciano ben distinguere le modulazioni tutte del colore e del lume che è in quello, o almeno ce le mostrano mortificate, e piú perdute quali tra il vedi e il non vedi. Dove per contrario nella Camera Ottica la potenza visiva è tutta intesa al solo oggetto che le è innanzi; e tace ogni altro lume che sia[31].

Con un'elegante ed eloquente sinestesia, Algarotti sintetizza le virtú dell'occhio artificiale: mettendo a fuoco un singolo oggetto, o meglio la sua virtuale immagine riflessa, esso esclude le ombre degli altri oggetti che si addensano o fluttuano come un rumore di fondo, o un «basso continuo», nell'affollato campo visivo della nostra esperienza quotidiana della realtà, costantemente sospesa tra il vedere e il non vedere. Possiamo considerare questa osservazione una risposta implicita a quanto sostenuto da Reynolds. L'uso della camera può aumentare la facoltà di selezione, oltre che rendere piú precisa la mano di chi la usa. Insistendo sull'analogia del quadro virtuale, Algarotti sottolinea non solo gli effetti prospettici («lo innanzi e lo indietro», nel gergo dei pittori) ma anche le sfumature di un'immagine resa con tutte le sue gradazioni di luce e colore[32]. Strumento prospettico miniaturizzante e modellizzante, la camera oscura nondimeno esalta la realtà percepita con tutte le sue sfumature, incluse le ombre che non occludono piú, ma esaltano la vista:

> E in ciò consiste quella prospettiva, che chiamasi aerea, quasi che l'aria posta tra l'occhio e le cose, come le adombra un tal poco, cosí ancora le logori e se le mangi. In essa prospettiva sta una gran parte dell'arte pittorica per ciò che si spetta agli sfuggimenti, agli scorci, allo sfondato del quadro; e per essa aiutata che sia dalla lineare, riescono «Dolci cose a vedere e dolci inganni».

Con una preziosa citazione, Algarotti introduce qui un nuovo elemento, la definizione di quella che potremmo chiamare «prospettiva atmosferica» che, come vedremo, ci permetterà di stabilire a nostra volta una corrispondenza tra gli effetti della camera oscura e la dimensione virtuale, atmosferica appunto, o auratica dell'immagine (*imago*), qualità che si aggiunge alla capacità «lineare» di mimesi del dispositivo (*pictura*). I pittori di vedute sono quelli che si sono avvalsi al meglio di entrambe: «Molto di essa si vagliono i piú celebri pittori che abbiamo oggigiorno di vedute, né altrimenti avriano potuto rappresentar le cose cosí al vivo»[33]. L'effetto atmosferico, o auratico, si collega dunque alla qualità che abbiamo riscontrato negli scorci prospettici dei «quadri animati» nel casotto dei Selva. Un aneddoto riportato da Algarotti permette di collegarlo anche alla «meraviglia» che lo strumento produce in chi lo sperimenta per la prima volta:

> Mi avvenne un tratto di trovarmi in luogo, dove a un valente professore di pittura fu mostrato per la prima volta un tale ordigno. Da indicibile diletto egli era preso; non potea distaccarsi da quella vista, né saziarsene; mille cose andava provando e riprovando col mettere in faccia al vetro ora quel modello, ed ora questo: E apertamente confessava niente potersi stare a fronte dei quadri di cosí eccellente e sovrano maestro[34].

La meraviglia stimola la sperimentazione: ecco sintetizzate le virtú di questo dispositivo che ne fanno uno strumento essenziale per l'educazione visiva e stilistica dell'apprendista pittore. Come se, per suo tramite, fosse la stessa Natura maestra a guidare la mano, una perfetta epistemologica sintesi della collaborazione di scienza e arte nell'apprenderne l'operato e imitarne il modello:

> Quell'uso che fanno gli Astronomi del cannocchiale, i Fisici del microscopio, quel medesimo dovrebbon fare della Camera Ottica i pittori. Conducono egualmente tutti cotesti ordigni a meglio conoscere, e a rappresentar la Natura[35].

Grazie alle sue lenti, da semplice ingegnoso strumento – un'«industriosa macchinetta», per usare la definizione goldoniana del «mondo nuovo» – la camera oscura si fa dispositivo modellizzante e virtualizzante. In una pagina del *Newtonianismo per le dame* in cui Algarotti riprende la descrizione di Barbaro completando l'analogia del «quadro virtuale», egli di fatto rovescia l'opinione di Reynolds secondo cui la mano (l'immaginazione) del pittore sarà comunque superiore alla mimesi prodotta dall'apparato:

> Se ad un foro fatto nella finestra d'una camera oscura si applicherà una lente, e dietro in faccia ad essa si porrà in una certa distanza una carta bianca, voi vedrete sopra questa dipingersi al rovescio tutti gli oggetti, che son fuor della finestra, e massime quelli che stanno dirimpetto alla lente con una vaghezza, vivacità e mollezza di colori, che un paese di Claudio di Lorena, o una veduta del Canaletto vi perderebbono molto al paragone[36].

Non potrebbe tessersi elogio piú eloquente della «macchina». La prospettiva aumentata che essa offre combina *pictura* e *imago*, precisione lineare e ricchezza «atmosferica» di ombreggiature, conferendo ai suoi quadri un'animazione impareggiabile che anche i piú illustri paesaggisti e vedutisti non possono che tentar di imitare:

> Il moto poi, e la vita che anima da per tutto questo quadro, non vi posso esprimere quanto piacer cagioni. Gli alberi son realmente scossi quà, e là dal vento, e l'ombre loro ne secondano il moto; gli armenti saltellano; cammina realmente il Pastore; una Nave veleggia da un capo all'altro del quadro, e il Sole variamente scherza sull'onda rotta, e gorgogliante. La Natura si ritrae essa stessa al rovescio , e in miniatura[37].

Nella camera oscura, dispositivo a retroazione che simula l'organo della visione umana, la Natura si rispecchia in un'immagine miniaturizzata e virtuale di se stessa, una simulazione del reale e del vivente che consegue ciò che la pittura ha perseguito per secoli e continua a perseguire: «l'estremo inganno al servizio dell'assoluta veracità». È ciò che il teatro ottico dei Selva, con i suoi quadri virtuali e le sue lenti, mette in scena. Ed è ciò che affascina i suoi visitatori.

Capitolo secondo
Un diorama mobile

> L'individuo civilizzato copia in se stesso lo stato a cui la società è ridotta dall'incivilimento come una camera oscura ricopia in piccolissimo una vasta prospettiva. Non piú moto né in questa né in quello. Questa corrispondenza non è né casuale né frivola.
>
> ... tutto l'effetto dipende dalla camera oscura piuttosto che dall'oggetto reale.
>
> GIACOMO LEOPARDI[1].

1. *Vedute cangianti.*

La camera oscura non è l'unico dispositivo con cui disegnatori e pittori possono ottenere immagini vivide e fedeli della realtà visibile. Abbiamo già menzionato la camera lucida di Wollaston, che permette di tracciare i contorni degli oggetti riflettendoli su un foglio attraverso un vetro prismatico montato sopra un braccio semovente; e si potrebbe anche ricordare il cosiddetto «vetro di Claude», denominato cosí per l'uso che ne faceva Claude Lorrain per dipingere i suoi ameni paesaggi che poi trasfigurava in Arcadia. Un dispositivo, quest'ultimo, capace secondo alcuni di riflettere la Natura con piú forza, purezza e definizione della stessa camera oscura, «perché il suo riflesso è semplice e gli oggetti vi sono dipinti istantaneamente»[2]. Entrambi questi strumenti eludono la necessità di isolare lo sguardo entro una zona d'ombra.

Contrapponendo alla capacità mimetica, o meglio enfatizzando come dimensione specifica di quest'ultima, la prospettiva «aerea» o atmosferica, Algarotti mette l'accento su ciò che la camera oscura rende al meglio: la realtà percepita, in questo fedele a un sensismo che lo fa dilungare, ad esempio nel Dialogo terzo del *Newtonianismo per le dame*, sul senso del tatto e il suo ruolo nel completare un'esperienza visiva che abbiamo definito sensorialmente «aumentata». Come ha osservato Massimo Mazzotti, sperimentalismo newtoniano e sensismo si associano in Algarotti, il che condusse Voltaire a rimarcare che Algarotti conosceva bene sia il «suo Locke che il suo Newton». *Il newtonianismo per le dame* contiene una sintesi, a fini pedagogici e divulgativi, di entrambi i padri della filosofia moderna[3]. L'occhio artificiale della camera oscura riassume perfettamente l'epistemologia «radicalmente sensista» esemplificata anche dagli esperimenti di Algarotti con la rifrazione prismatica[4]. I processi naturali e i dispositivi disegnati a simularli sono legati da un meccanismo a retroazione e questo proto-cibernetico modello sta alla radice tanto della popolarizzazione ludica della scienza ottica quanto della pratica artistica e artigianale che informa l'innovazione tecnologica. Il teatrino ottico dei Selva condensa tutti questi significati, autentica dimostrazione della loro premiata ditta a beneficio di potenziali clienti.

«Il moto poi, e la vita che anima da per tutto questo quadro, non vi posso esprimere quanto piacer cagioni». Con queste parole, abbiamo visto, Algarotti sintetizza l'effetto estetico, il «dolce inganno», che la camera produce. Pochi decenni dopo, nella nota del suo *Zibaldone* riportata in epigrafe, il giovane Leopardi metterà in questione la capacità del dispositivo di riflettere il moto della vita, collegando questa osservazione alla sua critica dell'incivilimento, l'avvento della ragione che spegne o disanima l'immaginazione[5]. Questa riflessione critica di Leopardi si può collegare alla nostra tesi: uno degli aspetti di quello che Leopardi chiamava «incivilimento», e noi potremmo chiamare «modernità», è una virtualizzazione del reale cui subentra, negli stadi avanzati, un'ancora piú ingannevole realizzazione del virtuale, di cui siamo oggi testimoni. Da questo punto di vista, anche l'animazione dei quadri di cui abbiamo parlato rimane un inganno e non prelude solo alla realizzazione dell'immagine-movimento, come una prospettiva precinematica potrebbe arrivare a concludere. In altre parole, l'osservazione di Leopardi anticipa chi, come André Bazin, avrebbe parlato dell'effetto di «mummificazione» dell'immagine-movimento, un concetto che complica ogni forma di realismo ingenuo, applicato alla pittura o al cinema. Ci torneremo.

La prospettiva di Algarotti è diversa. Mettendo in rilievo quel «di piú» di realtà che il quadro dipinto dalla Natura e miniaturizzato dalla camera oscura produce, Algarotti implicitamente suggerisce che anche le vedute di Canaletto e di altri famosi vedutisti, ottenute con questo dispositivo, risultano «piú vere» dei quadri prodotti a occhio nudo. Questa verità aumentata dell'immagine ne definisce anche la virtualità, oltre che il fascino che questa esercita sull'osservatore. Lo verificheremo in seguito. Prima precisiamo meglio cosa intendiamo per virtuale, a questo punto del nostro percorso: una combinazione di mimesi e immaginazione, *picturae* e *imagines*, per riprendere ancora una volta la terminologia di Keplero. Trasponendo il centro focale della visione «dalla retina a quel luogo misterioso in cui la mente e il cervello si incontrano», la distinzione kepleriana «colpisce la teoria prospettivista [...] al suo cuore epistemologico»[6]. È su questo aspetto che ci dobbiamo concentrare. La «quarta» dimensione dell'immagine ottenuta con la pseudo lanterna magica montata sul tetto del casotto dei Selva sembra proprio indicarci questa strada.

Riprendendo l'esperimento «magico» di Della Porta (le immagini fluttuanti in una «sfera»), la messa in scena del casotto mette egualmente in luce, nel buio della camera oscura, una fondamentale ambiguità epistemologica: con tutti i suoi apparati, telescopi, microscopi costruiti sul modello della visione umana, protesi volte a potenziarne la facoltà naturale, la scienza ottica insegna che non possiamo fidarci dei nostri sensi e abbiamo bisogno di «aumentarli» per ottenere una visione piú «vera» della realtà. Come la Marchesa fa notare al suo interlocutore nel *Newtonianismo per le dame*, «noi siamo ogni momento ingannati, poiché se cosí è pur come voi dite, le cose ci appaiono ben diverse da quello che in fatti sono»; al che Algarotti risponde che certamente la nostra condizione è strana: «Il nostro sapere poco va innanzi senza la scorta de Sensi» che «ci fan credere tutto giorno cose, di cui poi o un senso piú affinato, o la ragione, senza per altro rischiararci, ci disinganna»[7]. I giochi ottici e le meraviglie degli specchi, affinando i nostri sensi, mettono in risalto proprio questa aporia: «Del resto infiniti sono i giuochi, che un occhio Filosofico s'accorge tutto giorno avvenire dal mutar direzione, che fanno i raggi, non solo per via di rifrazioni, ma di riflessioni ancora. Quindi vengono le meraviglie tutte degli specchi concavi...»[8].

Della qualità cangiante, «camaleontica» dei raggi prospettici aveva già parlato Leon Battista Alberti nel primo libro del *De pictura* quando, descrivendo la piramide rovesciata prospettica e parlando dei raggi mediani, scrive che questi si comportano come «si dice del camaleonte e di altri animali che, quando colpiti dalla paura, assumono i colori delle cose vicine per non farsi scoprire facilmente dai cacciatori»[9]. Nel teatro ottico allestito in piazza dai Selva, quadri animati e viventi, prospettiche *picturae* reali e fluttuanti *imagines* mentali, riproduzioni perfette del mondo esterno e ombre della realtà, concorrono a produrre una «magia sperimentale» congegnata per destar meraviglia nei suoi visitatori. Ma nel casotto dei Selva, ragione e sensi sono entrambi attivi, sia nella sua costruzione che nello spettacolo che offre. Occhio artificiale e occhio filosofico collaborano in un ludico esperimento, un gioco che coinvolge tanto l'intelletto quanto l'immaginazione, in cui l'illusione dimostra la scienza e la scienza produce l'illusione, in perfetta consonanza con l'intento pedagogico che anima il bestseller di Algarotti, in cui Newton e Locke si danno la mano. Dopotutto, proprio quest'ultimo, il padre del sensismo, nel *Saggio sull'intelletto umano* aveva paragonato il nostro intelletto a una stanza oscura:

> La sensazione esterna e quella interna sono le sole vie [*passages*] che io sappia trovare per le quali la conoscenza passa dall'intelletto. Per quanto mi riesce di vedere, queste soltanto sono le finestre attraverso le quali la luce penetra in questa *camera oscura* [*dark room*]. Infatti, mi sembra che l'intelletto non sia dissimile da un ripostiglio interamente chiuso alla luce, che abbia soltanto qualche piccola apertura che lasci entrare similitudini [*resemblances*] visibili o idee delle cose esterne. Se le immagini [*pictures*] che entrano in questa camera oscura vi rimanessero e si disponessero cosí ordinatamente da essere trovate in ogni occasione, questa camera somiglierebbe molto all'intelletto di un uomo per quanto si riferisce agli oggetti visibili e alle idee che ne abbiamo[10].

Nel casotto dei Selva, il meravigliato visitatore non si trovava dunque soltanto all'interno (moltiplicato) dell'occhio, ma anche, simbolicamente, dentro lo stanzino di Locke, un modello complesso del nostro intelletto fondato sulla percezione sensoriale. Non solo la camera oscura fornisce una guida per i pittori e un modello analitico dell'occhio umano, ma a completare il suo potere virtualizzante è in grado di produrre visioni che ingannano o illudono lo spettatore, effetti «magici» del tutto consistenti con lo sperimentalismo settecentesco[11]. I quadri animati e il teatrino vivente esibiti al suo interno, il cosmorama di Venezia rappresentato dal vivo, sono molto piú che semplici copie (*picturae*) o riflessi del mondo esterno: rappresentano idee (*imagines*) del mondo come lo percepiamo tramite i nostri occhi e nella nostra mente – le nostre facoltà trascendentali, come Immanuel Kant suggerirà qualche decennio dopo Algarotti[12]. È ciò che ne costituisce il fascino. Nel casotto dei Selva è un'idea di Venezia, una Venezia ideale, e del tutto virtuale, che diviene visibile, in una perfetta esperienza, *ante litteram*, di immersione nella realtà virtuale[13].

2. *Un esperimento controfattuale.*

Nel corso dell'Ottocento, il dispositivo messo in opera dai Selva diventa un'attrazione ampiamente diffusa e di utilizzo comune. Come si diceva, la camera oscura in forma di casotto che consente l'esperienza di una Venezia virtuale, una versione immersiva del cosmorama dei Tiepolo, è lo stesso dispositivo in forma di padiglione o camerino che consente a Canaletto e ad altri vedutisti di produrre le loro realistiche e idealizzate rappresentazioni della città lagunare, isolandosi dall'ambiente ma concentrando in questo modo lo sguardo sulla prospettiva «atmosferica» del quadro da dipingere.

Torniamo allora all'ipotesi che un legame tra il «mondo nuovo» di Giandomenico e il casotto dei Selva, dopotutto, ci sia: che possa trattarsi di due versioni invertite dello stesso spettacolo, descritto ironicamente dall'esterno e osservato lucidamente dall'interno. I tre quadri animati descritti da Selva ci ricordano infatti una serie di vedute dipinte da Canaletto e considerate tra le prime commissionategli da Joseph Smith, all'epoca console britannico a Venezia: *La piazzetta verso la Torre dell'Orologio*, 1729; *La piazzetta verso San Giorgio Maggiore* e *La piazzetta verso Santa Maria della Salute*, entrambi del 1724 circa [*Figg. 30-32*]. Collegando gli uni alle altre, possiamo approfondire ulteriormente il senso del peculiare dualismo delle immagini, realistiche *picturae* e *imagines* virtuali, prodotte tramite la camera oscura.

Si tratta esattamente degli scorci descritti nei *Dialoghi* e, per un attimo, sorge addirittura il dubbio che i quadri animati esposti nel casotto potessero essere semplicemente vedute dipinte, come nella galleria di Gazzera. A sfatare l'ipotesi sul nascere basta constatare che Selva non menziona affatto Canaletto. Scartata dunque questa possibilità, si impone un'altra considerazione: l'uso che Canaletto fa della camera oscura sembra perfettamente coerente con lo sperimentalismo creativo dei Selva e Algarotti, di cui abbiamo parlato sopra[14]. Che esperimento e gioco fossero due lati della medesima immagine ci viene confermato da questo capriccio, dipinto da Canaletto negli stessi anni delle vedute menzionate prima: un gioco ottico che offre una veduta impossibile di San Marco e del Campanile, un'ulteriore variazione sul reciproco rispecchiamento

30. Canaletto, *La piazzetta verso la Torre dell'Orologio*, olio su tela, 1729.

31. Canaletto, *La piazzetta verso San Giorgio Maggiore*, olio su tela, 1724 circa.

32. Canaletto, *La piazzetta verso Santa Maria della Salute*, olio su tela, 1724 circa.

33a-b. Canaletto, *La piazza vista dalla piazzetta con il Campanile e il lato sud di San Marco*, olio su tela, 1744, dipinto originale e immagine speculare.

di una Venezia reale e di una virtuale [*Fig. 33a*][15]. Solo riflettendo l'immagine in uno specchio la veduta è riconoscibile, restituita alla sua prospettiva «naturale» [*Fig. 33b*].

Possiamo ipotizzare che Canaletto abbia prodotto anche questa immagine rovesciata con l'ausilio di una camera ottica, facendo uno di quegli *scaraboti*, o disegni preparatori, che eseguiva spesso in questo modo (un esemplare di camera ottica firmata «A. Canal» si trova al Museo Correr, a Venezia). Il fatto che la serie menzionata sia stata eseguita su commissione del console Smith rende l'ipotesi ancora piú suggestiva. Le vedute in questione segnano infatti l'inizio della fortuna di Canaletto all'epoca del Grand Tour, complice lo stesso Smith che, amico di Algarotti, aveva introdotto a Venezia le opere di Newton, *Opticks* e *Principia*, ed ebbe un ruolo importante nel presentare Canaletto all'aristocrazia britannica[16]. La serie di vedute fu venduta da Smith con il resto della sua collezione a Giorgio III, e venne simmetricamente incorporata nella decorazione di una stanza veneziana nel castello di Windsor: una sorta di privato cosmorama che avrebbe prodotto a chi vi facesse ingresso l'illusione di trovarsi in piazzetta a guardare il famoso panorama da ogni lato per ricomporlo nella propria mente. È allettante pensare a questa stanza veneziana a Windsor come una replica del casotto dei Selva, versione piú adatta a un personaggio regale di un'attrazione da fiera. (Potrebbe essere il giovane George il «Principe Sovrano» menzionato nei *Dialoghi*?).

Se i dipinti erano stati eseguiti almeno una dozzina di anni prima dell'esibizione del casotto, un testimone oculare colloca ancora Canaletto sulla scena intorno al 1760[17]. Lo possiamo immaginare all'opera in una camera a padiglione come quelle costruite e vendute dai Selva. Antonio Maria Zanetti, maestro di Algarotti, osserva in *Della pittura veneziana* (1771) che Canaletto

> insegnò con l'esempio il vero uso della camera ottica; e a conoscere i difetti che recar suole a una pittura, quando l'artefice interamente si fida della prospettiva che in essa camera vede, e delle tinte spezialmente, e delle arie, e non sa levar destramente quanto può offendere il senso[18].

Queste parole sembrano avvicinarlo a quanto sostenuto da Reynolds piú che alle opinioni espresse negli scritti del suo pupillo. Possiamo considerare il capriccio della veduta rovesciata di San Marco un gioco – uno «scherzo» – sull'inganno della veduta speculare? Sappiamo che Canaletto utilizzava la camera ottica al fine di «riprodurre nello spazio elementi architettonici osservati da vicino o vedute di ampio respiro in modo scientificamente responsabile», obiettivo condiviso da altri vedutisti e obbediente al gusto dei committenti[19]. Ma abbiamo anche la prova che Canaletto usava il dispositivo per «riarrangiare immaginativamente edifici ben noti» (ne vedremo un esempio piú oltre)[20]. Ed è senz'altro una felice coincidenza che quell'altra camera ottica, l'occhio di Canaletto, fosse poi applicata al risultato degli *scaraboti* con le loro rapide e sommarie note topologiche, spesso ottenute tramite il dispositivo[21]. In breve, le vedute di Canaletto sono il risultato di una combinazione di occhio artificiale e naturale, quello che potremmo definire, con David Hockney, un colpo d'occhio (*eyeballing*) aumentato dalla tecnologia.

La vera questione per noi è perché una veduta che ognuno aveva sotto gli occhi, come gli scorci e la panoramica di San Marco osservati dalla piazzetta, poteva produrre meraviglia se catturata da un dispositivo come quello esibito dai Selva[22]. Cosa rende quei quadri animati cosí «magici» o accattivanti, se non il fatto che sono prodotti da una macchinetta che riproduce il nostro apparato visivo magnificandolo al punto da consentirci di entrarvi dentro, di vederlo, per cosí dire, in funzione dall'interno? In altre parole, il fascino di questi quadri virtuali sta proprio nella loro «novità» e ingegnosità tecnica. Ma potremmo rovesciare la nostra prospettiva e applicare la questione ai quadri dipinti, alle vedute di Canaletto spesso prodotte con l'aiuto della camera ottica: dove risiede la qualità virtuale che li rende «piú veri» e piú «animati», come suggerito da Algarotti, qualità tanto ricercata dai turisti del Grand Tour, che apprezzavano la copia talvolta piú di quanto non avessero apprezzato l'originale? Usando il termine coniato da Walter Benjamin, le vedute di Canaletto possiedono ancora quell'«aura» che la loro riproduzione tecnica in massa disperderà: «Anche nel caso di una riproduzione altamente perfezionata, manca un elemento: l'*hic et nunc* dell'opera d'arte – la sua esistenza unica è irripetibile nel luogo in cui si trova», scriverà Benjamin[23]. Ma non è proprio questo paradosso della presenza a essere messo in scena nel casotto dei Selva? Al suo interno, la «presenza» nel tempo e nello spazio si duplica e diviene virtuale nel luogo stesso dove «unicamente» si trova. Nella penombra del casotto, una Venezia realistica ma immaginaria viene evocata per la contemplazione divertita e ammirata dell'osservatore: combinazione di *pictura* e *imago*, Venezia e il suo doppio virtuale, altrettanto animato se non ancora piú vivido e «vero» dell'originale, si fondono all'interfaccia di presenza e assenza. Con il suo gioco di mimesi e illusione, il casotto adombra sí le nostre esperienze nella realtà virtuale, con una significativa differenza che potremmo definire «ontologica»: nelle nostre esperienze digitali l'apparato, l'occhio artificiale, ha interamente sostituito l'occhio naturale e anche il riflesso del mondo è prodotto sinteticamente da un dispositivo che tanto piú ci isola dalla nostra presenza attuale quanto è piú efficace nel trasportarci altrove. *Pictura* e *imago* sono ormai fuse, indistinguibili, entrambe interamente virtuali.

3. *Eidophysikon.*

Come testimoniano sia Selva che Algarotti, nella seconda metà del Settecento il piacere dell'immagine dipende dalla sua animazione. È questo un elemento in piú che caratterizza l'aura definita da Benjamin. Le vedute di Canaletto non solo imitano il visibile in tutti i suoi dettagli ma ne registrano l'atmosfera, la percezione «dal vivo». La trasformazione della sensibilità, che si fa solitamente coincidere con il passaggio dal XVIII al XIX secolo, si inserisce nel quadro di una piú ampia riconcettualizzazione della natura, che sostituisce una concezione olistica e spiritualistica a una meccanicistica e riduzionistica, come si direbbe oggi. Chiave di volta di questa riconcettualizzazione è l'idea di un movimento autonomo non regolato da un meccanismo a orologeria, ma da un'energia vitale che pervade le metamorfosi della natura. Tutto ciò si registra anche nei dispositivi ottici. Uno di questi è l'*eidophysikon*, invenzione attribuita a Philip de Loutherbourg.

L'etimologia del termine combina *eidos* (l'«immagine», l'«idea») e *physikon*, da *physis*, una parola che connota la natura come produzione di forme, *natura naturans*, forza generativa. L'*eidophysikon* era una macchina scenica, un apparato multimediale che rimanda alle scenografie barocche, adattate alla sensibilità e al gusto protoromantici del sublime: in una sua recente ricostruzione, su di un piccolo sipario si aggiungono a un diorama mobile effetti drammatici di luci, ombre e suoni, la rappresentazione di una nave che attraversa il mare in tempesta, sullo sfondo di un cielo illuminato a tratti dai lampi. L'*eidophysikon* è dunque un medium di transizione che combina un apparato meccanico e una suggestiva imitazione degli effetti atmosferici, condensando il tutto in un'immagine che registra o rappresenta la natura in movimento. Se il «mondo nuovo» suggeriva il moto, il viaggio virtuale, immergendo l'osservatore in un'immagine fissa, un quadro o una stampa, trasportandolo altrove nell'immaginazione, l'*eidophysikon* fa del movimento e della sua percezione il medium di un'esperienza visiva e multisensoriale volta a catturare la natura cangiante delle cose [*Fig. 34*].

Una visione in movimento anima anche la descrizione degli effetti di luce percepiti da Goethe su una gondola che attraversa dolcemente (per echeggiare il termine usato da Algarotti) la laguna di Venezia, in data 8 ottobre 1786. La descrizione è introdotta da una nota che ci riconduce al rapporto tra *pictura* e *imago* interiore: «È un fatto – scrive Goethe – che l'occhio si conforma agli oggetti che vede fin dall'infanzia, e quindi è indubbio che il pittore veneziano debba vedere ogni cosa in una luce piú chiara e piú serena degli altri uomini»[24]. Per inciso, il poeta tedesco era a sua volta

34. Edward Francis Burney, *Guardando l'«eidophysikon» di Philip James de Loutherbourg*, disegno acquerellato su carta, 1782.

singolarmente predisposto ad apprezzare la visione in movimento offerta da una gondola: «un bel modellino di una gondola» posseduto dal padre era stato uno dei balocchi preferiti della sua prima infanzia. Ecco la descrizione:

> Quando, attraversando la laguna nel fulgore del sole, vidi spiccare sui profili delle gondole l'agile guizzo variopinto dei gondolieri intenti al remo, quando io vidi le loro figure disegnarsi nell'aria azzurra sulla superficie verde chiara, in quel momento vidi il piú bello, piú vivo quadro di scuola veneziana. La luce solare abbagliante esaltava le macchie colorate, e le parti in ombra erano cosí luminose che a loro volta potevano valere quasi come luci. Lo stesso era a dirsi dei riflessi dell'acqua color verde mare. Tutto era come dipinto *chiaro su chiaro* [in italiano nel testo], e l'onda schiumosa e gli scintillii che vi balenavano erano gl'indispensabili tocchi di rifinitura[25].

Si stabilisce dunque un rapporto tra l'esperienza presente, l'immersione in dolce moto nella limpida atmosfera del «cosmorama» veneziano, osservata «con gli occhi del pittore», e la qualità propria della scuola pittorica veneziana, la visione luminosa che anima i quadri di Tiziano e Paolo Veronese[26]. Una corrispondenza biunivoca, quasi un meccanismo a retroazione governa percezione e riflessione, l'*imago* interiorizzata e la *pictura* che la (ri)produce. Nulla sembrerebbe piú lontano dal newtonianismo sensista di Algarotti della teoria dei colori goethiana, che include osservazioni sulla post-immagine, la traccia mnestica lasciata dalla percezione sensoriale, e sul colore delle ombre. Ma se è vero che, per Goethe, ciò che conta sono i «colori fisiologici», ossia i colori come effettivamente percepiti, qualcosa di simile si esprime nella qualità della prospettiva «aerea» di cui parla Algarotti, che registra ciò che si frappone tra l'occhio e l'oggetto percepito[27]. In altre parole, il realismo della pittura veneziana non consiste nella mimesi esatta, ma nella capacità di catturare, chiaro su chiaro e immaginativamente, l'aura del luogo che ne genera la visione.

Curiosamente, aggirandosi per Venezia qualche decennio dopo Goethe, un turista avrebbe potuto acquistare in una delle tante botteghe intorno a San Marco un *eidophysikon*. Descritto come una mappa, si tratta in realtà dell'illustrazione di un diorama mobile, concepito come un tour del Canal Grande e del bacino, in gondola [*Fig. 35*]. Questo pseudo *eidophysikon* conferma che il miglior punto di osservazione per godere della vista di questa città unica al mondo è a livello dell'acqua, immersi nei suoi infiniti riflessi, al dolce abbrivio della sua tipica imbarcazione dalle qualità psicologicamente taumaturgiche, raccomandate dai medici per la cura della malinconia[28].

Il pittore dell'epoca romantica che ha catturato meglio di ogni altro questa visione atmosferica e cangiante del cosmorama veneziano è William Turner, i cui quadri riflettono la mutazione nel gusto dei piú sensibili tra i turisti del Grand Tour, meno interessati all'ormai sbiadito realismo virtuale di Canaletto. Sono noti gli studi di Turner sugli effetti di riflessione e rifrazione luminosa, gli acquerelli di grandi dimensioni in cui riproduceva con sfumature di colore dei globi vitrei riempiti d'acqua. Evocata da Lord Byron nel poema *Il pellegrinaggio del giovane Aroldo*, nel 1818 – un anno prima del primo viaggio veneziano di Turner –, la Serenissima è avvolta in un crepuscolo dorato. Ma «la fiera della terra, la maschera d'Italia», come scrive Byron, facendo eco da lontano all'occhio-teatro di Sansovino, può ancora proiettare il suo incantesimo, i suoi raggi luminosi e le sue «ombre potenti», al di là della decadenza del presente[29]. Agli occhi dei romantici, le vedute della scuola di Canaletto si metamorfizzano in un diorama emotivamente carico di contrasti percepito in costante e inquieto movimento, in tutti i suoi stimoli sensoriali, come dimo-

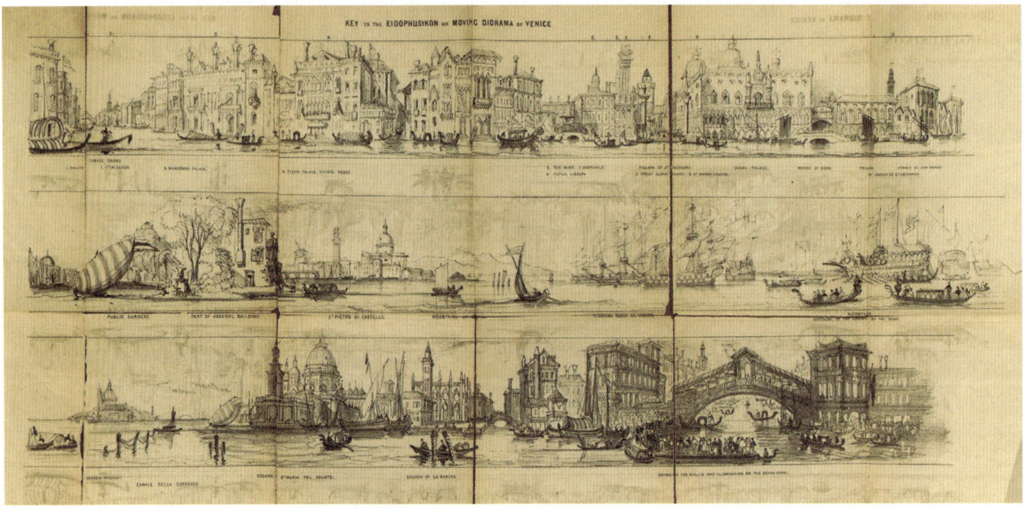

35. David Purdie Thomson, *Chiave di lettura dell'«eidophysikon»* o *Diorama mobile di Venezia*, incisione, 1841 (accompagnava l'esibizione di un panorama mobile nelle Montheit Rooms, Buchanan Street, Glasgow, con vedute di Venezia da una gondola virtuale).

strano i diari di William Beckford, noto autore del romanzo gotico *Vathek*, che arrivò a Venezia tre anni dopo Goethe, nel 1783. I coloriti bozzetti veneziani di Beckford sembrano scritti con un *eidophysikon* alla mano: il dispositivo multimediale, non la mappa[30]. Nelle sue descrizioni, il panorama di Venezia si trasforma in una sfera iridescente che ingloba l'osservatore[31]. Se Goethe ammira la città chiaro su chiaro, in tutto il suo diurno splendore, Beckford è affascinato dalle metamorfosi di luce e di ombre che avvolgono al tramonto la laguna, punteggiata di innumerevoli luci ondeggianti, le lanterne delle imbarcazioni che l'attraversano: un miraggio «orientale» percepito dall'alto del campanile o esperito in modo intossicante al livello dei canali (complici i loro effluvi)[32].

Per tutto l'Ottocento, questa rappresentazione di una Venezia caleidoscopica e orientaleggiante scade a vero e proprio cliché, ma per Beckford – come per altri viaggiatori nordici – la Serenissima era già un avamposto dell'Asia in Europa. L'*eidophysikon* si sostituisce dunque al «mondo nuovo» come dispositivo tanto di un viaggio virtuale quanto di un'epistemologia estetizzante. Al gioco speculare dei riflessi si aggiunge la capacità degli strumenti ottici di rendere percettibili le piú sottili vibrazioni atmosferiche, come nella scatola ottica di Thomas Gainsborough, che nei suoi quadri consente di riprodurre suggestivi effetti chiaroscurali simili a quelli di un vetro di lanterna magica. Il parallelismo tra dispositivi ottici (in senso proprio) e dispositivi della scrittura (in senso retorico) è piú che una semplice analogia[33]. Strumenti per il disegno, come la già menzionata camera lucida di Wollaston o il «telescopio grafico» di Cornelius Varley, brevettato nel 1811, sono «meno al servizio della precisione ottica» e apprezzati piú che altro per la loro «abilità di trasporre il reale in una chiave piú melodiosa»[34]. Abbiamo già incontrato questa intersezione tra pittura e musica, secondo una lunga tradizione che si rinnova nell'arte romantica. Dalla premessa newtoniana che «colori e toni obbediscono alle stesse regole armoniche», con il conseguente esempio dell'arcobaleno paragonato a una scala musicale, alla concezione di Leonhard Euler di «ottave ottiche cromatiche», fino alle «onde armoniche» di Thomas Young, con le loro interferenze e dissonanze, svariate spiegazioni delle onde luminose in termini acustici – toni, vibrazioni, ondulazioni – costellano la scienza ottica settecentesca[35]. Questo slittamento di prospettiva, dalla precisione mimetica alla sinestesia sensoriale, è adombrato già da Algarotti ed è all'opera nel casotto dei Selva, in una sorta di esperimento sulle possibilità virtuali dell'esperienza visiva.

Quando Beckford e Goethe approdano a Venezia e la descrivono, in quei fatidici anni Ottanta del Settecento, la città ideale dipinta da Canaletto sta già sbiadendo nel passato. Nella camera oscura o nell'*eidophysikon*, e poi nei quadri di Turner, le nitide e luminose vedute con tutta la loro impalpabile aura sono immerse in una bruma diffusa che le rende ancora piú affascinanti, come se i contorni degli edifici e l'intero cosmorama della città lagunare si disfacessero nella propria luce riflessa. Se i quadri animati dei vedutisti potevano dare già l'illusione di una scorporata presenza, il teatro ottico congegnato dai Selva trasforma lo strumento stesso del pittore nel medium di una completa virtualizzazione: a chi si soffermasse al suo interno, il cosmorama di Venezia appariva come sospeso tra il miraggio e il *peep show*, per usare il termine di Henry James. Dentro il casotto, il «mondo nuovo» si trasforma in *eidophysikon* e Venezia è colta come in animazione sospesa, duplicata in un suggestivo quadro vivente dipinto dalla mano della Natura e in una serie di quadri animati che solo un occhio artificiale può aspirare a riprodurre.

Capitolo terzo
Un logogrifo virtuale

> Nella mente del Kan l'impero si rifletteva in un deserto di dati labili e intercambiabili come grani di sabbia da cui emergevano per ogni città e provincia le figure evocate dai logogrifi del veneziano.
>
> Ogni volta che descrivo una città dico qualcosa di Venezia.
>
> ITALO CALVINO[1].

Nel 1757, suppergiú un anno prima che Giandomenico dipingesse il *trompe-l'œil* del *Mondo novo* a Valmarana e che Domenico Selva esibisse i suoi giochi ottici in piazzetta, Francesco Algarotti aveva commissionato a Canaletto un «capriccio» architettonico: una veduta immaginaria del Canal Grande a Rialto in cui all'architettura reale del ponte e degli edifici adiacenti si sostituiva una suite monumentale ispirata dagli edifici piú famosi progettati dal grande architetto[2] [*Fig. 36*]. Questa «veduta» immaginaria si può dire equivalesse a una sorta di «galleria acquatica», forse volta a esplorare le possibilità pittoresche della via d'acqua piú famosa del mondo sviluppando una nuova immagine della città, aumentandone gli effetti drammatici riflessi tra cielo e mare, non senza una sfumatura di piranesiana stranezza[3]. Si tratta in fondo di una variazione settecentesca sulle rappresentazioni della città ideale del Rinascimento, ulteriore esempio del doppio gioco tra realismo e virtualità tipico di una cultura visuale altamente sofisticata che sperimenta già consapevolmente la propria virtualizzazione. Un remake postmoderno (quasi un *eidophysikon*) di questa invenzione si può considerare il *Teatro del Mondo* (1979) di Aldo Rossi, presentato alla Biennale del 1980. Attraccato alla riva adiacente alla piazzetta, in attesa di salpare per lidi sconosciuti, fa eco all'utopia palladiana, architettonica controparte di un «mondo nuovo» – Venezia ridotta a una versione-giocattolo di se stessa –, una specie di casotto galleggiante che allude tanto al passato quanto al futuro della città. Rispecchiata nelle sue onde, riflessa in una camera oscura o miniaturizzata in un semovente modellino architettonico, questa città in perenne via di estinzione continua a ispirare utopie o eterotopie urbane: modello impossibile di tutte le città possibili nello spazio e nel tempo, «città perfetta fatta di frammenti mescolati col resto, d'istanti separati da intervalli, di segnali che uno manda e non sa chi li raccoglie», logogrifo compiutamente virtuale in un gioco infinito di probabilità che un'intelligenza artificiale potrebbe sviluppare al di là del prevedibile[4].

Come dimostrato dagli esempi di Tiepolo, Algarotti, e Selva, scienza ottica e arte sono presi durante l'Illuminismo in un meccanismo a retroazione simbolica, non solo *producono* ma *sono* di fatto lo spettacolo: l'ottica è la magia artificiale che trasforma la percezione del reale in meraviglia e l'arte è la pratica sperimentale che illustra una percezione illuminata del mondo. Il casotto dei Selva incarna perfettamente questa dinamica. Nonostante la meraviglia e il piacere della loro aristocratica clientela, i Selva non si arricchirono grazie alle loro invenzioni e i loro giochi. Padre e figlio erano troppo in anticipo rispetto ai tempi che da questa combinazione di tecnologia e intrattenimento hanno visto nascere fortune inimmaginabili. Nei *Dialoghi* il Conte osserva:

36. Canaletto, *Capriccio con edifici palladiani*, olio su tela, 1755.

Vostro Padre però, e voi medesimo vi avete fatto un buon nome, non solamente nello Stato [Veneto], ed in Italia; ma nei Paesi ancora oltramontani, ed oltramarini e voi dovreste aver grande spaccio in roba particolarmente da negozio[5].

Al che Lorenzo, il Professore, risponde:

Mio Padre si fu il primo ad introdurre il commercio di nostra Professione col Levante, siccome poi col Ponente, e mandandovi roba scelta con sua marca per molti anni fu il solo a mantenerlo; ma a poco a poco si aprirono la strada de' Professori, e de' Contrafacenti ancora, i quali mandandovi roba pessima abbassarono i giusti prezzi a grado che, dopo aver fatto il possibile per sostenersi, mio Padre già qualche anno prima di morire, lo avea dovuto abbandonare, non potendo ridursi a lavorar male. Io faccio lo stesso, né mi resta, come a lui, che qualche commissione di Persone di discernimento, che non volendo lavori pessimi, si contentano di lasciarmi un discreto guadagno, rimettendosi alla mia onestà, che non sa mai chieder un soldo di piú, di quel che meritano le mie fatiche, ed attenzioni...

Non soddisfatto della risposta, il Conte (il nipote di Algarotti) insiste sull'argomento, quando il discorso cade sui giochi messi in mostra nel casotto:

Vostro Padre in quell'incontro dovette ricavarne del profitto grande. Dovreste voi medesimo procurarvi un simile guadagno, e cercare di divertire nel prossimo Carnevale queste Dame. Dopo tanti anni, lo spettacolo riuscirebbe nuovo affatto, ed io pur mel goderei...

Ma la replica di Lorenzo è di nuovo deludente:

Mio Padre volle cavarsi un capriccio; ma non ne ebbe grande utile. Io so sin d'allora che computate le spese del lavoro e della montatura delle quattro grandi Camere Ottiche, della fabbrica del Casotto particolare nella costruzione; le molte giornate cattive, le quali o colla privazione del Sole, o col solo suo offuscamento impediscono di far vedere lo spettacolo; e quello ancora, che va smarrito alla porta, non potendo, né convenendo badarvi in persona; non gli restarono di guadagno, che le quattro Macchine vendibili continenti le lenti, e gli specchi di metallo. Io però ne ho fatto vedere in due Fiere, una su di un quadro; l'altra in una vasca, e fuori di aver avuto il vantaggio di vederle, la folla di gente che veniva ed andava per la mia Bottega, non fece che minorare l'ordinaria mia giornaliera vendita, poiché io non volli che si ricevesse per farle vedere un soldo da chicchessia[6].

Un capriccio dunque, pura invenzione, senza preoccuparsi nemmeno di rientrare nei costi[7]. Interessante questa analogia terminologica tra un genere pittorico, di cui abbiamo visto vari esempi, e una pratica sperimentale. Come scienziato e «professore» – nel duplice senso della parola, teorico e praticante di una tecnologia applicata – forse Lorenzo aveva piú a cuore la dimostrazione che l'intrattenimento da essa procurato, lo studio degli effetti ottici che non la meraviglia destata da zograscopi, fanali, doppi cannocchiali, telescopi, lanterne magiche e camere oscure[8]. Ma per concludere il nostro discorso sulla realtà virtuale veneziana ecco un altro esempio della produttiva intersezione tra scienza, tecnologia e spettacolo in miniatura.

Nel 1740, nella vicina città universitaria di Padova, dove Canaletto aveva prodotto varie vedute del Prato della Valle con l'ausilio di una camera ottica posizionata nel vano di una finestra del Palazzo d'Angeli, all'angolo della vasta piazza monumentale, un'altra straordinaria figura di scienziato, fisico, ingegnere, matematico e filologo aveva inaugurato un Teatro di filosofia sperimentale, il primo del suo genere in un'università italiana[9]. Come Algarotti, anche Giovanni Poleni – menzionato da Selva come inventore di un tipo di «livello», ossia uno strumento per la rilevazione e l'agrimensura – era amico di Joseph Smith, parte di un'ampia rete di comunicazione scientifica, membro della Royal Society e dell'Académie Royale. Gli viene attribuita tra l'altro l'invenzione della prima macchina calcolatrice a ingranaggi, antenata di quelle analitiche congegnate da Charles Babbage mezzo secolo dopo. Nella collezione Poleni al Museo di Fisica dell'Università di Padova, i dispositivi ottici abbondano. Molti furono forniti a Poleni da Domenico Selva: specchi deformanti, prismi, una camera ottica, un microscopio solare e due lanterne magiche, l'apparato di cui Christiaan Huygens aveva dato dimostrazione un secolo prima. Con il loro ausilio, Poleni istruiva e intratteneva i suoi studenti nel suo teatro-laboratorio. Una di queste lanterne magiche attira la nostra attenzione.

Include una serie di vetri dipinti a mano che rappresentano varie scenette, ulteriore esempio di quadretti animati le cui figurine in miniatura potevano muoversi grazie a semplici meccanismi a leva e a tiro. Tra questi troviamo anche l'immagine di un casotto veneziano, con l'imbonitore ritratto sulla soglia, nell'atto di invitare un gruppetto di figure in maschera, *velada* e *bautta* a entrare e ammirare le meraviglie al suo interno[10] [*Fig. 37*]. Con un po' di immaginazione, possiamo riconoscere nel padrone del casotto lo stesso Domenico Selva che invita i personaggi del dialogo di Lorenzo a godere dello spettacolo. Un vetro di lanterna magica che mostra in miniatura un casotto è un'ulteriore *mise en abîme* del virtuale veneziano. Tra gli esperimenti del teatro filosofico, uno spettacolo di lanterna magica poteva dare adito a osservazioni di ottica piú seriamente scientifiche della *candid camera* collocata in piazzetta. Ma è lecito supporre che anche il teatro-laboratorio di Poleni potesse a sua volta trasformarsi in una sorta di casotto dentro le aule dell'illustre ateneo dove Galileo aveva insegnato con il suo telescopio, qualche secolo prima. Lorenzo stesso aveva continuato a fornire all'osservatorio trasferito alla Specola le lenti prodotte dall'onorata ditta di famiglia. Come mostrere-

37. Vetro di lanterna magica, 1753-55.

mo in seguito, telescopi, camere oscure e lanterne magiche modellano la visione e gli ideali della mente illuminata in un'oscillazione tra realismo virtuale e giocoso illusionismo. Tutto ciò è adombrato dal casotto dei Selva, questa peculiare camera ottica in piazzetta in cui l'occhio artificiale di Algarotti esercita la sua magia, catturando sia una copia ideale che un voyeuristico riflesso della vita veneziana, intorno al 1760. Al suo interno, ammutolita la luce brillante del giorno, il visitatore occasionale, aristocratico o no, poteva ammirare gli scorci e percepire l'aura di un panorama unico al mondo. E poteva anche cogliere su questo palcoscenico un riflesso evanescente, un'ombra di se stesso, figurina trasparente in un vetro di lanterna magica, con la chiaroveggenza di Macbeth quando dice:

> Spegniti, spegniti, breve candela!
> La vita non è che un'ombra che cammina; un povero attore
> Che si pavoneggia e si agita per la sua ora sulla scena
> E del quale poi non si ode piú nulla...[11].

Parte terza

Voyeurismo sociale
Il telescopio di Goldoni e il polemoscopio di Casanova
Venezia - Dux (Boemia), 1750-91.

Capitolo primo
Osservazioni pericolose

LISETTA: «Vorrei, che un Canocchial si desse al mondo | Con cui vedeste il fondo | Del mio povero cor, che sol per voi, | Arde d'amore, e fede. | (Egli è pazzo da ver, se me lo crede).

CARLO GOLDONI[1].

1. *Un «Canocchial novissimo».*

Viaggio virtuale e voyeurismo sociale si intrecciano nei giochi ottici settecenteschi. Il quadro di Giandomenico e il casotto dei Selva dimostrano il teorema di Goldoni: nel cosmorama veneziano, Mondo (nuovo) e Teatro non solo si rispecchiano, ma sono contenuti l'uno nell'altro. L'immaginazione ottica di Goldoni si spinge anche oltre.

Nel 2010, la compagnia teatrale americana Gotham Chamber Opera presentò una futuristica messa in scena di uno dei piú divertenti e ingegnosi libretti goldoniani, il dramma giocoso per musica *Il mondo della luna*. Il palcoscenico non poteva essere piú adatto all'occasione: il Planetario Hayden dell'American Museum of Natural History di New York. Pubblicato originariamente nel 1750 e messo in musica, con qualche modifica, da vari compositori, tra cui Baldassare Galuppi e Franz Joseph Haydn, *Il mondo della luna* ha come protagonista il cosiddetto «falso astrologo» Ecclitico e il suo dispositivo, «l'arcimassimo Canocchial novissimo», in realtà «una macchinetta inventata dal [suo] sottile ingegno» con cui si prende gioco dei creduloni. «Oh che gran bel mestier ch'è l'impostura!», intona Ecclitico presentandosi al pubblico sul terrazzo della sua casa, allestito – precisano le istruzioni per la messa in scena – come «una torre o specola con un gran canocchiale su due cavalletti e quattro fanali che l'illuminano». «Io fo la parte mia | Con finta astrologia | Ingannando ugualmente i sciocchi e i dotti»[2]. La sua vittima predestinata, come conferma anche il nome, è «quel buon cervello | del signor Bonafede», che si professa «dilettante di astrologia» e vorrebbe che qualcuno gli spiegasse cos'è mai la luna e come è fatta. Al che Ecclitico, cogliendo al volo l'occasione, lo informa che il corpo diafano contiene in realtà «un altro Mondo», fatto di una materia cosí «tenue» che l'uomo che vi cammini sopra «non si stracca». Alla meraviglia di Bonafede – «Come siete arrivato a scoprir cosa tale?» – Ecclitico orgogliosamente proclama:

Ho fatto un Canocchiale,
Che arriva a penetrar cotanto in dentro
Che veder fa la superficie, e il centro.
Individua non solo i Regni e le Provincie
Ma le Case, le Piazze, e le Persone.
Col mio Canocchialone
Posso veder lassú per mio diletto
Spogliar le donne quando vanno a letto[3].

Il buon Bonafede casca nella voyeuristica trappola. Ecclitico lo invita a entrare nel suo osservatorio, mentre dà istruzioni ai suoi aiutanti «scolari» di operare «la macchina»:

Olà Claudio, Pasquino,
La Macchina movete,
Fate ch'ella s'appressi al Canocchiale;
Onde mirando in quella
il Signor Bonafede
Movere le figure ad una ad una,
Creda mirar nel Mondo della Luna[4].

Come la macchinetta del gondoliere Pasqualino e l'apparato dei Selva, anche questo congegno – «una Macchina illuminata, dentro la quale si muovono alcune figure», come precisano le istruzioni di scena – permette di vedere quadretti animati, in questo caso alquanto pruriginosi, a cominciare da quello di una ragazza che fa le moine a un vecchietto [*Fig. 38*]. Con il telescopico «mondo nuovo», Bonafede scopre che nel mondo della luna i costumi sono piú rilassati che sulla terra, il che infiamma la sua immaginazione, mentre Ecclitico maliziosamente commenta:

Il Signor Bonafede
Ora di veder crede
Le lunatiche Donne sol lassú,
E le lunatiche sono ancor quaggiú
[...]
Se una Ragazza fa carezze a un Vecchio,
Non la sprona l'amor ma l'interesse;
Lo vezzeggia, lo adora
Ma, che crepi il meschin non vede l'ora[5].

Altre scenette sembrano appositamente disegnate a titillare la misoginia del *voyeur* Bonafede:

Ho veduto un buon Marito
Bastonar la propria Moglie
Per correggere il prorito
D'una certa infedeltà.
Oh che mondo ben compito!
Oh che gusto, che mi dà!

Il mondo della luna offre dunque un'immagine rovesciata e speculare di quello di quaggiú e Bonafede ripete, ormai del tutto abbindolato:

Di quello, che fra noi si suol usare
Da un Uomo, e da una Donna praticare.
Ho veduto dall'Amante
Per il naso esser menata
Certa Donna innamorata
[...]
Oh che Mondo benedetto!
Oh che gran felicità
Che piacere, che diletto,
Oh che gusto che mi dà[6].

38. Vetro di lanterna magica, XVIII secolo, particolare.

La trama e tutti i doppi sensi dell'operetta ruotano attorno al telescopio puntato sulla luna, che diviene cosí il dispositivo di una messa in scena metateatrale, una *pièce* nella *pièce*. Tale è infatti l'esecuzione di un elaborato inganno escogitato da Ecclitico insieme al suo amico Ernesto e al di lui servo Cecco, con la complicità delle figlie dell'allocco Bonafede, Clarissa e Flaminia, in cerca di marito. L'obiettivo è di agevolare, a spese della loro credula vittima, l'accoppiamento (giudizioso) del falso astrologo e di Ernesto, rispettivamente, con Clarissa e Flaminia, e di Cecco con Lisetta, cameriera di Bonafede e oggetto dei suoi senili desideri. Buon senso ammonisce che è sciocco fidarsi dei propri occhi. È Cecco, il cui archetipo arlecchinesco risale a uno scenario della Commedia dell'arte[7], a proclamare:

Mi fanno ridere
Quelli che credono
Che quel che vedono
Sia verità.
Non sanno i semplici,
Che tutti fingono;
Che il vero tingono
Di falsità[8].

Ecclitico annuncia di essere stato convocato dall'Imperatore della luna, con uno dei cui astrologi comunica attraverso due cannocchiali speculari che non solo permettono di vedersi ma di ascoltarsi a vicenda, come una sorta di telefono senza fili[9]. Nella fantasia di Goldoni, il cannocchiale si modella in un dispositivo multisensoriale e multiuso che consente non solo di vedere distanze e prospettive e di osservare inosservati, o comunicare da remoto, ma anche di viaggiare... virtualmente. Come spiega Ecclitico:

Dal Canocchiale istesso
Il grande Imperatore
Mi ha fatto schizzetar certo licore;
Che quando il beverò
Leggiermente alla luna io volerò[10].

Bonafede non vede l'ora di accompagnare l'astrologo e visitare quel mondo dove le donne sono tenute in soggezione e le serve compiacciono i loro padroni, come crede di aver visto nel telescopio. Il «licore», o pozione magica, si rivela un potente sonnifero che gli viene debitamente somministrato. Al risveglio, Bonafede è convinto di essere stato teletrasportato sulla luna. Il «Canocchial novissimo» di Goldoni si rivela cosí qualcosa di piú del semplice strumento usato per uno scherzo o una burla carnevalesca. Se sulla scena il congegno inganna il *voyeur* Bonafede con un'illusione ottica, nel retroscena Goldoni manovra la sua macchina teatrale per disingannare il suo pubblico, mettendolo in guardia dal potere illusionistico di certi strumenti alla moda. Nell'intermezzo tra gli atti, il ballo trasfigura la farsa carnevalesca con effetti speciali da cui prende spunto la visionaria messa in scena di Gotham Opera nel planetario, che trasforma la volta stellare e il globo lunare in una sorta di voyeuristico casotto al cui interno il pubblico osserva ed è osservato da mille occhi:

> Siegue il Ballo, nel quale si rappresenta il Mondo della Luna in un Globo trasparente, coll'Astrologo, ed il credulo, che fanno le loro osservazioni, derisi dalle Donne, che attendono l'effetto dell'impostura. S'apre il Globo, ed escono da quello due uomini, e due Donne Lunari, che si figurano esser questi veduti già da BuonaFede col Canocchiale, e descritti nelle sue Canzonette, dopo di che s'uniscono ed intrecciano le loro danze[11].

Se, con il suo *perspicillum*, Galileo Galilei aveva dimostrato che la faccia della luna «non è ricoperta da una superficie liscia e levigata, ma scabra e ineguale, e, proprio come la faccia della Terra, piena di grandi sporgenze, profonde cavità e anfratti»[12], nella parodia goldoniana, agli occhi del rapito credulone e per il godimento del pubblico, il mondo lunare si presenta invece come un lussureggiante giardino, una sorta di Arcadia in cui gli alberi mossi dal vento suonano come un'orchestra, «un concertino principiato da Violini, ed Oboe [...] colle risposte de' Corni da Caccia, e fagotti» [*Fig. 39*], come precisano le istruzioni[13]. Nello scherzo musicale di Goldoni la parodia degli strumenti ottici (il telescopio di Galileo trasformato in un congegno voyeuristico) ha di mira l'osservazione dell'astro lunare, soggetto di dipinti come le *Osservazioni astronomiche* di Donato Creti, o *La vigilia di Santa Marta* di Canaletto, nei quali esperienza astronomica e voyeurismo collettivo si scambiano le parti. La farsesca fantascienza goldoniana, che fa della luna lo *speculum* della terra, si inserisce in modo originale in una tradizione già consolidata nel Seicento, almeno a partire dal postumo *Somnium* di Keplero[14]. Per non citare naturalmente la fonte ariostesca, il viaggio di Astolfo sulla luna a recuperare il cervello di Orlando. Tra astronomia e astrologia, lo scherzo musicale goldoniano include una fantasmagoria carnevalesca: una sfilata di carri allegorici, con cui l'Imperatore della luna, impersonato dal servitore di Ernesto, Cecco, fa ingresso accompagnato dal suo padrone travestito da Espero, con tanto di stella in fronte. E si rivela il vero scopo dell'elaborata messa in scena: confermare a Bonafede che, in questa cornice edenica e astrale, le lunatiche donne, compresa la sdegnosa Lisetta, si piegano spontaneamente ai desideri dei loro spasimanti. E strappargli il consenso (e la dote) per il matrimonio delle due figlie con Ecclitico ed Ernesto. Che Bonafede spasimi per la sua cameriera non è infatti un segreto per l'Imperatore (*alias* Cecco) che, rovesciando la prospettiva, proclama:

> Una Macchina abbiamo,
> Da cui spesso vediamo
> Quel che si fa laggiú nel basso mondo;
> E il piacer piú giocondo,
> Che aver possano i nostri occhi lunari,
> È il mirar le pazzie de' vostri pari[15].

39. Pietro Antonio Novelli, illustrazione per *Il mondo della luna* (1750), da Goldoni 1794, p. 115.

Nella versione originale, anche Lisetta diviene bersaglio dei burloni, che le fanno credere di maritarsi per davvero con l'Imperatore e diventare cosí da serva imperatrice, solo per ritrovarsi rassegnata a «tornare in cucina» una volta «fornita» la commedia. In adattamenti successivi, piú impietosi verso il credulone Bonafede, anche l'ambiziosa Lisetta è parte del complotto e può cantare i versi messi qui a epigrafe. Ma in tutte le versioni si conferma la filosofia carnevalesca che il filosofo pazzo Pulcinella aveva già annunciato: nel cannocchiale a doppio verso, grazie al gioco correttivo di lenti «concave e convesse», il mondo nuovo (della luna) si rivela l'esatto rovescio di quello terrestre. Rovesciando l'immagine rovesciata, il cannocchiale raddrizza lo sguardo e la terra, vista dalla luna, si rivela per quello che è, in tutta la sua follia. Nell'edenico giardino si censurano, ironicamente decantandole, manie e pregiudizi sociali, compresa la vituperata moda del cicisbeismo («Per quel, che m'hanno detto | Insegna della Luna il Galateo | Essere posto in uso il Cicisbeo», canta Clarissa)[16]. Una volta sanzionati i matrimoni, Bonafede è messo davanti al fatto compiuto e può essere rispedito sulla terra a leccarsi le ferite («Buonafede tondo tondo | Come il mondo della luna, | Ritornate all'altro Mondo | A cercar miglior fortuna»). Cascando dalle nuvole, l'astrologo dilettante non può che esprimere tutta la sua impotente indignazione: «Ah bricconi, v'ho capito, | Son da tutti assassinato, | Ma tu sei che m'hai tradito | Cannocchiale disgraziato». E, nella versione originale, tutti i personaggi possono cantare in coro la scherzosa morale della favola:

Questo è quello che succede
A chi vuol cambiar fortuna:
Tutto spera e tutto crede
Nelle Stelle e nella Luna;
Ma alla fin si pentirà
Chi Lunatico sarà[17].

In versioni successive, davanti all'indignazione di Bonafede, per assicurare il ritorno alla pace familiare sancita dal matrimonio, Ecclitico accetta di distruggere lo strumento del suo inganno. Ma la telescopica critica del voyeurismo sociale messa in opera da Goldoni nel *Mondo della luna* conferma quello che abbiamo appreso dal poemetto coevo *Il Mondo novo*: questi dispositivi possono ben essere derisi come adatti a bambocci e creduloni, ma, debitamente trasposti sulla scena, offrono anche il mezzo per istruire e divertire un pubblico adulto, esponendo il trucco ma senza rovinare il divertimento; anzi, facendo del trucco la vera fonte del divertimento. L'«arcimassimo Canocchial novissimo» goldoniano si rivela un'astuta macchina scenica che, nel suo ottico gioco di rovesciamenti, tra Mondo e Teatro, può tanto ingannare che disingannare il suo pubblico, tanto produrre che disperdere esilaranti illusioni. Il suo illuministico intento è dunque chiaro, come recita Ecclitico stesso:

> Quanti sciocchi mortali,
> Con falsi Canocchiali
> Credono di veder la verità,
> E non sanno scoprir le falsità.
> Quanti van scrutinando
> E se stessi conoscere non sanno[18].

2. *Uno specchietto diabolico.*

Nel 1791, lo stesso anno in cui Giandomenico dipinse l'ultima versione del *Mondo novo*, Giacomo Casanova aveva sessantasei anni e gliene rimanevano ancora sette da vivere. Confinato in Boemia, in quell'angolo cupo del mondo che Galileo paragona a un cratere lunare, al confine tra luce e ombra[19] [*Fig. 40*], il sedicente Cavaliere di Seingalt aveva assunto il titolo di bibliotecario del castello di Dux, mentre il suo mecenate, il conte Joseph-Carl Emmanuel di Waldstein, passava il tempo a Parigi, dando fondo alla sua fortuna in scommesse e cavalli, forse anche complottando contro il regime rivoluzionario da poco instaurato. Nel suo estremo esilio, Casanova dedicava gran parte del tempo a scrivere quella che sarebbe diventata la sua monumentale autobiografia postuma, il testamento letterario con cui intendeva regolare i conti con il mondo, la *Storia della mia vita*. In quello stesso anno, il 1791, il vecchio libertino aveva completato anche una *pièce* teatrale, scritta in francese e dedicata alla principessa di Ligne: *Il polemoscopio, o La calunnia smascherata dalla presenza di spirito*[20]. Lo strano termine che dà il titolo a questa tragicommedia – come è stata definita – è uno strumento ottico dalla storia interessante. Inventato dall'astronomo polacco Johannes Hevelius circa un secolo e mezzo prima, come tradisce il nome derivato dal greco *polemos* («guerra»), il dispositivo era stato concepito come strumento militare, una sorta di periscopio che permetteva

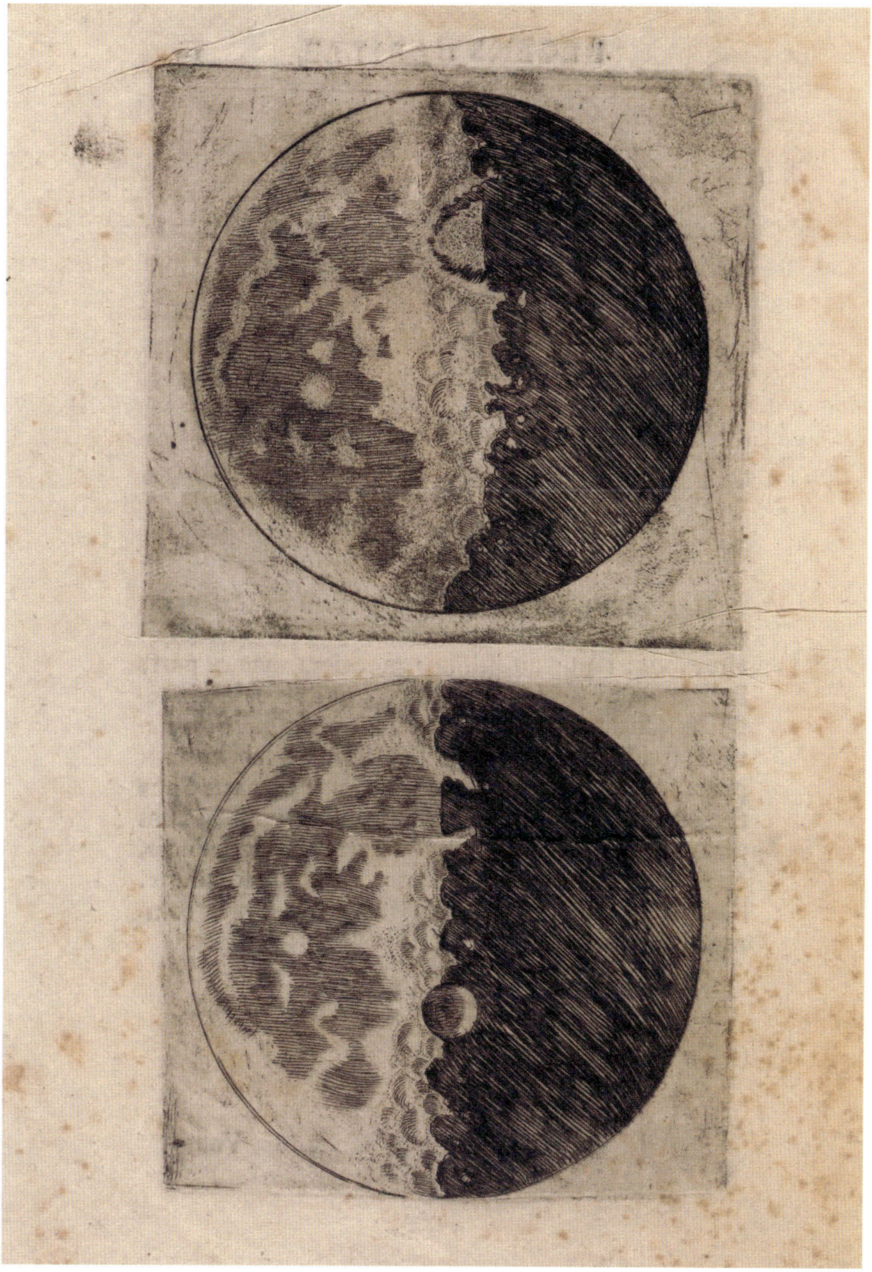

40. *Crateri lunari*, illustrazione per il *Sidereus nuncius*, da Galilei 1610.

di osservare la posizione del nemico senza esporgli un bersaglio. Miniaturizzato in un cannocchialetto portatile, soprannominato «occhialetto della gelosia», sarebbe diventato un aggeggio considerato indispensabile dalla gente di mondo [*Fig. 41*].

La *pièce* è ambientata a Cremona, nel 1748, verso la fine della guerra di Successione austriaca. Come il resto della Lombardia, la città è occupata dall'armata francese, agli ordini del Maresciallo di Richelieu. In una nota destinata al lettore, Casanova afferma che la trama si basa su fatti realmente accaduti, compreso l'episodio del polemoscopio[21]. Definito «il cannocchialino con lenti prismatiche che inganna chi crede di essere puntato da esso» e «l'occhialetto diagonale da teatro», il dispositivo è al centro di un'amorosa quadriglia. Due ufficiali francesi corteggiano l'affascinante Contessa di Cremona, sposata a un anziano Conte, e la sua piú disponibile amica, una Marchesa vedova. L'occhialino della gelosia è la metafora di una guerriglia erotica, un oggetto capace di mettere a fuoco i senti-

41. Occhialetto della gelosia, Francia, 1750-70 circa.

menti e i comportamenti tendenziosi (desiderio, inganno, fedeltà, orgoglio, false pretese, ipocrisia) che avvolgono i protagonisti in una rete al cui centro, come vedremo, vi è la sagace Contessa. Come il cannocchiale nell'opera buffa di Goldoni, il polemoscopio casanoviano si rivela dunque tanto un dispositivo fisico, una macchinetta che obbedisce alle leggi della catottrica, quanto il dispositivo scenico di una critica sociale.

All'apertura del sipario, il Conte e la Contessa dibattono sulla galanteria dei soldati francesi che, a detta del Conte, fanno tutti la corte alla Contessa illudendosi di provocare la sua gelosia. Questi giovani sono divertenti, ma anche un po' ridicoli. Piú temibile il loro comandante, che dissimula abilmente le sue mire, con arte appresa nei salotti di Francia. La Contessa confessa al Conte che il piú attraente tra gli ufficiali è per lei il Conte di Gissor, in quanto non si presenta come un ipocrita e le sue premure «non sono quelle di un innamorato»: anche «il suo modo di guardare è discreto». Con affabile complicità, Conte e Contessa contrappongono la discrezione di Gissor alle maniere dell'altro ufficiale francese, lo «scriteriato» Cavaliere di Talvis, loro ospite. Certo, la Contessa ascolta sorridendo le sue spudorate confessioni amorose, ma ne è chiaramente infastidita. Si lamenta che Talvis la «punti» costantemente: «Ieri a teatro, dall'inizio alla fine fui presa di mira dal suo occhialetto. Avrei potuto sottrarmi allo sguardo insistente cambiando posto, ma ho preferito ignorare la sua insolente maleducazione». Anche il Conte lo ha notato: «Non fa che concupire attraverso lo sguardo dietro il suo occhialino tutto il giorno», ribadisce, osservando che invece Gissor «si direbbe che abbia fatto un pensierino sulla Marchesa, stando alla direzione dei suoi sguardi». Questo confermerebbe la sua «onestà», in quanto la Marchesa è vedova e la si può quindi corteggiare «senza compromettere la sua reputazione»[22]. A questo punto fa il suo ingresso Talvis e nel dialogo che segue tra lui e la Contessa, dopo che il Conte ha discretamente lasciato la scena, la rete si completa. Alla Contessa, che esprime insofferenza per le sue indesiderate effusioni – cui contrappone le buone maniere di Gissor –, Talvis ribatte che questi «è segretamente innamorato della Marchesa», sí, ma «si dichiara solo sbirciandola maldestramente di nascosto dietro l'occhialetto»[23]. Quindi in modo furtivo.

Ecco dunque introdotto il tema ottico su cui ci concentreremo, il reticolo di sguardi, tutti dissimulati o mascherati «dietro l'occhialino» in questione. La commedia di maniere contrappone riservatezza e onestà di intenti a una tendenziosa dissimulazione al puro scopo di sedurre. Ma la faccenda si complica. Sfogandosi tra sé e sé in un monologo, Talvis accusa la Contessa di non essere che «una tipica civetta, prodotto del piú puro stile italiano»: vorrebbe ridurlo al ruolo «dei damerini, dei cavalier serventi» – i cicisbei vituperati e ridicolizzati anche da Goldoni e, memorabilmente, da Parini nel *Giorno* –, ma non ci riuscirà. Sopraggiunge la Marchesa, cui Talvis confessa la sua gelosia per Gissor, che sembra aver conquistato il favore della Contessa. Al che la Marchesa, ridendo, ribatte di aver notato che Gissor corteggia la Contessa, ma solo «per disorientare i pettegoli e per suscitare il desiderio di colei che ama veramente», ossia lei stessa. Anzi, la Marchesa domanda a Talvis di dire al suo amico Gissor «che invece di limitarsi a lanciarmi sguardi di nascosto attraverso il suo occhialino» vada a farle visita. Dubbioso, Talvis si ripromette di «chiarire la faccenda».

A questo punto vale la pena di riassumere: Talvis punta la Contessa, che è insofferente del suo sguardo, mentre Gissor punta la Marchesa, che invece vede le sue attenzioni con favore. Talvis sospetta che Gissor punti la Marchesa solo per fuorviare con discrezione i sospetti di chi pensa che miri alla Contessa, una donna sposata. E che anche la Contessa alimenti in cuor suo questa trama, comportandosi con lui, Talvis, da civetta. La Marchesa, viceversa, crede che Gissor corteggi la Contessa solo per distrarre i pettegoli dal vero oggetto dei suoi desideri, lei stessa, visto che la punta costantemente con il suo occhialetto. Nella scena seguente, la quinta del primo atto, la Marchesa tasta il terreno per accertarsi che la Contessa non sia una sua potenziale rivale nei confronti di Gissor, come sospettato da Talvis, sollecitando il suo aiuto nel conquistare l'affezione di Gissor. La Contessa accetta di buon grado, ma insinuando il sospetto che la Marchesa non abbia veramente prova che Gissor sia interessato a lei: «Ma se tu pensi che ti ami solo perché ti fissa da lontano con l'occhialino, beh, allora mi scuserai, ma la prova mi sembra un po' debole»[24]. Al che anche la Marchesa comincia a sospettare che la Contessa dissimuli la sua gelosia e sia segretamente innamorata di Gissor. La Contessa si offre allora di intercedere tra la Marchesa e Gissor.

Ricapitolando e schematizzando la direzione degli sguardi e l'incrocio dei sospetti, mettendo questi ultimi fra parentesi:

T → C e G → M; ma T e M sospettano che (G → C).

A questo punto, Gissor si presenta in visita alla Contessa in presenza della Marchesa. Dopo una schermaglia galante, la Marchesa escogita un astuto espediente per ottenere da Gissor una visita, nella speranza che questi chiarisca una volta per tutte le sue intenzioni: si fa prestare il famigerato occhialetto con cui la punta a teatro e lo invita a passare da lei il giorno dopo a riprenderselo. Gissor e la Contessa rimangono soli e tocca a quest'ultima tastare il terreno. Inaspettatamente, Gissor nega di ricambiare i sentimenti della Marchesa ed esprime imbarazzo per aver assunto l'impegno di andare a riprendere l'occhialetto. Al che la Contessa lo mette davanti all'evidenza dei fatti (di cui aveva dubitato parlando con la Marchesa):

> Permettete che vi parli francamente, non si può pensare che un uomo come voi che si distingue per il suo buon senso, trascorra tutti i giorni in cui ci sono spettacoli teatrali, due ore in un palco, da solo, fissando con un occhialetto la stessa persona, in modo inequivocabile, se non ne fosse innamorato[25].

Gissor ribatte, enigmaticamente, che le cose non stanno cosí; la persona che veramente e trasparentemente ama è destinata a rimanere segreta, per non perdere la sua stima e «il sentimento di amicizia che penso di averle ispirato».

A buon intenditor, poche parole, verrebbe da dire. Ma congedando Gissor con l'epiteto di signor Mistero («Adieu l'oracle»), la Contessa riporta l'attenzione nuovamente sull'occhialetto, il talismano in cui si intrecciano – e che dissimula – tutte le possibilità della trama: «Nonostante le apparenze dell'occhialetto devo dedurre che non ama la Marchesa», conclude. «Ma chi ama allora?» Qui termina il primo atto. E il nostro schema si complica:

T → C e G → M ; ma T e M sospettano (G → C) e C si chiede (G → ?).

Il secondo atto inizia con l'ingresso della Marchesa, che chiede infuriata alla Contessa di invitare d'urgenza quel «cattivo soggetto, quell'anima nera» di Gissor per restituirgli l'occhialetto, evitando cosí che questi vada a farle visita per riprenderselo, come da lei stessa il giorno prima escogitato. Di fronte alla sorpresa della Contessa – e del Conte, entrato in scena nel frattempo –, senza ulteriori spiegazioni la Marchesa ribadisce la sua richiesta e se ne va borbottando: «Maledetto occhialetto, stramaledetto»[26]. È evidente che solo un esame del famigerato occhialetto potrà portare a un *dénouement*. «Ce l'ha a morte con l'occhialetto. Che cosa mai le hanno fatto queste povere lenti», si chiede il Conte prendendo in mano il congegno. È evidente, dice la Contessa, «che proprio a causa di questo occhialetto [la Marchesa] si illuse di essere l'oggetto dell'amore di Gissor». «Guarda, guarda, – dice il Conte dopo aver scrutato attentamente il dispositivo, – ecco proprio un maledetto occhialetto diabolico [...] ha il dono di far vedere le cose che non si vogliono vedere»[27]. Strappandolo alle mani del Conte ed esaminandolo a sua volta, la Contessa lo descrive cosí:

> È molto strano. Hai ragione. È costruito in modo da non mostrare l'oggetto verso il quale viene diretto, ma in pratica ne fa vedere un altro che si trova a sinistra o a destra dello stesso oggetto a una certa distanza dall'osservatore. Ah, ah, ah! Ma si tratta di un polemoscopio, non è stato inventato per questo uso anche se ha ben funzionato in questo caso. Ah, ah, ah![28].

«Strumento ideale per un corteggiatore avveduto che non vuol far sapere qual è la dama che ha puntato», come dice il Conte, il polemoscopio permette di osservare in segreto qualcuno, eludendo ogni sospetto e «gratificando la curiosità senza apparire maleducati», come scrive il *Cabinet of Knowledge* nel 1808[29]. Nello stesso tempo, però, si rivela una trappola. «Ah, ah, ah! Che ridere, – continua il Conte, – la Marchesa è caduta in pieno nel tranello. Ma si comporta da oca a prendersela tanto. È solo un polemoscopio. Ah, ah, ah!» Tutto è chiaro, dunque, ed è motivo di ilarità. Sennonché, come osserva la Contessa, questo dispositivo effettivamente «diabolico» può dar adito a pericolosi equivoci. «La cosa è divertente, ma lo scherzo è crudele, se Gissor glielo ha fatto apposta. È veramente un brutto tiro. Mia povera Marchesa». Non ci sarebbe da stupirsi che Gissor, un ufficiale dopotutto, disponga di un simile strumento, ma è l'intenzione con cui lo usa che va nondimeno scrutinata: svista involontaria, scherzo di dubbio gusto, o crudele inganno? La Marchesa è stata inavvertitamente colta nella traiettoria del polemoscopio di Gissor, convincendosi cosí di essere l'oggetto del desiderio e, giustamente, si è infuriata quando ha scoperto di non esserlo affatto? Oppure puntandola Gissor intendeva proprio farla illudere di esserlo? Per quale motivo, per nascondere quale altro oscuro oggetto delle sue brame? È ciò che la Contessa si ripromette di scoprire. Nel farlo, le sue stesse intenzioni non sono del tutto chiare: lo fa per amore della verità, per amicizia verso la Marchesa, o per chiarire una volta per tutte quali siano gli autentici sentimenti e il carattere di Gissor, per il quale ha dopotutto rivelato di avere un debole? L'indagine può avere risultati imprevisti e conseguenze inattese. Alla prima occasione, la Contessa sottopone l'ufficiale alla prova ed ecco la sua difesa, che vale la pena di riportare per intero:

> Ammettiamo che un occhialetto, truccato da polemoscopio, possa ingannare la gente e che io usandolo non potevo guardare in direzione della Marchesa, ma la Marchesa non ha motivo di offendersi, perché, sulla mia parola, io non immaginavo che era proprio lei quella che facevo illudere e *mi sarebbe stato impossibile puntare colei che mi interessava senza tenere lo strumento nella direzione in cui l'avevo diretto*. Mi dispiace molto per la signora che crede di sentirsi in diritto di lamentarsi di me solo perché si trovava *sulla falsa direzione del mio occhialetto*. Se questa è la mia colpa, mi dispiace moltissimo, ma io sono completamente innocente perché si tratta di un errore involontario. Qualunque altra dama che si fosse trovata al posto della Marchesa avrebbe potuto ritenersi osservata e, quindi, offesa dopo aver conosciuto la struttura del mio occhialetto. Anche se mi sembra che potesse intuire le sue proprietà ingannevoli. A Parigi sono cosí noti gli effetti visivi del polemoscopio che nessuno piú osa scommettere sull'oggetto degli sguardi dietro questi occhialetti[30].

Eccoci di fronte al vero nocciolo della questione. Solo una dama «provinciale» come la Marchesa poteva non sospettare che «dietro l'occhialetto» non si nascondesse un trucco, rivelandosi cosí colpevolmente ingenua nelle faccende amorose, ingenuità in cui una parigina *femme du monde* non sarebbe mai caduta. Scaricando la responsabilità sul dispositivo, Gissor, dal canto suo, difende il diritto del *voyeur* di ricorrere all'inganno, e lo giustifica come *politesse*, parte di un codice di buone maniere. Afferma anche che, data la struttura dell'occhialetto e la posizione dell'oggetto segreto, non aveva scelta. Era costretto a puntarlo in direzione della Marchesa (i passi sono in corsivo). La sua discrezione, inizialmente apprezzata anche dalla Contessa, potrebbe rivelarsi meno sincera di quanto sembri. L'incalzante interrogatorio della Contessa prosegue – la direzione dello sguardo imputato è simultaneamente necessaria e «falsa» – e ne segue questo scambio serrato:

> – Voi non sapevate dunque che la signora di fronte al vostro strumento era la Marchesa?
> – Se l'avessi sospettato, vi giuro, avrei preso un altro palco.
> – Senza arrivare a tanto, avreste potuto fare a meno di fissare, o almeno adocchiare sinceramente con un occhialetto leale.
> – Non credo proprio, Signora, che avrei potuto agire cosí.
> – Ma in che direzione guardavate, insomma? Se è lecito saperlo?
> – Vi chiedo scusa. È un segreto che solo il mio occhialetto può custodire[31].

La Contessa non desiste dal proseguire la sua inchiesta e ormai sappiamo che la sua curiosità non è soltanto intellettuale: ha preso la faccenda a cuore. È chiaro che il diabolico dispositivo non ha tanto «il dono di far vedere le cose che non si vogliono vedere», come diceva il Conte suo marito, ma al contrario quello di nascondere ciò che appunto si vuol vedere. La Contessa intende andare a fondo della questione, incautamente sfidata dallo stesso Gissor («chi volesse scoprire il mio segreto, non solo dovrebbe mettersi nel mio palco, ma dovrebbe sapere se guardavo con l'occhialetto a sinistra o a destra»). Per scoprire tale segreto, e accertarsi cosí della «lealtà» o slealtà del dispositivo, la Contessa escogita un vero e proprio esperimento di ottica geometrica, che consiste nel ricostruire, o meglio simulare, la scena del «delitto» nel suo salotto, per stabilire dove avrebbe potuto dirigersi lo sguardo del *voyeur*. Gissor non si sottrae, anzi, si dichiara lusingato dell'esperimento, e le porge l'occhialetto. La Contessa procede con la sua dimostrazione. Intende far «parlare» lo stesso aggeggino, come fosse uno dei gioielli indiscreti protagonisti di un celebre romanzo di Diderot. La dimostrazione si basa su una conoscenza precisa delle dimensioni del teatro. Ecco la ricostruzione dettagliata, degna di un'antenata di Sherlock Holmes:

> La distanza tra il vostro palco e quello della Marchesa, che si trova esattamente di fronte al vostro, è uguale alla larghezza della platea che, come tutti sanno, misura dieci tese [circa venti metri]. Quindi io conto dieci tese dal punto in cui mi trovo ora, fino al tavolino che vedete là in fondo. Adesso io punto l'occhialino (*portandolo all'occhio*). Invece di vedere il mio tavolino vedo la porta del mio appartamento (*allontana dal volto l'occhialino dopo aver misurato a occhio nudo la distanza tra il tavolino e la porta*). Questa porta dista dal tavolino quattro tese [circa otto metri]. La larghezza del mio palco è di una tesa. Voi guardavate quindi il quarto palco dopo quello della Marchesa, a destra o sinistra. Il quarto a destra è occupato dalla vecchia contessa Manfredi, che nessuno ha voglia di ammirare; il quarto a sinistra è effettivamente quello della vostra umilissima amica alla quale non dispiace per nulla di interessarvi e di avervi ispirato un senso di amicizia, identico a quello che lei sente per voi, ma si stupisce, comunque, che voi la nascondiate sotto il velo di un cosí impenetrabile mistero. Ammettete, signore, che il vostro occhialetto non è una cassaforte che non si può forzare [*un secretaire qu'on ne puisse sonder*], e che anche la Marchesa avrebbe potuto scoprirlo, cosí come ho fatto io. Ho ragione? Ne convenite?[32].

Smascherato cosí il suo «segreto», a Gissor non resta che gettarsi ai piedi della Contessa e chiederle perdono, dichiarando al contempo ciò che per prudenza, *politesse*, e voyeuristico piacere, nascondeva e non può piú dissimulare, l'oggetto velato dei suoi desideri. L'offerta di onesta amicizia da parte della gentildonna ha un prezzo: il polemoscopio. Congedandolo, la Contessa confisca ridendo l'«occhialetto bugiardo» con un rimprovero: «Tutto ciò che inganna è cattiva compagnia»[33]. Sembra che il dispositivo sia cosí disinnescato. Ma la Contessa non ha fatto i conti con la passione dei francesi, cui il gioco amoroso ispira l'arte della dissimulazione a oltranza. Gissor ammira lo stile con cui la Contessa l'ha incoraggiato ad amarla considerando la sua un'infatuazione passeggera che con il tempo «si raffredderà in amicizia», mentre lui arde d'amore. «Ma si chiede, che razza di idee dell'amore avranno mai le italiane?», implicitamente adombrando il sospetto della civetteria avanzato da Talvis. E decide in cuor suo di accettare la sfida: vivrà nel fuoco della passione, senza consumarsi, «come una salamandra», brucerà per la Contessa ma sospirerà debolmente, sottovoce. Questa sarà la sua strategia, dissimulare la passione in nome dell'amicizia, nella speranza che prima o poi si accenda anche lei (o che la sua civetteria venga smascherata).

A questo punto, la trama si infittisce. Rientra in scena Talvis, il quale è convinto che Gissor sia un cinico seduttore intento a tendere una duplice trappola: «Tu fai il cacciatore che punta due prede per assicurarsene almeno una»[34]. Dunque:

T sospetta (G $\rightarrow$ C e M).

Da spasimante respinto, Talvis è deciso a vendicarsi della Contessa, smascherando tanto la civetta quanto il suo «cavalier servente», Gissor, che definisce la sua «ombra» (avallando il sospetto che «l'amicizia» non sia che una copertura al deprecabile costume del cicisbeismo)[35]. E anche il polemoscopio rientra in scena. La «storia dell'occhialetto bugiardo» è infatti trapelata. È naturalmente la Marchesa che l'ha messa in giro per vendicarsi, anche lei scornata, di Gissor, non è chiaro se consapevole che il suo occhialetto puntava invece la Contessa, come sospettava. Dal canto suo Talvis non ha dubbi che, da autentica civetta, «la Contessa deve trovare sublime questa tua tattica», ossia l'intreccio degli sguardi deviati, come dice a Gissor.

La rivalità tra i due ufficiali si rivela anche una totale incompatibilità di carattere: Gissor ritiene Talvis «violento, volgare e ingiusto» mentre Talvis giudica Gissor ipocrita, subdolo e codardo, uno che non manifesta i suoi veri sentimenti. In breve nasce tra i due un alterco. Da bravo cavaliere, Gissor difende l'onore della Contessa (che intende in cuor suo sedurre) mentre Talvis, che vuole smascherare la civetta, la calunnia sostenendo di averla già sedotta. Al che Gissor, offuscato evidentemente dalla gelosia, sfida Talvis a duello, sull'istante. Ma qui Casanova introduce un elemento inatteso nella rete polemoscopica, che avvolge i protagonisti in un'intricata geometria di sguardi indiretti e passionali simmetrie imperfette: Talvis propone a Gissor una scommessa (nello stile di Casanova, il grande baro), cento luigi che gli fornirà la prova di non aver mentito. E se non sarà soddisfatto, si batteranno all'ultimo sangue. Ma qui sta il tranello: sarà la Contessa in persona a fare da arbitro della scommessa. Sdegnato dalla proposta e furioso, Gissor fa per scagliarsi contro Talvis, ma in quel momento la Contessa fa il suo ingresso in scena[36].

Quello che segue è a tutta prima sorprendente: a essere messo alla prova è il carattere della Contessa, dopo che la sua logica lo è stata nel ragionamento che ha smascherato il polemoscopio. Ma ora Casanova alza la posta e offre ai suoi lettori – e alla sua dedicataria, la principessa di Ligne – un esperimento di pensiero che ha come oggetto quella che si potrebbe definire «la polemoscopica legge della deflessione sociale». La trappola tesa da Talvis è chiara: la Contessa può dare del bugiardo a Talvis e difendere il proprio onore, oppure accettare la calunnia e comprometterlo. La risposta che ci aspettiamo sembra altrettanto chiara, ma dopo un attimo di riflessione, con un filo di voce, la Contessa si rivolge a Gissor e gli impone di pagare la scommessa.

3. *Teatrino panottico.*

L'intreccio della seduzione e del potere è esplorato da pressoché tutte le sue angolature nel celebre romanzo epistolare *Le relazioni pericolose* di Choderlos de Laclos. Confessando, in una lettera a Valmont, «un bisogno di civetteria che mi riconcili con l'amore, non per provarlo in verità ma per ispirarlo e fingerlo», una delle protagoniste principali dell'intreccio, la Marchesa di Merteuil, è perfettamente consapevole che, per conseguire questo risultato (e sopravvivere in società), è necessario sia «lo spirito di un Autore che il talento di un Attore». La recita dei sentimenti non potrebbe essere inquadrata piú chiaramente. La civetteria non è che l'altro volto dell'onestà, fa parte del gioco sociale. Ma nel gioco della seduzione, la posta in gioco per una gentildonna è molto maggiore che per un gentiluomo. Se la Marchesa di Laclos proclama che, invece di cercare i vani applausi del Teatro, intende usare per la propria felicità quello che altri sacrificano alla vanità[37], la Contessa di Casanova paradossalmente sacrifica tanto la sua vanità che la sua reputazione, e forse anche la sua felicità, ma per salvaguardare che cosa?

Nel *Polemoscopio* casanoviano, il gioco della seduzione libertina è irretito in un dispositivo che aggiunge un'ulteriore rifrazione al reciproco rispecchiamento di Mondo e Teatro: il teatro è la scatola ottica in cui tutto si dispiega, ma lo sguardo non è rivolto al palcoscenico bensí rimbalza tra i palchi. Ad attirare lo sguardo degli spettatori è lo sguardo degli altri. Qui si svolge la vera recita. Casanova adombra un meccanismo che regola l'intera società e che abbiamo piú volte definito «voyeurismo sociale»: il desiderio di guardare senza essere visti, presentando al mondo, all'occhio pubblico, la maschera piú seducente o dignitosa, ma sostanzialmente falsa. Questo gioco di maschere *Ancien régime* sembra l'opposto del culto della trasparenza e dell'autenticità promosso dai Romantici, qui prefigurato in negativo da Talvis, che detesta le convenzioni sociali, l'etichetta e l'ipocrisia e manifesta i suoi desideri e i suoi sentimenti, buoni e cattivi, senza ritegno. Il gioco di società richiede una sofisticata arte della simulazione e la giustifica.

Una sfera privata gelosamente protetta è la condizione necessaria al libero esercizio della persona pubblica e questa persona non è che una maschera, un personaggio, una rappresentazione. È il fondamento del liberalismo. Strumento disegnato per un *homme poli*, un uomo di mondo – un *galant politique*, come dice il Conte, un galante e galantuomo «politico» –, il polemoscopio tradisce l'ipocrisia e l'aperta menzogna su cui si basano le regole sociali. La protezione del proprio privato, dei propri sentimenti è inevitabilmente l'infrazione del privato di qualcun altro. L'immagine che si offre al pubblico sguardo è un travestimento che mira a nascondere intenzioni non sempre onorevoli. Il polemoscopio è il perfetto dispositivo del voyeurismo sociale, ma il suo effetto è quello di destabilizzare il rapporto fiduciario su cui ogni società si fonda. Come dice lapidariamente Gissor: «A Parigi sono cosí noti gli effetti visivi del polemoscopio che nessuno piú osa scommettere sull'oggetto degli sguardi dietro questi occhialetti». Che si tratti di una scommessa rende le cose forse piú eccitanti, ma certo mina i rapporti, mettendo in luce una contraddizione tanto politica quanto economica: nei contratti bisogna fidarsi degli altri ma, nonostante tutte le precauzioni legali che si possono prendere, resta sempre la possibilità della truffa. La sfera dei sentimenti è ancora piú volatile. Come sottrarsi all'ambivalenza della simulazione?

Il polemoscopio di Casanova è ambientato nell'Italia del vecchio regime, ma il meccanismo che descrive dovrebbe esserci familiare. Nell'età delle reti sociali, la nostra «identità» è una simulazione virtuale affidata a dispositivi che ci rendono l'obiettivo di innumerevoli sguardi di cui non siamo consapevoli. Da una parte, ci danno l'illusione di poter giocare impunemente con i nostri avatar, le nostre «ombre». Dall'altra ci rendono personaggi di una recita di cui ci sfugge completamente la trama. Non solo maschere, ma potenziali bersagli di indesiderate attenzioni. *Il polemoscopio* acquista quindi una rilevanza politica, a partire da quella che è la vera competenza di Casanova, l'arte della seduzione. Dispositivo teatrale, scatola ottica che riflette il funzionamento del teatro sociale, si rivela anche un vero e proprio strumento panottico. Traducendo la planimetria carceraria di Jeremy Bentham in un sistema di sorveglianza sociale, Michel Foucault ha fatto del panottico un modello sovrano nella transizione tra *Ancien régime* e modernità[38]. Ma nell'era dei social media il panottico viene insidiosamente a coincidere con il corpo sociale: il Grande Fratello si è distribuito in una rete di sguardi incrociati[39]. L'incarcerazione sussiste ancora, naturalmente, ma l'Occhio del potere prende la forma di un teatro in cui ognuno di noi spettatori punta un dispositivo polemoscopico, un occhialino «diagonale» e prismatico, in direzione di tutti. Da esercizio della nostra libertà, il voyeurismo collettivo si traduce nel vincolo della nostra inconsapevole sudditanza. Come nel quadro di Henri-Nicolas van Gorp, *Donna con l'occhialetto*, il dispositivo è puntato dall'interno di un *boudoir* verso l'esterno, da uno spazio intimo verso un oggetto che rimane invisibile, oltre la finestra [*Fig. 42*]. Ma se fosse un polemoscopio, e non un cannocchialino «onesto», potrebbe essere puntato verso di noi, che guardiamo il quadro.

Interpretato cosí, il quadro di Van Gorp sembra suggerire che questo dispositivo fa al caso di una donna di mondo che intenda tener d'occhio il mondo (e chi la punta) proteggendo il proprio privato.

42. Henri-Nicolas van Gorp, *Donna con l'occhialetto*, olio su tela, 1800-19 circa.

Ma la recita di Casanova, dedicata alla principessa di Ligne, rende chiaro che «de te fabula narratur»: il panottico voyeuristico contiene una discriminazione di genere ai danni di una signora che intenda smascherarne il funzionamento e rivelarne l'obiettivo nascosto. Sia Gissor, il *voyeur*, sia Talvis, il diffamatore e ricattatore, intendono intrappolare la Contessa, la cui mossa inaspettata, confessarsi colpevole – mentendo se, come ci induce a credere Casanova, è davvero innocente –, sembra del tutto enigmatica, tanto piú per un personaggio guidato dalla puntigliosa e ostinata ricerca della verità.

Perché la Contessa, pur di sottrarsi alla logica polemoscopica delle mire maschili, al doppio gioco di cui è vittima, ha scelto di ammettere una relazione che non aveva? «Ho creduto opportuno condannare un innocente a pagare la scommessa per sconvolgere i piani di quell'infame», si limita a dire. La spiegazione per l'inaspettata confessione viene data dal sagace marito, il Conte, nella scena che segue: vero uomo di mondo, dichiara la sua fede nell'innocenza della moglie e ne loda la presenza di spirito, come dichiara il sottotitolo dell'opera: *La calunnia smascherata dalla presenza di spirito*. Ecco la soluzione all'enigma: se avesse detto la verità e confutato la calunnia di Talvis, la Contessa sarebbe stata comunque considerata colpevole, «proprio perché ti sei dichiarata innocente», dice il Conte. Talvis, continua, «sperava di essere condannato a pagare per soddisfare la sua sete di vendetta. Avrebbe pagato la scommessa infischiandosene e avrebbe raccontato l'avventura ridendo in giro, a tutti i militari francesi. E anche agli occhi della gente questa tua dichiarazione di innocenza ti avrebbe fatto apparire colpevole». Il Conte riconosce il crudele doppio legame della trappola tesa da Talvis. È ovvio che la Contessa avrebbe mentito pur di proteggere il proprio onore. Perfino Gissor, aggiunge il Conte, avrebbe nutrito dei dubbi. Di conseguenza, sarebbe stata giudicata colpevole in ogni caso agli occhi del mondo. In altre parole, il Conte riconosce la tirannia dell'opinione pubblica... e del pettegolezzo. Ammettendo falsamente la propria colpa, la Contessa ottiene invece il risultato opposto: con la sua presenza di spirito, uno spirito da vero Autore dei propri destini, soffoca sul nascere i pettegolezzi e si libera di entrambi i pretendenti indesiderati. Punendo Gissor, il *voyeur*, per la sua mancanza di onestà, priva Talvis, il calunniatore, delle sue munizioni. Questo epilogo può sembrarci controintuitivo, ma illustra adeguatamente l'unica via d'uscita dalla situazione impossibile in cui si trova una donna di mondo di fronte alla calunnia: colpevole in ogni caso, che si dichiari innocente o meno. Se un gentiluomo può sempre vendicare il proprio onore in un duello, l'unica possibilità per una dama è quella di deflettere il polemoscopico occhio sociale: le apparenze possono ingannare, ma se non c'è un «segreto» di cui spettegolare, ogni speculazione e allusione prima o poi viene messa a tacere. È una controsimulazione efficace.

La Contessa orgogliosa e onesta si ritira momentaneamente dalla vita pubblica, segregandosi nel suo *boudoir*, il simbolico chiostro del proprio palazzo. Il suo onore è ferito ma lei è consapevole della parte che le tocca recitare: «... pur essendo stata vittima di un oltraggio, mi devo sentire come una costretta a simulare un colpevole lutto, fino a quando l'opinione pubblica non la dichiarerà innocente»[40]. Il Conte le dà atto che la menzogna è la migliore difesa a disposizione, date le circostanze. La dimensione «politica» del teatro polemoscopico ora viene alla luce. È la Marchesa a recare all'amica (di cui non dubita piú) un'interessante novità. Al ricevimento del Maresciallo, Gissor non ha saputo trattenersi dal raccontare la sua versione dei fatti, presumibilmente per vendicarsi di dover pagare la spregevole scommessa sull'onore di una gentildonna, o per ottenere tacitamente il consenso del Maresciallo a vendicare il proprio onore in un duello. O forse anche per vendicare l'onore della Contessa: la Marchesa e, a quanto pare, tutti i presenti, il circolo della buona società, propendono per questa spiegazione, che ha anche il merito di riparare l'onore dei francesi. Ma questa soluzione, come vedremo, non è accettabile per il Maresciallo, pur geloso dell'onore della sua nazione.

Né basta alla Contessa, che decide di prolungare il suo «lutto» e di escludere il mondo dalla sua cerchia privata; insomma, di non ricevere piú nessuno, né stranieri né compatrioti. Il proposito non dura molto perché un paggio annuncia una visita del Maresciallo e della sua consorte a «rendere omaggio all'onestà oltraggiata» e renderne testimone «tutta la nobiltà di questa città»[41]. Il Maresciallo intercede anche per Gissor – figlio anche lui di un Maresciallo, come si apprende –, il quale, introdotto in presenza della signora, chiede perdono per la leggerezza compiuta e include nella sue scuse anche la Marchesa, vittima (preterintenzionale?) del suo polemoscopio. Tutto è bene quel che finisce bene, dunque? L'onore compromesso dalla faccenda del polemoscopio è vendicato: sia quello della Contessa sia quello dell'esercito francese. Talvis sarà punito per la sua arroganza. Ma la punizione non fa in tempo ad arrivare: Talvis viene trovato morto, senza segni apparenti di ferite. Solo a un esame piú accurato viene notato un foro in prossimità del cuore, come di un ago da calzolaio. Chi sia l'assassino rimane un mistero, ma le ultime parole del Maresciallo, rivolte alla Contessa, sono eloquenti: «Vedete che il destino vi ha vendicato, ma sono sicuro che la vostra sensibilità ne soffra come se foste stata voi l'autrice della vendetta»[42]. Sullo zampino del Conte non sembra esserci dubbio[43]. Notevole, tuttavia, è che Casanova celebri la presenza di spirito di una donna, in grado di deviare le subdole traiettorie del diabolico occhialetto: dimostrando cosí la superiorità dello spirito italiano rispetto all'*esprit* francese e alla *politesse* (ipocrita) della civetteria. In effetti, rivelando con un semplice calcolo geometrico il meccanismo in atto, l'eroina illuminata di Casanova non solo smaschera le vere intenzioni del seduttore, ma disinnesca teatralmente la «crudele trappola» dell'opinione pubblica: il doppio vincolo del voyeurismo sociale. Come la Marchesa scrive lucidamente al suo interlocutore e rivale, il Visconte di Valmont, nelle *Relazioni pericolose*: «Per voi uomini, una sconfitta è solo un successo in meno. In un confronto cosí impari, siamo fortunati se non perdiamo, mentre è la vostra sfortuna se non vincete».

La Contessa di Casanova va ben oltre: vince accettando la sconfitta, salvaguarda la propria dignità sacrificando la propria maschera mondana. Smascherando (con l'aiuto del marito) il perverso meccanismo del polemoscopio e rifiutando di considerarlo un dispositivo innocente, si sottrae al doppio gioco della seduzione e del ricatto maschile.

Capitolo secondo
Una vita da lanterna magica

La morte è un mostro che caccia dal teatro un attento spettatore, prima della fine di uno spettacolo che lo interessa enormemente.
GIACOMO CASANOVA[1].

1. *«Voyeur» della propria vita.*

Arte e scienza della visione sono al cuore del progetto illuminista, e delle sue contraddizioni. Se, come scrive Baudelaire nell'*Arte filosofica*, l'arte nella sua «concezione moderna» è «la creazione di una magia suggestiva che accoglie insieme l'oggetto e il soggetto, il mondo esterno all'artista e l'artista nella sua soggettività» (abbiamo applicato questa definizione al *Mondo novo* di Giandomenico Tiepolo), dispositivi come la camera oscura e la lanterna magica fanno da perfetti correlativi di questa filosofica «magia». Il racconto autobiografico illustra meglio di ogni altro genere il gioco di lenti e di specchi, di luci e di ombre che questa concezione sottende. Tutto ciò si applica alla monumentale *Storia della mia vita* di Giacomo Casanova, culmine di un «progetto autobiografico» che ha in Rousseau il suo ambivalente modello e fa da ponte tra *Ancien régime* ed età romantica. Se l'autofinzione di Casanova appartiene cronologicamente all'età prerivoluzionaria – tanto che Gérard Lahouati definisce l'*Histoire de ma vie*, scritta in francese, la lingua franca del secolo dei Lumi, come «la vera *Encyclopédie* del XVIII secolo»[2] – essa prelude già alla svolta romantica che considera l'Io, il soggetto, come un prisma attraverso il quale si possono cogliere tutte le sfaccettature del mondo.

Piú che un racconto, la *Storia* è un interminabile monologo, interrotto solo dalla forzata uscita di scena del suo protagonista. La composizione si arresta infatti nel 1798, anno della morte di Casanova, e la sua cronologia giunge fino al 1776. Il consenso tra i casanovisti è che, per quanto inattendibile, la *Storia* – scritta nel deprimente esilio boemo – sia molto piú, ma anche meno, di un romanzo. La sua origine sarebbe da ricercare nella smania di questo letterato *parvenu*, figlio di attori, di ripristinare la propria reputazione in patria ed essere annoverato tra le élite del suo tempo[3]. Casanova è riuscito a raggiungere questo obiettivo al di là di ogni ragionevole aspettativa, per quanto solo dopo la sua morte. È impossibile per noi posteri distinguere tra l'autore e il protagonista della *Storia*, «né la storia di un uomo illustre, né un romanzo»[4], come il sedicente Cavaliere di Seingalt scrive nella prefazione all'opera che gli assicura un passaggio all'eternità letteraria. *Philosophe* o ciarlatano, cabalista o truffatore, grande attore o smargiasso, il protagonista della *Storia* – per echeggiare Walt Whitman (e Bob Dylan) – «contiene moltitudini». Se, come sostiene Friedrich Nietzsche, un'autobiografia è il resoconto di come si diventa «quel che si è», quel che si è poi fatalmente dipende da come gli altri ci vedono, ci ricordano, o ci immaginano. Chi è Casanova per noi, se non il variopinto caleidoscopio di tutte le reinterpretazioni del suo personaggio, tutti i suoi avatar, le sue «ombre», da Arthur Schnitzler a Sándor Márai, da Federico Fellini a Ettore Scola, per citare solo i piú noti?[5].

Il modello Rousseau – mettere a nudo se stesso senza pudori e false modestie, senza trucco o abbellimenti eccessivi, per servire alla conoscenza universale dell'uomo – proclamato (con ironia?) da Casanova nella prefazione al proprio autoritratto – è in realtà solo un espediente polemoscopico che nasconde le reali intenzioni del suo gioco di specchi e di maschere: dare al lettore licenza di gustare la vita privata di un libertino e, a chi scrive, la libertà di esibire se stesso senza por freno al suo narcisismo. In altre parole, il patto con il lettore che l'autore della *Storia* – questo antieroe di un'anacronistica mascolinità *Ancien régime* – mette in opera è all'insegna del voyeurismo, anzi di un duplice, allucinatorio voyeurismo: ripercorrendo la propria vicenda e impersonandola per il lettore, suo spettatore, suo *semblable*, suo intimo, anche il libertino si fa *voyeur*... della propria vita. Se ha dipinto certi dettagli in modo troppo esplicito, o con eccessiva indulgenza, è perché, si giustifica, «il mio vecchio animo è ridotto a poter godere soltanto del ricordo»[6]. La similitudine pittorica è importante e ci torneremo sopra. Ma seguiamo intanto la traccia del dispositivo ottico che è suo strumento privilegiato: e tanto del seduttore quanto del libertino, figura quest'ultima che della prima rappresenta il lato intellettuale.

Con la pretesa di puntare a se stesso una lente «onesta» catturando la propria immagine a tutto tondo, Casanova manovra le luci di scena e la propria silhouette a suo piacimento, come in un teatrino d'ombre, appunto, o in una fantasmagoria. Se nel *Polemoscopio* la focalizzazione «diagonale» si applica alla recita di società, nella *Storia* diventa l'autentico dispositivo della scrittura. Nel racconto autobiografico, l'effetto polemoscopico si aggiunge al telescopio della memoria trasformandolo in perfetto strumento di voyeuristico autocontrollo. A questo telescopio modificato ben si addice la descrizione che ne dà l'«astrologo» Ecclitico nel goldoniano *Mondo della luna*[7].

Ma il trucco di Ecclitico è del tutto incorporato alla recita della *Storia*, coincide con essa. Qui è all'opera un cannocchiale che riavvicina il passato lontano tanto da poterlo descrivere in tutti i dettagli, rivisitando tutti i luoghi – palazzi e castelli o locande malfamate, inclusi i *boudoirs* – che hanno fatto da palcoscenico alle avventure del libertino. «Ricordandomi i piaceri avuti, me li rinnovo, e rido delle pene sofferte che non sento piú», proclama il vecchio Casanova nel suo esilio di Dux[8]. In breve, il suo palazzo della memoria è un casotto, una macchina del tempo che lo riporta a Venezia e negli altri luoghi da lui visitati nella sua esistenza girovaga, come in un viaggio virtuale. Ma il telepolemoscopio della memoria è puntato tanto al tempo perduto che il *voyeur* della propria vita rincorre, quanto verso il lettore che osserva la scena, e vede l'Autore nelle vesti del suo personaggio, un Attore di gran talento.

2. *Il cristallo rubato.*

Un episodio della prima parte della *Storia* illustra alla perfezione il dispositivo polemoscopico che il vecchio Giacomo mette in gioco con il lettore e con se stesso. L'episodio che chiameremo del «cristallo rubato» fa seguito al ben piú noto episodio della visita alla fattucchiera di Murano. Raccontati e rivissuti dal vecchio autore, entrambi questi ricordi d'infanzia segnano una palingenesi, l'inizio della vita cosciente («l'inizio della mia esistenza di creatura pensante»), marcando con precisione la soglia della memoria e del racconto propriamente autobiografico: «Al principio d'agosto del 1733 mi si sviluppò la facoltà della memoria. Avevo dunque otto anni e quattro mesi. Non serbo alcun ricordo di ciò che può essermi accaduto prima di questa data»[9]. Insieme, gli episodi formano la prima scena, o la scena primaria, della *Storia*. Lo strano rito eseguito a Murano (l'isola dei vetrai, la cui tecnica include anche gli specchi adoperati nelle camere oscure e, come vedremo, in altre caleidoscopiche stanze) e il furto del cristallo di fatto battezzano tanto l'attore che l'autore, o l'autore e la sua ombra, il doppio volto dell'avatar casanoviano.

I due episodi sono simmetrici: se l'esorcismo della fattucchiera, coadiuvata dalla nonna e dalla mamma dell'adolescente Giacomino, ha il sorprendente effetto di ristabilirne la salute corporea curando l'epistassi cronica di cui soffriva, il racconto del cristallo rubato intende confessare, e come vedremo rivendicare, un tratto (poco degno) del suo carattere, foriero di ben altri sviluppi. Se, come abbiamo ipotizzato, la *Storia* è una risposta (emulatoria o ironica) al modello Rousseau, gli episodi dell'esorcismo e del cristallo introducono la duplice strategia polemoscopica che informa l'antimodello casanoviano. Un'illusione «ottica» è all'opera in entrambi. Rinchiuso dalla fattucchiera in una cassa, Giacomo sente «ridere e piangere, gridare, cantare, picchiare» ma sostiene che tutto ciò non lo turba piú di tanto. Quando risorge dalla sua temporanea «sepoltura» per essere adagiato su un letto, avvolto in un lenzuolo, massaggiato con un profumato unguento e riconfortato con «cinque confetti di gusto assai gradevole», è guarito. Ma la cura ha una coda necessaria che deve suggellarne l'esito. Dopo averlo «catechizzato», la fattucchiera «mi predice per la prossima notte la visita di un'incantevole dama, dalla quale sarebbe dipesa la mia felicità, se fossi stato capace di non dire a nessuno di aver ricevuto questa visita»[10]. L'intimazione ha l'effetto dovuto: Giacomo non se ne scorderà mai e può adesso, finalmente, rivelarla al lettore. La visita ha luogo (immaginaria o reale che sia) e vedremo tra poco quel che ne segue.

Dal canto suo, l'episodio del «cristallo rubato» rammenta inconfondibilmente un fatto narrato nel secondo libro delle *Confessioni* di Rousseau: il furto del «nastrino rosa e argento, già vecchio» che il sedicenne Jean-Jacques (l'omonimia con il nostro Giacomo non è, come vedremo, da trascurare) sottrae in casa della signora Vercelli, accusando del furto l'innocente e «angelica» Marion, la servetta di cucina di cui è invaghito, provocandone la cacciata e la probabile rovina. L'episodio tormenta ancora l'autore delle *Confessioni*, che lo rievoca dichiarandosi perseguitato dal «lungo ricordo del delitto e il peso insopportabile dei rimorsi, da cui la mia coscienza, a quarant'anni di distanza, è ancora oppressa, e il cui amaro sentimento, anziché affievolirsi, s'inasprisce quanto piú invecchio»[11]. Il che non ha impedito a critici sospettosi di metterne in dubbio la sincerità, minando di conseguenza l'intero apparato «confessionale» dell'autobiografia rousseauiana[12]. La natura dell'inganno e della confessione è simmetricamente opposta, nella *Storia* casanoviana: non deriva da rammarico ma da un altro genere di «pentimento», o calcolo. Siamo nel 1733, «sei settimane prima della morte di mio padre», scrive il vecchio Giacomo. Il suo personaggio ha otto anni:

> Un giorno, verso la metà di novembre, stavo con mio fratello Francesco, di due anni piú giovane di me, in camera di mio padre, intento ad osservare costui mentre si stava occupando di ottica.
>
> Avendo notato su un tavolo un grosso cristallo rotondo e sfaccettato, me lo misi davanti agli occhi e restai incantato al vedere tutti gli oggetti moltiplicati.
>
> Vedendo che nessuno mi badava, colsi il momento opportuno e me lo misi in tasca[13].

A parte questa menzione, non sappiamo se il padre di Giacomo, Gaetano Casanova, si dilettasse in esperimenti ottici, creando congegni simili a quelli descritti da Lorenzo Selva nel suo trattato; troviamo una lente prismatica come questa, costruita da Domenico Selva, nella collezione Poleni [*Fig. 43*]. Questo cristallo non è un polemoscopio, il

43. Domenico Selva, lente prismatica, 1725-50 circa.

«binocolo con lenti prismatiche» al centro della relativa commedia. Tuttavia, nelle prime pagine dell'autobiografia diventa il correlativo oggettivo di un piccolo dramma familiare (un ricordo del sé fanciullo) che illumina retrospettivamente la relazione di Giacomo con il fratello minore, Francesco, in seguito pittore di una certa fama. Anche se meno illustri dei Tiepolo, i Casanova, come i Selva, condividono quella che potremmo definire una vocazione, o impresa, di famiglia. Ecco come il vecchio Casanova ricorda ciò che avviene dopo il furto:

> Dopo qualche minuto, mio padre si alzò per andare a prendere il cristallo e, non trovandolo, ci disse che uno di noi due doveva averlo preso. Mio fratello asserí di non saperne nulla e io, nonostante fossi colpevole, gli feci eco. Egli minacciò di perquisirci e promise la frusta a colui che mentiva[14].

A questo punto, per tirarsi fuori da una situazione pericolosa, il giovane Giacomo mette in scena quello che potremmo ben definire un inganno polemoscopico: per deflettere i sospetti del padre, fa finta di cercare il cristallo «in tutti gli angoli della stanza» e, senza farsi notare, lo introduce «abilmente» nella tasca del fratello, dove il padre lo troverà. E commenta: «Lí per lí mi spiacque, perché avrei potuto fingere di averlo trovato da qualche parte, ma ormai la mala azione era compiuta»[15]. Nel racconto della *Storia*, le proprietà fisiche dell'oggetto assumono un ruolo secondario rispetto alle implicazioni morali della sua azione impulsiva. Tuttavia, l'intero episodio può anche essere letto come una sorta di «esperimento filosofico» – in ottica – che coinvolge il lettore, reso testimone della scena. Il vecchio Casanova ci informa debitamente, autoanalizzandosi nella memoria, che il giovane Giacomo, pur consapevole della scorrettezza della sua azione, non poté fare a meno di agire cosí: curiosa risonanza con quello che dichiara Gissor alla Contessa nel tentativo di proteggere il suo «segreto». Non aveva altra scelta e lí l'inganno era dettato dalle leggi euclidee di un'ottica geometrica. Altra risonanza curiosa per noi, il vecchio Autore si dice indispettito con se stesso, ma non per il suo atto disonesto, bensí per la sua mancanza di «presenza di spirito». A differenza della Contessa, che mente a buon fine dichiarandosi colpevole pur essendo innocente, Giacomo, che colpevole è, non è turbato da sensi di colpa per l'atto compiuto, quanto per non essere stato capace di escogitare su due piedi una contromisura efficace. Avrebbe potuto simulare meglio, facendo finta di trovare l'oggetto, disinnescando cosí la situazione, invece di incastrare il suo ignaro fratellino. Ma non lo fece. Infatti, per aggiungere il danno alla beffa, ecco cosa segue:

> Mio padre, perduta la pazienza per le nostre vane ricerche, ci fruga addosso, trova il cristallo nella tasca dell'innocente e gli somministra la punizione promessa. Tre o quattro anni dopo fui cosí sciocco da vantarmi con lui [Francesco] del tiro che gli avevo giocato. Non me lo ha mai perdonato e ha colto tutte le occasioni per vendicarsi[16].

Fedele al suo proclamato intento di raccontare la verità e nient'altro che la verità su se stesso (magari abbellita o dipinta a tinte piú lusinghiere) Casanova confessa cosí un aspetto poco onorevole del suo carattere *in fieri*. Anzi, raddoppia la posta, confessando ai lettori il suo irresistibile desiderio di vantarsi del proprio atto sleale con la vittima. Ecco, però, il trucco, o il dispositivo polemoscopico in azione: Casanova confessa la sua colpa ai lettori ma in modo ambiguo, in maniera tale che il «sé fanciullo» da colpevole autore dell'inganno diventi a sua volta vittima, oggetto del risentimento e delle innumerevoli vendette del fratello. È almeno lecito sospettare che, dietro la maschera di chi confessa la sua colpa, l'Autore tragga il piacere mnemonico di rivivere l'intero episodio, implicitamente vantandosi con i suoi lettori della crudele «marachella». Il lettore non può che sorridere. In breve, il personaggio Casanova è sia Gissor che Talvis, sia l'ingannatore «involontario» che il subdolo vanaglorioso, mentre la parte sgradevole del vendicativo (di nuovo Talvis) viene appioppata al fratello.

Insieme all'episodio della «guarigione magica», la storia del «cristallo rubato» costituisce, come abbiamo detto, un doppio rito di passaggio, fisico e morale, per il giovane Giacomo, il personaggio della *Storia*. In entrambi è coinvolta una sorta di illusione ottica. Tornando al primo episodio, il vecchio Casanova dubita se l'esorcismo della strega di Murano con il suo seguito, la preannunciata visita notturna di una bella dama, una sorta di regina delle fate che deve completare la guarigione, piú che un sogno, o una visione della sua mente alterata, non sia in realtà una teatrale messa in scena architettata dalla nonna Marzia e dalla madre Zanetta Farussi, l'attrice. Ecco come la visione notturna ci viene raccontata:

> Appena a letto mi addormentai senza neanche ricordarmi della piacevole visita che dovevo ricevere; ma *quando mi risvegliai* qualche ora dopo, *vidi, o credetti di vedere*, scendere dal camino una splendida donna in crinolina, vestita di una magnifica stoffa, con sul capo una corona costellata

di pietre preziose che mi pareva mandassero faville infuocate. Ella venne lentamente, con un'aria dolce e maestosa, a sedersi sul mio letto. Trasse di tasca delle scatolette e me ne rovesciò il contenuto sul capo, mormorando alcune parole. Dopo avermi rivolto un lungo discorso, di cui nulla compresi, e avermi baciato, se ne andò per dove era venuta, e io mi *riaddormentai*[17].

Nell'incertezza tra sogno e veglia, il vecchio Casanova, l'Autore, sembra propendere per la seconda, ma entrambe le possibili spiegazioni, visione o messa in scena, concorrono agli effetti terapeutici dell'operazione:

> Per quanto concerne l'apparizione della bella dama, l'ho sempre ritenuta un sogno, a meno che non mi avessero apparecchiato a bella posta quella mascherata; ma i rimedi ai peggiori malanni non sempre si trovano dal farmacista. Non passa giorno senza che qualche fenomeno ci testimoni la nostra ignoranza. Credo sia per questo che non v'è al mondo cosa cosí rara come un saggio dotato di uno spirito del tutto sgombro da superstizione[18].

La *dea ex machina*, la regina delle fate della visione di Giacomino, può ben essere stata la mamma Zanetta in costume di scena («splendida [...] in crinolina»)[19]. O forse questa visione non è che l'equivalente di un vetro dipinto che il vecchio Giacomo proietta sulla pagina bianca con la lanterna magica della memoria. Come che sia, Giacomino è ancora ammaliato dall'incantesimo che ci dipinge a tinte sfavillanti, piccola fantasmagoria in miniatura che rappresenta a se stesso e ai posteri. Facendoci spettatori del suo teatrino di ombre, il vecchio Chevalier non può esimersi dall'accompagnarlo con un'osservazione che corona la sua autoanalisi e ci fa riflettere. Il mattino seguente, la nonna Marzia ribadisce il divieto di rivelare il rito (si presume al padre, che non sembra complice della rappresentazione e del «rito»).

> Questa minaccia, lanciata dalla sola donna che aveva su di me un ascendente assoluto e che mi aveva abituato a obbedire ciecamente a tutti i suoi ordini, fu il motivo per cui mi sono ricordato della visione, l'ho suggellata e riposta nell'angolo piú segreto della mia nascente memoria[20].

Traendo il ricordo dallo scrigno della memoria, infranto il tabú, l'Autore condivide con il lettore l'insegnamento che il suo personaggio retrospettivamente desume dall'episodio e di cui farà tesoro per tutta la vita. Per illusionistica che sia, la cura funziona e il malinconico e malaticcio adolescente crescerà e si trasformerà nello spregiudicato libertino capace di innumerevoli *exploits*, fisici e morali, nel bene e nel male. La confessione si traduce cosí in una professione di fede: nel potere dell'inganno. Superstizione e illusione ottica sono le due facce della stessa medaglia. Casanova lascia la scelta al lettore indeciso. Soprannaturale o premeditata che sia, la «visione» (come alla fine l'Autore si risolve a chiamarla) suggerisce una filosofia che il personaggio, crescendo, applicherà alla propria carriera: ingannato (a fin di bene) dalle figure materne della sua infanzia – streghe o angeli custodi – e da tante altre figure femminili, Giacomo diventerà a sua volta un maestro di messe in scena, fino a pretendere di possedere i magici o cabalistici poteri di evocare spiritelli capaci di curare mali reali o immaginari, o persino di garantire la resurrezione (e il cambio di sesso), conquistandosi la fiducia dei piú svariati personaggi, dal senatore Bragadin a Madame D'Urfé. «Non ci sono mai stati stregoni sulla faccia della terra, ma il loro potere è sempre esistito per coloro ai quali essi hanno avuto l'abilità di farsi credere tali»[21].

Nella Prefazione alla sua opera, il vecchio libertino sintetizza cosí la questione, avendo ormai superato l'incertezza ed essendo pronto a rivelare (quasi) tutto, a mettere a nudo la sua vera personalità, recitando fino alla fine il personaggio che è diventato, o si è inventato, la cui filosofia suona cosí: «Ingannare uno sciocco [...] è impresa degna di un uomo di spirito»[22]. Ecco giustificata la strategia polemoscopica che completa l'antimodello: «Troveranno che ho sempre amato la verità con tanta passione da cominciare spesso col mentire per farla entrare in certi cervelli che non ne conoscevano i pregi [...] Li ingannavo per farli diventare saggi»[23]. Come per l'Ecclitico goldoniano e il suo voyeuristico telescopio, l'inganno ottico ha fini di conoscenza, dovrebbe far aprire gli occhi alle sue vittime. Stabilita cosí la complicità con il lettore-spettatore (*voyeur*) – può ben essere tutta una simulazione ma almeno è divertente e anche istruttiva – l'Autore può «confessarsi», ossia raccontare e narcisisticamente «vantarsi» dei suoi piú spettacolari inganni, inclusa la serie dongiovannesca delle sue seduzioni: «Se nel desiderio che ho di piacere mi ingannassi, confesso che ne sarei dispiaciuto, ma non abbastanza per pentirmi di aver scritto, perché nulla potrà far sí ch'io non mi sia divertito»[24].

Un'illusione polemoscopica è dispiegata, come abbiamo visto, anche nell'episodio del «cristallo rubato», al quale dobbiamo tornare per concludere il discorso sull'antimodello dell'autosimulazione casanoviana. Anche lí, al racconto fa seguito una coda che getta ulteriore luce – una luce chiaroscurale – su quello che sembra un episodio minore, se non insignificante, nella formazione del personaggio.

È significativo per noi perché coinvolge un altro genere di confessione e di rivelazione:

> Quando, durante una confessione plenaria, narrai al sacerdote questo delitto in tutti i particolari, ne ebbi delle informazioni che mi fecero piacere. Il sacerdote era un gesuita. Mi disse che comportandomi in quel modo avevo confermato il significato del mio nome, Giacomo; Giacobbe infatti in lingua ebraica voleva dire «colui che si sostituisce»[25].

Dunque la conoscenza (di sé) che il Giacomo adolescente apprende dall'episodio del cristallo è di ordine etimologico e risulta in una sorta di autobattesimo. Jacques/Giacomo/Giacobbe. *Nomen omen*, è il caso di dire, due (tre) avatar con un unico destino: quello di essere «colui che (si) sostituisce». Il passo arcinoto delle Scritture cui Casanova fa riferimento si trova in Genesi 27, 36. Lí tuttavia è il fratello maggiore Esaú, il gemello nato per primo, a conferire il nome al gemello «minore», Giacobbe appunto. Dunque l'interpretazione di Casanova (per interposta persona, il gesuita confessore) si basa su quella che Paul de Man chiamerebbe una «mislettura». A differenza di Giacobbe, Giacomo è il fratello maggiore, come Esaú. Si può forse ipotizzare che dietro questo scambio di ruoli ci sia, da parte di Giacomo, il desiderio di riscattarsi dal ruolo di «ingannatore», come Giacobbe, e di restaurare la propria «primogenitura», come Esaú, che era il favorito di Isacco ma viene appunto «soppiantato» dopo aver venduto la propria primogenitura per il famoso piatto di lenticchie? È plausibile. Forse Giacomo si era sentito a sua volta «soppiantato» dal fratellino minore e questo potrebbe essere il movente «inconscio» della sua polemoscopica mossa sleale, confessata ma non del tutto sconfessata nella *Storia*. O forse il racconto rivela un altro genere di rivalità. Giacomo è il soppiantatore soppiantato e la «primogenitura» in questione ha un'altra origine.

Come accennato in precedenza, Francesco Casanova divenne un pittore di qualche rinomanza, specializzandosi in scene di battaglia. Interessante coincidenza per noi, fu anche per un periodo il maestro di Loutherbourg, l'inventore dell'*eidophysikon*. Non sembra dubbio che il racconto del cristallo rubato vada interpretato alla luce di una rivalità tra i fratelli: potrebbe trattarsi di una piccola vendetta perpetrata dal vecchio Giacomo ai danni del «vendicativo» fratello che non gli avrebbe mai perdonato il torto subito. Ma c'è di piú: ne va di mezzo anche il nome. Francesco ricevette le lodi di Denis Diderot, che lo definí «un uomo di immaginazione, un grande colorista, una testa calda e ardita, un buon poeta, un gran pittore»[26]. Come scrittore, un pittore in parole, anche Giacomo diverrà noto come «colorista», ma di un genere diverso da quello del fratello: «Se a qualcuno sembrerà che io dipinga troppo nei dettagli certe avventure amorose, avrà torto, a meno che non mi giudichi cattivo pittore»[27].

La «primogenitura» che il vecchio Autore intende ristabilire scrivendo la *Storia*, che la vicenda del cristallo rivela polemoscopicamente in tutte le sue sfaccettature, è quella di un nome, il suo: il patronimico a futura memoria. Non è un caso che il racconto cominci con una lunga e praticamente inventata genealogia dei Casanova. Ma se c'è un Casanova che andrà ricordato negli annali, si tratta di Giacomo/Giacobbe, non di Francesco. Per merito soprattutto della *Storia*. E tuttavia, a questo stadio di scrittura ancora in progresso, Francesco sembra avere un vantaggio su Giacomo, popolare com'è alla corte di Vienna, mentre il «soppiantatore» languisce nell'ombra del cratere di Dux. Dipinta a forti tinte, la *Storia* è l'opera che riscatterà la fama del suo Autore, la lente che ne ingrandirà e ne aggiusterà retrospettivamente le proporzioni. Ma solo in postumacia.

Qui sta il dispositivo del suo successo. L'autoritratto fedele che offre ai suoi lettori e rivela l'Autore come un grande «pittore», ancora piú grande di suo fratello, è anche la recita di un attore consumato. Il racconto del «cristallo rubato», l'oggetto simbolico dell'arte paterna, il potente talismano che moltiplica gli oggetti e permette a chi vi guarda attraverso di vedere il mondo com'è – come un cristallo del tempo[28], come un caleidoscopio di verità e finzione – restituisce a Giacomo quel che è di Giacomo, il suo diritto di artistica primogenitura. La magia polemoscopica è destinata a funzionare: la memoria di Francesco come artista è sbiadita, mentre Giacomo è in procinto di diventare se stesso. La morte del padre, solo «sei settimane dopo quest'*avventura*» (come sorprendentemente il vecchio Autore battezza subito dopo l'episodio del cristallo) conferisce al ricordo una sua ineluttabile sanzione (il capitolo della *Storia* si intitola lapidariamente: *Je vol un cristal. Mort de mon père.* «Rubo un cristallo. Morte di mio padre»). Ma l'episodio del «cristallo rubato» ha un'altra coda.

Circolava infatti una voce secondo la quale il padre di Francesco non sarebbe stato Gaetano Casanova, ma il principe di Galles: Francesco era nato a Londra, dove entrambi i genitori erano in tournée, mentre Giacomo era rimasto a Venezia, affidato alle cure della nonna

Marzia[29]. Se le voci fossero vere, Francesco avrebbe effettivamente «soppiantato» Giacomo, in termini di genealogia: Giacomo potrebbe ben essere il figlio illegittimo di un nobile veneziano, un Grimani, come Casanova sostenne in un vendicativo pamphlet, *La stalla ripulita*, pubblicato a Venezia nel 1782, un'opera che gli valse l'esilio definitivo dalla sua patria. Ma Francesco vanterebbe una nascita ancora piú nobile, in quanto il principe di Galles salí al trono come re Giorgio II d'Inghilterra. Vera o falsa, la vanteria di Giacomo sembra piú credibile dei pettegolezzi su suo fratello: sia come sia, la vicenda aggiunge un'altra sfumatura alla rivalità tra i fratelli. Da bravo *parvenu*, il vecchio Giacomo non poteva forse perdonare al fratello minore una nascita ancora piú aristocratica della sua. E con tutte le sue sfaccettature, l'episodio del «cristallo rubato» nasconde dunque un ulteriore, polemoscopico trucco: sposta il nostro sguardo dalla madre Zanetta Farussi, in arte Fragoletta, al padre Gaetano Casanova. Ma se Gaetano ha fornito lo strumento ingannevole della conoscenza, la lente prismatica desiderata e rubata da Giacomo per «soppiantare» suo fratello, è poi Fragoletta, l'attrice, la dama elegantemente vestita, la regina delle fate in costume di scena, che serba il patronimico segreto dei due fratelli.

3. *Un amore panottico.*

Forse nessun altro episodio della *Storia* illustra meglio la strategia del libertino e il dispositivo voyeuristico di cui si serve l'Autore dell'avventura con M. M., la suora sulla cui identità gli studiosi di Casanova ancora dibattono. L'intero episodio può essere considerato l'equivalente di un romanzetto erotico all'interno dell'autobiografia: una *mise en abîme* che descrive il maturare di Giacomo come amante, libero pensatore e *voluptuaire*. Che questo racconto nel racconto possa essere la chiave per comprendere la vera ragione per cui Giacomo fu imprigionato nei Piombi e, dopo la sua fuga, costretto a lasciare la città della sua giovinezza per un lungo esilio, rende tutto ciò ancora piú significativo nella costruzione del personaggio. È la vera risposta di Casanova alle *Relazioni pericolose* di Choderlos de Laclos, oltre che una sorta di *Educazione sentimentale*. Ancora piú importante per noi, esso rivela in pieno il voyeurismo panottico che governa la vita veneziana, svelando cosí un recondito significato, squisitamente casanoviano, dell'epiteto che definiva la Serenissima «occhio d'Italia».

Giacomo ha ventotto anni e ha sedotto l'adolescente C. C., la sua «piccola moglie», identificata dagli studiosi con la quattordicenne Caterina Capretta (il «matrimonio» era un patto segreto tra gli amanti, congegnato dal libertino innamorato). L'episodio esordisce con un gioco di sguardi incrociati. C. C. è confinata in un convento non meglio identificato sull'isola di Murano, dove ha abortito segretamente. Ogni domenica, Giacomo si presenta in incognito nella chiesa del convento, dove C. C. può vederlo senza essere vista: «Non vedevo C. C.; ma sapendomi osservato da lei bastava la sua gioia a render perfetta la mia», scrive il vecchio Casanova[30]. Il visitatore misterioso diventa presto «l'enigma del convento», come scrive divertita C. C. in una delle lettere segretamente recapitate al suo amante. Tutte le donne nel coro attendevano che il misterioso visitatore facesse ingresso nella chiesa per segnalarselo a vicenda. Notando che non guardava mai verso la grata dietro la quale tutte le monache erano nascoste alla vista, né «puntava» alcuna donna che entrava o usciva dalla chiesa, le monache lo ritenevano un melanconico che cercasse sollievo da un «grosso dispiacere» o un misantropo che cercasse rifugio dal mondo.

A preoccupare Giacomo è solo il fatto di essere osservato: tutti questi sguardi puntati su di lui potevano infatti compromettere il suo anonimato e attirargli l'ira del padre di C. C. Ma da dietro la maschera, che ovviamente non fa che aumentare la curiosità, scruta la scena e ce la descrive nei minimi dettagli. Come sappiamo, il gioco polemoscopico, a Venezia, è una recita in maschera[31]. Tra gli occhi fissi sul misterioso uomo mascherato c'è uno sguardo di cui Giacomo non è subito consapevole, e dietro al quale si nasconde un personaggio che ben presto lo coinvolgerà in una delle trame erotiche piú celebri della *Storia*. Ciò che segue è uno scambio degno dei migliori romanzi epistolari del XVIII secolo. Dopo una delle sue visite, viene consegnata a Giacomo una lettera con istruzioni dettagliate, in francese, su come incontrare il mittente. Potrebbe trattarsi, sospetta già Giacomo, della suora che ha preso C. C. sotto la sua ala, come è stato informato da lei, offrendosi di insegnarle il francese. Un'amica di Giacomo (la contessa S.) lo accompagnerà a incontrare la misteriosa suora. E cosí avviene, e quando Giacomo finalmente apprende il nome di chi l'ha invitato, senza rivelarne – con polemoscopica discrezione – l'identità, il vecchio Casanova ci fa sapere che si tratta di persona «nota».

La descrizione dell'incontro in parlatorio (un salotto privato) è un capolavoro di inquadratura: da dietro la grata, M. M. preme un pulsante e apre quattro riquadri piú piccoli che formano un'«apertura [...] attraverso la quale sarebbe potuto passare un uomo». Mentre la contessa S. siede di fronte all'apertura, Giacomo si posiziona «dall'altra parte», in modo da poter «studiare a [su]o agio quella rara bellezza che poteva avere ventidue o ventitré anni», che gli si rivela cosí perfettamente incorniciata, seppur di traverso. Il minuzioso ritratto che segue ha un «colore» degno degli sfumati di François Boucher, cui si deve il ritratto della bellezza forse piú iconica del XVIII secolo, la marchesa di Pompadour, l'amante ufficiale di Luigi XV che Giacomo incontrerà a Parigi sulla scia di questa avventura veneziana e della sua successiva fuga dai Piombi: l'alta statura, il viso bianco, quasi pallido, lo sguardo nobile, il comportamento disinibito eppure timido, gli occhi azzurri, il viso sorridente e dolce, le belle labbra «rugiadose» che mostrano due perfette file di denti. A causa del copricapo, Giacomo non può vedere i capelli di M. M. ma conclude che il loro colore dovrebbe essere castano (piú tardi ci informerà che i suoi peli pubici sono biondi).

Ma la descrizione si concentra sul dettaglio piú «sorprendente» ed è lí che l'Autore dirige il nostro sguardo: la mano e l'avambraccio della religiosa «scoperto fino al gomito». Il vivido ricordo innesca il meccanismo voyeuristico. Gli occhi di Giacomo sono fissi su questo dettaglio e puntano i nostri: «... non si sarebbe potuto vedere nulla di piú perfetto. Non si scorgevano vene e invece dei muscoli vedevo solo delle fossette»[32]. È come se il gomito di M. M. sporgesse dalla pagina, con l'effetto di un *trompe-l'œil*, un effetto luminoso, quasi diafano, che ricorda una lastra di lanterna magica: vitrea, eppure piena di sensualità. Lo sguardo non viene restituito, però, e Giacomo non vede l'ora di potersi sostituire alla contessa S. di fronte alla grata e guardare M. M. negli occhi. Il polemoscopico gioco della seduzione è cosí innescato. Il primo vero *rendez-vous* con la misteriosa suora richiederà del tempo e Giacomo dovrà sopportare non poche umiliazioni nella schermaglia amorosa che segue e che avrà l'effetto di un preliminare, intensificando il suo desiderio. Quanto a C. C., Giacomo si è convenientemente autoconvinto che questa infedeltà non la possa turbare, anzi avrebbe capito, «perché serviva solo a conservarmi in vita per lei»[33].

Utilizzando un «friulano» come intermediario – a Venezia i friulani, riconoscibili per la loro lanterna, come nella versione del Prado del *Mondo novo* di Giandomenico, «erano sicuri e fedeli come lo erano dieci anni fa i savoiardi a Parigi»[34], scrive il vecchio Casanova – si impegna in un fitto scambio di missive segrete con M. M., al termine del quale ammette di essere finalmente pronto a cedere: «Un giorno io la vidi, rimasi sbalordito e il mio onore mi parve una vana chimera [...] Fu, ahimè un vero colpo di fulmine che non mi uccise ma non mi lasciò vivo»[35]. Quando, dopo vari andirivieni epistolari, si ritrovano di nuovo nel parlatorio del convento, Giacomo si getta ai piedi di M. M., di là dalla grata, ma lei gli intima subito di alzarsi «perché avrebbero potuto vedermi». Lo sguardo polemoscopico del primo incontro è finalmente sostituito da uno sguardo diretto e reciproco: «Stemmo a guardarci in viso per un buon quarto d'ora [*entreregardant*]»[36]. Il primo *rendez-vous* amoroso è fissato, ma prima di lasciare M. M., Casanova le chiede un pegno: «Vederti tutta attraverso la finestrella» mettendosi «dove stava la contessa S.». Al che M. M. «si alzò e con un graziosissimo sorriso premette il pulsante». Ma chi veramente lo preme, se non l'Autore per noi? È come se il diafano ritratto di M. M. si animasse davanti ai nostri occhi, simile a un meccanismo a orologeria: «Dopo un bacio di cui [lei] dovette apprezzare l'agrore come la dolcezza, mi congedai. Mi seguí con sguardo innamorato fino all'uscio»[37].

L'elaborata messa in scena che inquadra il racconto ha naturalmente lo scopo di collegare il patto voyeuristico con il lettore al tabú che verrà trasgredito. Il vecchio libertino che scrive mette subito in chiaro il fascino che M. M. esercita sul giovane Giacomo, il suo personaggio: «Alla nobiltà, alla bellezza e all'intelligenza di M. M. che erano le sue vere virtú, s'aggiungeva il gusto dello scandalo a rendermi inconcepibile la grandezza della mia felicità. Era una vestale: avrei gustato un frutto proibito, avrei rubato i suoi diritti a uno sposo onnipotente, impadronendomi della piú bella sultana del suo divino serraglio»[38]. Segue un'autentica professione di fede del libertino, una sintesi della sua filosofia. Tutte le creature seguono il loro naturale appetito nel nutrirsi, riprodursi, e «distruggere i propri nemici», «fame, desiderio di coito e odio». Ma solo nell'uomo dotato di ragione questo triplice appetito universale è degno del termine «piacere»: «l'uomo prevede, cerca, organizza il piacere e vi riflette dopo averne goduto»[39]. Solo a causa della nostra consapevolezza, «le soddisfazioni si trasformano in piacere, piacere, piacere (*plaisir, plaisir, plaisir*)».

Ripetuto tre volte, questo è un vero grido di battaglia: non ci sarebbe «frutto proibito» senza «l'intelligenza che per procurarsi piacere diventa ministro delle passioni». Infatti, l'autentico «voluttuoso» governa queste passioni naturali, al fine di rendere il piacere piú potente: «Soffriamo la fame per meglio assaporare le salse; differiamo il godimento amoroso per renderlo piú vivo, rimandiamo la vendetta per farla piú micidiale»[40]. La strategia polemoscopica del libertino è dunque molto di piú che non lo strumento del seduttore. Inquadra una filosofia che non è priva di rischi, che fa anzi del rischio (una scommessa vitale) la vera fonte del suo piacere. L'avventura con M. M. trova una sede perfetta: il casino di Murano, che si rivelerà una versione molto piú elaborata e sofisticata del casotto di cui abbiamo visto un esempio: una macchina ottica per una messa in scena degna del libertino. Sedi minori e discrete, adiacenti o nascoste, dei palazzi veneziani, i casini permettevano a nobili e dignitari stranieri di riunirsi per svolgere attività illecite ma tollerate – gioco d'azzardo o avventure amorose – in uno spazio privato che naturalmente non si sottraeva del tutto all'occhio degli inquisitori e al sistema di sorveglianza panottica della Serenissima.

La libertà che consente a M. M. di muoversi fuori dal convento e persino di recarsi a Venezia suggerisce a Giacomo che deve avere un nobile protettore. Il personaggio della *Storia* non sospetta ancora quello che il vecchio Autore sa bene: presto si sarebbe trovato lui stesso sotto gli occhi di questo misterioso personaggio, il proprietario del casino che sa già tutto di loro, a parte, naturalmente, la vera identità di Giacomo, che è ancora nascosta anche a M. M. Il misterioso personaggio ha persino letto la loro corrispondenza. «È curioso di sapere chi sei [...]. Ma siccome io invece non ne sono per nulla curiosa – lo rassicura M. M. – non aver paura»[41]. Viene stipulato un patto di polemoscopica neutralità: Giacomo non cercherà di scoprire chi è l'amante segreto e M. M. non cercherà di sapere chi è Giacomo. Eppure, il patto di segretezza e anonimato che sigilla questo triangolo amoroso è inevitabilmente asimmetrico (e non durerà): sia Giacomo che l'amante misterioso conoscono l'identità di M. M., ma non sanno chi sia l'altro. Quanto a noi, lettori, ci troviamo nella posizione opposta e se, per il momento, non sappiamo chi sia il suo protettore segreto, lo scopriremo presto. Il nostro narratore rivelerà il segreto a tempo debito: siamo legati al suo punto di vista.

Quando finalmente si incontrano nel casino a Murano, Giacomo trova M. M. elegantemente vestita «in abiti secolari». Se è deluso nel vedere che non indossa il velo da suora che, come da lui richiesto, avrebbe reso la trasgressione completa, non lo confessa. Quanto all'ambiente, il *boudoir* non è privo di riflessi: «La camera era rischiarata da candele infilate in candelieri sistemati dinnanzi a delle specchiere e da quattro fiaccole supplementari poggiate su un tavolo dove stavano anche dei libri». Un vero caleidoscopio. Quel che segue, nella luce soffusa delle candele, è «una lotta amorosa in piena regola», come quelle dipinte da Fragonard, alla fine della quale «ci complimentammo attribuendoci entrambi la vittoria», lei per aver resistito, e lui per aver mantenuto la sua impazienza sotto controllo[42]. Dopo una cena deliziosa, «una piccola fiala di cristallo di rocca», che M. M. esibisce, consente a Giacomo, fine osservatore, di congetturare l'identità del nobile amico. Che coincidenza: è simile a quella che Giacomo ha alla catena dell'orologio. Particolare ancora piú sorprendente, l'essenza che contiene non è in vendita, ma proviene da uno stock privato del re di Francia. L'amante segreto di M. M. lo ha ricevuto dal re in persona e gliene ha fatto dono.

Il gingillo indiscreto suggerisce a Giacomo di sfoggiare la sua perspicacia: «Due anni fa la signora di Pompadour ne ha mandato una fialetta al signor Mocenigo, l'ambasciatore veneto a Parigi, tramite l'A. de B., attualmente l'ambasciatore di Francia a Venezia». Con discrezione, il vecchio Casanova condivide con il lettore solo le iniziali ma poco piú avanti rivelerà il nome del personaggio che comunque è introdotto in scena: Giacomo e l'enigmatico A. de B. si sono già incontrati, hanno persino cenato insieme, tempo prima a Parigi. «Il suo bell'aspetto lo ha fatto soprannominare Belle-Babet», soggiunge maliziosamente il vecchio Casanova (la bella Babet era una graziosa fioraia parigina soprannominata da Voltaire «la fioraia del Parnaso»). Un dettaglio va aggiunto. Giacomo ha orrore delle parrucche ed è deliziato dallo scoprire che, invece di una parrucca, M. M. sfoggia «una splendida capigliatura»[43]. Le suore, spiega M. M., sono solo obbligate a nascondere i loro capelli al mondo esterno, non necessariamente a tagliarli come segno di mortificazione. In breve, attraverso questo attributo, la concubina di Cristo dà anche un indizio sulla sua simbolica identità: M. M. è anche Maria Maddalena. Piú tardi, quando la loro relazione raggiungerà il suo apice, la Monaca di Murano donerà a Giacomo un suo ritratto nella posa della Maddalena di Correggio, nascosto nello scomparto segreto di una tabacchiera. Va da sé che si tratta di un altro voyeuristico gingillo.

Il primo *rendez-vous* è solo un'*ouverture*. Allo squillo di un carillon, M. M. indossa gli abiti religiosi sotto gli occhi estasiati del suo nuovo amante e il vecchio Autore non ci risparmia uno spogliarello al rovescio. E C. C.? Lontano dagli occhi, lontano dal cuore? Non proprio. La polemoscopica trama si complica. Giacomo riceve una lettera in cui C. C. rivela di averlo visto con M. M. nel parlatorio del convento. Il modo in cui viene descritto l'avvistamento replica, ancora una volta, il tema voyeuristico. Passando per un corridoio ubicato sopra il luogo dell'appuntamento, C. C. si china a raccogliere uno stuzzicadenti che ha lasciato cadere e, sbirciando attraverso una crepa del pavimento, vede Giacomo in intima conversazione «con la mia cara amica, la madre M. M. Non puoi immaginare la mia sorpresa e la mia gioia. Questi due sentimenti cedettero tuttavia – aggiunge – immediatamente alla paura d'esser vista e di attirare la curiosità di qualche indiscreta»[44]. La storia dello stuzzicadenti è credibile? O forse C. C. era intenta a spiare la sua cara amica? Fa poca differenza. Ricordiamoci che è il vecchio Casanova che tiene le fila del racconto. C. C. rassicura Giacomo che il loro segreto è al sicuro: ha confessato a M. M. di avere un amante, ma non ne ha rivelato l'identità. A sua volta, M. M. le ha detto di avere un amante, senza rivelare chi sia. C. C. arriva persino a dare la sua benedizione alla loro «amicizia» (di Giacomo e «madre» M. M.).

Anche la reazione di Giacomo è interessante, da un punto di vista polemoscopico: «Questa lettera mi dette da pensare. Ero sicurissimo sul conto di C. C., ma quella fessura avrebbe potuto farci scoprire dalle altre». Insomma, è piú preoccupato del sistema di sorveglianza all'interno del convento che della reazione della sua «piccola moglie». Giacomo le mente dicendole che era solo curioso di fare la conoscenza di M. M., «avendo udito parlare delle sue rare qualità». E la istruisce: C. C. deve informare immediatamente M. M. «di averla vista parlare con un uomo mascherato attraverso la fessura», ma «doveva evitare di parlarle di me»[45]. Deve proteggere il suo anonimato: C. C. può solo dire che l'ha riconosciuto come l'uomo che si era fatto notare ogni domenica nella chiesa del monastero. E la trama polemoscopica si infittisce ancora di piú. Giacomo torna a frequentare la chiesa, dal momento che mostrarsi (sempre mascherato) paradossalmente protegge il suo anonimato. Ma si accorge di essere seguito da uno sconosciuto, una spia evidentemente, e tenta (ma fallisce) di costringerlo a rivelare chi lo mandi. Fa nuovamente visita a M. M. nel parlatorio privato, e lei lo loda per essersi fatto rivedere in chiesa. Tuttavia, ciò che la suora gli dice lo allarma: «La badessa, che diceva di sapere con sicurezza chi [lui] er[a], ne era stata molto lieta»[46]. Il voyeurismo sociale è pienamente dispiegato. A Venezia, come a Parigi, è praticamente impossibile indovinare chi sia l'osservato e chi l'osservatore. Ma dal centro del suo panottico, l'Autore distribuisce tutti gli sguardi incrociati.

Nell'avventura con M. M., il voyeurismo, con tutte le sue sfumature erotiche e sociali, non è trattato come una perversione, ma quale strumento di educazione libertina. La vicenda è ben nota ai lettori di Casanova. Un colpo di scena nella trama polemoscopica arriva con una lettera in cui M. M. confessa di aver tradito Giacomo, e in modo spettacolare: il suo amante segreto, A. de B., la cui identità ora, a sua insaputa, è nota a Giacomo, è stato testimone segreto del loro primo incontro nel casino di Murano «da una stanzetta, un vero nascondiglio, dalla quale egli avrebbe visto tutti i nostri gesti e udito tutti i nostri discorsi senza essere osservato. È una cameretta impossibile da scoprire». Inizialmente, Giacomo non è affatto contento (almeno a dire del vecchio Autore). Tuttavia, l'autodifesa di M. M. è coerente con la sua filosofia polemoscopica: «Mi venne naturalissimo celarti la cosa», aggiunge. In breve, lo ha fatto per mettere Giacomo a suo agio («quella notte tu ti comportasti molto amabilmente e con grande naturalezza. Se avessi saputo d'avere un testimone, Dio sa come ti saresti comportato»)[47].

4. *Il casotto del libertino.*

Con tutti questi sguardi indiscreti o, peggio, inquisitivi, il casino di Murano e il suo ripostiglio segreto sono per il momento *off limits*. Il prossimo *rendez-vous* sarà l'indomani a Venezia. L'amante misterioso di M. M. la accompagnerà personalmente in città, ma Giacomo deve trovare in fretta un nuovo casino. Quello che allestisce per la cerimonia che vi verrà celebrata è cosí adatto da far sospettare a un lettore attento che l'intera storia sia stata raccontata con questo scenario in mente. Il casino in questione apparteneva all'ambasciatore inglese, che lo vendette al suo cuoco quando lasciò Venezia e si rivela il luogo perfetto per consumare un amore panottico: uno stravagante dispositivo, una versione molto piú sofisticata dei casotti che abbiamo incontrato finora in piazzetta. Il sogno di un *voyeur*.

«Il casino si componeva di cinque stanze, – ci racconta il vecchio Casanova, – ammobiliate con gusto squisito. Non v'era nulla che non fosse fatto per la gioia dell'amore, della buona tavola e d'ogni sorta di voluttà»[48]. Progettato per proteggere i suoi occupanti dagli sguardi indiscreti, nella sala da pranzo «i cibi erano serviti attraverso una finestra cieca» collegata a un montavivande, cosicché «i padroni e i domestici non potevano vedersi». Ma al suo interno questo antipanottico è progettato per riflettere e moltiplicare il piacere in tutte le sue sfaccettature. La sala principale è

> adorna di specchi, di lampadari, di uno splendido *trumeau* sistemato sopra un caminetto di marmo bianco incrostato di mattonelle di porcellana cinese, che si facevano notare per le immagini che vi erano dipinte: coppie di amanti nudi che eccitavano i sensi con le loro pose voluttuose. [...] C'era un'altra camera ottagonale, tappezzata di specchi fin sul pavimento e sul soffitto. Gli specchi, fronteggiandosi, riflettevano gli oggetti in mille modi diversi.

In breve, all'interno di questo casotto del desiderio, ogni oggetto è moltiplicato come se fosse riflesso nel prismatico cristallo rubato dal giovane Giacomo.

La stanza degli specchi dà su un'alcova «fornita di due uscite segrete, che immettevano in un gabinetto e in un salottino intimo con bagno e stanzino all'inglese»[49]. Il palcoscenico dove il frutto proibito sarà infine colto è cosí allestito. Giacomo è il maestro di cerimonia, regista e protagonista, e si prende cura di ogni dettaglio possibile. È giunta l'ora tanto sospirata. Giacomo va incontro a M. M. nel cuore della notte, nel luogo prestabilito: Campo San Giovanni e Paolo, dietro la statua equestre di Bartolomeo Colleoni, famoso condottiero al servizio della Serenissima, che lo fece assassinare. Una gondola si avvicina nel buio, un uomo mascherato sbarca e si dirige verso Giacomo che, per un momento allarmato, si rammarica di non aver portato con sé le pistole. Ma l'uomo in maschera gli offre la mano e Giacomo riconosce «il mio angelo vestito da uomo». Si avviano insieme verso il casino, «solo cento passi dal Teatro di San Moisé» dove Goldoni e Galuppi avevano messo in scena il telescopico *Mondo della luna*, tre anni prima. Al sicuro nella loro scatola ottica, lui si toglie subito la maschera, ma M. M. prende tempo, ispezionando tutti gli angoli, forse per controllare che non ci siano fessure indiscrete; o forse, come ci dice il vecchio Autore, per far sí che lui la contemplasse «in tutte le pose, di profilo e di faccia». M. M. è «sorpresa dal prodigioso riflettersi della sua figura in cento modi diversi, anche se stava immobile». Come fosse riflesso in un caleidoscopio, il suo ritratto moltiplicato dagli specchi nella luce dorata e tremolante delle candele «le offriva uno spettacolo nuovo che la faceva innamorare di se stessa»[50].

Segue un esame dettagliato del suo elegante abbigliamento, un elenco dei materiali e degli accessori piú preziosi e raffinati della moda del XVIII secolo: «una tabacchiera, una bomboniera, una fiala, un astuccio di stuzzicadenti [forse C. C. diceva la verità], un occhialino [certamente un polemoscopio] e fazzoletti che esalavano profumi balsamici»; e poi due orologi pendenti «da catene incrostate di diamantini» e persino un paio di «pistole a pietra focaia con meccanismo di scatto a molla, di finissima fabbricazione inglese». A differenza di Giacomo, la signora era ben preparata a ogni evenienza. Ha inizio il rituale del denudamento e il vecchio Autore si concentra di nuovo sui capelli di M. M., «pettinata da maschio, coi capelli non incipriati e lunghi riccioli che di fianco scendevano fin sotto alle guance: dietro, le chiome erano strette da un nastro nero e in coda ondeggiante scendevano fino al ginocchio». In breve, in M. M. si rispecchia un'altra androgina creatura che aveva affascinato, e persino stregato, Giacomo: il suo grande amore francese, Henriette, un'avventura anch'essa iniziata con un travestimento maschile. Se, come donna, M. M. gli ricorda Henriette, la donna che gli aveva intimato di dimenticarla ma che non dimenticherà mai, «come uomo» gli rammenta «un ufficiale delle Guardie, un certo L'Étoirère», un famoso *beau* che Giacomo aveva conosciuto a Parigi anni prima; o anche, piú classicamente, il giovane Antinoo, l'efebo favorito dell'imperatore Adriano, «di cui esistono ancora le statue»[51]. Per completare la quadriglia del genere, sebbene non menzionato in questa compagnia, vale la pena di ricordare anche Bellino, il finto castrato sotto il cui travestimento si nascondeva un'altra delle amanti piú memorabili di Casanova, Teresa Lanti.

Il ricordo dell'avventura con M. M. avvolge Giacomo (e il vecchio Autore, e noi con lui) in un teatrino di ombre dove molteplici trasgressioni – religiose e sessuali – si riflettono le une nelle altre. La messa in scena del casotto rivela perfettamente il meccanismo mnemonico della *Storia*. Proiettata sulla pagina, prende forma un'utopia del desiderio, uno spazio ideale di privacy e segretezza dove il giovane libertino può soddisfare tutti i suoi appetiti e il vecchio Autore condivide con il lettore il triplice piacere retrospettivo – voyeuristico, narcisistico e onanistico – con il cristallo prismatico della scrittura. Segue una performance sessuale che dura sette ore (il vecchio Casanova si vanta senza imbarazzo). M. M. deve prima riacquistare la sua femminile identità («Le offrii la bella cuffia ricamata pregandola di abbigliarsi da donna»). I loro giochi nell'alcova non insegnano al giovane Giacomo «nessun nuovo trucco amoroso, ma moltissimo di nuovo in sospiri, estasi, slanci, istinti [*sentiments de nature*] che si manifestano solo in quei momenti». Insomma, è la natura che, liberandosi dai pregiudizi, si manifesta senza vergogna. Come lui le insegna, «il piú piccolo pudore guasta il piú grande dei piaceri»[52].

L'incontro successivo si svolgerà nel casino di Murano, sul terreno dell'Ambasciatore, la cui identità è ormai svelata. Poiché il Natale si avvicina, a Venezia i teatri sono chiusi e le maschere proibite per nove giorni prima della festività. Ulteriori precauzioni sono necessarie. Tuttavia, non c'è motivo di rinunciare al piacere: «Non è divertente, – dice M. M. a Giacomo, – che ci sia un periodo in cui Dio vede di buon occhio che ci divertiamo e un altro durante il quale per piacergli dobbiamo fare astinenza!» Come possono le creature influenzare, e offendere, il creatore con i loro atti? La conclusione di M. M., *esprit fort* come recita il titolo di questa sezione della *Storia*, non fa una grinza: «Mi pare che se Dio avesse creato l'uomo capace di offenderlo, l'uomo avrebbe ragione a fare ciò che gli ha proibito, solo per insegnargli a creare bene». È la logica arguta, la libertà di giudizio di un libertino: «È concepibile un Dio afflitto durante la Quaresima?», aggiunge la ventitreenne M. M. con un caustico sorriso.

Ma la lezione da trarre è l'inestricabile intreccio di piacere e pregiudizio. La volontà di sapere dell'Illuminismo non può fare a meno delle ombre della superstizione. Pregiudizio e superstizione sono il presupposto necessario alla trasgressione: piú grande il tabú e piú intenso e gratificante il piacere di infrangerlo. M. M. è piuttosto versata nella letteratura libertina, evidentemente il suo protettore le ha fornito i libri giusti. Casanova ne cita alcuni, Bolingbroke e *La saggezza* di Charron, cui si aggiungono «degli in-folio contenenti esclusivamente stampe lascive», il Portier des Chartreaux, Meursius, Aloysia Sigea[53]. Parola e immagine servono allo stesso proposito:

«i quadretti che adornavano il gabinetto erano cosí ben dipinti che le figure sembravano vive». Spirito critico e forte, M. M. ha letto le «opere dei piú sapienti filosofi contro la religione e ciò che le penne piú libertine avevano scritto sul tema dell'amore»[54]. In breve, la mnemonica voyeuristica è incorniciata dal vecchio Autore in una lezione filosofica che serve a giustificarne il dispositivo e come tale il lettore è tenuto a goderne. La logica del piacere si dispiega. Ma senza sadistica oltranza.

Il gioco erotico è sí blasfemo, ma non è violento. I due amanti si scambiano i loro simbolici ritratti. Giacomo riceve da M. M. la tabacchiera dorata che abbiamo già menzionato: «Nella scatola troverai due ritratti miei, in due nascondigli diversi», scrive lei. «Staccando il fondo della tabacchiera nel senso della lunghezza troverai me in vesti monacali, premendo l'angolo aprirai un coperchio a cerniera e mi vedrai quale mi hai fatta diventare». Azionando il meccanismo, Giacomo scopre un ritratto di M. M. «nuda distesa su un materasso di raso nero nella posa della Maddalena del Correggio. Guardava un amore che teneva ai piedi la faretra, seduto sui suoi abiti monacali»[55]. Dal canto suo, Giacomo dona a M. M. un medaglione con un ritratto di se stesso mascherato da arcangelo Gabriele (il soprannome «boccaccesco» che ha dato al suo organo sessuale) nascosto sotto un'Annunciazione dipinta apposta per lui, con l'Angelo bruno e la Vergine bionda, un soggetto poi copiato dal «famoso pittore Mengs, nella Annunciazione che dipinse a Madrid dodici anni dopo»[56].

Questo scambio di regali, tuttavia, finisce col compromettere l'anonimato sancito dal patto degli amanti, poiché il medaglione con il suo ritratto segreto rivelerà l'identità di Giacomo a M. M., portando il gioco polemoscopico al suo inevitabile epilogo. Nella sua intimità con M. M., che, apprendiamo *en passant*, l'ha anche iniziata «ai misteri di Saffo», C. C. si rende conto che il medaglione può essere solo un dono ricevuto da lui, poiché è della stessa manifattura dell'anello che Giacomo ha donato a lei, che nasconde il suo ritratto sotto un'immagine di santa Caterina (antonimo di C. C.), confermando che amor profano si cela sempre sotto le spoglie di un amor sacro. Tornato al casino di Murano, in attesa della sua amante, Giacomo vi trascorre un'ora guardando le immagini lascive che ha appena descritto ai suoi lettori (si può immaginare che il vecchio Casanova stia facendo lo stesso nella biblioteca deserta di Dux). Quando M. M. appare finalmente, vestita da suora e giusto in tempo, lo trova pronto alla tenzone. Il tabú viene teatralmente sacrificato. M. M. si lascia cadere sul divano, sussurrando «con un accento devotissimo» un malizioso «Fiat voluntas tua».

5. *Sotto i Suoi occhi.*

Il capolavoro del *conteur* consiste nel raccontare una storia che invita a essere riraccontata, *ad libitum*. Alla *Storia* di Casanova, per quanto logorroica e monumentale, o forse proprio perché cosí logorroica – un monumento a se stesso forse unico nel suo genere – è accaduto proprio questo. Anche noi riraccontiamo la vicenda di M. M. come una *mise en abîme*, per mettere a fuoco il dispositivo voyeuristico e polemoscopico che regola la scrittura autobiografica, l'autofinzione del Sé che genera una molteplicità di avatar, come un prisma.

Abbiamo già accennato al colpo di scena, la lettera con cui M. M. confessa di aver tradito Giacomo: il suo amante segreto, A. de B., è stato testimone oculare del loro primo incontro nel casino di Murano. Ora che il segreto è svelato, una proposta mette in dubbio la regia di Giacomo, ridotto al ruolo di attore e non di autore (ma non dimentichiamo chi racconta dietro le quinte tutta la vicenda, nascosto nella sua camera oscura): «Sappi, amor mio, che l'ultimo giorno dell'anno il mio amante sarà nel casino e se ne andrà il giorno dopo. Tu non lo vedrai, ma lui vedrà tutto»[57]. Da parte sua, M. M. non dirà al suo amico che Giacomo sa di essere osservato, lanciando una duplice sfida degna di un grande attore: Giacomo dovrà comportarsi nel modo piú naturale possibile, perché altrimenti il *voyeur*, che è molto intelligente, potrebbe sospettare che M. M. abbia tradito il suo segreto. Ma è soprattutto una sfida per il libertino, convinto che la Natura debba esprimersi senza costrizioni. Una prova per il *sentiment de nature*, in un *setup* cosí elaborato. Tutto ciò aumenta decisamente la posta del gioco, o della performance, nel casino di Murano.

Vale la pena di chiedersi quale sia la natura del voyeurismo di «Belle Babet». La questione del travestimento sessuale si ripresenta. In un altro famoso episodio della *Storia*, ambientato a Costantinopoli, troviamo lo stesso dispositivo ottico, solo invertito. Lí, Giacomo viene sedotto dal suo ospite, Ishmail, che per eccitarlo fino a fargli perdere il controllo di sé e costringerlo a cedere a un atto «non di suo gusto», gli fa spiare le belle concubine del suo harem che si bagnano nude al chiaro di luna: una perfetta ambientazione orientalista per un trionfo paradossale della Natura (che i bigotti considerano contronatura)[58]. Qui a Venezia Giacomo accetta la sfida con entusiasmo: «Sta' sicura – tranquillizza M. M. – che sosterrò alla perfezione la mia parte». A ciò lo spinge una sorta di complicità per quel libero pensatore, un complice nel piacere che diventerà poi suo amico e mentore. In breve, l'esibizione sotto gli occhi dell'Abate de Bernis è tanto una prova di mascolinità quanto un'esibizione di narcisismo. Essere osservati (da un uomo come l'Abate) intensifica ulteriormente il piacere. Ma sia ben chiaro che nessuna inversione dei ruoli sarebbe accettabile. Se ciò avvenisse e A. de B. uscisse dal suo nascondiglio infoiato dallo spettacolo, Giacomo avverte, «ne riderò e ti cederò a lui, andandomene però, perché sento che non potrei essere tranquillo spettatore di ciò che un altro potrebbe fare con te»[59].

Ça va sans dire che Giacomo supera se stesso, inventando una serie di contorsionistiche pose degne delle stampe piú lascive. Rimettendo in scena l'intero episodio nel suo libero adattamento della *Storia*, Federico Fellini ha trasformato la performance in una sorta di *slapstick*, un numero da circo eseguito dalla suora e dall'atleta del sesso tra strida e squittii, al ticchettio di un metronomo dalla foggia di uccello ingioiellato. Nella fantasiosa ricreazione di Fellini, la scatola ottica del casino si trasforma in un meccanismo forse ispirato al panottico di Christopher Pinchbeck, precursore di quello piú noto di Bentham: secondo le descrizioni che ci sono rimaste, una sorta di automa che «suonando diverse composizioni musicali su vari strumenti, composte dai migliori Maestri [...] Händel, Albinoni ecc., imitava un'uccelliera»[60]. Questa farsesca versione del «rito di Natura», con tanto di automa, si ripete nella scena in cui Donald Sutherland, che interpreta Casanova, danza e si accoppia con una ballerina meccanica, replica a grandezza naturale di una statuina da carillon.

Noi ci fermiamo qui, ma il romanzo di C. C., M. M., l'Ambasciatore e il giovane Giacomo, apprendista libertino, continua con ulteriori colpi di scena. Il triangolo voyeuristico si trasformerà presto in una quadriglia, sotto la direzione polemoscopica di M. M. e del suo complice A. de B.: è il caso di dire che Giacomo è catturato nell'uccelliera, come lo è anche l'uccellino C. C., per il diletto dell'Ambasciatore. Fellini inquadra l'atleta del sesso ansimante dopo il suo *exploit* nel panottico casino a Murano: sotto gli occhi dell'invisibile Ambasciatore, incarnazione di un potere occulto, dopo aver dato tutto e il meglio di sé, ansioso di ricevere un cenno, un segno, la prova di essere stato debitamente notato. Giacomo può solo stare al gioco, e lo fa, non prima però di mettere in scena un'altra performance straordinaria: lo hanno trattato come un attore e ora lui recita la sua parte, con stile. Venuto a sapere che «si sarebbe dato un ballo nel grande parlatorio del convento» cui le monache assistono da dietro le grate (a Venezia, durante il Carnevale, anche alle monache è permesso questo voyeuristico svago), per assicurarsi l'incognito, e che nessuna delle due amanti lo riconosca, Giacomo si traveste da Pierrot, una maschera inconsueta a Venezia: «Non c'è costume piú adatto a nascondere le fattezze di un individuo che non sia gobbo o zoppo», scrive il vecchio Autore, giustificando cosí la sua preferenza per la maschera francese rispetto al Pulcinella deforme in cui si è ritratto Tiepolo. Il costume di Pierrot ha il merito di nascondere le caratteristiche fisiche di chi lo indossa. E forse anche di trasfigurarne lo spirito.

Entrando cosí travestito «nel cerchio dei ballerini», Giacomo-Pierrot sbircia dietro le grate «le monache e le pensionanti, le prime sedute, le altre in piedi», incluse M. M. e C. C. Ovviamente attira gli sguardi di tutti, come sperava. «Tutti mi esaminavano attentamente». Manovrato dal suo vecchio Autore, Giacomo-Pierrot si trova nel suo elemento, si esibisce sul palcoscenico di una società per la quale lo spettacolo è tutto e bisogna trovare una parte che ci distingua dagli altri. Danza il minuetto con un'Arlecchina, si cimenta in un combattimento giocoso con un Arlecchino (il suo compagno), e si schiaffeggiano a vicenda con la sua bacchetta. Presto il minuetto si trasforma in «dodici furlane», che Giacomo balla «con indiavolato vigore», e infine il nostro Pierrot inizia «una lotta in piena regola» corpo a corpo con un Pulcinella insolente, facendogli «mordere la polvere» e «lo manipolai cosí bene che il suo abito si sbottonò ed egli perse la gobba e il ventre posticcio». Infine, approfittando della confusione, si dilegua accompagnato dagli applausi e dalle risate delle monache, «che forse non avevano mai goduto un simile spettacolo»[61].

Inebriato dalla consapevolezza di aver suscitato la curiosità di tutti ma salvaguardando il suo anonimato, Giacomo prova quello che il vecchio Autore caratterizza come un estatico senso di leggerezza. Sempre camuffato da Pierrot, gioca per due ore a tutti i banchi minori del Ridotto, «guadagnando, perdendo, facendo pazzie, in piena libertà di corpo e di spirito, sicuro di non essere riconosciuto da nessuno, godendo del presente, disprezzando il futuro e coloro che occupano melanconicamente la loro ragione facendo su di esso previsioni»[62]. È il trionfo del *voluptuaire*, questa liberazione dalla tirannia del tempo, dalla noia del tempo che non passa mai e dalla malinconia per il tempo perduto. Forse, immerso nella sua camera oscura, nella biblioteca di Dux, intento a proiettare i suoi ricordi sulla pagina bianca, il vecchio Autore si identifica per un istante anche lui con la propria ombra: una figurina da lanterna magica, un diafano Pierrot, libero, per un momento, tanto dalle miserie terrene che dalle «entità astratte piú grandi e potenti» sotto i cui occhi è stato costretto a esibirsi per tutta la vita. È forse questa la magia bianca del suo «cristallo rubato».

Capitolo terzo
L'ultimo viaggio di Casanova

> Mi piaceva imparare che per mettere la ragione sulla strada della verità bisognava incominciare con l'ingannarla. Le tenebre dovettero precedere la luce.
>
> GIACOMO CASANOVA[1].

1. *«Le tenebre dovettero precedere la luce»*.

Da molti punti di vista, Casanova è l'interprete piú lucido della quintessenziale teatralità della società veneziana: soluzione «ottica» alle contraddizioni dell'Illuminismo. La libertà del libertino è possibile solo nel segreto di un *boudoir* o nel contesto di un Carnevale permanente: l'unico e (a Venezia prolungato) momento in cui il «popolo» ha l'illusione di comandare, e i suoi avatar (i Pulcinella e gli Arlecchino) possono danzare la loro indiavolata furlana inebriati, «domati» solo da un malinconico Pierrot, eterno amante che sa di recitare una parte anonima ma effimera. Non agente del caos, ma di un piacere inafferrabile, in cuor suo è consapevole che questo Carnevale delle libertà è in realtà al servizio di un panottico Potere, il cui occhio occulto sorveglia ogni gesto, regola il piacere come una recita e punisce coloro che si rifiutano di recitare. Una formula che il nostro tempo ha perfezionato, massificandola con le sue panottiche tecnologie. Ne è consapevole, eppure sta al gioco. Questo ci porta a considerazioni conclusive sulla natura del suo voyeurismo.

Tra i libri del casino/casotto di Murano mancano le opere del piú radicale degli *esprits forts*, il Marchese de Sade. *Et pour cause*, i suoi romanzi non sono ancora stati scritti e i suoi gusti sono di natura molto diversa da quelli del nostro clownesco Pierrot. Dal fondo oscuro della sua prigionia, De Sade porterà il voyeurismo della trasgressione a nuove altezze, o profondità, perturbanti. Ma c'è di mezzo una Rivoluzione. Dei tre piaceri del libertino, il divino Marchese coltiverà il supremo, l'odio, che riassume tutti gli altri piaceri, tramandando la vendetta ai posteri «per renderla piú letale». Come anche Alfieri, Casanova non può sopportare lo spettacolo di crudeltà e violenza che anima il «sadismo», sia esso il prodotto della Rivoluzione o la reazione a quest'ultima. Lo trova di cattivo gusto. Brutale vendetta contro la violenza mascherata dell'*Ancien régime*, travestimento dei sentimenti di natura, la vendetta rivoluzionaria si rivela ancora piú letale, mettendo a rischio l'unica cosa che conta per il tipo di libertino che Casanova incarna: il diritto di vivere la propria vita come si desidera, non senza rischi, ma relativamente al sicuro, in un privato protetto dal mondo, teso solo al «piacere, piacere, piacere». Che questo implichi la ricerca costante di un protettore, è il prezzo da pagare (d'altra parte, i protettori possono essere anche ingannati). Il conservatorismo di Casanova è di tipo estetico. Dei tre mantra rivoluzionari, quello che apprezza di meno è *égalité*. Oltre al suo disprezzo per il «popolo» (da cui proviene), la sua preferenza *queer* per una maschera francese (Pierrot, rispetto al plebeo Pulcinella), segnala il suo disgusto per il grottesco e per l'anarchia e la violenza come terapie sociali.

Prendiamo come ultimo esempio il racconto dell'esecuzione di Robert-François Damiens, colui che il 5 gennaio 1757 aveva attentato alla vita di Luigi XV. Curiosamente, anche Giacomo era rimasto coinvolto nell'episodio e brevemente trattenuto in stato di fermo, poiché il giorno dell'attentato si era recato a Versailles per fare visita al suo vecchio amico veneziano A. de B., che nel frattempo era diventato suo mentore e lo aveva introdotto a corte. La descrizione del supplizio di Damiens è un altro *tour de force* voyeuristico. Affacciato alla finestra di un palazzo che dà sulla place de Grève, insieme a un gruppo di amici e di dame tra cui la Lambertini, un'attrice italiana, per assistere all'esecuzione come da un palco di teatro, il vecchio Autore annota laconicamente la disparità tra il crimine e la vendicativa punizione: Damiens aveva procurato al re «solo una scalfittura» ed è stato messo alla ruota, bruciato, poi legato ai cavalli e squartato. «Avemmo la pazienza di assistere per quattro ore filate all'orrendo spettacolo». Ma il vecchio Autore non nasconde il suo disgusto per la scena di voyeurismo collettivo: la folla che assiste al supplizio inneggiando al re è la stessa che, qualche decennio dopo, massacrerà la famiglia reale e i nobili di Francia. E menziona Voltaire, che in un articolo intitolato *Curiosità* aveva vituperato l'ignobile spettacolo e definito il popolo francese un camaleonte che cambia colore quando vuole[2].

Ma a un certo punto, anche Giacomo distoglie lo sguardo (e il vecchio Autore distoglie il nostro), perché «quando udii [Damiens] urlare, ridotto ormai a un troncone» la visione si fa eccessiva. La Lambertini e Madame XXX, invece, non voltarono neppure gli occhi, nota l'Autore con distacco[3]. Lo sguardo di Giacomo punta invece un quadretto lascivo che il vecchio Autore descrive debitamente per noi: il suo amico Tiretta che manovra per farsi largo (letteralmente) alle spalle e sotto i vestiti di Madame XXX, affacciata alla finestra. In breve, Casanova sostituisce l'immagine dell'evento orribile con quello che Chantal Thomas chiama uno «schermo-tableau» pornografico[4]. Si tratta di un voyeurismo sostitutivo: schermare una «realtà» terrificante con una scena piccante e «piacevole», sebbene non meno inquietante per noi. Addirittura, «deciso a non interrompere il lavoro del mio amico e a non mettere nell'imbarazzo la signora», Giacomo si posiziona in modo da nascondere la scena a occhi indiscreti.

Che Tiretta stia compiendo un atto «innaturale» è menzionato solo di passaggio, quando la stessa Madame XXX se ne lamenta con Giacomo il giorno successivo. Ma sappiamo che per Giacomo nulla è «innaturale» quando si segue il *sentiment de nature*. Piuttosto, non dobbiamo dimenticare che l'intera scena si svolge su un altro schermo, la pagina su cui il vecchio Casanova proietta per se stesso e per il futuro lettore il suo mnemonico gioco d'ombre. Come nota Thomas, «invece di guardare fuori dalla finestra, lui (Casanova) sposta leggermente la sua posizione per osservare cosa accade alla finestra». È lo stesso punto di vista di Giandomenico, del gentiluomo con il monocolo. Messo di traverso per scrutare chi guarda. Questa finestra prospettica fa da cornice e da specchio per il lettore. Insieme punta e blocca il nostro sguardo. E ce lo restituisce. Al disgustoso voyeurismo collettivo, lo spettacolo efferato dell'esecuzione messo in scena dal Potere per instillare terrore e suscitare la morbosa curiosità della popolazione abbrutita e assetata di sangue, Casanova oppone lo sguardo polemoscopico del libertino, che sposta la traiettoria, piú interessato alle forme anche piú subdole del piacere che alle vere radici della tremenda logica vendicativa di cui De Sade è il testimone e che travolgerà la Francia e l'Europa.

2. *Una fantasmagoria sottomarina.*

Sebbene il sedicente Cavaliere di Seingalt, figlio d'arte, progenie di attori, non sia tecnicamente un uomo di teatro, c'è qualcosa di indiscutibilmente teatrale nella sua autobiografia. D'altra parte le memorie di uomini di teatro, come quelle di Goldoni, del suo rivale Carlo Gozzi e dell'amico di Casanova Lorenzo Da Ponte, librettista di Mozart, sono un genere squisitamente veneziano. È davvero difficile distinguere tra lo scrittore e il protagonista della monumentale *Storia*, ma una cosa è certa: l'Autore è colui che, raccontando, persegue la fama che gli spetta e il romanzo è la performance della sua ombra, l'Attore della sua messa in scena che solo un ospite indesiderato, Madama Morte (un'altra M. M.) può interrompere. Se Giandomenico Tiepolo ha moltiplicato il suo autoritratto nei Pulcinella dei centoquattro disegni del *Divertimento*, l'esuberante autoritratto di Casanova, affidato alle tremilaseicento pagine della sua autobiografia, fa fede al suo scopo dichiarato: raccontare la verità, nient'altro che la verità su se stesso, in una caleidoscopica enciclopedia di maschere e *Doppelgänger* (il clownesco Pierrot è solo una di esse). «Ecco il solo ritratto d'uomo dipinto esattamente al naturale e assolutamente fedele al vero che esiste e che mai probabilmente esisterà», esordisce Rousseau nell'*incipit* delle sue *Confessioni*. «La prefazione è per un'opera letteraria ciò che il cartellone è per una commedia», ribatte Casanova nell'esordio dell'*Histoire*[5].

Tuttavia, per apprezzare veramente quest'opera, non bisogna dimenticare le condizioni in cui è stata scritta. Negli ultimi anni malinconici trascorsi nella solitudine boema, nel fondo del suo cratere, Casanova non fa che scrivere. Dà fondo al non poco consistente assegno del conte di Waldstein per stampare il suo *Icosameron*, un ennesimo tentativo di farsi un nome come Autore, oltre che come Personaggio. Per metà *conte philosophique*, per metà racconto fantastico, è il suo contributo al nostro tema del viaggio virtuale. L'*Icosameron* è un fallimento e anche il tentativo con cui Casanova cerca di risolvere il problema della duplicazione del cubo, noto come problema di Delo, passa inosservato. In semipovertà, amareggiato da una squallida faida con il maggiordomo del conte, Feltkircher, la sua vita a Dux è resa ancora piú insopportabile dall'isolamento linguistico: lui, il brillante *conteur* che aveva intrattenuto Voltaire e l'imperatrice di Russia, non parla una parola di tedesco, l'ostica lingua dei suoi vicini, una lingua che disprezza, e comunica con gli altri membri della corte tramite il suo valletto alsaziano[6]. Come un monologo ininterrotto, la *Storia* è anche uno straordinario sfogo linguistico.

Dopo il fallimento dell'*Icosameron*, Casanova si seppellisce definitivamente in biblioteca, immerso nell'impresa che alla fine, ma solo molti anni dopo l'ultimo atto interrotto della sua recita, sarebbe diventata il suo testamento e la sua scommessa vincente sull'aldilà: l'immortalità letteraria. Lo immaginiamo vagare per le stanze della sua prigione simbolica come l'ombra di se stesso, il veneziano insolitamente alto, dalla pelle scura, dagli abiti sgargianti e consunti e dalle maniere affettate, deriso come un bizzarro ed effeminato italiano dai suoi rozzi vicini. E ci piace immaginarlo nei panni della caricatura dal mantello rosso e con l'acconciatura biforcuta che ci volta le spalle, svettando tra la folla che si accalca per sbirciare lo spettacolo e il futuro, nel *Mondo novo* di Giandomenico.

Tra le innumerevoli opere ispirate dall'avventurosa vita di Giacomo Casanova ve n'è una che coglie forse meglio di ogni altra la caleidoscopica natura del personaggio. Lo spettacolo di Laura Minici Zotti, *La vita di Casanova, mostrata con la lanterna magica*, illustra celebri episodi della monumentale autobiografia del veneziano attraverso una rassegna di vetri d'epoca, selezionati dalla vasta collezione del padovano Museo del Precinema[7]. I vetri di lanterna magica sostituiscono cosí i fantomatici *capitulaires* su cui Casanova avrebbe annotato tutti gli incontri importanti della sua esistenza errabonda e dei quali, se mai sono esistiti, si è persa traccia. Questa variazione in minore sul tema autobiografico ne coglie la dimensione squisitamente fantasmatica. Lo stesso vale per il teatrino d'ombre concepito da Alberto Zoina, *L'ultimo spettacolo del signor Casanova*, in cui si immagina che sia lo stesso autore della *Storia della mia vita* a mettere in scena uno spettacolo per lanterna magica nella biblioteca del castello di Dux, per il diletto della sua giovane e ultima amante, la servetta «Dorina» [*Figg. 44a-b*]. Nell'evanescente messa in scena concepita da Zoina, alla fantasmagoria della memoria si aggiunge quella del «protomondo» suboceanico che il libertino poligrafo descrive nell'*Icosameron*, evocando dalle «lunari» brume boeme il variopinto mondo sottomarino dei Megamicrani, una sorta di psichedelico Eden degli abissi. Nel genere dei *Viaggi di Gulliver* di Swift, ispirato dal *Viaggio sotterraneo di Niels Klim* di Ludwig Holberg (1741)[8], menzionato da Casanova, ma prefigurazione tanto di Charles Fourier quanto di Jules Verne, questo strano racconto è anche un'ironica risposta a *Micromega* (1752) di Voltaire. Il protagonista di Voltaire è un gigante venuto dallo spazio per scoprire il senso della vita sulla terra. I protagonisti di Casanova sono un fratello e una sorella inglesi che il Maelström trascina, dopo un naufragio, sul fondo dell'oceano, dove scoprono il variopinto, armonioso ma gerarchico mondo degli androgini Megamicrani [*Fig. 45*]. La descrizione di questo proto Nuovo Mondo sottomarino è una sorta di fantasmagoria biopolitica. I Megamicrani sono esseri policromi, il cui linguaggio è fatto di note musicali (in contrasto con lo sgradevole rumore della lingua parlata a Dux), e tra loro nessun atto è tabú, neppure l'incesto, praticato anche dai due protagonisti. In breve, Casanova ci offre la rovesciata utopia di quel Nuovo Ordine autoritario, un sottomarino giardino dell'Eden, un'Atlantide che sembra la patria ideale del libertino, un mondo speculare in cui tutte le convenzioni sono sospese, ma governato da regole ferree. Il viaggio virtuale immaginato da Zoina nel suo teatrino d'ombre traduce le descrizioni di Casanova in una serie di vetri da lanterna magica, ispirati a una fantasiosa iconografia che illustra l'ambivalente dimensione biomeccanica del panottico mondo immaginato dal vecchio libertino: un mondo sospeso tra utopia e distopia, allegoria della modernità con le sue macchine disegnate per rendere l'umanità schiava dei suoi desideri e dei suoi sogni, piú che dei suoi bisogni reali. I sogni o gli incubi realizzati nel mondo in cui viviamo.

44a-b. Alberto Zoina, silhouette per *L'ultimo spettacolo del signor Casanova*, 2018.

45. Alberto Zoina, *Do' fradèi*, lastra per *L'ultimo spettacolo del signor Casanova*, 2018.

Questo cosmorama al rovescio è l'ultimo tentativo di fuga (nel futuro) del vecchio Autore. Abbiamo aggiunto anche la nostra modesta variazione al panottico degli avatar casanoviani[9] e abbiamo avuto la conferma che «Casanova» è inseparabile dalla sua ombra o silhouette, il protagonista della sua recita mnemonica. Ci congediamo cosí dal vecchio Autore, seduto alla sua scrivania, intento a rievocare e rivivere la sua vita, la sua storia, le sue avventure, con lo sguardo fisso su un mondo che non c'è piú. Come proiettate da una virtuale camera oscura sulla pagina, si addensano le ombre. E come la speculare tela magica descritta da Charles-François Tiphaigne de la Roche nel suo visionario romanzo *Giphantie* (1760)[10], la pagina bianca rianima le immagini in simulacri. La vera Enciclopedia del XVIII secolo è anche un magico cristallo[11].

Parte quarta

Una fantasmagoria reale
La Tomba egizia di Giovanni Battista Belzoni
Padova, Roma, Egitto, Londra, 1800-21.

Capitolo primo
Somatascopia

> Giovanni Belzoni, il saltimbanco affamato che divenne uno dei piú illustri uomini d'Europa! – esempio incoraggiante per tutti coloro che non hanno solo un cervello fine per progettare, ma anche il cuore e il coraggio di eseguire i loro progetti.
>
> CHARLES DICKENS[1].

1. *Un esperimento totalmente nuovo.*

Il nostro protagonista è un'altra volta uno dei tanti italiani che lasciarono la loro «piccola patria» e girarono il mondo in cerca di fortuna. Come già Casanova (e poi, lo vedremo, Garibaldi) anche Giovanni Belzoni si costruí un personaggio, divenendo motivo di ispirazione per i cosiddetti *self-made men* che da umili circostanze assursero a protagonisti del secolo. Pioniere dell'archeologia e dell'egittomania postnapoleoniche, Belzoni è il prototipo di vari supereroi contemporanei, da Indiana Jones al sergente Nick Morton del film *La mummia*, oltre che comparire, per esempio, nella serie dei «Romanzi a fumetti Bonelli». La cultura popolare dell'Ottocento è opera di *showmen* e avventurieri come lui. Tuttavia, per apprezzare la strabiliante storia del «grande spettacolo» di cui intendiamo parlare, la Tomba egizia installata nel 1821 da Belzoni all'Egyptian Hall di Londra, dobbiamo accogliere il suggerimento di Dickens e partire dalla sua carriera di «saltimbanco». Essa include infatti una serie di «esperimenti» basati su dispositivi ottici e simulazioni che la mostra di Londra tradurrà in una vera e propria anteprima della «realtà virtuale».

Giovanni Battista Belzoni nacque nel 1778 a Padova, la città dove Lorenzo Selva aveva insegnato all'università, sulle orme di Galileo, e l'adolescente Casanova era andato a scuola. Suo padre, un barbiere romano, vi si era trasferito con la moglie. Come racconta nel bestseller che lo rese famoso, all'età di quindici o sedici anni, all'arrivo delle armate napoleoniche in Italia, fuggí per andare a Roma[2]. Nella Città eterna, Giovanni divenne apprendista in idraulica ed ebbe occasione di lavorare alla riparazione delle fontane romane, acquisendo abilità che piú tardi gli avrebbero aperto la via dell'Egitto. Ma neanche a Roma si sentiva al sicuro. Nel 1798, quando arrivarono i francesi e spedirono il papa in esilio, il ventenne Belzoni decise che era giunta l'ora di cercare fortuna altrove[3]. Un autorevole biografo attribuisce la sua decisione a una storia d'amore con una giovane donna che sarebbe diventata una delle piú acclamate cantanti liriche d'Europa, Angelica Catalani. In effetti Giovanni sembra seguirla come un'ombra nei suoi itinerari[4], ma di lei si perdono ben presto le tracce. Come che sia, Giovanni si mise in viaggio come uno dei savoiardi che abbiamo incontrato per le calli di Venezia con il loro «mondo nuovo», o uno dei tesini, i commessi viaggiatori delle *vues d'optiques* dei Remondini, la cui rete commerciale si estendeva per tutta l'Europa: «con una cassetta da ambulante, piena di immaginette [religiose], rosari e altre reliquie [...] arrancò verso il Nord, per gli Appennini e al di là delle Alpi, per tutta la Francia»[5]. Nel 1802, attraversò la Manica e raggiunse la sua meta, Londra. Grazie a Jack Bologna, rampollo di una famiglia di acrobati e Arlecchino fra i piú famosi del tempo, Giovanni entrò nella cerchia di Charles Dibdin, il direttore del teatro-circo Sadler's Wells. Nell'aprile del 1803, il «grande Belzoni» fece il suo esordio a fianco di Bologna e di Joseph Grimaldi, un famoso clown. Come riferisce il «Morning Chronicle» dell'11 aprile 1803: «Il signor Giovanni Batista [*sic*] Belzoni, il Sansone patagonico, presenterà le piú straordinarie espressioni dell'arte ginnica...».

Il suo debutto al Sadler's Wells verrà rievocato piú tardi da Dickens in una nota all'autobiografia di Grimaldi:

> Quella stagione [teatrale] [fu] memorabile perché vi apparve per la prima volta in scena il signor Giambattista Belzoni, nei panni del Sansone patagonico nelle cui vesti dava prove di una forza prodigiosa, una delle quali consisteva nel sorreggere con il suo corpo un'impalcatura di quasi 127 libbre [60 chili] sulla quale trasportava undici persone[6].

Questo numero da circo divenne celebre con il nome di «piramide umana» e, oltre che una caricatura eseguita dal famoso illustratore George Cruikshank, ne esistono varie raffigurazioni [*Fig. 46*]. Un libretto intitolato *Extraordinary Characters of the Ninteteenth Century* racconta «la storia e le avventure delle grandi e piccole persone, senza distinzione [...] che si incontrano per le strade o si sono esibite intorno a Londra». Belzoni, di cui viene fornito un ritratto a colori, è annoverato naturalmente tra i giganti, ma a Londra si aggiravano

46. Anonimo di primo Ottocento, illustrazione del numero di Belzoni noto come «piramide umana», acquerello su carta, in una riproduzione del 1907.

anche personaggi dalle proporzioni lillipuziane [*Fig. 47*]. In questo curioso libretto il numero di Belzoni è descritto cosí:

> Il tutto formava una sorta di piramide, e cosí aggravato [Belzoni] si muoveva con una tale facilità e grazia che pareva avanzare a passo di minuetto, reggendo una bandierina – con la stessa disinvoltura di un ballerino sulla corda[7].

In altre parole, Belzoni, che possedeva senza dubbio *le physique du rôle*, si fece un nome come «forzuto» da circo, un antenato del felliniano Zampanò.

Poco dopo il suo arrivo in Inghilterra, Giovanni aveva incontrato quella che sarebbe diventata presto sua moglie, la ventenne Sarah Bane. Dickens la descrive come «una giovane carina e dall'aspetto delicato», mentre una fonte piú tarda parla di «una consorte inglese dalle proporzioni amazzoniche», aggiungendo che «la gigantesca coppia si diede subito da fare per guadagnarsi da vivere»[8]. Che fosse proprio Sarah la «Madame» che «nei panni di Cupido, stava in cima alla piramide [umana] sventolando una bandierina rossa»?[9]. Non è dato sapere se questa immagine fosse frutto della fervida fantasia di Dickens, ma aggiunge comunque una sfumatura romantica alla predestinazione egiziana del nostro. L'«Ercole in gonnellino», come lo definisce Dickens, si fece rapidamente una reputazione, sempre in esotici panni. Apparve in una pantomima all'Astley's Amphitheatre, travestito da capo indiano, e poi da re cannibale in una parodia del *Robinson Crusoe*[10].

A ventidue anni di età e circa due metri e cinque di altezza, il Sansone patagonico aveva già lasciato una forte impressione nei suoi contemporanei. In breve, il maestoso romano dalla statuaria corporatura era anche un'inconfondibile personificazione del buon selvaggio e le descrizioni che lo riguardano non sono prive di rilievi alquanto bizzarri:

> Perfettamente formato in ogni aspetto [fisico] [...] è considerato dagli artisti il piú perfetto modello mai visto [...] Lo splendore del suo costume orientale è reso ancora piú cospicuo da un immenso copricapo le cui piume bianche, ondulando ritmicamente ai movimenti armoniosi del capo di chi le indossa, ricordano l'incedere maestoso dei cavalli di un carro funebre[11].

L'ibrida immagine del Sansone patagonico aderisce a un cliché orientalista che si può far risalire ai viaggi nel Nuovo Mondo, ad esempio all'incontro con i giganti ignudi della Terra del Fuoco rac-

47a-b. Anonimo, incisione colorata a mano, tavola 6 da *Extraordinary Characters of the Nineteenth Century*, London 1805, intero e particolare.

contato da Antonio Pigafetta, membro dell'equipaggio di Ferdinando Magellano, una descrizione che ancora circolava due secoli dopo. Un'immagine cosí vicina al costume di Belzoni da poterne essere anche il modello si ritrova, ad esempio, in un volume stampato da Thomas Jefferys che illustrava il modo di vestire di diverse nazioni[12] [*Fig. 48*]. Insomma, nel suo costume di scena, Belzoni avrebbe ben figurato nell'allegoria dell'America dipinta dai Tiepolo sul fantasmagorico soffitto di Würzburg. Le imprese dell'erculeo Giovanni nei panni del suo esotico personaggio raggiunsero proporzioni ancora piú iperboliche, senza che il paragone orientalista (e zoomorfo) venisse mai meno:

> Il signor Belzoni era destinato, come alcuni nobili animali di natura inferiore, a reggere sulla sua colossale corporatura, non meno di 20 o 22 persone (se non andiamo errati) [...] muovendosi sul palcoscenico cosí maestosamente come un elefante cavalcato dai guerrieri persiani[13].

Oltre alle sue erculee fatiche in pittoreschi travestimenti, Belzoni contribuí ad accendere la fantasia dei suoi contemporanei con un altro genere di fantasmagoria. Il suo repertorio includeva infatti un'«esibizione ottica» chiamata appunto *Fantasmagoria* ed è su questo spettacolo, in varie versioni, che dobbiamo concentrarci. Un primo esempio si trova nella descrizione delle «novità straordinarie» presentate a Dover nel novembre 1807 dalla compagnia di Dan Gyngell, di cui Belzoni in quel momento faceva parte. Gli «inganni» (*deceptions*), definiti «matematici, filosofici, sperimentali e fuori dal comune», messi in scena in questo stravagante spettacolo ci ricordano altre simulazioni volte a smascherare coloro che (come l'Ecclitico di Goldoni) con i loro trucchi si ingegnano a «truffare gli adulti per derubarli delle loro fortune». Concepite «per colpire l'immaginazione con l'impressione del soprannaturale», le simulazioni presentate a Dover e in altre sedi «sono piacevolmente e attivamente impiegate come contromisure degli effetti ingannevoli» e fanno appello a «quella facoltà della mente che considera la natura e la propensione delle cose, e ne trae conclusioni razionali»[14].

Le meraviglie esibite includono i famosi fantoccini di Gyngell, descritti dal «Kentish Chronicle» come «curiosi pezzi di macchinario, che imitano cosí fedelmente la Vita che osservandoli è difficile ricordarsi che non sono che Figure che si muovono meccanicamente». In breve, si tratta di automi. Anche Belzoni partecipa a quest'attività di simulazione a fini demistificanti (sempre dopo es-

48. Anonimo, *Costumi dei Patagonici* (Pernety 1771), illustrazione dalla raccolta *A Collection of the Dresses of Different Nations: Antient* [sic] *and Modern*, London 1757-72.

sersi esibito nei suoi «atteggiamenti erculei») offrendo una serie di «esperimenti» che sfidano tanto l'intelligenza quanto l'immaginazione e includono, tra l'altro, «una brillante esibizione pirotecnica» denominata *Fuochi d'artificio filosofici*. A parte i giochi d'acqua di cui era maestro, sempre grazie al suo apprendistato con le fontane di Roma, Belzoni giocava anche con il fuoco. L'intero spettacolo è coronato dalla *Fantasmagoria*: «spettri o apparizioni, fantasmi dei defunti e degli assenti».

Tecnicamente parlando, la *Fantasmagoria* è uno spettacolo prodotto con un tipo modificato di lanterna magica. Montata su ruote e nascosta agli spettatori dietro lo schermo – di solito un drappo o un lenzuolo appeso al soffitto –, la lanterna si spostava avanti e indietro, facendo ingrandire e rimpicciolire le immagini proiettate e provocando cosí l'impressione che i «fantasmi» si dirigessero verso il pubblico, ingrandendosi a dismisura. Per accrescere l'effetto spettrale, il drappo era spesso avvolto nel fumo[15]. Praticata e diffusa da una serie di enigmatiche e leggendarie figure come Johann Georg Schröpfer, Paul Philidor ed Étienne-Gaspard Robert, *alias* Robertson, lo spettacolo raggiunse l'apice della popolarità tra la fine del Settecento e l'inizio dell'Ottocento, negli anni della Rivolu-

49. Louis-François Lejeune, da un disegno di Étienne-Gaspard Robertson, *«Fantasmagoria» di Robertson nella cripta dei cappuccini nel 1797*, frontespizio da Robertson 1831, vol. I.

zione francese [*Fig. 49*]. Belzoni si inserí in questa storia con un suo originale contributo. La sua *Fantasmagoria* era infatti di un genere molto particolare, come ci viene confermato da un'esibizione tenuta a Oxford il 7 maggio 1808. Annunciato al pubblico come il «Gran sultano di tutti i prestigiatori» (un'altra premonizione del suo futuro), Belzoni presentò «un esperimento di Ottica interamente inedito, chiamato SOMATASCOPIA». Di cosa si tratta? Come indica il termine pseudogreco destinato a fare impressione sul pubblico dell'illustre cittadina universitaria, questo esperimento ottico è

> totalmente diverso da ogni altro, perché la sostanza della figura e non solo la sua ombra ruoterà presentandosi da tutti i lati agli spettatori. Il signor Belzoni è l'unico ad aver effettuato questo esperimento, l'unico ad averlo mai esibito a Londra o fuori Londra. Di seguito presenterà varie figure in una fantasmagoria *reale* [*real phantasmagoria*][16].

La *Somatascopia* (dal greco *soma-somatos*, «corpo» e *skopia*, «visione») è il piú curioso tra gli «esempi straordinari di arte ginnica» di cui Belzoni era maestro[17]. In breve, l'«Ercole in gonnellino» reincarnava in una serie di pose i ritratti fisiognomici di Charles Le Brun che rappresentano le passioni dell'anima[18] [*Fig. 50*]. Dalle descrizioni si desume che la *Somatascopia* era un'animazione dei disegni di Le Brun in una serie di *tableaux vivants*. Come conferma un commentatore contemporaneo, «il signor Belzoni è l'unica persona che abbia mai tentato di produrre una Copia animata delle diverse Passioni dipinte da questo illustre artista»[19]. Si tratta, insomma, di un altro tipo di simulazione, che riproduce l'immagine animandola, restituendo corpo e vita alle impressionanti fisionomie di Le Brun.

C'è da supporre che lo spettacolo si avvalesse di un gioco di luci e utilizzasse tecniche sviluppate dagli spettacoli di «ombre» e «silhouette» molto diffusi già nel Settecento[20]. Ma quello che nella *Somatascopia* colpisce rispetto alla *Fantasmagoria* è l'insistenza sul fatto che «la sostanza della figura e non l'ombra solamente» si presenta agli spettatori, da tutti i lati, in modo tridimensionale. Corredato di effetti ottici, l'esperimento consisteva presumibilmente nel rivelare a poco a poco, alla luce delle candele, la passione «delineata» proiettandola sul fisico monumentale di Belzoni, come se l'erculeo «Gran sultano di tutti i prestigiatori» venisse posseduto dalle passioni di Le Brun. Visione di un corpo trasfigurato, la *Somatascopia* racchiude forse *in nuce* il segreto della «fantasmagoria *reale*» che è l'origi-

50. Charles Le Brun, *La paura*, incisione da *Expressions des passions de l'âme*, Augsburg 1732.

nale contributo del nostro alla demistificazione degli inganni ottici: una sorta di fantasmagoria, sí, ma senza fantasmi, o meglio con un gigantesco fantasma, in carne e ossa.

2. *Ombre italiane.*

L'arte dell'ombra, a partire dalla *skiagraphia* di Platone nel mito della caverna, ha una lunga e affascinante storia che si intreccia con quella della pittura – la leggenda, raccontata da Plinio, della figlia del vasaio Butade di Sicione che, con l'ausilio di una candela nascosta, disegna i contorni dell'amato prima che parta[21] – e culmina a fine Ottocento negli spettacoli del cabaret parigino Chat Noir, allestiti da Henri Rivière e dai suoi collaboratori, tecnici e artigiani che lo coadiuvavano nella produzione, con il contributo di illustri pittori e musicisti del calibro di Degas, Monet, Toulouse-Lautrec, Satie e Debussy. Un dispositivo meccanico animava alcune sagome di zinco, carta velina colorata e tulle, illuminate a fuoco vivo dal retroscena sullo sfondo di lastre in vetro dipinto, proiettandone le ombre su uno schermo di circa un metro di ampiezza, installato in un'apertura della parete affiancata da quinte laterali di circa quattro metri. Il repertorio comprendeva variazioni che si inserivano nella tradizione della Commedia dell'arte e sarebbero indubbiamente piaciute a Casanova e, forse, anche a Giandomenico Tiepolo. Per esempio *L'âge d'or* (1887), in cui Pierrot è perdutamente innamorato di Colombina, o *Pierrot pornographe* (1893), in cui un Pierrot *voyeur* viene messo a processo per aver dipinto un nudo di Colombina[22].

La lunga tradizione dei giochi d'ombra ci riconduce ancora una volta ai savoiardi. Come scrive Richard D. Altick nel suo monumentale studio degli spettacoli londinesi nel XVIII secolo, insieme al «mondo nuovo» e alla lanterna magica, i savoiardi avevano reso popolare in Inghilterra un altro tipo di simulazione, «il teatro d'ombre, noto anche come *Schattenspiel*, *ombre italiane*, o *ombre cinesi*»[23], per certi versi una sintesi degli spettacoli ottici che coesistevano negli ultimi decenni del Settecento e che «attendevano solo che qualcuno li combinasse»:

> C'erano anzitutto la lanterna magica e le ombre cinesi, spettacoli che dipendevano entrambi da una potente fonte di luce – per illuminare e ingrandire scene dipinte su lastre di vetro o illuminare schermi trasparenti

che facessero da sfondo illusorio a delle ombre animate. Vi era poi un uso elaborato di «trasparenze», non solo durante cerimonie pubbliche e nei giardini ma anche nei teatri, e specialmente nelle pantomime[24].

La storia delle scenografie teatrali è popolata da giochi di luci e ombre, dal *De' lumi artificiali delle scene* (1545) di Sebastiano Serlio alle alchemiche fantasmagorie di Athanasius Kircher. Trasportati dalle corti rinascimentali e barocche ai baracconi delle fiere londinesi, questi spettacoli evolvono adottando congegni moderni come il già piú volte menzionato *eidophysikon* di Loutherbourg. Spesso la loro origine era il Carnevale di Venezia. Artisti italiani di varia provenienza e abilità erano spesso i protagonisti di queste innovazioni tecniche. Altick cita un passo dalle Memorie di un altro espatriato italiano a Londra, Henry Angelo, figlio del famoso maestro di scherma Domenico Angelo Malevolti Tremamondo (1716-1802):

> Mio padre vide esibito al Carnevale di Venezia un dramma pittorico intitolato *Le tableau mouvant*. Fu cosí deliziato dall'effetto delle scene dipinte su schermi trasparenti con le figurine profilate in nero da costruire un simile sipario molto ammirato da Gainsborough, Wilson e altri paesaggisti inglesi[25].

Lo spettacolo allestito da Domenico Angelo con l'aiuto dello scenografo Servandoni era degno di un pubblico regale e aveva infatti ottenuto il sigillo di corte. Anche il grande attore shakespeariano David Garrick aveva utilizzato la tecnica delle ombre di Angelo nella messa in scena della sua pantomima *L'invasione di Arlecchino* (1759), descritta come

> una composizione molto fine [...] dipinta magistralmente: i siparietti o gli schermi [erano dipinti] in maniera opaca, ma lo sfondo era in trasparenza, e dietro di esso si vedevano passare delle figurine immaginarie, sul piano del *tableau mouvant* [*Fig. 51*].

Al dispositivo si aggiungevano effetti speciali, ottenuti sempre grazie a una potente fonte di luce, il prodotto di molte candele, una sorta di simulata esplosione pirotecnica che dava l'illusione di vedere l'intera scena prendere fuoco (un secolo prima, Kircher aveva notoriamente simulato cosí un'eruzione del Vesuvio). Erano questi i fuochi d'artificio filosofici che facevano parte del repertorio di Belzoni? Non ne siamo certi, ma resta il fatto che parecchi spettacoli che si potevano ammirare a Venezia venivano trasportati al di là delle Alpi dagli ambulanti e da artisti «cosmopoliti» come il nostro Giovan-

51. Teatro d'ombre su lamina trasparente.

ni, che li resero popolari e «alla moda» a Parigi e Londra: una vera e propria invasione di Arlecchino. Invece della ben nota maschera della Commedia dell'arte, Belzoni ne scelse un'altra, piú adatta alla sua corporatura. È dunque del tutto lecito concludere che anche la sua *Somatascopia* fosse una sorta di *tableau mouvant*, una pantomima fantasmagorica corredata di uno show pirotecnico che combinava, come recita un annuncio, «i due piú opposti elementi, FUOCO e ACQUA» (una variante squisitamente veneziana), realizzato con lo stesso impiego di molteplici candele. Comunque sia, l'aspetto piú importante per noi rimane questo: una sorta di «realismo fantasmagorico» sembra distinguere il multimediale spettacolo di Belzoni rendendolo «totalmente diverso da qualsiasi altro esperimento ottico», un'attrazione davvero unica nel suo genere.

3. *Visionarie illusioni.*

Non ci risulta che Belzoni avesse assistito al debutto, nel 1801, della *Fantasmagoria* di Paul di Philipsthal al Lyceum Theatre di Londra, le «visionarie illusioni, che rappresentavano i fantasmi di persone assenti o decedute» descritte trent'anni dopo nelle *Letters on Natural Magic* di David Brewster[26], l'inventore del caleidoscopio e dello stereoscopio portatile, su cui torneremo [*Fig. 52*]. Spettrali ectoplasmi di note personalità, come il «cranio» di Benjamin Franklin, vi apparivano e scomparivano su schermi trasparenti nella «visibile oscurità» di un piccolo teatro.

> Il potere di portare gli oggetti piú remoti cosí vicini all'osservatore da poter essere afferrati, e di ingrandire a misura gigantesca i corpuscoli quasi invisibili del mondo materiale, non manca mai di ispirare stupore persino a coloro che comprendono bene come questi prodigi sono ottenuti. [Gli spettatori] non erano solo sorpresi, ma agitati, e molti di loro avrebbero potuto giurare di poter toccare le spaventevoli figure[27].

Questa impressione quasi tattile completava la suggestione tridimensionale, un dettaglio che ritroviamo nel modo in cui Brewster conclude la sua descrizione della *Fantasmagoria*: «Il signor Robertson, a Parigi, ha introdotto le ombre dirette di oggetti viventi che imitano grossolanamente l'aspetto di questi oggetti in una notte oscura o alla luce lunare»[28]. Questa descrizione sembra accomunare la fantasmagoria di Robertson alla «fantasmagoria reale» di Belzoni, facendo supporre che essa consistesse non solo di immagini proiettate, ma anche di una combinazione di solidi oggetti e trasparenti proiezioni, quello che oggi chiameremmo uno spettacolo di *mixed media.*

È possibile che, per la sua variante di fantasmagoria, il «Gran sultano» avesse tratto ispirazione da uno spettacolo presentato nel 1796 al Lyceum Theatre dall'Arlecchino Jack Bologna: la *Phantoscopia*[29]. Come ci informa l'«Oxford University and City Herald», nel giugno del 1807 Belzoni presentò nella cittadina universitaria uno spettacolo simile, denominato *Fantascopia.* Il «grande e brillante sfoggio di illusioni ottiche» che concludeva la performance di Belzoni era ottenuto con una macchina di sua invenzione: l'aggrescopius. È difficile desumere dal nome in cosa consistesse questo marchingegno, ma l'etimologia può aiutarci. La parola è chiaramente inventata, forse per impressionare i *savants* oxoniensi: la si può far derivare dal latino *grex*, «gregge», quindi dal verbo «aggregare», *ad* + *gregare*, e da *skopia*, «osservazione». Dunque un'«aggregazione ottica». Questo etimo ne fa un quasi-sinonimo di fantasmagoria, che etimologicamente significherebbe «assemblea di fantasmi». Ma che cosa «aggreghe-

52. Manifesto dello spettacolo *Fantasmagoria* di Paul di Philipstahl al Lyceum Theatre di Londra, xilografia, 1801.

rebbe» esattamente l'aggrescopius?[30]. Come abbiamo visto, non solo fantasmi, ma «oggetti» e non soltanto la loro ombra o evanescenti silhouette. Se l'aggrescopius fosse un tipo modificato di lanterna magica, come quelle montate su ruote che usava Robertson nella sua *Fantasmagoria*, oppure un diverso dispositivo ottico che permetteva di percepire gli oggetti illuminandoli, non è dato sapere con precisione. Probabilmente un misto di entrambi. Ma è fuor di dubbio che Belzoni si presentasse come un magistrale sperimentatore ed evocatore di visioni del tutto realistiche. Una realtà ammantata di ombre.

Come ci informano vari giornali locali, Giovanni continuò a esibirsi nelle sue personificazioni delle passioni di Le Brun almeno fino al novembre del 1813 [*Fig. 53*], in varie tournée che lo portarono in Scozia e in Irlanda. «Un nuovo esperimento di ottica chiamato *Somatus copie* [*sic*]» venne ripetuto in varie sedi[31], insieme a spettacoli che sembrerebbero piú affini alla fantasmagoria (in senso specifico). Per esempio a Chester, nel maggio 1810, dove il pubblico avrebbe potuto assistere a «un grande sfoggio di Spettrologia, grazie all'apparato del signor Belzoni»[32]. Questi spettacoli comprendevano anche altre simulazioni ottiche come quella presentata a Cork, in Irlanda, nei primi mesi del 1812: «un'IMPRESA DI PRESTIDIGITAZIONE» mai tentata in Gran Bretagna o Irlanda, come annunciato nell'opuscolo con il programma della serata: dopo essersi esibito in una varietà di numeri, Belzoni «TAGLIERÀ la testa a un uomo!! E gliela riattaccherà!!!»

Ciò che hanno in comune tutti questi spettacoli è una ricombinazione piú o meno fantastica del rapporto tra il corpo e la sua ombra o proiezione spettrale. È questo l'oggetto specifico degli esperimenti fantasmagorici. Sia Belzoni sia Robertson presentavano i loro spettacoli come simulazioni ottiche volte a disingannare gli spettatori. Con una non trascurabile differenza, che riguarda l'intersezione tra sguardo scientifico e percezione del «soprannaturale» nell'epoca romantica. Riassumendo per il momento quanto fin qui stabilito: sia la *Somatascopia* che la «fantasmagoria reale» di Belzoni miravano a mostrare la trasmutazione ottica di corpi animati servendosi di ombre mobili. Nella *Somatascopia*, il corpo stesso di Belzoni, esibito in scena, era il veicolo di questi «esperimenti». L'effetto risultante era quello di una simultanea incarnazione e disincarnazione, materializzazione e smaterializzione che adombra quella che noi oggi chiamiamo «presenza virtuale». La macchina ottica che completava il numero del Gran sultano, dispositivo tanto scenografico quanto pseudoscientifico, mirava a confermare la legittimità dell'esperimento mentre ne garantiva la spettacolarità. Nella *Somatascopia*, l'esperimento è di natura fisiognomica, ma riguarda anche e soprattutto il rapporto tra il visibile e l'invisibile, il corpo e l'anima. Le passioni sono l'interfaccia tra l'uno e l'altra, manifestazioni corporee di una realtà «spirituale» (in termini romantici).

Da un punto di vista strettamente ottico, ciò che Belzoni, e forse anche Robertson – a sentire Brewster – mettevano in scena erano due versioni, l'una l'opposto dell'altra, di quella che gli studiosi della

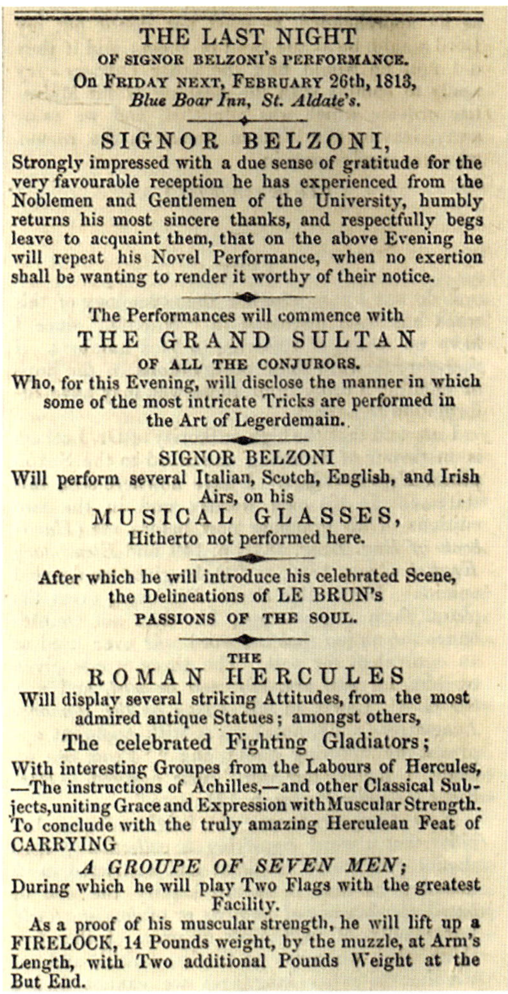

THE LAST NIGHT
OF SIGNOR BELZONI'S PERFORMANCE.
On FRIDAY NEXT, FEBRUARY 26th, 1813,
Blue Boar Inn, St. Aldate's.

SIGNOR BELZONI,
Strongly impressed with a due sense of gratitude for the very favourable reception he has experienced from the Noblemen and Gentlemen of the University, humbly returns his most sincere thanks, and respectfully begs leave to acquaint them, that on the above Evening he will repeat his Novel Performance, when no exertion shall be wanting to render it worthy of their notice.

The Performances will commence with
THE GRAND SULTAN
OF ALL THE CONJURORS.
Who, for this Evening, will disclose the manner in which some of the most intricate Tricks are performed in the Art of Legerdemain.

SIGNOR BELZONI
Will perform several Italian, Scotch, English, and Irish Airs, on his
MUSICAL GLASSES,
Hitherto not performed here.

After which he will introduce his celebrated Scene, the Delineations of LE BRUN's
PASSIONS OF THE SOUL.

THE
ROMAN HERCULES
Will display several striking Attitudes, from the most admired antique Statues; amongst others,
The celebrated Fighting Gladiators;
With interesting Groupes from the Labours of Hercules, —The instructions of Achilles,—and other Classical Subjects, uniting Grace and Expression with Muscular Strength. To conclude with the truly amazing Herculean Feat of CARRYING
A GROUPE OF SEVEN MEN;
During which he will play Two Flags with the greatest Facility.
As a proof of his muscular strength, he will lift up a FIRELOCK, 14 Pounds weight, by the muzzle, at Arm's Length, with Two additional Pounds Weight at the But End.

53. Manifesto che annuncia una replica dello spettacolo di Belzoni a Oxford, 1813.

percezione chiamano «profondità cinetica inversa»[33]. Mentre i fantasmi di Robertson sono proiezioni bidimensionali che muovendosi sembrano acquistare un corpo, per quanto diafano e spettrale, i corpi di Belzoni sono ombre o sagome che, ruotando, si «mostrano da tutti i lati», diventando quasi tangibili. Non sappiamo come gli spettatori della *Somatascopia* reagissero allo spettacolo, se con stupore o terrore come nella *Fantasmagoria* di Robertson, oppure con una sensazione che oggi, dopo Freud, definiremmo «perturbante», provocata dal percepire oggetti inanimati che muovendosi sembrano vivi o, viceversa, figure viventi che formano un immobile quadro, come in un *tableau vivant*. Ma è questa tensione tra il movimento e l'immobilità che la *Somatascopia* comunica. L'«Oxford City Herald» riferisce soltanto «un piccolo incidente di divertente natura» che sarebbe avvenuto durante la performance di Belzoni a St Aldate:

> Alcuni dei piú giovani membri dell'Università [di Oxford], che sembravano aver consumato un po' troppo vino, volendo approfittare della giovane età e della apparente modestia del presentatore [Belzoni] pensarono di giocare un tiro mancino manomettendo le candele in modo da estinguerle, cosí da causare un tumulto di confusione. Al che Belzoni, che se n'era accorto, girandosi verso di loro, pronunciò con tono calmo e civile ma molto deciso le seguenti parole: «Signori, Vi pregherei di non interferire con le candele». Inutile dire che nessuno osò piú «interferire» per il resto dello spettacolo[34].

4. *Fantasmagoria*.

Abbiamo già ripetutamente usato questo termine, applicandolo, in senso figurato, alle stravaganze mitologiche di Giambattista Tiepolo, alle danze scatenate dei Pulcinella di Giandomenico e anche al teatro mnemonico e voyeuristico della *Storia della mia vita* di Casanova. A partire dall'Ottocento, è entrato nell'uso comune indicando una varietà di fenomeni, sempre pertinenti al rapporto tra gli oggetti e le loro immagini ma perdendo il collegamento con un apparato tecnico e uno spettacolo preciso. La stessa cosa accade del resto al «panorama», termine e tipo di spettacolo di cui ci occuperemo in seguito[35].

«La combinazione della lanterna mobile e delle diapositive animate è un passo essenziale nella storia delle proiezioni collegate al movimento», scrivono, dal punto di vista del precinema, Mannoni e Brewster nella loro breve storia della fantasmagoria[36]. «Con le ombre, il progresso dell'immagine diventa problematico – c'è una fonte di luce, c'è un oggetto che blocca la luce»[37], abbiamo già citato nell'Introduzione il monito di William Kentridge, una frase che può essere semplicemente letta come una constatazione «tecnica» o ammantarsi di significati simbolici. Ma che dire se l'oggetto che blocca la luce è a sua volta fatto di luce? Si entra allora in una dimensione quasi metafisica. Secondo Mannoni, il debutto parigino delle fantasmagorie avvenne al piano terra di una casa della rue Richelieu, la porta accanto all'hotel dove morí Molière: qui Paul Philidor sarebbe stato il primo a mettere la lanterna su ruote per evocare un corteo infernale[38]. Nonostante l'aria di mistero che circonda questi primi esperimenti, che d'altra parte si svolgevano nell'oscurità, anche se per renderla «visibile», le intenzioni di Philidor non erano poi troppo distanti da quelle di Poleni o Algarotti, o, come abbiamo visto, di Belzoni e dello stesso Robertson:

> È necessario dire che queste meraviglie sono solo effetti ottici? Giochi di un abile artista capace di sfruttare il contrasto tra luce e buio; i raggi di una torcia diretti e puntati su un solo oggetto, la cui forma e misura sono calcolate secondo le regole della prospettiva, che sono una parte essenziale dell'arte pittorica[39].

Con tutti i suoi spaventevoli effetti su spettatori un po' troppo creduli, la fantasmagoria può essere «smascherata» da un ragionamento preciso, un logico esperimento ottico come quello che la Contessa di Casanova applica al polemoscopio. E tuttavia, come nel caso del polemoscopio, anche la fantasmagoria ha risvolti psicologici e sociali che si rischia di non cogliere, liquidandone semplicemente gli effetti come reazioni infantili o irrazionali. Come hanno dimostrato Terry Castle e Marina Warner, sia il termine che il fenomeno evolvono per tutto il XIX secolo dal reame dell'intrattenimento (pseudoscientifico) ai piú reconditi meandri della mente, accompagnando quello che potremmo definire l'addomesticamento del supernaturale, parte di una secolarizzazione che lascia tuttavia dietro di sé una scia di spettri, mostri e fantasmi, piú o meno psicologici ma non meno «reali». È un'altra sfaccettatura di quella prismatica molteplicità in cui consiste il Sé panottico che prende forma per tutto l'Ottocento; «l'assorbimento dei fantasmi nel mondo del pensiero», come scrive Castle, è una caratteristica decisiva di questo soggetto prismatico[40]. Credere o non credere nelle immagini: è il dilemma che Casanova abilmente aggira per schierarsi decisamente dal lato di chi semplicemente usa le immagini per ingannare i creduli; una soluzione fin troppo facile. L'epoca romantica instillerà un metafisico dubbio.

Per tutto il XIX secolo e quello seguente, fino ai giorni nostri, una vera assemblea di fantasmi, dai demoni gotici ai corpi elettrificati, ai morti viventi di varia natura, infesta la mente della borghesia industriale e illuminata in ascesa. Concepita come «un simulato esercizio di demistificazione scientifica»[41], la fantasmagoria ritorna (spettralmente) a stregare le classi dominanti: lo spettro del comunismo evocato da Marx e Engels nel *Manifesto* è la piú reale e «feroce» tra queste molteplici incarnazioni. A partire dal big bang della Rivoluzione francese, la storia «sperimentale» della fantasmagoria proietta la sua ombra su tutta la cultura moderna, e infetta in modo visibile o invisibile, conscio o inconscio, il suo rapporto con l'immagine[42]. Da questo punto di vista, la fantasmagoria è una sorta di ambivalente correlativo della ragione moderna – la *camera obscura* di Locke si rivela un laboratorio, o una prigione stregata.

Nel *Capitale*, come è noto, Karl Marx usa il termine (o meglio, l'aggettivo da esso derivato) per caratterizzare il feticismo della merce, effetto spettrale del modo capitalistico di produzione: la «forma fantasmagorica», che le relazioni sociali e il prodotto materiale del lavoro assumono proiettati sugli oggetti, in una ridda di desiderio e consumo. E naturalmente, sulle orme di Marx, Walter Benjamin darà alla fantasmagoria una posizione chiave nel suo asistematico sistema: la cultura borghese-capitalistica nel suo complesso si rivela un dispositivo fantasmagorico la cui manifestazione piú clamorosa è l'Esposizione universale, una sorta di luna park (o di speculare mondo della luna) in cui tutto diventa merce, ossia simulacro. E non soltanto in senso ideologico, ma nel senso «immediato di una presenza percepibile» e tangibile[43]. Una vera e propria illusione ottica collettiva, non per questo meno reale.

Se finora abbiamo preso in considerazione dispositivi che consentivano a chi vi guardava dentro di proiettarsi in mondi lontani e immaginari, o di introdursi subdolamente nel privato di qualcun altro, con la fantasmagoria sono le immagini che irrompono minacciosamente nello spazio visivo e vitale occupato dallo spettatore. L'irruzione, grazie a tecnologie sempre piú sofisticate, diventerà gradualmente piú reale e diffusa nei due secoli che portano fino ai giorni nostri. All'esplosione e irruzione delle immagini corrisponde un'introiezione psicologica. Come scrive Castle, in questa fantasmagoria psichica «la ridda interiore di spettri nasconde una profonda confusione epistemologica» che il «fantasma», reale e immaginario, visibile manifestazione dell'invisibile, paradossalmente incorpora[44]. Questa confusione è all'origine del termine freudiano dell'Inquietante o Perturbante. L'abbiamo già incontrato parlando delle figure in movimento sospeso (un macabro ma comico minuetto) del *Mondo novo* di Giandomenico, e anche dei suoi Pulcinella dipinti, demonietti di un eterno Carnevale. L'incertezza investe e destabilizza il rapporto tra fenomeno e noumeno (in senso kantiano). Un divertente trucco ottico diventa un'insidiosa patologia del giudizio.

La realtà virtuale di cui parliamo oggi è uno sviluppo ulteriore di questa lunga storia della fantasmagoria, un'illusione ottica cosí realistica da potersi sostituire alla realtà stessa. La confusione epistemologica è ormai onnipresente e non è del tutto esorcizzata neanche da coloro che ne conoscono bene, o ne sfruttano, i dispositivi. La stessa confusione epistemologica che alimentava la fantasmagoria contamina il nostro rapporto speculare con le forme «spettrali» di un'intelligenza e di una «vita» del tutto artificiali, che si affacciano ora alle soglie dell'Esposizione universale, per noi tanto familiari quanto aliene. Non sono solo, o non piú, i morti viventi, gli spettri che ritornano, a popolare i nostri incubi: anche gli zombie sono ormai (quasi) rassicuranti, a meno che non siano il sintomo di una pandemia che ci sterminerà tutti... È piuttosto il vivente «inorganico», fatto di impulsi elettronici, l'ambivalente oggetto dei nostri stupori e terrori attuali. Soprattutto perché impara a parlare la nostra stessa lingua e ci assomiglia al punto da ingannarci sulla sua vera natura: si pensi ai cosiddetti *deepfakes*.

È alla Parigi rivoluzionaria di Robertson che bisogna tornare per riprendere il filo del nostro racconto e giungere finalmente al suo autentico oggetto, la Tomba egizia del grande Belzoni, la cui inaugurazione coincide praticamente con la fine dell'era napoleonica (1821). Con il terrore che sparge e la scia di guerre che scatena, la Rivoluzione introduce il coacervo di inconscio tecnologico, politico e religioso di cui stiamo parlando. Famosa tra gli spettacoli di Robertson era l'evocazione dello spirito di Jean-Paul Marat, assassinato nella sua vasca da Charlotte Corday. Nella fantasmatica scia della Rivoluzione francese c'è anche l'egittomania e, come vedremo, il ritorno della mummia. Nelle descrizioni delle *soirées* che si svolgevano alla Salle de Fantasmagorie, nella cripta abbandonata del convento dei cappuccini, non lontano da place Vendôme[45], l'esperimento che prende forma è dunque di lunga gittata: è la rivelazione di una forma ontologicamente inedita, una smaterializzata presenza che emerge dalla combinazione di immagini fluttuanti e altri suggestionanti effetti. Facendo irruzione nello spazio abitato dagli spettatori, gli spettri introducono un'inquietante dimensione del reale, sospesa tra l'aldiquà e l'aldilà. Nella *Somatascopia* di Belzoni, viceversa, è il corpo che si trasfigura, sono gli oggetti tangibili che si trasmutano nelle loro ombre. Si tratta dei due lati reversibili e simmetrici di una sola esperienza e si completeranno a vicenda in quella che chiamiamo oggi realtà virtuale, al termine di un lungo processo che dalla virtualizzazione del reale conduce alla realizzazione del virtuale[46]. Ma per apprezzare davvero il contributo di Belzoni a questa storia, la lunga storia della fantasmagoria, è proprio all'Egitto che dobbiamo adesso rivolgere la nostra attenzione.

Capitolo secondo
Egittomania

> Il gran leone – grande in tutti i sensi – era il gigantesco Belzoni, l'uomo piú bello (come gigante) che abbia mai visto o potrei immaginare. Si dice che abbia completamente soggiogato gli arabi.
>
> WALTER SCOTT[1].

1. *Un panorama mobile.*

Nei primi anni del suo soggiorno londinese, Belzoni avrebbe potuto assistere a un altro genere di spettacolo: *Aegyptiana* di Mark Lonsdale, un allestimento al Lyceum Theatre che doveva introdurre i londinesi alle meraviglie dell'Egitto, scenario della spedizione napoleonica del 1798-1801. Una descrizione nel «Lady's Monthly Museum» fa pensare che la mostra di Lonsdale includesse un meccanismo simile a un panorama semovente che «trasportava» i visitatori in Egitto[2]. Il viaggio virtuale è una componente importante anche della nascente egittomania e questo spettacolo avrebbe potuto ispirare piú tardi Giovanni a intraprendere il viaggio reale nelle lande dei faraoni[3]. Intanto, nella primavera del 1807, Belzoni presentò a Hull e in altre località un altro genere di spettacolo: un'«esposizione nelsoniana [...] consistente in una rappresentazione in figure mobili degli onori funerari, le cerimonie e magnifiche processioni, sia su terra che acqua, osservate in commemorazione del nostro defunto e valoroso eroe – Lord visconte NELSON»[4].

Questa «esposizione» con tutta probabilità consisteva in una ricostruzione della processione funebre che, due anni prima, il 9 gennaio 1806, aveva condotto il feretro del nemico giurato di Napoleone, il trionfatore di Trafalgar, fino al luogo in cui ancora riposa, la cattedrale di Saint Paul. Le illustrazioni di questa processione abbondano, in vari media[5]. È lecito supporre che lo spettacolo nelsoniano di Belzoni fosse un altro tipo di *tableau mouvant*, o «dramma pittorico», e che le «figure mobili» fossero in carne e ossa, oltre che dipinte, il tutto forse accompagnato da effetti di luce e ombra. Ma in assenza di una descrizione piú dettagliata, le nostre sono solo supposizioni. Nel frattempo, a Leeds, Belzoni presentò un altro «totalmente nuovo esperimento ottico chiamato *Scopia*, o *L'ombra di Allabastro* [*sic*]»[6], un'ulteriore conferma che le ombre di Belzoni erano scolpite nei «materiali» piú svariati.

Tutte queste variazioni fantasmagoriche esemplificano la straordinaria inventiva del nostro, la sua capacità di mescolare eventi e personaggi veri e immaginari, realtà e fantasia in spettacoli avvincenti e istruttivi: l'esibizione dedicata al leggendario «barone Nelson del Nilo» (come l'ammiraglio era soprannominato), è un altro presagio delle future imprese egiziane del nostro eroe. Da tutto ciò dovrebbe risultare ormai chiaro che una delle dimensioni piú suggestive dei viaggi virtuali sono i viaggi reali che li rendono possibili. Era questo il caso dei savoiardi che attraversavano le Alpi con la *cassela* in spalla ed è anche il caso delle peregrinazioni di Belzoni in giro per il Mediterraneo. Lasciata Londra, nel 1813, Giovanni e Sarah furono avvistati a Lisbona, Madrid, Cadice e Messina, destinazioni della loro tournée. Da Messina, nel 1814, il girovago «Gio. Batta», come si firmava, inviò una breve lettera alla famiglia rimasta a Padova. In un italiano approssimativo, e semitelegrafico, esprime nostalgia per il suo fratellino piú piccolo, «quel Don Cicote [*sic*] di mio fratello Francesco» quel «cavalier erante [*sic*]» (anche il fratello era emigrato in Inghilterra). Quando finalmente si rivedranno, promette Giovanni, da quell'Orlando furioso che è (scherza) lo stritolerà di abbracci di puro amore fraterno e gli farà mangiare polenta e osei per tre giorni filati, poiché sono dodici anni che anche lui è in astinenza[7].

Ma è a Malta, nel 1814, che Belzoni incontrò un personaggio dal nome romanzesco (o fumettistico), Ismael Gibraltar, agente speciale del sovrano d'Egitto Mohammad Ali I, alla ricerca di maestranze per i lavori di irrigazione che erano in corso nella valle del Nilo. Le competenze acquisite da Belzoni nel suo apprendistato romano (ancora le fontane) e forse anche le loro creative applicazioni a giochi idraulici di varia natura, gli valsero un salvacondotto per la terra delle piramidi[8]. Quando i Belzoni sbarcarono al Cairo, nel 1815, Nelson era ormai morto da una decina d'anni e Napoleone era relegato temporaneamente all'Elba. In breve tempo, anche «Gio. Batta» venne coinvolto in una versione del conflitto coloniale, corollario delle mire territoriali delle potenze europee in guerra tra loro: la corsa al saccheggio delle antichità egizie che gettò le fondamenta delle grandi esposizioni nei musei metropolitani, il British e il Louvre, inaugurati da poco. Belzoni venne «arruolato» dagli inglesi, nella persona del console al Cairo, Henry Salt, in una battaglia a colpi di reperti archeologici con il suo arcirivale, il console francese di origini savoiarde Bernardino Drovetti. Se la collezione ammassata da Salt con l'ausilio di Belzoni costituirà il nucleo delle gallerie egizie del British Museum, molti dei reperti raccolti da Drovetti finiranno nel Museo Egizio di Torino, inaugurato nel 1824, in quella che all'epoca era ancora la capitale del Regno di Sardegna[9].

2. *Saltimbanco a Londra, imprenditore in Egitto.*

In Egitto, il Sansone patagonico si cambiò d'abito, forse a imitazione dell'esploratore e archeologo svizzero Burckhardt, di cui diventò amico. Il nuovo look sartoriale, come lo definisce Barbara Spackman, non è solo un ulteriore «travestimento» scenico ma ha lo scopo di facilitare la vera missione di questo «orientalista accidentale» (la definizione è sempre di Spackman) che è quella di «soggiogare gli arabi» (come aveva scritto Walter Scott). Belzoni stesso ne dà testimonianza nel resoconto dei suoi viaggi:

> Le mie circostanze erano diverse da quelle di un comune viaggiatore il cui unico scopo è quello di produrre varie osservazioni sul paese e le sue antichità, e non di persuadere questa gente superstiziosa e ignorante a lavorare duro e a intraprendere un compito difficile completamente nuovo[10].

In questa emblematica trasformazione da oggetto di esotismo e orientalismo nei panni del Sansone patagonico a vero e proprio agente di quella varietà di orientalismo che va sotto il nome di egittomania, nelle vesti di un pascià turco al comando di maestranze arabe, Belzoni interpreta il duplice ruolo riservato ai girovaghi «italiani»: saltimbanchi a Londra e imprenditori in Egitto [*Fig. 54*]. Giovanni riuscirà a rimescolare brillantemente le carte. Per il momento almeno, nelle imprese coloniali la posizione degli «italiani», da qualunque latitudine della penisola provengano, si limita a questo. Nel giro di qualche decennio, e per il resto del secolo, il Risorgimento che porterà il paese a unificarsi dalle Alpi alla Sicilia (non proprio, ma quasi «alle piramidi») farà esplodere questa contraddizione. Evolverà la stessa posizione occupata dalla penisola e dai suoi abitanti, tra Nord e Sud: da colonia del Nord ad aspirante potenza coloniale o, addirittura, imperiale, soggetto di un'identità ambivalentemente europea e mediterranea. Un'ambiguità non ancora risolta fino ai giorni nostri, quando altri «nomadi» o profughi si accalcano alle nostre rive e nelle nostre città[11]. Come «orientalista accidentale», Belzoni illustra e incarna questa dinamica, tanto piú che nelle sue «maschere» l'Oriente sembra abbracciare l'intero Sud del mondo, dalla Patagonia all'Egitto, passando naturalmente per l'Italia. I suoi viaggi e la sua carriera, da saltimbanco girovago a «pioniere» dell'archeologia e imprenditore della propria immagine (un po' come Casanova) sono lo sfondo sul quale possiamo ora avviarci a esaminare quella che è

54. Anonimo, *Ritratto di Giovanni Battista Belzoni*, miniatura, XIX secolo.

certamente la piú spettacolare delle sue erculee fatiche: la stravaganza orientalista che prese il nome di Tomba egizia, allestita a Londra, all'Egyptian Hall, nel 1821.

Nel 1819, Belzoni e la moglie rientrarono in Inghilterra dalla terra dei faraoni con una notevole collezione di artefatti, circa duemila. Fecero sosta a Venezia e a Padova, dove il figlio del barbiere, ribattezzato «il Grande figlio della Madre euganea», venne accolto con curiosità nei migliori salotti. Per l'occasione fu coniata una medaglia che recava su un lato due figure leonine e sull'altro un'iscrizione latina che celebrava le sue imprese, a cui Walter Scott si ispirò per il ritratto riportato in epigrafe. Alcuni oggetti vennero messi in mostra al Palazzo della Ragione, come Lady Morgan riferisce nel diario del suo Grand Tour[12]. Un architetto locale ne trasse ispirazione per creare una stanza egizia nel caffè piú alla moda della città, monumento di stile impero, il Caffè Pedrocchi. Vale anche la pena di riportare un paio di curiosi aneddoti perché, come vedremo, anticipano un aspetto della mostra londinese che si rivelerà per noi emblematico.

Tra gli artefatti e le reliquie che componevano la collezione, vi erano tre mummie in eccellente stato di conservazione e due statue in diorite nera donate da Giovanni alla sua città e che avevano chiaramente ispirato la medaglia coniata da Manfredini. Belzoni aveva identificato le statue con la figura zodiacale Leo Virgo, il segno della Sfinge, dal corpo femmineo con la testa di leone, mentre altri le consideravano una rappresentazione della dea Iside. A parte la loro incerta identificazione – Champollion non aveva ancora decifrato i geroglifici – le statue furono al centro di una vertenza sul loro valore. Si trattava di generi di lusso, come ritenevano le autorità austriache che richiedevano un'esosa tassa per sdoganarle, o avevano solo valore culturale, come sosteneva il podestà di Padova? La controversia si risolse solo grazie all'intervento di due «esperti», uno scultore e un «tagliatore di pietre», che nella loro perizia stimarono al ribasso il valore delle statue perché realizzate in un materiale, la diorite, poco pregiato[13]. Lo stesso vale per le mummie. Belzoni cercò di venderle a un professore di storia naturale dell'Università di Padova per la rispettabile somma di 1900 lire. L'Università si rifiutò però di rimborsare il professore, ritenendo che le mummie egizie non potessero considerarsi reperti per gabinetti di storia naturale a beneficio degli studenti di medicina, ma al massimo curiosità «ornamentali»[14]. Evidentemente non tutti erano travolti dall'egittomania. L'incerto statuto della mummia come reperto archeologico, campione scientifico e al tempo stesso curiosità da *Wunderkammer*, è indicativo del dilemma che essa rappresenta agli occhi degli europei. Dopo l'accoglienza in pompa magna a Padova, Belzoni e Sarah ripartirono per Londra, portando con sé le mummie invendute. Saranno, come vedremo, esibite all'Egyptian Hall.

Anche Belzoni, come Casanova, decise di affidare a un'autobiografia il racconto delle sue avventure. E come Casanova, anche Belzoni era spinto dal desiderio di salvaguardare la propria reputazione e correggere l'impressione di quanti lo ricordavano ancora come il pittoresco forzuto di un'epoca ormai lontana che lui voleva dimenticare. Il libro, pubblicato al ritorno dall'Egitto, divenne subito un bestseller [*Fig. 55*]. Tra le imprese che racconta: la rimozione e il trasporto del colossale busto di Osimandia, ovvero il Memnone [*Fig. 56*], piú tardi identificato come frammento di un colosso di

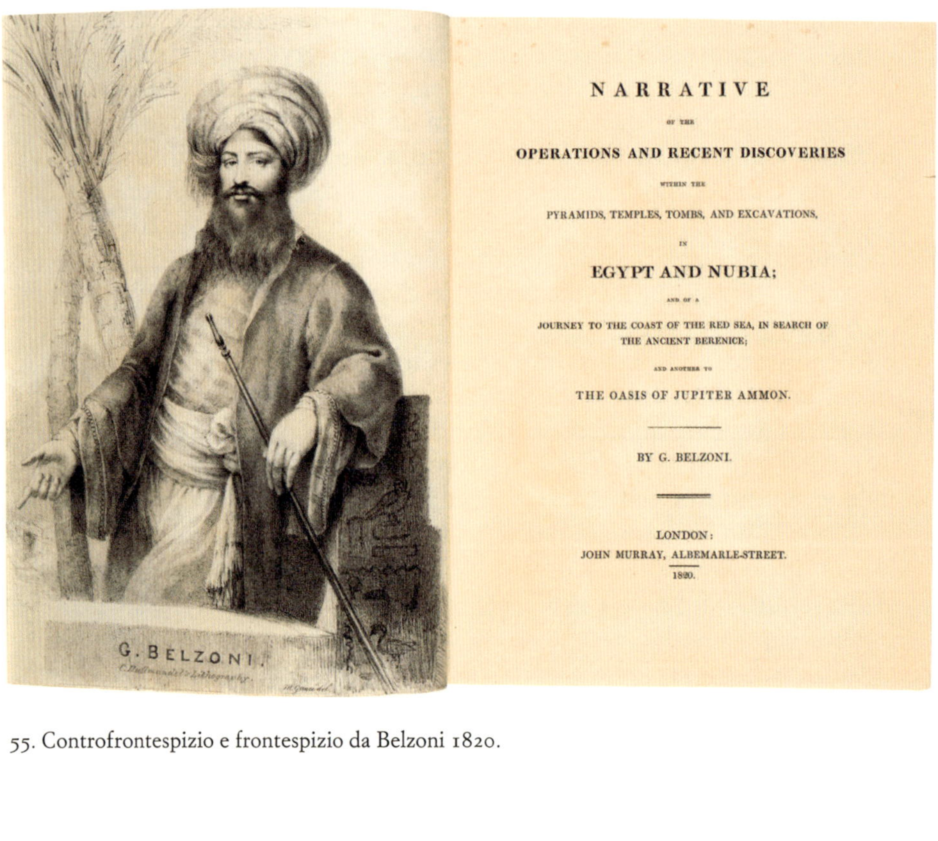

NARRATIVE

OF THE

OPERATIONS AND RECENT DISCOVERIES

WITHIN THE

PYRAMIDS, TEMPLES, TOMBS, AND EXCAVATIONS,

IN

EGYPT AND NUBIA;

AND OF A

JOURNEY TO THE COAST OF THE RED SEA, IN SEARCH OF THE ANCIENT BERENICE;

AND ANOTHER TO

THE OASIS OF JUPITER AMMON.

BY G. BELZONI.

LONDON:
JOHN MURRAY, ALBEMARLE-STREET.
1820.

55. Controfrontespizio e frontespizio da Belzoni 1820.

56. Agostino Aglio, *Metodo adottato da Belzoni per rimuovere la testa del giovane Memnone (ora al British Museum)*, litografia dalla raccolta *Six New Plates Illustrative of the Researches and Operations of G. Belzoni in Egypt and Nubia*, London 1822.

Ramses II e reso famoso da Shelley come simbolo della vanità della gloria terrena in un famoso sonetto[15]; lo scavo del tempio di Abu Simbel e la scoperta dell'ingresso della piramide di Chefren, sulle cui pareti Belzoni incise il suo nome, com'era consuetudine tra gli archeologi. Ma l'impresa che veramente suggella per noi la carriera del Gran sultano è l'esposizione allestita per documentare la piú spettacolare tra le sue «scoperte»: la tomba di Psammis, identificato piú tardi con il faraone Seti I.

3. *Egyptian Hall.*

La Tomba egizia venne inaugurata con gran fanfara il 1° maggio 1821 nelle stanze dell'edificio orientalista piú stravagante di Londra[16] [*fig.* 57]. L'«esposizione» di Belzoni aprí le porte due anni prima che il resto della collezione ammassata per il console Salt, compreso il colossale busto di Memnone, venisse presentato al British Museum[17]. Queste due esposizioni segnano due modi diametralmente opposti di ricomporre le reliquie e i frammenti di quelle «meravigliose curiosità» e «mostruosità monumentali» che foggiarono l'idea dello «splendore» faraonico ancora in voga in anni recenti. Al centro del fascino per l'antico Egitto vi erano gli strani costumi funerari dei faraoni[18]. Con le sue false «sfingi incastonate sopra l'ingresso a sormontare gigantesche e spaventose statue di Iside e Osiride»[19], la facciata dell'Egyptian Hall [*Fig. 58*] era un frammento di Egitto collocato nel centro di Londra, molto simile all'ingresso della Salle de Fantasmagorie di Robertson, nella cripta dei cappuccini a Parigi: anche quest'ultimo era «sbarrato da un'antica porta ricoperta di geroglifici, che sembra la soglia dei misteri di Iside» e presentava la stessa effigie della sfinge. La somiglianza non si limita a questo: sia Robertson che Belzoni guidavano i visitatori e gli spettatori del loro show in un viaggio virtuale, nello spazio e nel tempo. Ma, come abbiamo già piú volte suggerito, i loro metodi «sperimentali» erano opposti: con il

57. George Scharf, *Uomini con cartelli contenenti i risultati elettorali del 1818 e informazioni sulla Tomba di Belzoni e varie altre esposizioni*, acquerello, 1818-25 circa.

pretesto di disingannarli, «[Robertson] cercava veramente di terrorizzare i suoi spettatori piú che di fugare l'oscurantismo che causava la paura». Introducendo il secondo atto dello spettacolo con

> un solenne e incoerente discorso sulla morte e l'immortalità [...] chiedeva al pubblico di immedesimarsi nella scena, e immaginare i sentimenti di un'antica fanciulla egizia che cercava di resuscitare, per mezzo di necromanzia, il fantasma del suo amante defunto dal suo orribile avello, una vera catacomba[20].

Quando l'inquietudine del pubblico raggiungeva il parossismo, aveva inizio la processione infernale[21].

Per contro, Belzoni accoglieva affabilmente i visitatori sulle soglie della Tomba, bardato nel suo esotico costume[22]. Robertson trascinava gli spettatori terrorizzati in un viaggio nel subconscio; nella Tomba di Belzoni, i visitatori potevano aggirarsi osservando a piacimento, soffermandosi a meditare su quanto vedevano. Eppure una dimensione fantasmagorica è presente anche all'Egyptian Hall. Per

58. A. McClatchy, incisione su disegno di Thomas Hosmer Shepherd, *Bullock's Museum, (Egyptian Hall o London Museum), Piccadilly*, 1828.

spiegare meglio cosa intendiamo, è opportuno tornare al paragone tra l'esibizione dell'Egyptian Hall e quelle coeve del British Museum:

> Il British Museum offriva un'Antichità destinata alle élite intellettuali. Lo spazio della galleria Elgin, ad esempio, con le sue pareti nude, il percorso aperto, il decoroso silenzio, invitava a una contemplazione intellettuale e distaccata delle sculture del Partenone, avulse dal loro contesto. Nella ben piú modesta Sala egizia, al contrario, Belzoni gratificava l'occhio con un simulacro stravagante e suggestivo: una presentazione dei manufatti esposti non come opere d'arte, ma come se fossero reali[23].

Come la galleria Elgin, anche la collezione Salt al British Museum «incoraggiava un apprezzamento puramente estetico delle antichità egizie», ma l'impressione che l'allestimento faceva sui visitatori era emotivamente superficiale, anzi piuttosto astratta. I visitatori della Tomba di Belzoni avevano invece la sensazione di entrare in uno spazio vero, remoto e antico, e questa esperienza immersiva era volta a provocare profonde emozioni[24]. Come riferisce il «New Monthly Magazine», non solo i resti dell'antico Egitto vengono presentati all'occhio in modelli che contengono, nei minimi dettagli, le forme e i colori degli originali, ma le misure delle due camere che imitano quelle della tomba originale corrispondono esattamente a quelle reali; cosí che all'occhio, e in non minore misura anche all'occhio della fantasia, ci si trova in esse come se si fosse nelle stanze vere [*Fig. 59*], alla presenza di oggetti che riempiono la mente del visitatore di una piacevole meraviglia, cosciente com'è, in quel momento, della propria esistenza transitoria nel suo temporaneo alloggio in rapido deperimento, il corpo[25].

Lo show di Belzoni si può indubbiamente considerare un fondamentale episodio di quel processo di mercificazione che sta al cuore della moda orientalista, considerato che fra gli scopi dell'esposizione c'era anche quello di vendere gli oggetti esposti in una galleria che sovrastava le camere. Ma, come ha scritto Sophie Thomas, è anche all'origine di «una tendenza che non solo rappresenta l'Egitto come un'esibizione, un'esposizione, ma *come se fosse* un'esposizione»[26]. Queste parole vanno intese alla luce di quello che scrivono Benjamin sulla fantasmagoria e l'Esposizione universale e Jean Baudrillard sul simulacro. Il viaggio virtuale nell'antichità egizia messo in scena da Belzoni non solo riflette un fondamentale «spostamento del gusto» nel «consumo dell'Egitto dei faraoni», dalla ricostruzione «scientifica» alla «ricreazione» del passato, ma opera anche uno scambio quasi «ontologico» tra reale e virtuale: il virtuale (la copia) si presenta a tutti gli effetti come reale e il reale diventa l'equivalente di una simulazione, un simulacro. È lo stesso interscambio che avviene nel marxiano feticismo della merce. La simulazione (il simulacro) vale quanto il reale e lo rimpiazza.

Come si diceva, è particolarmente rilevante che l'effetto di questa fantasmagoria «reale» vada compreso in riferimento alla rappresentazione della morte, tra i costumi e i rituali degli antichi Egizi quello che, per la sua stranezza, inquieta e affascina maggiormente i contemporanei londinesi di Belzoni: nella Tomba «la morte si presenta come misteriosa, affascinante e spettacolare», ha scritto Susan Pearce. La stranezza dei riti faraonici è il veicolo di questo viaggio virtuale nell'aldilà. Qui sta anche la fondamentale differenza rispetto alla *Fantasmagoria* di Robertson. L'esperienza che Belzoni offre a chi fa ingresso nel suo facsimile non è tanto «l'esperienza gotica di

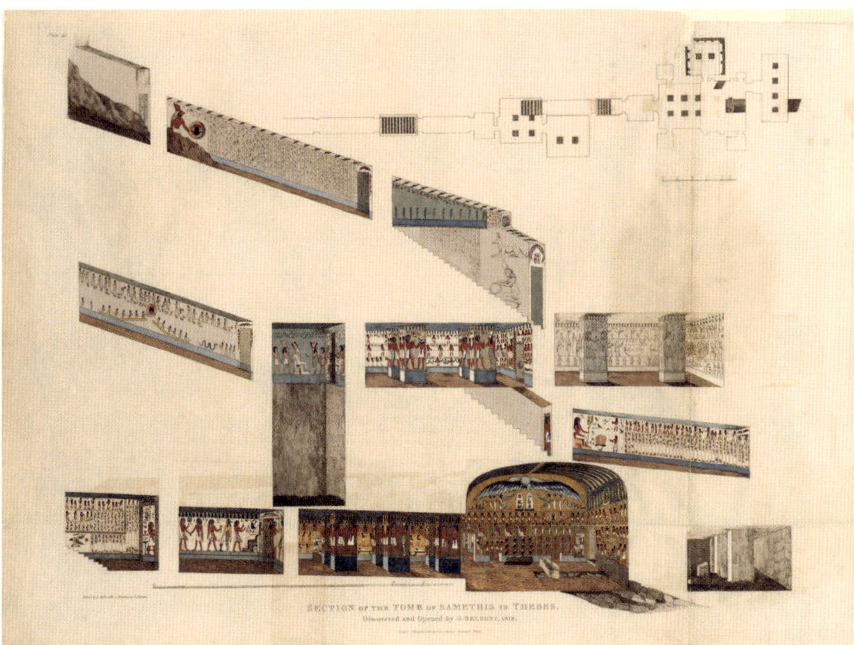

59. Pianta e sezione della tomba di Seti I a Tebe, scoperta da Belzoni nel 1818, stampa colorata, 1820. Le camere riprodotte nella mostra sono le ultime due in basso.

un orrore in cui i frammenti individuali si dissolvono»[27]. È un'esperienza allo stesso tempo piú banale e piú complessa, in cui l'illusione di fare ingresso in uno spazio vero coesiste con la consapevolezza di trovarsi in una simulazione. Per spiegare cosa intendiamo dovremo risalire ad alcune testimonianze di coloro che la Tomba di Belzoni la visitarono davvero.

Il primo di questi resoconti si trova in un curioso «romanzo biografico» di Alfred Thornton, pubblicato un anno dopo la mostra dell'Egyptian Hall, nel 1822[28]. Il titolo è *Don Juan. Life in London.* Non è la «biografia» di una persona veramente esistita ma di un personaggio tanto famoso da diventare «mitico» (anche Casanova si dice abbia contribuito a una delle versioni piú famose di quel mito, il *Don Giovanni* di Da Ponte e Mozart). Il secondo resoconto non è finzione ma «reportage» e si deve alla penna di Marguerite Gardiner, Lady Blessington, nobildonna londinese che si muoveva nel circolo di Lord Byron, autrice di un libro dal titolo suggestivo pubblicato nel 1823, *The Magic Lantern or Sketches of Scenes in the Metropolis*[29]. Nonostante le differenze di stile, entrambe queste opere fanno riferimento a popolari media del loro tempo, suggerendo che la vita della metropoli può essere meglio descritta quale «panorama mobile», come proclama Thornton nella prefazione alla sua opera, o una serie di lastre da lanterna magica, come recita il titolo del volumetto di Lady Blessington[30]. Vedremo che questo duplice punto di vista si applica anche alle loro descrizioni della Tomba egizia. A questi testi dobbiamo accostarne un terzo, piú obiettivo di un romanzo e meno frivolo di una cronaca mondana (il titolo chilometrico è garanzia della sua serietà). Si tratta dei *Memoranda* del reverendo Edward Upham, ovvero *Illustrazione delle tombe e delle decorazioni sepolcrali degli Egizi completa di una chiave della Tomba egizia ora esposta a Piccadilly, con osservazioni sul processo di imbalsamazione*[31].

Il romanzo di Thornton contiene una «spiegazione» simile a quella che, come vedremo in dettaglio, accompagnava le performance dei panorami mobili. Infatti, anche se attribuita a Don Juan in visita alla Tomba insieme ad altri personaggi, questa spiegazione riproduce praticamente alla lettera l'opuscolo distribuito all'ingresso della mostra e riporta anche abbondanti citazioni dal bestseller di Belzoni. Dal canto suo, Lady Blessington, con le sue «inezie», come lei stessa descrive i propri «schizzi», punta l'obiettivo della sua lanterna sulla scena sociale che l'esposizione offre a chi la frequenti.

Un'illustrazione del romanzo di Thornton, che ha fornito un modello per la simulazione 3D inclusa nella versione digitale di questo libro, ci permette di immaginare la scena [*Fig. 60*]. Mentre Thornton e il reverendo Upham – il primo tramite il suo personaggio e il secondo in prima persona – si concentrano sulle ombre di un lontano passato e sulla lezione «morale» che si può trarre dalla realistica messa in scena di Belzoni, Lady Blessington riporta l'impressione che essa produce in quanto «scena». In altre parole, Don Juan e il reverendo Upham fanno da cicerone al visitatore virtuale, mentre Lady Blessington, con una mossa quasi polemoscopica, dirotta il suo sguardo, il suo obiettivo, dagli strani geroglifici e dalle bizzarre, se non addirittura «mostruose», figure riprodotte sulle pareti alle silhouette dei londinesi che si aggirano nella semioscurità resa visibile, e addirittura brillante, della Tomba egizia. Insieme, questi sguardi incrociati ci permettono di ricostruire la fantasmagorica «scena». La visita alla Tomba si rivela cosí un'esperienza voyeuristica dalle molte sfumature. Ecco come Thornton - Don Juan e Lady Blessington introducono le loro rispettive «registrazioni»:

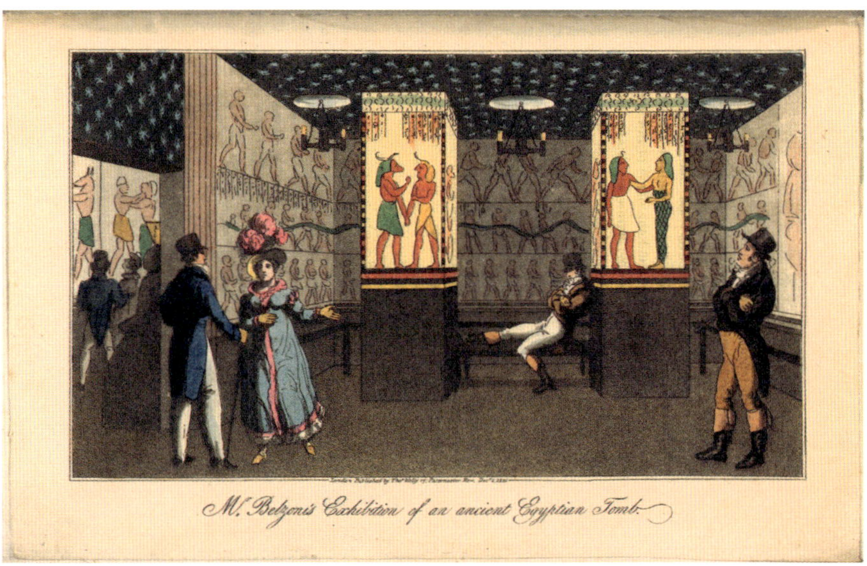

60. *L'esibizione del sig. Belzoni di un'antica tomba egizia*, da Thornton 1822.

Thornton-Don Juan: «Mai in questo o in nessun altro paese è stato creato qualcosa che riesca a soggiogare la mente in modo cosí completo, e a impressionarla con sentimenti solenni, misteriosi e reverenziali, come questo elaborato e veramente unico facsimile di un antico ricettacolo per i potenti defunti, che, grazie allo zelo, all'ingegnosità, al coraggio e alla perseveranza del grande viaggiatore egiziano, il signor Belzoni, siamo cosí in grado di vedere in sicurezza e comfort, dopo che tanti eruditi, scienziati e nobili, sono caduti vittime della barbarie e della ferocia del popolo, e degli orrori del suolo e del clima da cui gli originali sono circondati»[32].

Lady Blessington: «Di tutte le esposizioni che attraggono il *flâneur*, in questa metropoli spropositata, poche presentano uno studio piú interessante per la mente riflessiva, o una scena moderna e divertente per gli amanti del carattere, rispetto alla Tomba egizia. Il periodo in cui questa è stata scavata è cosí remoto che la sua storia è avvolta in un'oscurità che [...] porta alla mente mille riflessioni sulla vanità di tutti gli sforzi umani [...] mentre le folle di indaffarati perdigiorno, e *flâneurs* svogliati, che si aggirano intorno, offrono ampio materiale per il divertimento degli amanti dell'eccentricità e del carattere [...]»[33].

Sia che venga descritta come un «soggiogamento» mentale che ispira «mille riflessioni» o come l'occasione di osservare gli «indaffarati perdigiorno e i *flâneurs* svogliati» che vi si aggirano, l'esposizione viene presentata come un viaggio nel tempo e nello spazio. La remota lontananza dell'antico Egitto è resa virtualmente presente, sia per l'intelletto che per l'immaginazione dei londinesi contemporanei:

Thornton-Don Juan: «L'effetto di questa meravigliosa Mostra – è di familiarizzare il nostro occhio e la nostra comprensione con il modo in cui gli abitanti dell'antica Tebe preservavano i corpi, e, nella loro immaginazione, le anime dei loro defunti principi [...] Sono trascorsi piú di tremila anni da quando il grande e potente popolo è scomparso come nazione, il cui genio e le cui acquisizioni nelle arti e nelle scienze sono cosí pienamente dimostrati nelle opere davanti a noi, cosí come nelle numerose e gigantesche rovine di templi, tombe e statue colossali, che ancora segnano il sito della loro magnifica città»[34].

Reverendo Upham: «Pertanto, aver riportato alla nostra vista tali antichi esemplari in questa fervida cornice, incarnati nelle sculture e nei dipinti, freschi come quando toccati dalle mani degli artigiani, è di per sé un grande e inesprimibile dono; poiché, presentandoli ai nostri sentimenti e alla nostra comprensione, si annienta l'immenso spazio di tempo che ci separa dall'epoca in cui sono esistiti e nel [nostro] cuore irrompono impetuose congetture e vorremmo apprendere i terribili principî di quei giorni mistici di tanto tempo fa»[35].

L'effetto della Tomba di Belzoni è quello di restituire allo sguardo, in tutti i suoi sgargianti colori, vividi e «freschi» come se fossero stati appena dipinti, una scena di trenta secoli orsono. La freschezza delle immagini fa da contrasto al decadimento dei corpi, un contrasto che si ripete nella fascinazione per la mummia, suggerendo a chi osserva riflessioni «profonde» sulla caducità umana. Scrive Upham:

> Ancor piú siamo irresistibilmente attratti dalla loro contemplazione, poiché incarnano i nostri desideri di immortalità; le speranze e le paure, e tutte le innumerevoli gloriose armonie che legano lo spirito che lotta dentro di noi alla tremenda eternità che trascorre ogni ora verso l'esperienza.

Mentre Thornton - Don Juan e il reverendo Upham riflettono sulla profonda distanza e la sorprendente analogia tra le credenze degli antichi Egizi e quelle cristiane e «moderne», sulla resurrezione e l'aldilà, nella sua cronaca Lady Blessington si sofferma piuttosto sul «forte contrasto con la scena stessa» formato dai gruppi di visitatori che vagano per le stanze dell'Egyptian Hall. La Tomba sfida i «pregiudizi» dei contemporanei anche nel senso, piú superficiale, di un'estetica della «moda», colta dall'occhio che scruta (come Giandomenico) le fogge degli abiti e i comportamenti piú o meno bizzarri dei *flâneurs* che vi si aggirano. Indugiando sul destino delle civiltà che cadono in rovina e non mancando di sottolineare il merito degli «esploratori» contemporanei (ci torneremo), Thornton e Upham sembrano intenti a percepire l'«aura» che emana dal facsimile. Annotando le reazioni dei londinesi, Lady Blessington sembra invece intenta a dissipare o sfatare quest'aura. Personaggi di ogni estrazione si affollano in questo «casotto» delle vanità egizie a conferma del fatto, sottolinea Lady Blessington ironicamente, che la Tomba livella tutte le distinzioni, ispirando una gradazione di impressioni, e non tutte positive, dal divertimento all'inquietudine e persino al disgusto:

> La signora distinta che tiene alle narici il fazzoletto intriso di *vinaigrette*, e dice al bello che l'accompagna, «che posto terribilmente scioccante» e «non si vede nessuna persona alla moda», viene spintonata da una signora grassa e rossa in volto che pare la padrona di una bottega di gin, e dichiara al marito che darebbe uno scellino per un bicchiere di *anisette* «perché la vista di quelle mummie mi fa sentire proprio strana»[36].

Il contrasto tra la frivola superficialità dell'oggi e la «profondità» degli antichi si riassume nella vignetta sarcastica che ritrae un gruppetto di signorine «alla moda» mentre si lamentano che in questo «posto noioso e stupido» non c'è proprio «nulla da vedere» e «la compagnia è insopportabilmente volgare». «Non ho piú sentito parlare dell'Egitto, – dice una di esse, – da quando la mia governante mi annoiava a riguardo mentre studiavo geografia; e per quanto concerne tombe e piramidi, ne ho un perfetto orrore». Un'altra delle signorine perbene sostiene di odiare «tutto ciò che era egizio, da quando aveva sentito parlare delle pestilenze» che provengono da quei luoghi esotici. Una terza supplica le compagne che almeno, «nel criticare l'Egitto e le sue produzioni, facciano per favore un'eccezione per le *pietruscole* egizie», ossia, si presume, i *bijoux* esposti, oggetti cultuali ridotti a puri ornamenti.

Se Lady Blessington ci offre un punto di vista «polemoscopico», quello di un *voyeur* che punta lo sguardo su altri *voyeurs*[37], da alcuni suoi commenti trapela poi una prospettiva non troppo dissimile da quella di Thornton - Don Juan e Upham. Due giovani donne dall'aspetto intelligente e distinto attraggono la sua attenzione: citando Erodoto e la Bibbia, una di loro osserva che un'attenta indagine può chiarire «molti passaggi [...] finora avvolti nel mistero» e le ricerche storiche possono trarre indubbio vantaggio dalla «luce gettata su di esse dalla scoperta di tali monumenti stupendi e magnifici dell'antichità». Ne può derivare un diverso e piú critico apprezzamento del «progresso», da un punto di vista prettamente estetico:

> Poiché gli esemplari ora presentati a noi dall'intraprendente signor Belzoni, essendo prove inconfutabili che molte arti fiorirono nell'era in cui quei monumenti furono formati, la cui esistenza avevamo supposto fosse di data molto piú recente; e la vanità dell'uomo, che si sostiene con la credenza che le arti e le invenzioni trovate tra le nazioni civilizzate siano state, per una serie di anni, in uno stato di progressivo miglioramento, deve ricevere una lezione di umiltà, vedendo la perfezione che molte delle arti avevano raggiunto quasi tremila anni fa; e quanto relativamente lento sia stato il loro progresso fino ai nostri giorni[38].

Solo i piú colti e sofisticati visitatori della Tomba egizia colgono l'aura che aleggia nel facsmile. Per gli altri, prigionieri del presente, non è percepibile e le loro reazioni istintive esprimono piuttosto la sua conversione in un fenomeno puramente estetico. In breve, si tratta del duplice punto di vista delle leopardiane sorelle, la Moda e la Morte:

MODA Madonna Morte, madonna Morte...
[...]
MORTE Ti guardo.
MODA Non mi conosci?
MORTE Dovresti sapere che ho mala vista, e che non tengo occhiali da mettermi, perché gl'Inglesi non ne fanno che mi sieno a proposito, e quando ne facessero, io non avrei dove me gl'incavalcassi.
MODA Io sono la Moda, tua sorella.
MORTE Mia sorella?
MODA Sí: non ti ricordi che tutte e due siamo nate dalla Caducità?
MORTE Che m'ho a ricordare io che sono nemica capitale della memoria.
MODA Ma io me ne ricordo ben; e so che l'una e l'altra tiriamo parimente a disfare e rimutare di continuo le cose umane, benché tu vadi a questo effetto per una strada e io per un'altra[39].

Entrambe figlie della Caducità, Moda e Morte puntano lo sguardo in direzioni opposte. Se gli occhialini che fanno parte del corredo della prima distraggono o distolgono la vista da ciò che si dovrebbe guardare e contemplare (la nuda verità della condizione umana), la miopia, o cecità, della seconda vanifica qualsiasi sguardo teso a scrutare in lontananza e in profondità.

4. *L'aura del facsimile.*

Il termine «aura» ci riconduce al ben noto saggio di Walter Benjamin *L'opera d'arte nell'epoca della sua riproducibilità tecnica*, pubblicato nel 1936. Benjamin vi sosteneva che «anche nel caso di una riproduzione altamente perfezionata manca un elemento: l'*hic et nunc* dell'opera d'arte – la sua esistenza unica è irripetibile nel luogo in cui si trova». In questa «unicità» nello spazio e nel tempo consiste la sua «autenticità». «Con la secolarizzazione dell'arte, – aggiunge Benjamin in una nota, – l'autenticità si pone al posto del valore cultuale»[40]. L'esistenza in un punto preciso dello spazio e del tempo è ciò che la riproduzione tecnica dissolve, sottraendola al suo contesto «cultuale», sia quello «originale», sia quello derivato di usi posteriori, in cui ciò che era «sacro» può ritornare come «demonico»:

Un'antica statua di Venere, per esempio presso i Greci, che la rendevano oggetto di culto, stava in un contesto tradizionale completamente diverso da quello in cui la ponevano i monaci medievali, che vedevano in essa un idolo maledetto. Ma ciò che si faceva incontro sia ai primi sia ai secondi era la sua unicità, in altre parole: la sua aura[41].

Possiamo chiederci se il facsimile della Tomba di Belzoni possa preservare davvero una traccia della sua «aura» cultuale. A sentire Upham (ma anche Thornton - Don Juan e in parte Lady Blessington) parrebbe di sí: anzi starebbe proprio in questo l'effetto percepito dai visitatori piú sensibili, mentre agli altri l'esposizione trasmette al massimo una curiosità «ornamentale». Intrinseco alla definizione benjaminiana di «aura» è anche un senso di «lontananza»: «l'aura della lontananza che si apre allo sguardo e si risveglia in un oggetto percepito»[42]. Benjamin porta come esempio la percezione di «oggetti naturali»:

> Noi definiamo questi ultimi apparizioni uniche di una lontananza, per quanto questa possa essere vicina. Seguire, in un pomeriggio d'estate, una catena di monti all'orizzonte oppure un ramo che getta la sua ombra sopra colui che si riposa – ciò significa respirare l'aura di quelle montagne, di quel ramo[43].

Una citazione che evoca *L'infinito* di Leopardi (la siepe, la percezione di un mare invisibile) e ci ricorda tanto le «distanze e prospettive» del «mondo nuovo» quanto la vivida impressione di una veduta guardata attraverso la camera oscura, che Algarotti descriveva come un fluttuante autoritratto dal vivo della Natura. Ma nella Tomba di Belzoni non è la Natura che si dipinge o si rivela allo sguardo. Piuttosto è un'anima del mondo che aleggia, per quanto remota, per quanto strana: una paradossale presenza dell'inavvicinabile che, come nella poesia di Leopardi, va compresa in relazione al tempo piú che allo spazio[44]. È questa l'aura di cui parliamo.

Con la sua copia «perfetta» delle due stanze contenute nel vasto complesso sepolcrale di Seti I, accompagnata dall'esibizione di modelli e reperti «autentici» nella galleria sovrastante, la simulazione di Belzoni rianima un passato lontano in un'esperienza immersiva che adombra quelle consentite dalle tecnologie di archeologia virtuale, capaci in anni recenti di «rigenerare» la tomba di Seti I proprio a partire dalla scrupolosa riproduzione manuale che Belzoni, con l'aiuto di Alessandro Ricci, aveva effettuato durante gli scavi ricorrendo ad acquerelli, disegni e calchi in gesso e cera. Mi riferisco allo straordinario lavoro di riproduzione fotogrammetrica della tomba di Seti I svolto a partire dal 2000 dalla fondazione Factum Arte in collaborazione con il ministero egiziano delle Antichità, documentato, nelle sue varie fasi, dalla mostra *La rigenerazione di una tomba faraonica*, allestita all'Antikenmuseum di Basilea nel 2017 per il secondo centenario della «scoperta» di Belzoni. Riferendosi proprio al concetto benjaminiano di «aura», Adam Lowe, il fondatore di Factum Arte, ha scritto:

> Walter Benjamin si era sforzato di definire esattamente cosa intendesse per «aura». La sua scelta di metafore, che suggerisce sia un alone che una radiazione, è in effetti l'opposto dell'evidenza fisica che fa di un oggetto ciò che specificamente è. Gli oggetti sono il deposito e il composto di idee, pensieri, materiali, evidenza, transazioni e l'azione del tempo[45].

Si potrebbe dire che la Tomba di Belzoni è l'equivalente fisico di quello che la tecnologia digitale riproduce in modo smaterializzato. Come scrive Lowe: «Le nuove tecnologie dell'immagine e i sistemi di registrazione in 3D ci consentono di colmare il divario tra un oggetto e la sua riproduzione». Se «nessuna copia potrà rimaterializzare tutto quello che l'originale contiene [...] piú fedele è la replica e piú essa rivela»[46]. In altre parole, il facsimile digitale sarebbe in grado, meglio di altre tecnologie di riproduzione tecnica, di catturare l'aura, approssimando l'«inavvicinabile presenza» di Benjamin: «Digitalità e aura hanno molto in comune, – scrive Lowe, – la tecnologia digitale può essere usata per registrare aspetti diversi dell'oggetto. L'aura *abita* questi spazi»[47]. Da queste parole si potrebbe desumere che, secondo Lowe, una copia virtuale in un certo senso riveli l'anima dell'oggetto, intesa come la manifestazione percettiva di un'accumulazione simbolica «di valori, credenze, pregiudizi»[48]. Se per Benjamin l'aura è un'emanazione, ciò che «traspare» nella copia digitale è una rigenerazione della «presenza» come *percepita* dall'osservatore. In breve, l'aura si condensa nello sguardo. Ma in questa rigenerazione, è all'opera qualcos'altro. Qualcosa di piú inquietante. E fantasmagorico.

Capitolo terzo
La mummia

> Piú ancora che tombe nascoste e criptici geroglifici, è la mummia che accese l'immaginazione occidentale. Pareva quasi incredibile che i corpi dei veri e propri abitanti dell'antico Egitto potessero essere sopravvissuti fino al presente per essere esposti allo sguardo. Qui, però, è il dilemma. Anche se le mummie potevano essere estratte dalle loro tombe ed esposte alla luce brillante dei musei rimanevano imperscrutabili, avvolte nelle loro fasce.
>
> CONSTANCE CLASSEN[1].

1. *Una straordinaria reliquia.*

Nel 2007, i visitatori del Museo Civico Archeologico di Bologna, entrando nel cortile del palazzo che lo ospita, si trovarono al cospetto di un edificio in miniatura che sulla parete frontale riproduceva un dagherrotipo con la facciata dell'Egyptian Hall. In questa imitazione di un casotto veneziano (o di un «mondo nuovo» di grandi dimensioni), si poteva osservare, in scala 1:3, una delle camere sepolcrali di Seti I, decorata in tutto il suo splendore a partire dai facsimili degli originali che Belzoni e Alessandro Ricci avevano realizzato durante gli scavi. La riproduzione della tomba, facsimile di un facsimile dunque, includeva anche una dozzina di *ushabti*, le statuette votive di Seti I: un piccolo campione, in questo caso autentico, delle circa 700 recuperate (o trafugate) da Belzoni, e parte della collezione egizia del museo[2]. Possiamo affermare che la ricostruzione della tomba di Seti congegnata da Belzoni ha un intento non dissimile dalla «rigenerazione» digitale di cui parla Lowe[3]. Anche se quest'ultima si presenta con una finalità principalmente scientifica e conservativa, possiede nondimeno caratteristiche spettacolari[4]. È dunque lecito congetturare che la visita al facsimile di Belzoni producesse un'esperienza immersiva simile a quella fornita dai modelli digitali interattivi della realtà virtuale: piú dettagliata e ricca la simulazione, piú realistici gli effetti e piú percepibile l'aura dell'originale. Eppure quest'ultima rimane, come abbiamo visto, un fenomeno squisitamente percettivo, come una radiazione invisibile proveniente da un'«inavvicinabile lontananza». La presenza che la realtà virtuale consente è il prodotto di un corto circuito tra l'*hic et nunc* di un remoto passato e il presente del tempo in cui si rigenera, come il riflesso di una stella lontana la cui luce giunge a noi con inestimabile ritardo. La tecnologia digitale promette di rendere il tempo reversibile: tramite una simulazione possiamo recuperare un artefatto irrimediabilmente perduto, o meglio il suo fantasma virtuale, la sua ombra, il suo simulacro. Possiamo addirittura rimodellare un'intera civiltà scomparsa a partire dalle sue rovine. Ma la Tomba di Belzoni è anche la versione piú riuscita della sua «fantasmagoria reale», lo spettacolo che lo aveva lanciato sulla scena londinese. Quintessenziale prodotto di uno sforzo erculeo (lo scavo e la riproduzione fedele della tomba di Seti I avevano preso piú di un anno in condizioni estreme), riporta alla luce e rianima i «corpi» e non solo le ombre. Ma come si è visto dai commenti dei visitatori dell'Egyptian Hall, anche la fantasmagoria reale genera una risposta ambigua: una voyeuristica curiosità per le strane reliquie, sospesa tra la fascinazione e il ribrezzo.

Il 1° maggio 1821, il giorno in cui aprirono le porte della Tomba all'Egyptian Hall [*Fig. 61*], Belzoni e il famoso medico Thomas Pettigrew si esibirono in una pubblica sfasciatura e autopsia di una delle mummie che Belzoni aveva portato con sé[5]. Belzoni stesso non era nuovo a questa pratica, cui prendeva parte anche sua moglie Sarah[6]. Essa rispecchia quello che Constance Classen ha chiamato «il richiamo dell'invisibile»: «Sia il voyeur che lo scienziato esigono che la mummia venga liberata dalle fasce per essere osservata nei minimi dettagli»[7]. La mummia mette effettivamente alla prova il voyeurismo sociale che attrae all'Egyptian Hall il pubblico piú variegato, come riporta Lady Blessington nella sua cronaca. Dissacrata reliquia di un culto antico, si offre ora come l'oggetto perturbante di una contemplazione che oscilla tra lo spirituale e l'estetico.

Vale la pena di ritornare al paragone tra il *reality show* offerto dalla fantasmagoria dell'Egyptian Hall e l'esperienza piú intellettuale proposta al visitatore dal British Museum. Prendiamo il piú volte citato busto del Memnone, il reperto piú colossale che Belzoni aveva trasportato a Londra per Henry Salt. In una guida del British Museum pubblicata nel 1826, Peter Patmore ne descrive l'aspetto come quello di una «differente» razza umana, forse una razza di «giganti». Come Shelley, anche Patmore si fa ispirare da questa reliquia di una civiltà scomparsa che, per via delle sue dimensioni e perché sembra una statua «decapitata», manca «di ogni diretto riferimento alla forma

61. Giovanni Belzoni (e/o Alessandro Ricci), *Porta interna o ingresso principale della tomba di Seti I*, acquerello su carta, 1817-20.

umana allo stato naturale». Cogliendo l'aura perturbante che emana dalla sua stranezza, la paragona alle forme che percepiamo «nei sogni febbrili che ci perseguitano in quell'affezione nervosa che chiamiamo incubo»[8]. In confronto alle armoniche forme dell'arte classica, le figure barbariche dell'arte egizia, pur esteticamente affascinanti, non sembrano «imitazioni di una qualsiasi realtà, ma ombre», vacue maschere di pietra, prive di vita: «Non sentiamo il minimo grado di simpatia umana per questo volto [di Memnone] perché non ha nulla di individuale; l'impressione che dà è umbratile [*shadowy*], come quella di una silhouette [*outline*]»: una descrizione che fa pensare alle «delineazioni» belzoniane di Le Brun, ma come private del loro classico pathos[9]. Si paragonino queste parole alla descrizione del giovane Memnone data da Belzoni:

> La singolarità di questa scultura è la sua dolcezza, la sua tenera espressione nella sua fisionomia che, nonostante sia di proporzioni colossali, provoca piacere e ammirazione, come se rappresentasse un Dio – e non credo che la dea della purezza potrebbe esprimere una delineazione migliore di questa[10].

Nulla di «ombroso», inquietante o disumano nell'aspetto androgino del Memnone, che ispira invece a Belzoni un sentimento di estetica spirituale e quasi incorporea «purezza». Il semianalfabeta «saltimbanco» coglie nella statua di Osimandia un'aura del tutto differente e, nelle vesti di ex Sansone patagonico, è in grado di empatizzare con una simile «sproporzionata» rappresentazione delle forme umane che, forse, gli ricorda la *Somatascopia* messa in scena nella sua antecedente carriera. Paragonata a questa statuaria reliquia, la mummia incarna un genere opposto di scorporata corporeità. La mummia è un tipo peculiare di corpo, l'equivalente corporeo del fantasma. Inseparabile dal suo involucro di fasce e dal suo sarcofago, solo scomponendola la si può «vedere»[11]. Corpo organico e inorganico insieme, la mummia incarna perfettamente il residuo inquietante della fantasmagoria reale di Belzoni: una fantasmagoria senza *visibili* fantasmi. Incarnazione della morte, inanimata reliquia, tuttavia minaccia di resuscitare. In breve, la mummia incarna l'incerto statuto della «rigenerazione». Thornton - Don Juan riporta cosí l'impressione che una delle mummie esposte esercita sul visitatore:

> Questa mummia è certamente la piú straordinaria reliquia. Si tratta del corpo di un giovane di circa diciassette o diciotto anni di età e benché sia stato imbalsamato per circa tremila anni, è ancora intero, la carne piuttosto raggrinzita che disfatta; i denti e le unghie perfetti come durante la sua vi-

ta, e anche molti capelli gli rimangono; l'addome reca i segni evidenti delle incisioni fatte per estrarre le budella, e la pelle è ricucita; a un esame ravvicinato sembra che il cervello sia stato estratto dalle narici. In breve, l'aspetto di questa mummia non è affatto offensivo come si potrebbe supporre[12].

Mentre Thornton - Don Juan e Upham vedono nella mummia l'affascinante risultato di una straordinaria (e misteriosa) tecnica di imbalsamazione degna di una civiltà superiore, i personaggi di Lady Blessington possono a malapena sostenerne la vista. L'ambivalenza dell'aura qui si rivela del tutto, manifesta i due lati della percezione fantasmagorica attivata dall'illusione di trovarsi non in un museo ma in uno spazio reale, nel luogo stesso della sepoltura e del culto. Nella semioscurità illuminata di questo rutilante avello aleggia una presenza di altro tipo. Anche se la mummia di Seti I non vi è esposta (verrà ritrovata e identificata piú tardi) i piú sensitivi tra i visitatori ne percepiscono nondimeno la presenza. È il caso del poeta Horace Smith, amico di Shelley e anche lui autore di un sonetto ispirato al busto di Osimandia (ma il premio era andato al piú famoso dei due). A Smith si devono questi versi dedicati alla mummia assente dall'Egyptian Hall:

Statua di carne, immortale tra i morti!
Imperituro tipo di evanescenza!
Uomo postumo – che abbandoni il tuo giaciglio angusto
E sorgi intatto alla nostra presenza!
Non come un esile fantasma
O una creatura senza corpo,
Ma in carne e ossa, con i tuoi arti e le tue sembianze![13].

2. *Un ricevimento con sarcofago.*

Il facsimile della tomba, questa messa in scena fedele di un'inavvicinabile ed esotica lontananza, capovolge il senso specifico della fantasmagoria. Lo show di Belzoni all'Egyptian Hall non è un'illusione ottica che mira a rendere visibile, con l'aiuto di un dispositivo come la lanterna magica, ciò che si nasconde nell'oscurità. La Tomba egizia è piuttosto un «mistero» esibito come reale: come in una *Wunderkammer*, un gabinetto delle meraviglie, reliquie originali e riproduzioni fedeli si mescolano indistintamente agli occhi dei visitatori. Il Don Juan di Thornton ci informa meticolosamente sulla tecnica con cui il facsimile è stato creato, citando un passo dal libro di Belzoni:

> Le figure [alle pareti] sono calchi in gesso di Parigi, impronte prese sul posto, e dipinte con la massima esattezza e fedeltà, da disegni realizzati contemporaneamente [...] un compito laborioso, che mi ha impegnato piú di dodici mesi[14].

Ma le «impronte» prese da Belzoni catturano e conservano anche l'aura, il *genius loci*, non diversamente dalle piú moderne tecnologie dell'immagine. L'aura è racchiusa in questi spazi, come diceva Lowe. Risulta chiaro quindi il senso dell'espressione «aura del facsimile» riferito all'esposizione di Belzoni: chi entra nella Tomba ha l'illusione di viaggiare nel tempo (e nel sottosuolo), ma è simultaneamente consapevole che si tratta di un'illusione e oscilla tra l'una e l'altra sensazione. Si tratta, a ben guardare, di un'altra esperienza del «sentimentale» romantico di cui il giovane Leopardi si lamenta perché prodotto di un «incivilimento» che uccide le illusioni degli antichi e le secolarizza razionalizzandole, ossia disincantandole. Ma la tecnica ci dà anche l'illusione di poter «rigenerare» il passato e questa illusione ottica ci aiuta forse a mantenerlo in vita.

Nella simulazione 3D realizzata per l'edizione digitale di questo libro, il modello interattivo della Tomba è un facsimile del facsimile, una simulazione di una simulazione. Dunque non è in grado di riprodurre l'effetto realistico dell'esposizione di Belzoni, ma mira a esplicitarne il carattere di esposizione, un simulacro che vive di vita propria, senza piú stretti legami con l'originale. Il nostro scopo nel realizzarlo era di estrarre l'aura del fascimile, la sua emanazione percettiva. E anche di sottolineare come le esperienze immersive che la realtà virtuale ci consente siano, per cosí dire, esperienze alla seconda potenza che registrano proprio la piena e rischiosa realizzazione del virtuale. Per illustrare tutto ciò, abbiamo inserito nel nostro modello un artefatto che non era presente all'Egyptian Hall. Il reperto di maggior valore, tra quelli portati con sé da Belzoni, è un sarcofago di alabastro su cui sono incisi i geroglifici del Libro delle Porte, riferimento alle dodici porte della notte, ovvero al passaggio da un'ora all'altra che accompagna ritualmente la mummia del defunto nell'aldilà. Nello spazio della Tomba, i visitatori ripercorrono l'itinerario, illustrato alle pareti della grande sala. Anch'essa realizzata da Factum Arte, la rigenerazione digitale del sarcofago è il capitolo piú recente di una vicenda iniziata due secoli orsono, quando la tomba di Seti fu aperta (e dissacrata) da Belzoni e dalle sue maestranze arabe.

Il magnifico sarcofago fu al centro di una controversia che tocca il ruolo di Belzoni come «saltimbanco a Londra e imprenditore in Egitto» e, di conseguenza, anche la sua reputazione come pioniere dell'archeologia. Avendolo ritrovato e trasportato, Belzoni ne rivendicò la proprietà, subito contestatagli dal console Salt, che sosteneva di avere assoldato Belzoni, a tutti gli effetti una maestranza come gli arabi di cui si era servito. Il sarcofago non rientrava però nella collezione Salt esposta nel 1823 al British Museum. Solo dopo la morte di Belzoni, ucciso dalla dissenteria nel tentativo di raggiungere la mitica Timbuctú (dove Don Juan, nel romanzo di Thornton, aveva regnato), la controversia trovò una soluzione, anche se diversa da quella che tanto Belzoni quanto Salt avrebbero desiderato[15]. Tra i due litiganti il terzo gode: il sarcofago finí infatti non nelle austere gallerie del British Museum accanto al colosso del Memnone, ma nella residenza di John Soane a Lincoln's Inn Fields, il museo privato della sua stravagante collezione. Si trova ancora lí, nella cripta, circondato da frammenti e reliquie classiche e «barbariche» [*Fig. 62*]. Come ha scritto Helen Dorey, «Soane si riferí sempre al suo piú agognato possesso come al

62. Il sarcofago di Seti I, illuminato durante la notte, nella cripta della casa-museo di John Soane.

“sarcofago di Belzoni” e considerò la sua collocazione come un santuario dedicato al suo scopritore», perfettamente in carattere con il resto degli ambienti della sua casa-museo «che si possono considerare una serie di santuari dedicati a coloro che il padrone di casa aveva ammirato nel tempo»[16]. Sul sito di casa Soane si può ammirare anche il modello in 3D, il facsimile fotogrammetrico realizzato da Factum Arte[17].

L’entusiasmo per le antichità egizie e il vivido ricordo dell’impressione che aveva esercitato sui londinesi lo show dell’Egyptian Hall echeggiano in una lettera del pittore Benjamin Robert Haydon che descrive uno dei «ricevimenti con sarcofago» tenuti a casa di Soane nel marzo 1825. Questi ricevimenti, intesi a esibire alla luce delle lanterne il pezzo forte della collezione, attraevano sia membri dell’aristocrazia e della famiglia reale sia esponenti della scena artistica londinese, come Coleridge e Turner, menzionati nella lettera[18]. Era presente anche la vedova di Belzoni, Sarah Bane, forse in «costume mamelucco», un caffettano azzurro e un turbante bianco che sfoggiava spesso nelle occasioni pubbliche[19]. La serata era in suo onore, per aiutarla a pubblicizzare il remake dell’esposizione dell’Egyptian Hall previsto qualche mese dopo a Leicester Square, consentendo alla vedova in ambasce e in difficoltà economica dopo la morte improvvisa del marito di trarne qualche provento. La migliore società della Londra Regency accorse nelle stanze di casa Soane, accalcandosi tra statue e frontoni di templi, vasi e vetrinette piene di reperti e frammenti archeologici, in un’atmosfera elettrizzante che la lettera di Haydon descrive ironicamente cosí:

> Era la cosa piú divertente vedere la piccola folla fare ingresso nella biblioteca, dopo aver vagato ai piani inferiori, tra pietre tombali e capitelli, obelischi e teste senza naso, con un’espressione di sollievo al ritrovarsi finalmente tra i vivi con il caffè e i pasticcini che li attendevano: delicate signore alla moda che infilavano le loro belle capigliature in una vecchia bara ammuffita, coperta di geroglifici, benedicendo le loro stelle alla sua età [*sic*] e chiedendosi chi mai avesse contenuto[20].

Lady Blessington e, forse, anche Thornton - Don Juan si sarebbero trovati nel loro ambiente, in mezzo a questa folla. Dopotutto, come Thornton racconta nel suo romanzo, una volta il libertino era disceso nella «fossa delle mummie», durante i suoi viaggi in Egitto, evidentemente ricalcati sui percorsi e sulle avventure di Belzoni, e vi aveva trovato «un grande sarcofago di puro alabastro scolpito dentro e fuori con le figure piú delicate»[21]. Nella sua descrizione del sarcofago di Don Juan, Thornton menziona la luce vellutata proveniente dall'interno che «simile a un magico effetto illuminava l'intera sala», una parafrasi della descrizione che Belzoni stesso dà della sua scoperta nel racconto delle sue imprese:

> Ma la descrizione di ciò che trovammo al centro del salone merita la piú particolare attenzione, non essendoci pari al mondo, tale che non avevamo idea potesse esistere. Un sarcofago del piú fine alabastro orientale, due metri e mezzo circa di lunghezza e un metro e venti di larghezza, solo due pollici di spessore che diventava trasparente quando una luce fosse collocata al suo interno[22].

Riportata dal protagonista dell'*Ombra di Allabastro*, come abbiamo visto una delle premonitrici esibizioni di Belzoni saltimbanco, la stessa magica impressione colpisce gli ospiti di Soane, grazie all'effetto rosso-ambra ottenuto «collocando dentro il sarcofago vicino alla pietra una fonte di luce [...] delle candele piuttosto che delle lampade a olio», che avrebbero potuto affumicare il delicato alabastro[23]. E anche se non c'è, è lecito supporre che un'altra figura aleggi virtualmente sulla scena: la mummia di Seti I, che viene simbolicamente evocata, nel riverbero spettrale della sua ultima dimora, completando cosí, con la sua assenza, l'aura che emana dal «sarcofago di Belzoni».

3. *La fossa delle mummie.*

Come abbiamo detto piú volte, l'effetto fantasmagorico prodotto dal facsimile della tomba di Seti è legato al tempo piú che allo spazio. Chi visitava l'esibizione dell'Egyptian Hall viaggiava virtualmente nel piú remoto ed esotico passato. Ma questa dimensione temporale ha un'altra, precisa componente: il facsimile incapsula l'istante e l'emozione della scoperta di cui Belzoni è protagonista. Come scrive Thornton: «Il giorno in cui la tomba fu aperta, i colori apparvero freschi e vividi come sono qui riprodotti»[24]. In altre parole, con il suo facsimile Belzoni metteva in grado i visitatori di rivivere l'emozione che aveva provato nell'atto di scoprire intatta questa meraviglia. Ce lo confermano svariate fonti, inclusa l'autobiografia di Benjamin Haydon:

> [Belzoni] sembra un uomo di grande semplicità; comunica tutti i suoi dolori e piaceri e le sue mortificazioni, speranze, paure e aspettative, con la trasparenza di un bambino [...] Può solo condividere il suo diletto nel

gettarsi in una tomba, venti piedi sotto la superficie di una terra arida e scoprire i ricchi colori che nasconde, le pitture ornamentali, fresche come appena dipinte, e invisibili all'occhio umano per forse tremila anni![25].

Lo ribadisce la seguente descrizione in un articolo pubblicato qualche anno dopo: «Possiamo ben concepire la profonda emozione che [Belzoni] deve aver provato, non solo per la loro antichità, ma per il carattere storico, religioso e sepolcrale [*sic*] di questi oggetti». Queste emozioni, continua l'articolo, «devono essere di un'immensa e poetica natura, accesa com'è l'immaginazione, in tali occasioni, dalla stranezza e immobilità della scena, e dalla solo in parte riconoscibile e in gran parte misteriosa natura dei reperti»[26]. È questa istantanea del primo sguardo, carica di emozione e significato, che il facsimile fissa per restituirlo ai suoi distratti o assorti visitatori nella meticolosa ricostruzione dell'Egyptian Hall. Ma un'altra, piú nascosta sensazione è registrata da Belzoni nel racconto della scoperta, una pagina della sua autobiografia in cui descrive la discesa nella fossa delle mummie:

> Dopo aver attraversato uno di questi cunicoli, alcuni lunghi due o trecento metri, ci si trova in un luogo piú spazioso, dal soffitto sufficientemente alto per starci seduti. Ma che razza di posto per riposarsi! circondati da corpi, mucchi di mummie dappertutto che, prima che mi abituassi alla loro vista, mi riempivano di orrore[27].

Notando che Belzoni «non ricorre quasi mai al linguaggio del gotico contemporaneo», Roger Luckhurst osserva come in queste pagine egli persino ironizzi sul soggetto, informando i suoi lettori che «i resti mummificati [...] non hanno odore ma la polvere di mummia è piuttosto disgustosa da inghiottire», confermando cosí, con il suo tono scherzoso, che per lui «le mummie non avevano grande importanza»[28]. Ma la questione non è tanto il tono scanzonato di Belzoni, adottato forse perché si addice al proprio personaggio dell'intraprendente e imperterrito esploratore: quello che conta è ciò che la sua sprezzatura o repressione dell'orrifico finisce per rivelare. Illuminate dalle torce, le strane o persino mostruose figure zoomorfe dipinte sulle pareti dell'avello si animano, attraverso lo sguardo di chi narra, davanti agli occhi del lettore e prende forma uno spettacolo che non può che rammentare i fantasmi evocati da Robertson nella Salle de Fantasmagorie[29]. Ma come nella *Somatoscopia*, anche qui, nella fossa delle mummie, corpi viventi e presenze spettrali si scambiano di posto:

Il nero della parete, la fievole luce delle candele e delle torce che bruciano lentamente nella poca aria, gli oggetti diversi che mi circondano, parendo conversare tra di loro, e gli arabi con le candele e le torce in mano, nudi e coperti di polvere, rassomiglianti essi stessi a mummie viventi, formavano una scena che non si può descrivere[30].

In questa macabra *Somatascopia*, le mummie viventi rivelano la loro vera identità: sono le ombre delle maestranze arabe assoldate da Belzoni per portare a termine le sue fatiche. Proiettate sulle pareti della Tomba, le loro silhouette sono i perturbanti fantasmi del colonialismo che popolano la fossa e si aggirano invisibili anche all'Egyptian Hall, nascosti dietro i perfetti facsimili che riproducono, in tutti i loro splendidi e freschissimi colori, le camere sepolcrali del faraone Seti I. Finalmente privata delle bende, la mummia rivela il suo vero volto. La scoperta di Belzoni è anche una dissacrazione e ciò che viene alla luce nel momento in cui le porte della tomba si riaprono per rivelare le sue fantasmagoriche bellezze è anche alla radice della sua proverbiale maledizione, il maleficio che perseguiterà l'immaginazione coloniale per almeno due secoli: la «scoperta» di cui Belzoni trasmette l'emozione è in realtà un furto, un saccheggio. L'orrore della mummia è il residuo fantasmatico che l'aura del facsimile non riesce del tutto a sublimare[31].

4. *Mamma, perché ci è entrato?*

Agli occhi dei contemporanei, Belzoni incarna lo «spirito di intraprendenza» e l'erculea fatica necessari per raccogliere e mettere in mostra i frutti delle scoperte archeologiche che alimentano l'orientalismo ottocentesco. Come spiega il Don Juan di Thornton:

> Da pochi anni in qua [...] si è manifestato un invincibile zelo di esplorare i misteriosi resti dell'antichità e ogni nazione d'Europa ha prodotto sapienti, scienziati e imprenditori la cui perseveranza ha sormontato ogni difficoltà ottenendo piú di quanto gli spiriti piú sanguigni potevano aspettarsi, nella scoperta e delineazione di numerose catacombe[32].

L'ex Sansone patagonico sembrava

> destinato per natura a questo tipo di imprese perché in aggiunta allo zelo piú ardente e al coraggio piú indomabile, possedeva i piú prodigiosi poteri personali, superando la straordinaria altezza di sei piedi e sette pollici [2,04 metri] con una corporatura ed energia muscolare proporzionate[33].

Il fascino da «supereroe» esercitato dal «grande Belzoni» su adulti e bambini è perfettamente espresso in un bestseller per ragazzi pubblicato nel 1821 e scritto da una nota autrice americana, Sarah Atkins: *Fruits of Enterprise Exhibited in the Travels of Belzoni in Egypt and Nubia, Interspersed With the Observations of a Mother to Her Children*. Come il Don Juan di Thornton e il Reverendo Upham, anche Atkins elogia il valore pedagogico dell'esposizione dell'Egyptian Hall[34]. Il libro si apre descrivendo un gruppetto di bambini; uno è intento a «ombreggiare» una piramide su una grande mappa dell'Egitto, come nel panorama descritto in precedenza. Segue una sorta di virtuale viaggio educativo a beneficio di due ragazzi, Bernard e Owen, e di due ragazze, Emily e Laura. La loro madre fa da guida, sulle orme di Belzoni, il grande esploratore, e il viaggio include una visita all'esposizione londinese[35]. La fama del grande spettacolo, «la celebrata tomba egizia di cui si sente tanto parlare», ha attraversato l'oceano. «Oh mamma – esclama Emily con eccitazione – dimmi per favore il nome di questo gentiluomo: perché ci è andato? era appassionato di antichità? come ha fatto a entrare nelle piramidi? e cosa vi ha trovato?» La questione cruciale è dunque «perché ci è andato?», «perché ci è entrato?» Nella sua risposta, la mamma di Emily conferma l'ottica della scoperta:

> Darvi un resoconto accurato di tutto quello che il signor Belzoni ha *visto* in questa tomba porterebbe via troppo tempo; bisogna visitare il *facsimile* [...] a Londra, e allora la vostra curiosità verrà gratificata dal *vedere* le rappresentazioni dei disegni, dipinti, geroglifici, emblemi e ornamenti che contiene[36].

La curiosità è la madre della conoscenza ed è chiaro che lo scopo del facsimile di Belzoni era la conoscenza, «di intrinseco valore [...] dal momento che eleva la mente e ci qualifica per i piú alti gradi di felicità, sia nella vita presente che in quella futura». Questa conoscenza è depositata nei tanti papiri che Belzoni ha scoperto – in verità «trafugato» dalle catacombe, come la signora A. ammette – che insieme a tutti gli altri oggetti esibiti all'Egyptian Hall sveleranno finalmente i segreti dell'antico Egitto[37]. Ecco in cosa consiste la rivelazione della Tomba, pochi anni prima dell'effettiva decrittazione dei geroglifici[38].

Ma la curiosità dei fanciulli non può essere facilmente soddisfatta. Il racconto piú eccitante della signora A. concerne lo straordinario coraggio di cui ha dato prova Belzoni quando è sceso nella fossa del-

Belzoni's Travels
11
Page 104
12
Page 112

le mummie [*Fig. 63*]. Abile guida nel viaggio avventuroso, la signora A. cita quasi alla lettera il racconto fatto da Belzoni, di cui abbiamo visto e commentato la conclusione, introducendolo con queste parole:

> Un viaggiatore [che entri in queste catacombe] generalmente si accontenta di vedere una grande camera, la galleria, la scalinata, e procedere fino a dove può. La sua attenzione è rapita dai dipinti sulle pareti cosicché, quando giunge a uno stretto e difficile passaggio o deve scendere al fondo di un pozzo o di una cavità, rinuncia a questo sforzo, supponendo che in questi abissi non si possa vedere nulla di cosí magnifico come è possibile vedere sopra, e giudica cosí inutile proseguire[39].

Non Belzoni, che imperturbabile si getta senza esitazione nel luogo che ispira orrore istintivo. Nella descrizione della signora A., che echeggia gli ambivalenti sentimenti registrati da Lady Blessing-

63a-b-c. *Discesa nella fossa delle mummie*, incisioni da Atkins Wilson 1824, pp. 43, 104 e 142.

ton nel suo bozzetto dell'Egyptian Hall, l'aura del facsimile si conferma una sublimazione dell'orrore in nome della conoscenza, della volontà di vedere fino in fondo. Ma anche nelle pagine di questo trattatello che distilla la lezione del facsimile per il divertimento e l'edificazione dei ragazzi rimane un residuo, un sapore polveroso, in bocca. Emily, la piú sensibile dei fratellini e sorelline, a un certo punto sbotta e dice che preferirebbe perdersi nelle «fumose caverne» dei groenlandesi, per quanto «sgradevole» sia il loro aspetto e selvagge le loro maniere, piuttosto che entrare «nelle lugubri grotte di Gournou». Almeno i groenlandesi «non sono infidi come gli arabi che assistevano Belzoni quando scoprí la sua melanconica fossa delle mummie»[40].

5. *Un'infestazione ottica.*

Nella sua traiettoria, a partire dalla Rivoluzione francese, la fantasmagoria accompagna il disincantamento della modernità e riflette, nelle sue ambivalenti intenzioni, «il contrappunto di ragione ed entusiasmo descritto da Locke» nel suo *Saggio sull'intelletto umano*[41]. Come suggerisce ironicamente Leopardi in una delle *Operette morali* scritta pochi anni dopo l'esposizione di Belzoni, è difficile liberarsi dalle mummie (o da altre spettrali presenze) una volta che le si è lasciate entrare dal buco della serratura, o dall'iride[42]. Una volta avvenuta l'infestazione, ogni esorcismo diventa inane. Con la sua fantasmagoria reale, Belzoni occupa un posto curioso e controcorrente nella vicenda di quella che Marina Warner ha definito «modernità infestata», fomentata dal paradosso

> che la modernità non ha messo per nulla fine alla ricerca dello spirituale e al desiderio di spiegare il suo mistero [...] Cosí, dopo il telescopio e il microscopio, altre ardite tecnologie si sono sforzate di comunicare il funzionamento interno della mente, al di là dell'immagine retinica e dell'osservazione del mondo: la lanterna magica e la *camera obscura* sono lo specchio di una mente melanconica[43].

Possiamo chiederci (come abbiamo fatto nel caso dei Pulcinella di Tiepolo) cosa si metta veramente in moto con l'apertura della tomba di Seti I e la sua riproduzione in facsimile, da noi simbolicamente eretta a primo atto di un processo di realizzazione del virtuale che culmina ai giorni nostri. Sono i primi passi del lungo viaggio della mummia nella cultura visiva occidentale. Tema ricorrente della sua resurrezione: una scena che non si deve descrivere, un'insopprimibile volontà di vedere che non può essere soddisfatta, l'eterno ritorno del represso ottico. La mummia si cela e si offre allo sguardo «perché il distratto la scruti e il serio vi mediti sopra», come scrive Charlotte Elizabeth nella sua descrizione di una visita al museo, nel 1833[44]. Nel facsimile dell'Egyptian Hall, il mistero dei riti egizi, disvelato in tutto il suo splendore, diventa spettacolo (come tutto quello che tocca la «civiltà» occidentale), assume una «forma fantasmagorica», merce della mente oltre che del mercato. Come salvare l'aura di una lontananza inavvicinabile da questo processo inesorabile? La «maledizione» del facsimile, o del virtuale, sta proprio qui: in un'illusione che è tanto piú potente e ingannevole quanto piú si avvicina e aderisce all'oggetto che riproduce, che ha la pretesa di rigenerare. Il fascino dei costumi funerari degli antichi Egizi consiste nell'illusione di un'immortalità corporea: l'imbalsamazione è la tecnica che risolve i dubbi cristiani sulla resurrezione della carne. Ma la vendetta della mummia tradisce un senso di colpa. Come il ritratto di Dorian Gray, il facsimile fissa l'illusione di un tempo che non c'è piú. Ciò che resta è l'equivalente di un *deepfake*.

Non ci resta che concludere con il ritratto di un personaggio che è rimasto indebitamente nell'ombra durante la nostra indagine: Sarah Bane, Madame Belzoni. Ce lo consegna Lady Morgan, che le fa visita nella sua modesta abitazione di Bruxelles, una decina d'anni dopo la scomparsa del marito:

> La sconsolata compagna del piú eroico dei viaggiatori moderni era ancora in gramaglie ormai lise, intenta a leggere da una Bibbia di fine rilegatura. Eretto accanto a lei c'era un grande sarcofago coperto di geroglifici, aperto, contenente forse la piú perfetta mummia che sia mai esistita. Le pareti e i pavimenti della sua stanzetta erano coperti di frammenti, disegni, e reperti di antichità egizie. Sul tavolo c'erano varie reliquie, considerate sacre in Terra santa, che un tempo sarebbero state acquistate [per ornare il diadema di] santi di stirpe regale o da pellegrini imperiali ma che ora acquisivano il loro valore agli occhi della loro triste padrona come memoriali di quella mente intraprendente le cui ricerche si estesero nel grembo del tempo e salvarono dall'oblio le prove di molti dei grandi e successivi eventi che segnarono il suo passaggio all'eternità[45].

Una descrizione enigmatica che ci suggerisce questa conclusione: forse si tratta del miglior modo per definire l'eredità di Belzoni, le reliquie della sua collezione, inclusi i facsimili che incapsulano nel

64. M. Fabroni, *Ritratto di Giovanni Battista Belzoni*, litografia, 1824.

grembo del tempo, salvandola dall'oblio, la memoria vivente del loro «scopritore», curiosi oggetti di un culto decaduto capaci un tempo di suscitare le piú profonde meditazioni e le piú dissacranti forme di voyeurismo. Nulla di perturbante, in questa immagine di Madame Belzoni che legge la Bibbia in compagnia di una mummia. Non va dimenticato che alla sua devozione al culto del marito, il Sansone patagonico, l'Ercole in gonnellino, il Gran sultano di tutti i prestigiatori, dobbiamo la memoria e la rigenerazione della fantasmagoria reale dell'Egyptian Hall [*Fig. 64*].

Parte quinta

La storia a colpo d'occhio
Il panorama Garibaldi
Nottingham e Derby - Sicilia e Napoli, 1860-63

Capitolo primo
Arte su scala epica

> Nessun dispositivo generato dall'arte del disegno si è tanto avvicinato all'effetto di collocare la scena stessa alla presenza dello spettatore. Non si tratta di magia; ma la magia non può realmente illudere l'occhio, o indurre a credere nell'esistenza dell'oggetto percepito.
>
> «THE CRITICAL REVIEW»[1].

> ... un oggetto cosí curioso e dalle dimensioni cosí inconsuete che avrebbe fatto invidia a Cecil B. DeMille.
>
> LAWRENCE BIEMILLER[2].

1. *Magnifici cartoni semoventi.*

Un lettore cui fosse capitato di sfogliare il «Derby Mercury» del 19 dicembre 1860 e di soffermarsi sulla rubrica *Nota della settimana*, avrebbe avuto la netta sensazione di vivere in un mondo interconnesso. Trasmesse fulmineamente intorno al globo sui fili del telegrafo e riportate dal giornale locale, le notizie di una spedizione militare britannica in Cina giungono tempestive nella cittadina del Midland, cuore pulsante della rivoluzione industriale: «Le vicende di questa sorprendente campagna si susseguono rapide e intense come le sequenze di un dramma, – commenta l'anonimo autore della *Nota*. – Restiamo in ansiosa attesa di ulteriori dispacci»[3]. Una descrizione che si addice perfettamente a un dispositivo tipico della nascente società dell'informazione ottocentesca: il panorama mobile, esempio di quello che in inglese si chiama oggi *infotainment*, ossia un ibrido di informazione e spettacolo.

Il lettore del «Derby Mercury» avrebbe potuto del resto notare, un paio di colonne a destra, nella stessa pagina, un altro genere di notizia-lampo: i «magnifici cartoni semoventi» del signor Bianco porteranno a Derby l'eroe italiano Giuseppe Garibaldi. Pubblicizzato come un appuntamento (di due ore) con il Generale in persona, questo «grande spettacolo natalizio» prometteva per una modica cifra – qualche penny, o uno scellino per chi volesse sedersi in prima fila – «avventure di mare e di terra, battaglie, assedi, vittorie e sconfitte, crudeli torture e tutte le atroci sofferenze dell'eroico e invincibile

Garibaldi»; insomma, un intero repertorio degno delle pantomime e dei feuilleton e, di lí a qualche decennio, dei colossal cinematografici.

L’informazione si converte in spettacolo in tutta la gamma dei media moderni, ma il panorama mobile è quello che meglio illustra il realismo virtuale che abbiamo indicato come la cifra sia tecnica sia estetica della cultura popolare del XIX secolo. A rendere ancora piú sensazionale questo spettacolo è che il suo protagonista, anche se già leggendario, non è un prodotto dell’immaginazione romanzesca. I cartoni semoventi del signor Bianco non riproducono soltanto gli avvenimenti, già passati alla storia, che dieci anni prima avevano colpito il pubblico britannico, ma anche gli eventi che i cittadini di Derby, nei mesi e nelle settimane precedenti, hanno potuto seguire giorno per giorno sulla stampa illustrata, con un’anticipazione forse ancora maggiore di quella dei bollettini provenienti dalla lontana Cina.

«La Difesa di Roma e la Morte di Annita [*sic*] valgono da sole una visita!» strilla l’annuncio, riferendosi all’eroica difesa e alla tragica caduta della Repubblica Romana, che nel 1849 aveva lanciato Garibaldi sulla scena europea. I variopinti *tableaux* del signor Bianco ricollegano le immagini di quella tragica vicenda d’amore e di guerra

65. John J. Story, panorama Garibaldi, scena 49: «Ingresso trionfale di Vittorio Emanuele e Garibaldi a Napoli», tempera su tela, 1860.

alle notizie che stavano giungendo in quel momento dal Sud Italia: le avventure del Generale e delle sue camicie rosse nella trionfale spedizione dei Mille. L'ultimo «cartone» del «grande spettacolo natalizio» messo in scena a Derby negli ultimi giorni di quel fatidico 1860 mostra infatti l'entrata trionfale di Garibaldi a Napoli, avvenuta solo sei settimane prima, in compagnia del re di Sardegna, Vittorio Emanuele II, che di lí a poco sarebbe stato incoronato primo re dell'Italia unita [*Fig. 65*].

Dopo il debutto a Derby – e una serie di repliche nel gennaio e febbraio del 1861 a Nottingham, città non lontana dove, come vedremo, il «panorama mobile della vita e delle imprese di Garibaldi» era stato prodotto –, sparí dalla circolazione, per riemergere dall'altro lato dell'oceano solo mezzo secolo dopo. Fatte perdere ancora le sue tracce, sarebbe ricomparso infine nel 2005, acquistato dalla biblioteca della Brown University presso un collezionista newyorkese che vantava legami di parentela con la famiglia di colui che l'aveva trasportato nel Nuovo Mondo. Si tratta di un artefatto pressoché unico nel suo genere: una tela arrotolata alta circa un metro e mezzo e lunga circa ottanta metri, dipinta a tempera su entrambi i lati. Debitamente restaurato, il fragile dipinto è stato mostrato al pubblico nel 2007, in occasione del secondo centenario della nascita di Garibaldi, grazie alla tecnologia digitale [*Fig. 66*]. Un'applicazione per schermi aptici di grandi e piccole dimensioni (Surface, iPad ecc.), concepita e prodotta da un gruppo di ricerca interdisciplinare composto da informatici e umanisti, tra i quali chi scrive, ha consentito di presentarlo in una serie di installazioni che hanno portato virtualmente il panorama Garibaldi in giro per il mondo: dalla British Library di Londra alla Sala del Risorgimento del Palazzo Pubblico di Siena, alla Biblioteca Sala Borsa di Bologna, per il centocinquantesimo anniversario dell'Unità d'Italia, e persino a Rio De Janeiro, in occasione del congresso mondiale della Società internazionale dei musei, nel 2013[4]. Il facsimile digitale è ora accessibile su un sito che ne consente una visione interattiva, parte di un archivio di risorse multimediali che comprende mappe, ritratti, brani musicali e documenti storici del Risorgimento tratti dalle collezioni della Brown University[5].

Il panorama Garibaldi è notevole per molte ragioni, certo non solo per le sue misure. È l'unico esemplare sopravvissuto di un genere di cui, all'epoca in cui fu prodotto, circolavano varie versioni dedicate al pittoresco Generale e guerrigliero, in quel momento all'apice della fama. Non solo, esso condensa in sé un aspetto cruciale della visione panoramica tipica del XIX secolo: un dispositivo che combina una varietà di media, dalla pittura al teatro alla stampa illustrata[6]. Prefigurazione dei cinegiornali dell'era cinematografica, il panorama mobile trasforma gli eventi contemporanei in un'avvincente narrazione visiva, contribuendo a plasmare un nuovo tipo di consapevolezza storica in un'era segnata da grandi trasformazioni: la nascita di «nuove» nazioni nel cuore dell'Europa e l'espansione degli imperi coloniali dall'altro lato del globo[7].

Il panorama mobile si accosta al panorama circolare, i cui esemplari raggiungevano spesso i trenta metri di altezza e venivano esposti in edifici costruiti specificamente per esibirli: ad esempio la Rotonda di Robert Barker a Leicester Square, nel cuore del distretto teatrale di Londra. Ma è il collegamento tra lo spettacolo del panorama mobile e la crescente rapidità dei circuiti dell'informazione a costituire il nesso per noi piú importante. Questo corto circuito produce un effetto sia ottico che temporale, rivelando un paradosso della globalizzazione ottocentesca. Anche se non è «simultaneo» come la

66. Durante la scansione del panorama Garibaldi nel 2007 a Providence, Annmary Brown Memorial.

ripresa televisiva in diretta, né crudelmente immediato come un video catturato da un dispositivo mobile e distribuito in rete, l'effetto panoramico ha il potere di allargare gli orizzonti rendendo il mondo piú piccolo; un effetto modellizzante e miniaturizzante di cui abbiamo già visto all'opera altre versioni, in un altro dispositivo del viaggio virtuale, il «mondo nuovo». Scopriremo che la mobilità del panorama, rispetto alle sue monumentali versioni fisse, è incentrata sugli eventi, o meglio l'evenemenzialità, ciò che fa di un avvenimento un avvenimento (storico).

Telegrafo e panorama contraggono ciò che accade nello spazio e nel tempo, rendendo eventi lontani drammaticamente rilevanti e avvincenti. Il panorama mobile rende questa sensazione ancora piú vertiginosa. Chi, come il lettore del «Derby Mercury», seguiva le notizie giorno per giorno, poteva avere la sensazione di vedere gli eventi svolgersi davanti ai suoi occhi, come un racconto. È l'inizio, a passo ancora lento, della contemporaneità. E quel che conta forse ancora di piú, da quest'accelerazione dell'accadere emergono «grandi» personaggi che ne diventano protagonisti, veri e propri «autori» della storia che incarnano lo «spirito del tempo», catturando l'immaginazione popolare. Con il panorama mobile nasce non solo una visione in movimento, ma una visione (o una simulazione) della storia colta nell'atto stesso in cui si svolge.

2. *Visione totale e visione in movimento.*

Come scriverà Walter Benjamin nel 1935, la veduta panoramica del XIX secolo riflette non solo una trasformazione profonda nella relazione tra arte e tecnica ma anche «un nuovo sentimento della vita», a cominciare da un mutamento profondo nella reciproca percezione della città e della campagna[8]. A questo interscambio tra storia e natura, il panorama mobile aggiunge una dimensione temporale: la percezione e rappresentazione della Natura che ci circonda con i suoi scenari (lo «scenario della Natura che ci circonda, – come scrive William Wordsworth nel *Preludio*, – un intero orizzonte tracciato da tutti i lati da una matita insaziabile»)[9] si anima ulteriormente.

Prima ancora di diventare termine estetico, sinonimo di una natura «addomesticata» ad arte, «panorama» è un termine tecnico, un neologismo della fine del XVIII secolo la cui etimologia è composta da due parole greche, *pan* («tutto») e *orama* («visione»)[10]. L'idea di una veduta totale è dunque incorporata nella parola. L'artista che per primo brevettò questa macchina prospettica, Robert Barker, usò tuttavia un termine diverso per descriverla, un'espressione ormai desueta tratta dal francese: *la nature à coup d'œil*, «la natura a colpo d'occhio»[11]. Questa visione «a colpo d'occhio» va collegata all'evolvere dell'osservazione della natura tra la seconda metà del XVIII e la prima metà del XIX secolo[12]. Il termine pseudogreco «panorama» ebbe poi il sopravvento, oscurando l'altro significato. «Catturare la Natura con uno sguardo», scrive Alexander von Humboldt nel suo saggio *Il cosmo*[13], una frase che riassume in sé la duplice strategia dell'osservazione scientifica: nel tentativo di descrivere e circoscrivere sistematicamente il mondo fisico, come in un cosmorama, lo sguardo dello scienziato è costantemente in moto, attraversa e riattraversa il visibile in tutti i sensi, in lungo e in largo, alternando una visione telescopica a una microscopica.

La Natura cui si riferisce Barker è la città. I suoi primi panorami erano infatti *cityscapes*, vedute di città come Edimburgo o Londra, dipinte da un punto di osservazione in grado di abbracciare, nella sua totalità, uno spazio frammentato, un'irregolare geometria di tetti e scorci. «L'interesse del panorama consiste nel vedere la città vera – la città in casa», scrive Benjamin in un altro (alquanto enigmatico) frammento dei *Passages*. Nel panorama (l'edificio che lo ospita, si presume) la «città vera» è paradossalmente rinchiusa in una casa «senza finestre», scrive sempre Benjamin[14]. Di questa città vera era possibile cogliere un riflesso nel casotto dei Selva, una camera oscura dalle finestre virtuali (quindi finte, o «cieche»). Per Benjamin, la tensione che informa lo sguardo panoramico riflette il punto di vista di una classe sociale emergente, la borghesia, che si forma in simbiotica relazione con lo spazio urbano che abita. In sintesi, la visione totale, panottica, che i grandi panorami fissi proiettano, rifletterebbe l'aspirazione della borghesia ad abbracciare e dominare il proprio spazio, la città come «seconda natura», da una prospettiva che però la distanzia e ne consente il controllo. La visione in movimento del panorama mobile riflette invece una prospettiva ancora piú interna, a livello di strada: una visione dinamica dell'habitat da cui la borghesia proviene per elevarsi e districarsene. A livello di strada, lo sguardo non si distende o abbraccia, ma si frantuma in una serie di colpi d'occhio.

Questi due punti di vista possono coesistere, ma non essere simultanei. Vista dall'alto, o da lontano, la città può diventare cartolina, mappa, persino paesaggio, aderendo cosí a un ordine mentale ed estetico. Vista dal basso, dall'interno, la città è invece una giungla in cui si muovono figure ibride, anomiche, il *flâneur* di Benjamin-Baudelaire, il paesano di Parigi di Aragon. Il colpo d'occhio è anche quello che coglie i segni e gli indizi delle cose, tutte le associazioni e le corrispondenze disseminate nello spazio cittadino, attraversato da un osservatore in febbrile movimento. Nello sguardo panoramico questi due punti di vista si fondono, e chi osserva diventa una sorta di «detective ottico», ben rappresentato dalle maschere di Giandomenico, con le loro lenti di ingrandimento, o dal gentiluomo con il monocolo, lontano antenato dell'uomo con la macchina da presa.

Considerate insieme, la visione totale e la visione in movimento rimandano a uno spettacolo in cui spazio e tempo, geografia e storia collassano gli uni sugli altri[15]. Pur se indicate dallo stesso termine, queste due tipologie di un unico medium hanno caratteristiche molto diverse. Anche il panorama mobile trasforma una realistica rappresentazione pittorica in una sorta di illusione ottica che consente una virtuale immersione, come ha dimostrato lo studioso finlandese Erkki Huhtamo, cui si deve lo studio piú autorevole su questa varietà di panorama[16]. I grandi panorami fissi, però, erano un prodotto tecnologicamente sofisticato che richiedeva apposite strutture architettoniche, costruite da maestranze specializzate. Possono dunque essere considerati vere e proprie macchine ottiche, mentre i panorami mobili erano una variante teatrale, trasferita in un interno, di altri tipi di attrazione da strada, come il «mondo nuovo» o simili spettacoli ambulanti, quali i teleri dei cantastorie, tipicamente esibiti in fiere e mercati (anche il panorama Garibaldi verrà esibito nel Corn Exchange, o Fondaco del mais, di Nottingham). Prese insieme, le due tipologie del panorama indicano la natura ibrida della visione panoramica: una veduta totale e a colpo d'occhio, che «colloca la scena in presenza dello spettatore» e immerge lo spettatore nella scena. Presenza e immersione sono le due caratteristiche che il panorama fisso e quello mobile articolano diversamente, sia in una dimensione spaziale che temporale.

Le due varianti si basano dunque su effetti prospettici divergenti: mentre la scena rappresentata nel panorama fisso circonda lo spettatore, che vi si immerge e può indagarla nella sua interezza, da angolature diverse e muovendosi liberamente su una piattaforma, i riquadri, i *tableaux*, del panorama mobile scorrono di fronte allo spettatore seduto grazie a un meccanismo manovrato da due operatori che srotolano le immagini in sequenza. Rimanendo immobile (o agitandosi sulla sedia se trasportato dalla visione), lo spettatore si immerge in ciascuna scena guidato da un narratore che ne illustra i dettagli, spesso con accompagnamento musicale. Viene spontaneo considerare il panorama mobile un antecedente del cinema per l'effetto di sostenuta illusione, di «partecipazione» al racconto, l'impressione di muoversi con le immagini, come in una carrellata laterale o una panoramica continua. Uno degli esempi piú noti di panorama mobile, il panorama di Banvard, trasportava virtualmente gli spettatori in battello sul fiume Mississippi e veniva pubblicizzato come una tela lunga ben cinque miglia[17] [*Fig.* 67]. Con la non trascurabile differenza che l'illusione del movimento non è un effetto ottico prodotto dalla tecnologia fotografica, ma una suggestione psicologica: le immagini sono fisse eppur si muovono, perché è lo sguardo che si muove con loro.

Tra il panorama mobile e il cinema c'è di mezzo una drastica accelerazione percettiva, ma la percezione è già messa in moto dal panorama, nonostante i suoi tempi rallentati. L'effetto *tableau* è per contro ancora presente nel cinema muto, con i suoi intertitoli o didascalie tra una scena e l'altra. Se il panorama fisso adombra il cinema 3D, sfocando i margini dello schermo e producendo l'illusione di uno spazio sferico e avvolgente, i panorami mobili infrangono la cornice in senso orizzontale, da sinistra a destra, nella direzione in cui si svolge il racconto e in cui viaggia virtualmente lo spettatore: la direzione di un montaggio che privilegia la continuità o la linearità. Nel panorama mobile è insomma una dimensione narrativa a prevalere, mentre nel panorama fisso domina una dimensione immersiva che proietta perpendicolarmente l'osservatore dentro l'immagine. Ma le due dimensioni, immersiva e narrativa, operano in realtà in entrambi i formati, anche se in modi diversi che dovremo approfondire in relazione al rapporto, in via di trasformazione, con la nascente coscienza storica. In breve, la visione panoramica è una visione ambivalente che esprime una duplice aspirazione panottica: abbracciare nella sua totalità una realtà percepita in perpetuo moto e fissare il movimento nell'atto del suo dispiegarsi. Sono le due inseparabili dimensioni del realismo virtuale ottocentesco.

100 **Scientific American.**

New Inventions.

Improved Iron Bedstead.

Mr. James Collins, of South Boston, Mass., is the inventor of a beautiful iron bedstead, which should command attention and come into general use. It is made of hollow taper iron tubes and the parts are attached to one another by peculiar dove-tail joints, so that the bedstead can be taken down and put up again in a few minutes. The same principle upon which these bedsteads are constructed can be applied to the manufacture of all kinds of furniture, which can be made plain or ornamental as desired. Owing to the parts being made hollow, the bedstead or other furniture can be made very light—much lighter than wood, for this form combines the greatest strength with the least weight of metal. There can be no doubt but iron bedsteads will yet supersede all others, as they should do, and Mr. Collins' (who is a machinist at Mr. Coney's) possesses merits which should arrest the attention of those desiring to invest money in a manufacture which will yet become very extensive.

Morris' Patent Combined Latch and Lock.

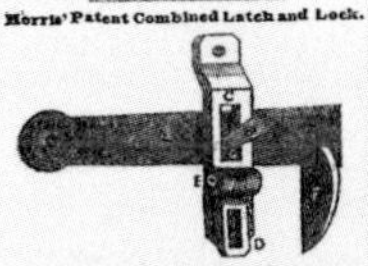

This very ingenious and simple improvement is designed for securing doors in a very convenient, safe and permanent manner, dispensing with the bolt now used in addition to the ordinary latch. There has been presented to the public a device for a similar purpose, but found impracticable. This simple apparatus is formed by inserting in the latch a metal pin, which works up and down in a slot in the strap, said strap is secured to the door in a similar manner of the ordinary door strap, to confine the latch thereto. The following is a description of the above cut:—A, Latch; B, catch or pin on latch A; C, strap with a slot G, for catch B, to work in; D hasp, which being thrown up over catch B, permanently secures latch A; E, joint in which the hasp D works; F, catch to hold latch A; H, strap with slot.

Extensive arrangements have been made for the manufacture and sale of this Patent Latch, for which a *Premium* was awarded by the American Institute at their late Fair. All orders and communications addressed to Messrs. Engelbrecht & Eddy, No. 132 Nassau st. New York, sole proprietors for the United States, will receive prompt attention. The price for this improvement will not exceed $1 50, per doz.

Munger's Yankee Turbine Wheel.

We have been informed that Mr. Hiram Munger, of Manchester, N. H. has made some very important improvements on his Water Turbine Wheel, which has been pronounced by those who have used it to be most excellent, from its real practical results, the only test of its merits. He can drive one wheel according to the supply of water, from three to one hundred horse power. These kinds of wheels are coming more and more into general use, and we have frequent enquiries respecting their size, power, &c. Those who desire more information about them, will receive the same cheerfully by addressing Mr. Munger, post paid, who has made arrangements to sell rights at a very reasonable price.

We notice in a foreign exchange that a machine has been invented to make spectacles. It is said to perfect them glass and all, but we doubt this.

Instantaneous Alarm.

The Rev. Charles Brooks of Boston, has communicated to the American Academy of Arts and Science three plans—one by which the hours of time may be struck, at the same instant, on every public bell of the city, and in every private dwelling; another, by which the alarm of fire may be given at the same moment, throughout the city, and the place of the fire indicated at each of the engine-houses simultaneously. A third plan is one by which all the lamps in the streets may be lighted or extinguished together, at any given moment.

We have seen the same plans proposed before, and in respect to the clock alarm, it is not a new invention. We should like to see the latter plan carried out, and if it is a practicable invention why should it not be adopted at once.

BANVARD'S PANORAMA.---Figure 1.

We here present an engraving of the machinery employed by the renowned artist Banvard in operating his wonderful Panorama of the Mississippi. The mechanical devices employed are very simple but answer the purpose in a most admirable manner. The canvass is wound upon one large vertical roller while it is being unrolled from the other.—This is done by bevel gearing A and B. As there is a great extent of canvass spread at once, which being painted is very heavy, it is very important to hold it up between the rollers and prevent it from what is technically termed *sagging*. To accomplish this object well, there is a cross beam erected in which there are set a double row of pulleys C C C. The manner in which this is done will be better understood, however, by examining fig. 2, which is an end section. A, is a beam running along above B B, in which the pulleys C C, are erected. These two pulleys C C, are fixed in B B, so as to receive the panorama canvass between them—therefore the edge of the canvass is only seen in this view. On

Fig. 2.

the upper edge or it may be called "a selvage," there is sewed a thick cord or small rope D, and as this rope rests on part of both the pulleys—running along the tops of the whole of them in the like manner—the canvass is rolled up along the whole length of the line without any sensible dropping of it at one place more than another. This is a very ingenious way to hold up the canvass and yet allow it to be wound freely on the large rollers.

The distinguished artist is now in the Old World, and in the capital of the British empire he has been treated with that consideration which has so uniformly distinguished the English people in respect to American artists. The Panorama of the Mississippi has had an astonishing effect upon all classes in London. The most of the English people think that our Western country is nothing but a wild-man-of-the-woods region, and no doubt but many places on the Mississippi are wild enough, but Banvard's panorama presents many scenes where the poet might indulge his fancy and the lover of the picturesque sigh to behold in reality. We hope that Mr. Banvard's success will be commensurate with the greatness of his Panorama, which is the largest ever exhibited.

Combined Wrench and Screw Driver.

This is a very neat and useful tool, for machinists and especially tentors in factories, who are obliged to carry a wrench always in the pocket. It is simply a wrench such as we have before described in the Scientific American combined with a screw driver, or it may be combined in the same manner with other tools fitted for that purpose. A is the handle, D, is a screw nut with an interior thread worked by the thumb which raises or lowers E, the upper jaw of the wrench, by the rack of the same which extends through the nut. B is the screw driver. It is made with a round head and passes into a circular recess cast in the end of the handle. This recess has a small groove cut in one side of it extending upwards and another crosswise. These grooves are for the purpose of retaining the screw driver in the handle by a spring C, with a nib on the inner end of it which fits into the cross groove, and the spring itself which answers the purpose of a feather in the other groove, thus serving to keep the driver firm and snug in the handle. This tool is manufactured by and secured to J. O. Lewis Worcester, Mass. There is nothing that facilitates work more than a good handy tool and nothing keeps a mechanic in better temper. We therefore think that this tool will soon be universally introduced as its very simplicity proclaims its utility.

LIST OF PATENTS

ISSUED FROM THE UNITED STATES PATENT OFFICE,

For the week ending Dec. 5, 1848.

To Daniel Cushing, of Aurora, Ill., for improvement in Harvesting Machines. Patented Nov. 21*, 1848.

To Horatio N. Barrow, of East Windsor, Conn. for improved composition for the Pastel Vat to be used in Dyeing. Patented Dec. 5, 1848.

To George Emerson, of Dyersville, R. I. for Machine for Grinding Card Teeth. Patented Dec. 5, 1848.

To Oliver Allen, of Norwich, Conn., for an improved Gun Harpoon. Patented Dec. 5, 1848.

To M. A. B Cook, of Boston, Mass. for improvement in Smoothing Irons. Patented Dec. 5, 1848.

To J. T. Foster and R. L. Bailey, of New York City, for improved Rock Driller. Patented Dec. 5, 1848.

To Abraham Bassford, of New York City, for improved Cushion for Billiard Tables.—Patented Dec. 5, 1848.

To Lyman King, assignee of James M. Cook, of Taunton, Mass., for improvement in Car Wheels. Patented Dec. 5, 1848.

To U. E. Bleecker and S. D. Vose, of Albany, N. Y. for improvement in Stove Flues.—Patented Dec. 5, 1848.

To George E. Waring, of Stamford, Conn., for improvement in Plates for Boiler Holes in Cooking Stoves. Patented Dec. 5, 1848.

To E. E. Hawley, of Middletown, Conn., for improvement in Hand Cultivators. Patented Dec. 5, 1848.

To Alexander Bain, of London, England, for improvement in copying surfaces by Electricity. Patented in England May 27, 1843, in America Dec. 5, 1848.

To Henry Ruttan, of Cobourg, Canada, for improvement in Warming and Ventillating Buildings. Patented in England June 23, 1848, in America Dec. 5, 1848.

DESIGNS.

To Isaac T. Baker, assignor to Cornelius & Co. of Philadelphia, Pa., for Design for Furniture Ornaments. Patented Dec. 5, 1848.

To John P. Rathbone, of Albany, N. Y. for Design for Stoves. Patented Dec. 5, 1848.

* This patent was delayed in the issue on account of one of the claims being contested, but now removed.

INVENTOR'S CLAIMS.

We have concluded to publish no more of the Patent Claims, as we are not able to keep up with the date of the patents granted, without occupying too much of our space. Those of our subscribers, who wish to know the claim of any patent granted during each current year will be furnished with the same if they desire. Those who wish to get claims for patents prior to the current year, will be furnished with the same by a reasonable compensation for our trouble.

Rock Drilling Machine.

It will be seen by our list of Patents that Messrs. Foster and Bailey of this city have been granted a patent for their valuable machine for drilling rocks. This Machine has justly been pronounced the best portable rock driller ever constructed. Its mechanical construction for drilling underground in mines, is the most perfect of any that ever has come under our notice, and this is the opinion of all who have seen it operate. Messrs. Foster & Bailey can receive their Letters Patent by calling at this office.

It is reported that Commodore Parker and Commanders Dupont, Buchanan and Barron, of the Navy, have received furloughs from the Department, for the purpose of proceeding to Europe, to organize the new Navy recently created by the Federal German government.

© 1848 SCIENTIFIC AMERICAN, INC.

This content downloaded from
128.148.254.57 on Thu, 18 Feb 2021 14:56:44 UTC
All use subject to https://about.jstor.org/terms

67. *New Inventions*, pagina da «Scientific American», IV (1884), n. 13, p. 100.

È in relazione all'arte militare, in particolare alla rappresentazione di famose battaglie dell'era napoleonica e garibaldina, che le due tipologie del panorama rivelano le loro piú spiccate caratteristiche. Come ha scritto Silvia Bordini, in quanto evoluzione della pittura militare, il panorama (sia quello fisso che quello mobile) ha un duplice effetto: converte la storia in spettacolo ed estetizza la guerra. Da un lato, i panorami promuovono una visione della storia come prodotto di grandi individui, un arazzo di episodi esaltanti, dall'altro producono nuovi simboli di autorità che suscitano profonde emozioni e passionali identificazioni, antecedenti di un culto della personalità[18]. I panorami ispirati alle battaglie napoleoniche e garibaldine esemplificano il potere di suggestione di questi media in grado di trasformare gli spettatori in testimoni oculari di avvenimenti che segnano un'epoca.

3. *Teatri di guerra.*

È nota la frase lapidaria con cui Hegel descrive Napoleone in una lettera inviata da Jena al suo amico Niethammer, il 13 ottobre 1806, subito dopo aver terminato la *Fenomenologia dello spirito*:

> Ho visto l'imperatore, quest'anima del mondo, passare a cavallo per la città e uscire in ricognizione; è, in effetti, una sensazione meravigliosa vedere un tale individuo che qui, concentrato in un punto, stando su un cavallo, s'irradia per il mondo e lo domina[19].

È una perfetta descrizione dell'eroe «panoramico». Come nota Balzac, solo un «buon borghese», o un filisteo, fraintendendo il dinamismo intrinseco di questo sguardo inquieto e dominatore, «vedendo Napoleone girarsi a destra, a sinistra e da tutte le parti per esaminare il suo campo di battaglia, avrebbe detto: "Costui non riesce a star fermo; non ha un'idea fissa"»[20].

Balzac aveva progettato un romanzo intitolato *La battaglia*, poi mai scritto, in cui avrebbe voluto raccontare «tutti gli orrori, tutte le bellezze di un campo di battaglia» a cui un lettore seduto sul suo divano avrebbe potuto assistere, descrivendo «tutte le asperità del terreno, le masse di uomini, gli avvenimenti strategici, il Danubio, i ponti, ammirando i dettagli e l'insieme, sentendo il rombo dell'artiglieria [...] alla prima pagina tuona il cannone e si tace solo all'ultima pagina». La battaglia in questione era quella di Aspern-Essling, svoltasi il 21-22 maggio 1809. «Leggerete tutto, – scrive Balzac a Ewelina Hánska, poi divenuta Madame de Balzac, – avvolta nel fumo e, chiuso il libro, avrete visto tutto intuitivamente e vi ricorderete della battaglia come se vi aveste assistito»[21]. Ma in questo *tour de force* narrativo, Balzac non avrebbe mostrato Napoleone in primo piano, lo si sarebbe solo intravisto, nell'ombra della sera, attraversare in barca il Danubio. La stessa prospettiva, raccontare una battaglia dall'interno, percepita e vissuta in modo frammentario e caotico, a livello di strada, guida la descrizione di Waterloo nella *Certosa di Parma* di Stendhal, condotta dal punto di vista di Fabrizio del Dongo, che assiste impotente alla fine di un'intera epoca.

Lo abbiamo visto, sia il panorama fisso, con la sua visione totale, sia il panorama mobile producono nello spettatore l'illusione di partecipare a un evento, di trovarsi immerso nel momento storico. Se si tratta della rappresentazione di una battaglia, il panorama fisso colloca l'osservatore al centro dell'azione, congelata nel momento culminante. Da questa posizione può esaminare tutto ciò che vede, fin nei minimi dettagli. Lo spettatore del panorama mobile ha invece l'illusione di assistere a un'azione che si svolge davanti ai suoi occhi, *tableau* dopo *tableau*. Il punto di vista panoramico ha le sue radici nella topografia militare. Nel trattato *Della guerra* (1832), una risposta alle innovazioni strategiche e tattiche delle guerre napoleoniche, Carl von Clausewitz sottolinea come un'ispezione accurata del campo di battaglia sia essenziale al condottiero per scegliere, nel vivo dell'azione, il miglior punto d'attacco, a colpo d'occhio: «Non è solo l'occhio fisico, ma anche l'occhio spirituale, che produce il *coup d'œil*. [...] null'altro che il rapido coincidere di una verità che non è visibile a uno sguardo della mente comune, o lo diventa solo dopo un lungo periodo di contemplazione e riflessione»[22].

Il grande condottiero possiede una visuale panoramica del teatro di guerra che lo rende in grado di prevedere le mosse dell'esercito avversario e di prendere decisioni in un batter d'occhio. È una declinazione moderna del «Veni, vidi, vici» di Giulio Cesare, un'abilità tanto fisica che «spirituale» che sia Napoleone che Garibaldi possedevano, anche se con un'importante differenza. Un quadro di Horace Vernet ritrae Bonaparte alla battaglia di Wagram (1809) in sella al suo cavallo bianco, mentre da un'altura scruta la scena con un cannocchiale e intanto porge a un attendente una mappa o un dispaccio con degli ordini da consegnare agli ufficiali impegnati sul fronte della battaglia [*Fig. 68*]. È una perfetta rappresentazione della visione descritta da Clausewitz (nonostante la famosa battuta attribuita a Helmuth von Moltke: «Nessun piano di battaglia sopravvive al primo contatto con il nemico»). È anche una speculare definizione del punto di vista che informa i grandi panorami delle battaglie napoleoniche. Nella nostra epoca, lo sguardo dominatore del grande individuo è stato sostituito dall'invisibile occhio meccanico dei droni e dei telescopi satellitari.

Dai panorami di Pierre Prevost, commissionati dallo stesso Napoleone per essere esibiti in una serie di rotonde che avrebbero dovuto essere costruite lungo gli Champs Élysées, ai panorami commemorativi del colonnello Jean-Charles Langlois, la rappresentazione di famose battaglie delle campagne napoleoniche obbedisce a questa logica programmatica: produce «l'illusione che il senso della storia possa essere colto con uno sguardo»[23]. Il generale sul suo cavallo che, da un'altura, domina lo svolgersi degli eventi, condensa la visione to-

68. Horace Vernet, *La battaglia di Wagram, 6 luglio 1809*, olio su tela, 1836.

tale e traduce il punto di vista del condottiero nel punto di vista dello spettatore. Con un sorprendente effetto di «verità» e di «realtà»: «È un quadro pieno di vita», commenta un articolo del «Journal des Artistes» a proposito del panorama della battaglia di Navarino, realizzato da Langlois, e il 30 agosto 1835 riporta la seguente descrizione di un altro panorama della campagna russa, quello della battaglia di Borodino (1812): «Di fronte a me, con il campanile di Borodino sulla destra, vedo l'imperatore, solitario, davanti al suo stato maggiore, su una piccola altura, sull'orlo del precipizio dell'Agnitza. Da lí, il suo occhio d'aquila abbraccia e dirige tutte le operazioni»[24].

In un saggio sul Salon del 1817 si legge: «Una visita a queste rotonde della verisimilitudine completerà l'educazione geografica della gioventú». L'anonimo autore aggiunge: «Un ordine sistematico governa l'organizzazione di questo universo», in cui «i piú famosi campi di battaglia, Marengo, Jena, Austerlitz, Wagram, saranno degni vicini dell'[Hôtel des] Invalides e i valorosi guerrieri mutilati per la patria potranno rivedere, senza pericolo e non senza orgoglio, il teatro della loro gloria»[25]. I panorami diventano cosí sacrari della patria, luoghi della memoria che, con il loro realismo virtuale, insieme commemorano e mantengono vivo il senso collettivo del sacrificio per la causa e la fede nel condottiero che incarna lo spirito della nazione. Questa rappresentazione si applica anche a un'altra epopea napoleonica il cui protagonista è Napoleone Le Petit (il Piccolo, come Victor Hugo l'aveva sarcasticamente battezzato): Luigi Napoleone, poi divenuto l'imperatore Napoleone III. Qui il panorama napoleonico incontra il Risorgimento. Come un altro commentatore scrive su «Le Moniteur de l'armée» in riferimento al panorama della battaglia di Solferino, sempre di Langlois (1859):

> Grazie al Colonnello Langlois, la guerra non ha piú segreti per nessuno, tutti sapranno d'ora in poi cos'è una battaglia, e dopo aver visitato la rotonda sugli Champs Élysées, un buon borghese, amante della pace, perseguitato dalla memoria di questo magnifico dipinto, la sera della vigilia potrà dire ai suoi figli, senza troppo mentire: «A Solferino c'ero anch'io!»[26].

Dai veterani ai borghesi, in questi «templi della verisimilitudine» l'effetto di verità condensa il documento nel monumento storico (chi ha la mia età ricorda probabilmente una trasmissione televisiva degli anni Sessanta che riprendeva la formula del «c'ero anch'io»). Anche nel panorama di Solferino, Langlois assegna all'imperatore e agli ufficiali del suo entourage un posto privilegiato che occupa due quinti dell'intera tela circolare. In breve, il condottiero a cavallo (l'«anima del mondo», secondo Hegel) è sia il protagonista che il primario testimone oculare dell'evento storico, di cui suggella la verità[27]. Il realismo virtuale della rappresentazione induce un veterano in visita al panorama a fornire questa testimonianza:

> Ecco il battaglione di cui ero parte, ecco il posto preciso dove una palla di moschetto mi ha colpito nella coscia destra [...] Ecco dove mi misi a giacere sulla paglia, accanto a soldati francesi e austriaci, feriti come me, anche se i proiettili continuavano a grandinare su di noi[28].

Il visitatore si immerge nella scena e la rivive, o la vive come se fosse stato presente anche lui. Nessun quadro, anche di grandi dimensioni, può produrre un simile effetto totalizzante, anche se le animatissime rappresentazioni pittoriche della campagna d'Italia di Napoleone III, opera di Jean-Louis-Ernest Meissonier o di Carlo Bossoli, ambiscono a effetti simili. Come spiega l'opuscolo che illustra il panorama di Solferino realizzato da Langlois, questo tipo di panorama «rappresenta solo uno stadio della battaglia, solo un istante» ed è «istruttivo soprattutto per i suoi dettagli», basati su una meticolosa ispezione del campo di battaglia. Langlois aveva infatti consultato una documentazione fotografica del terreno prima di dipingere il suo panorama di Solferino, un terreno sul quale «si trovano ancora oggi le tracce di quel giorno memorabile». Come ha scritto François Robichon, questa ricognizione *post facto* – condotta su una serie di diciotto fotografie di Paul-Marcellin Berthier, di cui quattordici sono giunte fino a noi – costituisce la base scientifica dell'operazione[29].

In altre parole, il panorama rende visibile, quasi palpabile «la verità che non è visibile a uno sguardo della mente comune, o lo diventa solo dopo un lungo periodo di contemplazione e riflessione», come scriveva Clausewitz: la storia immortalata retrospettivamente, nel momento del suo accadere. Dettaglio non trascurabile: la fotografia, che permette di registrare l'istante «dal vivo», viene usata come documento, e strumento «forense», per ricostruire pittoricamente la scena, o almeno il suo sfondo. Di lí a qualche decennio toccherà al cinema offrire una «documentazione» fotografica dell'evento, con ambizioni non dissimili da quelle epiche del panorama, in entrambe le sue versioni, come esemplificato dal «monumentale» *Napoleone* di Abel Gance (1927) con le sue panoramiche scene di battaglia, replicate nel recente remake con l'uso simultaneo di quattro cineprese.

Non tutti, però, erano convinti dell'effetto di verità del panorama e della sua capacità di restituire la storia nell'atto dell'accadere. Un articolo del «Moniteur Universel» registra la perplessità che uno spettatore meno facilmente suggestionabile poteva provare davanti a queste istantanee di storia avvenuta:

> Una delle grandi difficoltà di questa impresa nasce dal bisogno di rappresentare, a una distanza ravvicinata, guerrieri colti nell'atto di colpire, ma che non colpiscono; feriti in procinto di cadere da cavallo, ma che non cadono. La durata incessante [*durée incessante*] della loro posa può apparire ridicola, anche se il pittore ha quasi sempre avuto l'abilità di rimediare a questo inevitabile inconveniente, conferendo all'azione un movimento generale[30].

Colte nell'atto, congelate nella loro posa, le figure che popolano il panorama comunicano una verosimile sensazione di vita e movimento, oltre che la suspense di un avvenimento in procinto di accadere. Eppure, con tutti i dettagli accurati che rendono vivida la presenza, rischiano anche un effetto involontariamente comico, e forse anche un po' inquietante, un effetto non troppo dissimile da quello delle figure colte da Giandomenico nel suo grande *Mondo novo*[31].

Capitolo secondo
Supereroe panoramico

> Non vi è altra circostanza in cui l'apparizione di un personaggio pubblico, sia nativo della Gran Bretagna che straniero, abbia prodotto un entusiasmo piú profondo o universale. Persino le dimostrazioni di lealtà in onore di Sua Maestà [la regina Vittoria], sono state sorpassate da quelle in onore di questo umile straniero. Popolino e aristocrazia hanno fatto a gara, e uomini del rango piú elevato hanno espresso il loro orgoglio nel dare il benvenuto a questo Rivoluzionario in camicia rossa.
>
> «THE NEW YORK TIMES»[1].

1. *Eroismo romanzato.*

Come Napoleone, anche Garibaldi era un candidato ideale alla parte di supereroe panoramico. Tra la seconda metà del 1860 e i primi mesi del 1861, dallo sbarco in Sicilia fino alla conclusione trionfale della spedizione dei Mille, la fama di Garibaldi si era rapidamente diffusa da Londra alle province. Il Generale era salpato da Quarto, vicino a Genova, per sbarcare a Marsala il 5 maggio e, da quella data in poi, l'informazione sulla campagna militare aveva raggiunto i lettori con i dispacci regolarmente inviati dai corrispondenti di guerra e pubblicati sulla stampa illustrata. Come scrive Marcella Pellegrino Sutcliffe, i maggiori impresari di panorami non avevano perso l'occasione di «saltare sul carro di Garibaldi»[2].

Una vera e propria Garibaldi-mania aveva preparato il terreno all'arrivo dei «magnifici cartoni semoventi» del signor Bianco a Derby e Nottingham. Per tutta l'estate, Nottingham era stata in preda all'entusiasmo per le imprese dell'eroe italiano e dei suoi bravi. Una banda musicale Garibaldi si esibiva ogni giorno per le strade, come si evince da una serie di articoli e annunci sul «Nottinghamshire Guardian» fra l'agosto e il settembre 1860. Nello stesso giornale si trova menzionato anche un Fondo Garibaldi, una delle tante collette di denaro a sostegno della spedizione in Sicilia, diffuse per tutto il territorio inglese e a cui contribuirono illustri personalità, da Charles Darwin e Lady Byron al duca di Wellington, Lady Palmerston e Florence Nightingale[3]. Nulla però può dare un'idea piú precisa della «calorosa simpatia manifestata per Garibaldi in tutta l'Inghilterra» dell'editoriale pubblicato sempre sul «Nottinghamshire Guardian» il 14 giugno 1860. Garibaldi vi è ritratto come un eroe galantuomo che affronta i suoi nemici in campo aperto, e non come un cospiratore o un terrorista «di stampo mazziniano» che trama nell'ombra: una caratterizzazione destinata ad assicurare al Generale e alla sua impresa il sostegno dell'opinione pubblica liberale piú moderata[4]. Giovedí, 31 maggio 1860, lo stesso giornale pubblica una breve agiografia che si conclude con un volo pindarico perfettamente intonato all'aura epica che ormai avvolge l'eroe:

> Dall'alto delle montagne, sopra l'oceano, o di fronte al nemico sul piano, [il Generale] domina tutto con occhio sagace, uno sguardo penetrante come quello di un falco e lungimirante come quello di un'aquila. Tale è Garibaldi, a cui la Provvidenza sembra aver affidato la resurrezione della terra piú bella che si stende come un vellutato tappeto sotto la calotta del cielo.

Come già in Napoleone, ma, come vedremo, in chiave figurativamente antinapoleonica, nell'occhio di falco dell'eroe che domina a volo d'aquila la penisola, grazie a lui avviata a risorgere dalla sua lunga schiavitú, si rispecchia perfettamente (con toni iperbolici) la veduta «panoramica» della storia in atto: «Le battaglie si combattono adesso, figurativamente parlando, in un anfiteatro davanti a un pubblico di cento nazioni [...] Il duello tra Garibaldi e il viceré napoletano si combatte sotto lo sguardo dei nostri corrispondenti, e di turisti, artisti e simpatizzanti inglesi e americani», si legge sul «London Times» dell'8 giugno 1860. All'inizio di settembre, il signor Bianco è già al lavoro alla sceneggiatura del panorama che sta dipingendo il piú rapidamente possibile, incalzato dai dispacci che arrivano dal Sud Italia.

Ma chi è il signor Bianco? La domanda sorge spontanea: quello citato negli annunci del «Derby Mercury» e di altri quotidiani delle Midland è forse uno di quei patrioti espatriati che si erano raccolti a Londra attorno a Giuseppe Mazzini? Le grida «Viva Garibaldi!» e «Viva l'Italia» riportate dagli annunci sembrano voler comunicare l'entusiasmo per la rivoluzione nazionale, in procinto di essere coronata dall'unificazione della penisola. Come si è visto, Nottingham, dove il panorama fu prodotto, non era certo da meno rispetto ad altre cittadine della provincia inglese quanto al sostegno per la causa italiana, incarnata dal Generale e dalle sue camicie rosse. Tuttavia non risultano informazioni su un impresario o un pittore di nome

M. Bianco: non viene nemmeno menzionato nel quaderno manoscritto acquisito dalla biblioteca della Brown University insieme al panorama[5]. A questo manoscritto, intitolato *Panorama Lecture of the Heroic Life and Care(er) of Garibaldi* (alla lettera, «Lezione panoramica dell'eroica vita e carriera di Garibaldi»), faremo piú volte riferimento nella nostra ricostruzione dello spettacolo come a una vera e propria sceneggiatura (in almeno due versioni). Dalle nostre ricerche non è emersa alcuna traccia dell'enigmatico signor Bianco. Dobbiamo quindi concludere che si tratta di un soprannome adottato dal vero autore del panorama per pubblicizzare il suo spettacolo come autenticamente ispirato dalla passione per la causa italiana. In altre parole, potrebbe semplicemente trattarsi di un espediente pubblicitario.

La copertina interna del manoscritto reca invece un nome, un indirizzo e una data: «J.J. Story, Burton Street, Nottingham, 7 sett[embre] 1860». Le notizie sulla vita e la carriera di questo personaggio sono poche e provengono quasi tutte dai censimenti cittadini, a cadenza decennale. John James Story, figlio di un calzolaio, nato nel 1827, è descritto nel censimento del 1861 come un vedovo trentatreenne di professione «artista», residente in Burton Street con i genitori e la sorella. Nel 1871 vive ancora a Nottingham, si è risposato con una certa Jane, ma risiede a un diverso indirizzo. Nel 1881 John James e Jane hanno una figlia, Emily Jackson, e la professione del nostro è aggiornata ad «artista fotografico». Infine, nel 1891, la sua professione cambia di nuovo in «paesaggista» e come tale viene citato nei registri di diverse «mostre libere» nel castello di Nottingham tra il 1881 e il 1893[6].

Paesaggista o fotografo, pare proprio essere lui il vero autore del panorama. A fugare ogni dubbio è un altro panorama associato al suo nome di cui parleremo in seguito. Ma l'informazione biografica forse piú interessante per noi riguarda un laconico necrologio riportato sul «Nottinghamshire Guardian» il 2 dicembre 1858: «Il giorno 23, all'età di 28 anni, Mary Ann, moglie di Mr John James Story, artista, Havelock St., Nottingham». Veniamo cosí a sapere che Story rimase vedovo all'età di trentun anni, solo due anni prima che il suo nome fosse inserito nel manoscritto (di mano sua?). Uno dei paesaggi dipinti da Story, l'unico che ci rimane, mostra un ruscello che scorre in un bosco: dalle tonalità piuttosto cupe e malinconiche, ha una qualità «vitrea» che richiama una diapositiva di lanterna magica o può far pensare a una di quelle scene dipinte da Thomas Gainsborough con l'aiuto di una camera oscura. Ricorda anche, vagamente, lo sfondo ombroso di una scena del panorama: la morte di Anita, in un bosco che dovrebbe essere la pineta di Ravenna. Ma questo tenue legame tra il protagonista del panorama e il suo autore rischia di essere fuorviante.

L'immagine di Anita che viene meno, sorretta da Garibaldi e da uno dei suoi compagni di fuga, che compare in una drammatica scena del panorama, non fu concepita da Story, ma copiata da un numero dell'«Illustrated Times» (16 giugno 1860) che, come vedremo, a sua volta rimanda a una fonte del panorama non menzionata dal manoscritto (cfr. *infra*, Fig. 73). Questo dettaglio ci riporta alla natura ibrida del panorama mobile e delle sue fonti, disseminate in una varietà di media da cui il panoramista attingeva, a cominciare dalla stampa illustrata.

Le fonti di Story, riportate diligentemente nel quaderno-sceneggiatura, confermano l'intreccio tra informazione e racconto romanzesco che lo ispira. Accanto a quelle giornalistiche, spicca un nome, quello di Alexandre Dumas. Ai primi di maggio del 1860, quando Garibaldi era in procinto di salpare per la Sicilia, il celebre autore dei *Tre moschettieri* e del *Conte di Montecristo* aveva appena pubblicato le Memorie di Garibaldi, basandosi su note manoscritte fornitegli dal Generale stesso. Tradotta immediatamente in inglese, l'autobiografia di Garibaldi – scritta da Dumas – diede un contributo fondamentale a quella che è stata definita «l'invenzione dell'eroe» ed è una delle fonti principali di Story[7]. Si deve al giornalista italiano Giovanni Battista Cuneo la formula che applica alla vita di Garibaldi gli schemi del romanzo di avventura, «cosí che la vita immaginata aumenta il fascino della vita reale». Questa formula si cristallizza sull'onda della risonanza, in tutta Europa, delle vicende della Repubblica Romana del 1849. Testimonianze oculari e racconti biografici si intrecciano a formare un vero e proprio genere, a partire dagli schizzi dal vivo del volontario svizzero Gustav von Hoffstetter. Fino a divenire «un aspetto essenziale dell'autorappresentazione dell'eroe», abilmente orchestrata da Garibaldi stesso e dai suoi simpatizzanti e seguaci[8]. Questa formula caratterizza gli innumerevoli bozzetti e ritratti biografici pubblicati sulla stampa britannica nel 1860. La ritroviamo anche nella sequenza narrativa adottata da Story per il suo racconto visivo.

Tratta da Dumas, questa sequenza ripete sostanzialmente la tripartizione di Cuneo:

1. la serie di «avventure minori [dell'eroe] nella sua giovinezza», corrispondente all'episodio illustrato nella scena 1 del panorama, in cui il giovane Garibaldi rivela ancora adolescente il suo «indomito coraggio» salvando tre compagni in balia delle onde [*Fig. 69*];

2. «il periglioso e formativo viaggio in Sud America» oggetto della sequenza successiva del panorama, che include la battaglia del Rio Grande, in Brasile, oltre che l'incontro con Anita, e consacra l'Eroe dei due mondi [*Fig. 70*];

3. «la missione piú importante, l'epica battaglia per Roma», la sequenza che occupa buona parte del lato uno del panorama e che si conclude, come abbiamo accennato, con la tragica morte della moglie e compagna dell'eroe[9] .

Ma la fonte principale della prima parte del racconto visivo di Story non è il bestseller di Dumas[10]. La sceneggiatura del quaderno riprende alla lettera alcune descrizioni (e il panorama riproduce una serie di immagini) tratte da un'anonima «Vita illustrata e carriera di Garibaldi»[11] [*Figg. 71-73*]. Una recensione, anch'essa anonima, sull'autorevole «The Illustrated London News» descrive questo testo come un «libriccino [...] contenente dettagli sulla condotta [di Garibaldi],

69. John J. Story, panorama Garibaldi, scena 1: «Al largo di Nizza. Barca in tempesta», tempera su tela, 1860.

le sue indomite imprese, le sue fughe, le sue conquiste, e le sue battute d'arresto [...] ispirato a documenti autentici forniti da Garibaldi stesso». Come si vede, una rivendicazione che non era prerogativa di Dumas – includendo «illustrazioni [...] basate su schizzi dal vivo di artisti italiani e francesi che accompagnavano le spedizioni militari del Generale»[12]: parole che gli annunci del panorama riprendono quasi alla lettera. Questa «certificazione» di autenticità, legata a testimonianze oculari degli eventi rappresentati, è una costante nella legittimazione del genere panoramico: la formula sarà pure romanzesca, ma il contenuto della rappresentazione è del tutto veritiero, fedele alla realtà. Si crea cosí un'interessante tensione tra parola e immagine in rapporto alla verità (o verisimilitudine) della rappresentazione.

È facile intuire perché Story fosse stato attratto da questa fonte anonima: le illustrazioni di Janet-Lange (Ange-Louis Janet) che vi sono incluse vengono riprodotte in varie scene (1, 3, 13, 26 e 31) del panorama. Ma sia il volume di Dumas che questa fonte non rivelata da Story, forse proprio perché anonima, si riferiscono solo alla prima parte, al lato uno del racconto visivo. Come osserva l'anonimo recensore: «La mirabile

70. John J. Story, panorama Garibaldi, scena 3: «Garibaldi fa esplodere la sua nave. Fuga a terra con Annita [*sic*]», tempera su tela, 1860.

71-72. Ange-Louis Janet, *Garibaldi salva la vita dei suoi compagni* e *Garibaldi fugge con la moglie*, incisioni da *Illustrated Life and Career of Garibaldi*, 1860.

discesa di Garibaldi in Sicilia non è ancora patrimonio della storia, e la nostra conoscenza di questi avvenimenti è limitata principalmente ai bollettini ufficiali»[13]. È infatti a questi ultimi, riportati dalla stampa illustrata, che Story fa ricorso per il racconto della seconda parte, il lato due del panorama, in cui vengono rappresentati gli eventi della spedizione dei Mille. Se il primo atto del panorama riattualizza il passato, ripercorrendo le vicende che, dall'epopea sudamericana al tragico epilogo di una valorosa sconfitta, fecero di Garibaldi l'eroe popolare che tutta l'Europa ammira, il secondo atto incorpora il presente storico nel romanzo biografico. Ma nel racconto visivo vi è un altro ingrediente essenziale che unifica tutte le sue componenti: il viaggio virtuale, anzi una tipologia specifica di turismo virtuale, il turismo di guerra.

Prendiamo come esempio una delle fonti piú importanti del panorama Garibaldi: i dispacci di Frank Vizetelly, corrispondente di guerra per l'«Illustrated London News». Come scrive Riall, gli arti-

73. Ange-Louis Janet, *Morte di Annita* [*sic*], incisione da *Illustrated Life and Career of Garibaldi*, 1860.

coli di Vizetelly, accompagnati dalle incisioni degli schizzi eseguiti *in loco* – il surrogato del fotoreportage in un'epoca in cui la fotografia ancora nascente era riservata, anche per ragioni tecniche, ad altri usi –, contribuirono in maniera decisiva a spostare l'accento «sulla guerra come intrattenimento», dando un importante contributo allo sviluppo dell'*infotainment*[14]. Con la forza di una testimonianza oculare, i dispacci di Vizetelly illustrano gli eventi mentre accadono, catturandoli «in presa diretta» per i lettori:

> Garibaldi combatte in città – si legge in una delle sue corrispondenze telegrafiche – e ora cercherò di sfidare gli spari. Piú schizzi e una lunga lettera sulla prossima nave [con cui i dispacci venivano inviati a Londra]. Ce n'è una che sta salpando dal porto proprio ora. Sono avvolto nella polvere. In gran fretta[15].

Intruppato con l'armata garibaldina, il corrispondente di guerra diventa a sua volta protagonista, trasporta il lettore nel vivo dell'azione e offre al contempo una visuale complessiva del teatro del conflitto, anticipando cosí il corrispondente di guerra delle riprese televisive in diretta. Molte incisioni dell'«Illustrated London News» poi copiate nel panorama Garibaldi si basano su schizzi e abbozzi di Vizetelly. Si prenda per esempio *La battaglia sul Volturno* e *La vista di Capua da Monte Sant'Angelo*, pubblicate sul Supplemento della prestigiosa rivista il 20 ottobre 1860, fonti delle scene 45 e 48. E la veduta della scena 41, «La battaglia di Milazzo», basata anch'essa su uno schizzo di Vizetelly, incisione apparsa sull'«Illustrated London News» del 30 ottobre 1860 con la seguente didascalia: «Il mio ultimo sguardo alla Sicilia: dalla costa della Calabria, tra Reggio e San Giovanni, dal nostro corrispondente speciale Frank Vizetelly».

In realtà, la riproduzione degli schizzi abbozzati «dal vivo» da artisti corrispondenti nelle incisioni pubblicate dalla stampa illustrata e poi riproposte a colori nelle scene dei panorama è una novità che precede Vizetelly. È dagli anni Quaranta, infatti, che l'innovazione tecnologica ha permesso la nascita e la rapida diffusione della stampa illustrata, la fonte principale di Story, che nel suo panorama mobile suggella il nesso tra informazione e spettacolo. Un esempio per tutti è offerto dalla scena 18 nel lato uno del panorama, intitolata «Garibaldi difende Roma», nel 1849. Si tratta di una vera e propria apoteosi della Repubblica Romana. Garibaldi vi è ritratto a cavallo circondato dai suoi fedelissimi: Aguyar, l'attendente, soprannomi-

74a. George Housman Thomas, *Ritratto di Garibaldi a cavallo*, disegno su carta realizzato a Roma durante l'assedio del 1849, in una fotografia d'epoca di Cundall & Downes.

74b. Incisione da un disegno di George Housman Thomas, *Garibaldi e il suo fedele attendente Andrea Aguyar*, in «The Illustrated London News», 21 luglio 1849.

nato il Moro di Garibaldi, che l'aveva seguito dal Sudamerica; Ugo Bassi, il barnabita poi giustiziato dagli austriaci; Luciano Manara morente, assistito da Anita. Possiamo ricostruire l'evoluzione di questa immagine a partire dallo schizzo disegnato *in loco* dal corrispondente dell'«Illustrated London News», George Housman Thomas [*Fig. 74a*], proseguendo con l'incisione pubblicata sul giornale [*Fig. 74b*] e con un dipinto di piccole dimensioni firmato da Thomas, fino ad arrivare al *tableau* del panorama che, con le sue dimensioni e il colore, inserendo la scena in un drammatico racconto, restituisce agli spettatori l'iconica presenza dell'originale[16] [*Fig. 75*].

Si tratta di un'innovazione cui Dumas non è estraneo. Come racconta nella prefazione al sequel dell'autobiografia di Garibaldi (come il lato due lo è del panorama), mentre era in crociera nel Mediterraneo a bordo del suo yacht *Emma*, il 16 maggio 1860 il celebre scrittore era approdato a Genova, giusto in tempo per apprendere che il Generale era salpato in segreto dieci giorni prima[17]. Dumas racconta ai suoi lettori di aver lavorato freneticamente per

75. John J. Story, panorama Garibaldi, scena 18: «Garibaldi difende Roma», tempera su tela, 1860.

sedici ore al giorno nella sua stanza dell'Hôtel de France per trasformare le notizie che arrivavano dalla Sicilia in una narrazione appassionante, piena di dettagli «pittoreschi» ma «interamente veritieri». Con un efficace flashback, il lettore viene trasportato da Dumas alla vigilia di quello che si sarebbe rivelato «uno degli avvenimenti piú grandiosi del XIX secolo». Con lo stile che gli è proprio, lo scrittore racconta la storia della spedizione garibaldina come se l'avesse registrata in tempo reale, esattamente come fanno le fonti di cui si serve. Dumas avrebbe poi raggiunto il Generale e avrebbe effettivamente partecipato alla sua impresa ma – come commenta causticamente ancora l'«Illustrated London News» – se la sua intenzione era quella di scrivere «la storia della rivoluzione», il risultato non poteva che essere «un romanzo siciliano, zeppo di informazioni raccolte a destra e a manca e da fonti le piú diverse [...] Nessuna offesa per il nostro illustre vicino di oltre Manica, – conclude l'anonimo recensore, – ma si tratta di un modo davvero straordinario di riferire gli eventi»[18]. Il risultato è un libro «istantaneo», un diario di viaggio il cui titolo *Viva Garibaldi! Un'Odissea nel 1860* richiama gli annunci del panorama, che uniscono alle esclamazioni patriottiche l'attrazione per il viaggio avventuroso[19].

Lo stesso spirito del diario di viaggio di Dumas informa il panorama di Story, un viaggio virtuale con il supereroe panoramico, «santo patrono di tutti coloro che amano l'Italia, uomo di antiche virtú, piú grande e piú ambizioso ma anche piú semplice di noi moderni», come commenta la «London Review» il 25 agosto 1860, appena due settimane prima che Story incidesse il suo nome sul manoscritto, la sceneggiatura del panorama. Non solo la spedizione dei Mille, ma la vita stessa di Garibaldi diventa un viaggio avventuroso che trasporta gli spettatori sulle orme del protagonista, come turisti in visita ai luoghi e testimoni degli avvenimenti, per mare e per monti, al di là dell'oceano e in una spettacolare e perigliosa traversata delle Alpi (lato uno, *tableaux* 5-12); nella Città eterna trasformata in un campo di battaglia (lato uno, *tableaux* 13-21); e in una fuga disperata a risalire la penisola nel tentativo di raggiungere Venezia libera, sui cui ponti presto sventolerà bandiera bianca, fino alla malinconica e fatale pineta di Ravenna (lato uno, *tableaux* 22-27). E poi ancora nei teatri della seconda guerra di Indipendenza (lato due, *tableaux* 28-31); e infine, dopo un duplice *détour* in circumnavigazione della Sardegna, per ammirare, da lontano, la modesta dimora del Generale (lato due, *tableaux* 36-37) e, nell'oscurità delle prigioni borboniche, ad assistere alle efferate torture cui i patrioti erano sottoposti (lato due, *tableaux* 38-40), la lunga sequenza dell'ultima avventura, l'impresa piú grande che corona, per il momento almeno, una vita leggendaria, a prezzo di sanguinose battaglie, assedi e scontri in campo aperto, costellata di atti di coraggio ed eroismo e coronata dal trionfo finale (lato due, *tableaux* 32-35 e 41-49).

Se i panorami napoleonici trasfigurano la scienza militare in memoria collettiva a beneficio di uno spirito nazionale, il panorama Garibaldi instaura un rapporto diverso con i suoi spettatori. La storia non vi è rappresentata come una serie monumentale di battaglie gloriose, ognuna circoscritta in sé, istoriata nel suo momento decisivo, ma quale un'avventura o un tour guidato da un narratore, con accompagnamento musicale, e forse anche effetti speciali (come in un *eidophysikon*). Una serie di eventi abbozzati senza troppa cura per i dettagli, fatti per essere fruiti in rapida successione, come in un dinamico montaggio mentale, non un singolo quadro offerto per una ricognizione attenta e ammirata. La presenza e l'immersione, che sono gli ingredienti essenziali della visione panoramica, scaturiscono da un'opposta strategia rispetto alla visione totale del panorama napoleonico: non la conversione del passato in un eterno presente da rivisitare, ma la presentazione del passato come fosse in progresso, ancora in corso, sempre in procinto di accadere.

Se Langlois ispezionava meticolosamente il terreno che avrebbe fatto da sfondo alla sua rappresentazione, per ritrovarvi le tracce da cui elaborare i dettagli su cui soffermarsi a riflettere, con la sua tecnica compositiva affrettata, il panorama mobile punta piú a suscitare un'impressione e a provocare una risposta emotiva, coadiuvato in questo dal racconto che accompagna la visione. A un esame approfondito, grazie all'ingrandimento consentito dalla tecnologia digitale, si nota che le scene sono dipinte a macchie di colore, che riportano agli schizzi da cui le immagini del panorama pretendono di derivare, offrendo una visione a colpo d'occhio che si sofferma sull'immagine solo il tempo necessario a cogliere il senso dell'azione: una tecnica quasi impressionistica (non troppo lontana da quella sviluppata dai Macchiaioli nelle loro vedute risorgimentali), dettata anche dalla velocità con cui il pittore del panorama, coadiuvato dai suoi assistenti, doveva tradurre le notizie in spettacolo. È per stare al passo con gli eventi che il panorama mobile produce una visione in movimento, una visione dal margine della strada, a livello degli avvenimenti, una visione a colpo d'occhio, coerente con l'invenzione di un eroe popolare.

Nel panorama Garibaldi l'eroe panoramico si converte da chiaroveggente che domina dall'alto ciò che accade con uno sguardo imperioso che si irradia sul mondo intero (come scriveva Hegel), a uomo d'azione che si lancia nella mischia al fianco dei suoi uomini: un *action hero* forse un po' fumettistico, ma incarnazione di uno spirito «democratico»; insomma, un indomito guerrigliero, un combattente per la libertà. È il modulo di un'epica istantanea. La scena che rende esemplarmente questa differenza è la 42 del lato due, dal titolo «Garibaldi abbatte il capitano napoletano alla battaglia di Milazzo». Non a caso, la descrizione drammatizzata di questo eroico episodio che mostra il Generale rischiare la propria vita alla testa dei suoi uomini si trova in una lettera di Dumas a Carini, scritta il 21 luglio 1860: una descrizione ripresa e disseminata dalla stampa inglese fino a giungere alla sceneggiatura di Story, che la colorisce di ulteriori dettagli. Ecco i passi fianco a fianco.

Lettera di Dumas

La cavalleria passa come un turbine, da due lati i Siciliani allora fanno fuoco, l'esitanza di un momento è svanita. Moschettate a destra e a sinistra: l'ufficiale napoletano si arresta e vuol tornare indietro, ma ecco in mezzo alla via serrargli il passo il generale Garibaldi, Missori, Statella e cinque o sei uomini. Il generale salta alle briglia del cavallo gridando arrendetevi. L'ufficiale in risposta gli tira un fendente: Garibaldi lo para, e di un colpo di rovescio gli spacca la gola. L'ufficiale vacilla e vien giú, e tre o quattro sciabole sono alzate sul generale, che ferisce uno degli assalitori con un colpo di punta. Missori ne uccide altri due e il cavallo di un terzo con tre colpi di revolver...

Manoscritto di Story

Garibaldi si proietta in mezzo alla via, ha lasciato i suoi revolver nel fodero quando è smontato. Sguaina la spada e si piazza in modo da fermare il capitano, unico a dargli man forte il capitano Missori anche lui a piedi, ma armato di revolver con il primo tiro colpisce il cavallo del capitano napoletano, che si piega sulle zampe. Garibaldi allora afferra le briglie e intima al capitano di darsi prigioniero, ma il capitano risponde con una sciabolata che Garibaldi para e restituisce tagliandogli il volto e il collo con un solo fendente, e riducendolo in fin di vita. Mentre Garibaldi ha questo duello all'arma bianca, il capitano Mis[s]ori riesce a far fuori gli altri due...

«Questo atto coraggioso contribuí non poco ad animare le truppe», commenta il narratore, preparando già il suo pubblico alla scena successiva.

2. *Garibaldi e Robin Hood.*

Oltre a narrare la vita di Garibaldi, Alexandre Dumas fu anche autore di due romanzi d'avventure con protagonista Robin Hood, il folklorico eroe di Nottingham[20]. Ma esiste un legame non solo romanzesco tra Garibaldi e Robin Hood. L'entusiasmo che l'eroe in camicia rossa «dall'occhio di falco» suscitò nelle province inglesi è anche effetto di una campagna mediatica che, come scrive il «Nottingham Guardian», aveva come obiettivo «una delle piú nobili [cause] che abbiano mai sfidato il sostegno del portafoglio, della penna o della spada»[21]. Abbiamo accennato alla raccolta di fondi per tutta l'Inghilterra a beneficio della causa nazionale italiana. Il sostegno non era solo monetario, ma intendeva anche far sí che un contingente fosse inviato da Nottingham «per riscaldare il cuore e dar man forte all'Eroe italiano»[22]. Questo contingente di Nottingham si sarebbe unito ai ranghi dei volontari britannici che raggiunsero Garibaldi e le sue camicie rosse tra l'inizio dell'estate e la fine dell'autunno del 1860. Un'incisione che raffigura un gruppo di volontari in viaggio verso Palermo apparve sull'«Illustrated Times» il 7 luglio: nelle loro pose e abiti civili, sembrano un manipolo di avventurieri[23] [*Fig. 76*]. Come scrive Marcella Pellegrino Sutcliffe, mentre un primo contingente era composto da radicali, animati da una fede internazionalista, un secondo gruppo, che prese il nome di Legione Britannica, «ebbe la tacita approvazione delle istituzioni, perché definito non da radicalismo e repubblicanesimo ma da valori liberali piú in linea con quelli inglesi»[24].

La storia di questi volontari transnazionali si intreccia con quella dei molti corpi di volontari che si andavano costituendo in tutta la Gran Bretagna tra il 1859 e il 1860, principalmente in risposta a una presunta minaccia proveniente dalla Francia, con un occhio alle rivoluzioni in corso sul continente. Uno di questi corpi armati, i Robin Hood Rifle Volunteers, fu istituito a Nottingham il 15 novembre 1859. Con la loro uniforme «verde Lincoln», «con treccia e ornamenti neri» e «montature in bronzo», i Rifles (come i fucilieri di Robin Hood venivano familiarmente chiamati) facevano una bella e colorita figura[25]. Le loro sfilate ed esercitazioni erano spesso accompagnate da brani di opere italiane intonati dalla loro banda: il *Pas redoublé* di Rossini e musica dalla *Norma* di Bellini[26]. Articoli sui patriottici Rifles compaiono nella stampa locale accanto a reportage sui progressi di Garibaldi nell'Italia meridionale. È plausibile congetturare che alcuni fucilieri di Robin Hood fossero tra i volontari della Legione Britannica? Addirittura tra quelli che, sotto la guida del tenente colonnello Dunne, combatterono nella battaglia di Milazzo (17-24 luglio), come illustrato nella scena 43 del panorama, a sua volta copiata da un'incisione (su schizzo di Vizetelly) pubblicata nell'«Illustrated London News» dell'11 agosto 1860?[27] [*Fig.* 77].

Sebbene il manoscritto non ne faccia menzione, un minuscolo annuncio pubblicato sul «Nottingham Daily Express» circa un anno dopo – il 4 luglio 1861, giorno del compleanno di Garibaldi – fornisce un suggestivo indizio che almeno alcuni Rifles potrebbero in ef-

76. Incisione da un disegno di Thomas Nast, *La rivoluzione in Sicilia: i volontari a bordo del «Washington» procedono verso Palermo*, in «The Illustrated London News», 7 luglio 1860.

fetti avere scambiato le loro brillanti uniformi verdi con le camicie rosse garibaldine. L'inserzione infatti pubblicizza la svendita della «camicia Garibaldi indossata dai fucilieri di Robin Hood, di qualità superiore a qualsiasi altra finora prodotta, anche se venduta a un prezzo molto piú basso». Che dei Robin Hood Rifles in camicia rossa siano stati o no in azione a Milazzo, esiste un altro collegamento, forse per noi ancora piú significativo, tra la loro vicenda e il panorama di Story. I volontari della Legione Britannica erano noti anche come «gli escursionisti». L'editto del comitato organizzatore del contingente, pubblicato su diversi giornali nel mese di agosto, spiega il motivo di questa definizione:

> Un gruppo selezionato di escursionisti inglesi intende visitare l'Italia meridionale. Poiché la situazione del paese è alquanto instabile, gli escursionisti saranno forniti di mezzi di autodifesa e, al fine di riconoscersi a vicenda, indosseranno un pittoresco costume o uniforme [le camicie rosse]. Il generale Garibaldi ha generosamente concesso agli escursionisti un passaggio gratuito per la Sicilia e l'Italia, e saranno forniti di rinfreschi e abbigliamento adatto al clima[28].

77. John J. Story, panorama Garibaldi, scena 43: «Battaglione inglese ai piedi della torre rotonda, cittadella di Milazzo», tempera su tela, 1860.

L'appellativo di «escursionisti» forniva una copertura plausibile a questo peculiare contingente di turisti armati. «È il tempo dei turisti, – si legge sulla "London Review". – Le Alpi brulicano di invasori britannici, e un manipolo di spiriti eletti ha recentemente scelto di visitare il monte Etna con Garibaldi»[29]. Lo spirito liberale che anima la Legione Britannica sembra lo stesso che ispira la storia che il panorama racconta: una varietà di turismo politico, il turismo di guerra, è il tema conduttore. Il Mediterraneo è diventato il magnete di questo turismo romantico, che combina la tradizionale attrazione delle meraviglie naturali e archeologiche, il richiamo del Meridione e delle rovine delle antiche civiltà che ispiravano il Grand Tour, con l'emozione delle battaglie storiche che si combattono nei suoi teatri di guerra, in nome della libertà e dell'indipendenza, in Grecia, come in Spagna, e ora in Italia. L'articolo della «London Review» prosegue»:

> Questi ultimi [gli «escursionisti» diretti all'Etna con Garibaldi] sono i piú fortunati: con i loro fucili in spalla – perché chi si fiderebbe di aggirarsi disarmato negli Stati Napoletani? – con una divisa «bella e pittoresca» con cui possono riconoscersi nella folla intorno a Messina; grazie a un salvacondotto, e alle razioni assegnate loro dal generale Garibaldi, sempre generoso con gli inglesi e patrono di tutti gli amanti dell'Italia, vedranno una delle meraviglie del mondo e il piú grande eroe della storia moderna, in circostanze piú favorevoli di quanto altri possano vantare. E potranno ammirare anche il Vesuvio [...] e assistere all'apertura delle prigioni napoletane, e aiutare a liberare dalle loro catene arrugginite alcune centinaia di patrioti, e potranno incidere i loro nomi in modo piú nobile di quanto Smith e Brown non abbiano fatto scrivendo i loro sulle Piramidi.

Non solo, come scrive Pellegrino Sutcliffe, la destinazione degli «escursionisti» era regolarmente pubblicizzata con la familiare retorica dei viaggi del Grand Tour, ma Garibaldi in persona diventa la principale di queste attrazioni. Se Belzoni, nei suoi statuari lineamenti e nel suo travestimento da Sansone patagonico incarnava per il pubblico britannico una sorta di ibrido tra il classico, il biblico e l'esotico, Garibaldi, reincarnazione di un mitico eroe mediterraneo, «santo patrono di tutti gli amanti dell'Italia», riscatta questo fenomeno da baraccone o da pantomima nella sublimata figura di «un uomo di virtú antiche, piú grande, piú audace, piú semplice, di noi moderni».

È da notare inoltre che l'articolo della «London Review» sembra fare riferimento diretto al nostro panorama. A parte la veduta dell'Etna dalla Calabria, come nell'addio alla Sicilia di Frank Vizetelly, tra gli episodi del lato due ce n'è infatti uno (composto da tre scene, come accennato sopra) che sembra direttamente illustrare ciò che la «London Review» descrive come «l'apertura delle prigioni napoletane» cui gli spettatori del panorama potevano virtualmente assistere. Nella sceneggiatura di Story, questo episodio collega (o confonde) passato e presente, richiamando una famosa denuncia del trattamento barbarico subito dai patrioti napoletani Carlo Poerio e Michele Pironti fatta da Lord Gladstone, allora ministro degli Esteri britannico, circa vent'anni prima. Quella vibrante denuncia viene ora collegata alle notizie provenienti dalla Sicilia. Una di queste scene (la cui descrizione nella sceneggiatura di Story richiama una sorta di gotico romanzesco) mostra le orripilanti torture cui erano soggetti i prigionieri politici, perpetrate sotto gli occhi del crudele Pontillo, il direttore della polizia del regime borbonico a Palermo, copiandole pari pari da una pagina dell'«Illustrated London News» (cfr. *infra*, Figg. 87-88).

A giudicare dalle date, è piuttosto improbabile che tra gli «escursionisti» in camicia rossa alla battaglia di Milazzo ci fossero anche i fucilieri di Robin Hood. Ma un legame indubbiamente esiste tra il «turismo di guerra» e lo spirito liberale della Legione Britannica, un legame esemplificato dal panorama di Story: che fossero effettivamente o solo virtualmente presenti, gli escursionisti provenienti da Nottingham partecipano uniti alla versione locale della saga garibaldina. Garibaldi e Robin Hood non esistono forse nella stessa dimensione, ma per il pubblico del Nottinghamshire, il patriota italiano e il principe dei ladri che combatté con i suoi fuorilegge contro l'usurpatore al trono e il suo spietato tirapiedi, lo sceriffo di Nottingham, fanno chiaramente parte della stessa storia ideale... e illustrata.

Un'ultima curiosità. La tradizione garibaldina rimase popolare per decenni a Nottingham, la città di Robin Hood e la città di Story e del suo panorama che è anche la culla del calcio britannico: un anno dopo la visita trionfale di Garibaldi a Londra nel 1864 – dunque all'apice della sua popolarità in Inghilterra –, alla cerimonia di fondazione del glorioso club calcistico Nottingham Forest, fu approvato per acclamazione che il colore della squadra sarebbe stato il «rosso Garibaldi», in onore dell'eroe italiano, anche se i Garibaldis (come erano soprannominati i Foresters) piú che per le loro bluse si distinguevano per i loro pittoreschi copricapi: berretti rossi corredati di nappe che ne facevano dunque dei veri e propri *dandies* garibaldini e ricordavano forse i cappelli piumati di Robin Hood e dei suoi «fuorilegge»[30].

Capitolo terzo
Eroe dei due mondi

> Qui il mondo puoi girar da polo a polo | Per tua conoscenza e deliziosa resa | Viaggiar puoi dappertutto al volo | A tuo buon agio, e con poca spesa.
>
> Opuscolo pubblicitario del panorama «In giro al mondo» di J.J. Story[1].

1. *Giro del mondo in due ore.*

Il panorama Garibaldi non è l'unica realizzazione di J.J. Story. La biblioteca della Brown University ha acquisito un opuscolo con la descrizione di quello che sembra essere stato il suo contributo piú significativo a questo genere di spettacolo: un grande panorama mobile datato 1869, che illustra un viaggio per mare e per terra «In giro al mondo». A differenza del panorama Garibaldi, per quanto ci risulta mostrato solo negli spettacoli di Derby e Nottingham, questo perduto «grande panorama» ebbe fortuna e continuò a circolare per alcuni anni. Entrambe le realizzazioni di J.J. Story intrecciano prospettive locali e globali nella forma di un viaggio virtuale[2]. Come esempio di «turismo di guerra», il panorama Garibaldi trasporta i suoi spettatori in un'avventurosa spedizione al seguito dell'Eroe dei due mondi. Il grande panorama perduto «In giro al mondo» annuncia invece un itinerario di ben 32 000 miglia (piú di 50 000 chilometri) intorno al globo, da percorrersi in poco piú di due ore, in un vero e proprio lampo, se paragonato agli ottanta giorni del romanzo di Jules Verne, pubblicato nel 1873[3] [*Fig. 78*].

Se il panorama garibaldino illustra la nascita di una nazione in un'ibrida mescolanza di informazione e spettacolo (*infotainment*), il panorama «In giro al mondo» offre un esempio di *edutainment*, ovvero un misto di educazione, o istruzione, e intrattenimento, oltre che una varietà di quella che potremmo definire «pedagogia imperialistica». Questo gran panorama fu esibito in numerose sedi sparse per tutta l'Inghilterra, a partire dal novembre 1865 e fino al gennaio del 1885, precursore di altri simili viaggi spettacolari, come ad esempio i myriorama dei fratelli Poole, vere e proprie crociere che

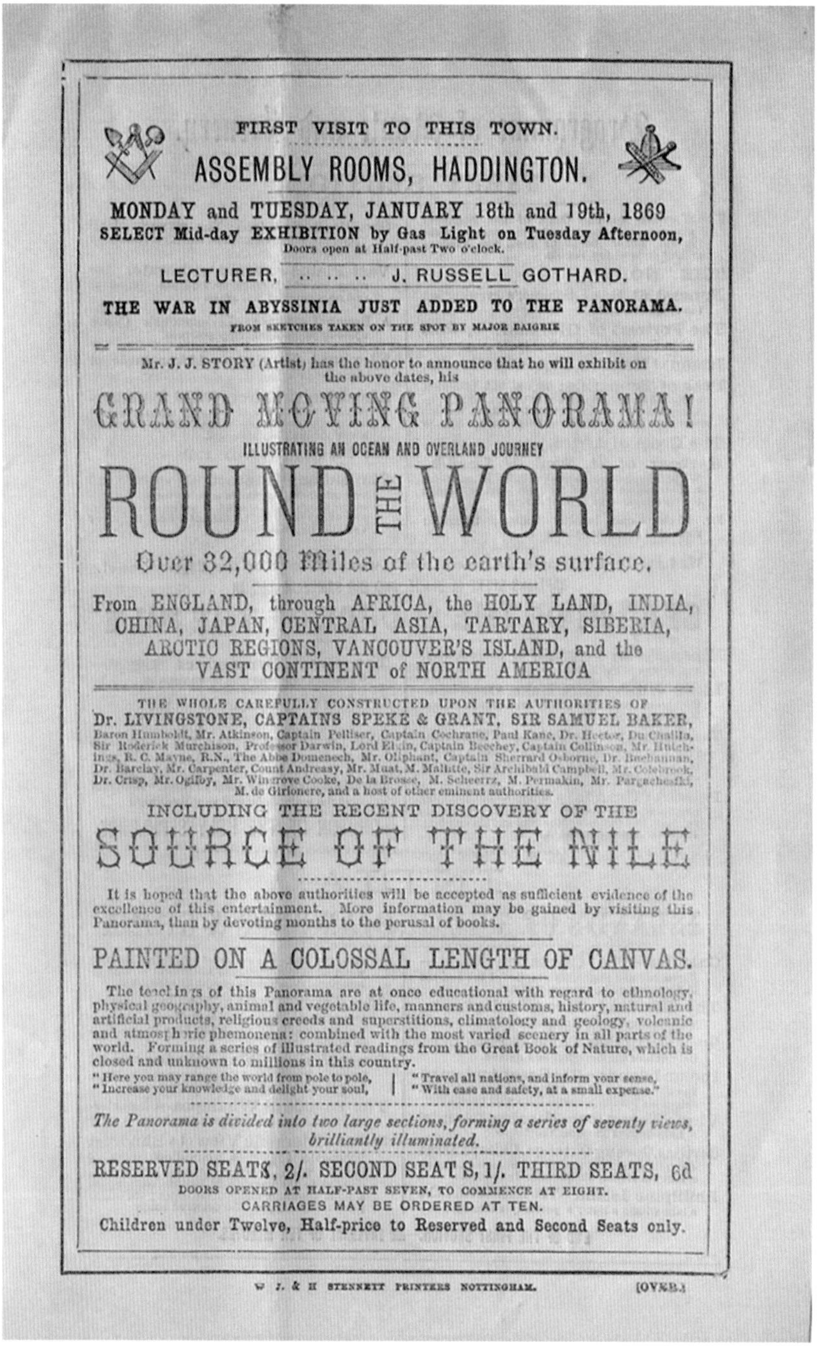
FIRST VISIT TO THIS TOWN.

ASSEMBLY ROOMS, HADDINGTON.

MONDAY and TUESDAY, JANUARY 18th and 19th, 1869

SELECT Mid-day EXHIBITION by Gas Light on Tuesday Afternoon,
Doors open at Half-past Two o'clock.

LECTURER, ... J. RUSSELL GOTHARD.

THE WAR IN ABYSSINIA JUST ADDED TO THE PANORAMA.
FROM SKETCHES TAKEN ON THE SPOT BY MAJOR BAIGRIE

Mr. J. J. STORY (Artist) has the honor to announce that he will exhibit on the above dates, his

GRAND MOVING PANORAMA!

ILLUSTRATING AN OCEAN AND OVERLAND JOURNEY

ROUND THE WORLD

Over 32,000 Miles of the earth's surface.

From ENGLAND, through AFRICA, the HOLY LAND, INDIA, CHINA, JAPAN, CENTRAL ASIA, TARTARY, SIBERIA, ARCTIC REGIONS, VANCOUVER'S ISLAND, and the VAST CONTINENT of NORTH AMERICA

THE WHOLE CAREFULLY CONSTRUCTED UPON THE AUTHORITIES OF
Dr. LIVINGSTONE, CAPTAINS SPEKE & GRANT, SIR SAMUEL BAKER,
Baron Humboldt, Mr. Atkinson, Captain Pelliser, Captain Cochrane, Paul Kane, Dr. Hector, Du Chaillu, Sir Roderick Murchison, Professor Darwin, Lord Elgin, Captain Beechey, Captain Collinson, Mr. Hutchings, R. C. Mayne, R.N., The Abbe Domenech, Mr. Oliphant, Captain Sherrard Osborne, Dr. Buchannan, Dr. Barclay, Mr. Carpenter, Count Andreasy, Mr. Muat, M. Maltitte, Sir Archibald Campbell, Mr. Colebrook, Dr. Crisp, Mr. Ogilby, Mr. Wingrove Cooke, De la Brosse, M. Scheerrz, M. Permakin, Mr. Pargachesfki, M. de Girlonere, and a host of other eminent authorities.

INCLUDING THE RECENT DISCOVERY OF THE

SOURCE OF THE NILE

It is hoped that the above authorities will be accepted as sufficient evidence of the excellence of this entertainment. More information may be gained by visiting this Panorama, than by devoting months to the perusal of books.

PAINTED ON A COLOSSAL LENGTH OF CANVAS.

The teachings of this Panorama are at once educational with regard to ethnology, physical geography, animal and vegetable life, manners and customs, history, natural and artificial products, religious creeds and superstitions, climatology and geology, volcanic and atmospheric phemonena: combined with the most varied scenery in all parts of the world. Forming a series of illustrated readings from the Great Book of Nature, which is closed and unknown to millions in this country.

"Here you may range the world from pole to pole,
"Increase your knowledge and delight your soul,
"Travel all nations, and inform your sense,
"With ease and safety, at a small expense."

The Panorama is divided into two large sections, forming a series of seventy views, brilliantly illuminated.

RESERVED SEATS, 2/. SECOND SEATS, 1/. THIRD SEATS, 6d

DOORS OPENED AT HALF-PAST SEVEN, TO COMMENCE AT EIGHT.

CARRIAGES MAY BE ORDERED AT TEN.

Children under Twelve, Half-price to Reserved and Second Seats only.

W. J. & H. STENNETT PRINTERS NOTTINGHAM. [OVER.]

78. Manifesto che annuncia l'esibizione del panorama di John J. Story «In giro al mondo», 1869.

iniziavano e finivano in Inghilterra «riflettendo l'ideologia nazionalistica che vedeva la Gran Bretagna come il nesso del mondo»[4]. Dipinto su «una tela di lunghezza colossale» (non vengono fornite le dimensioni esatte), come proclama l'opuscoletto di quattro pagine, il programma dello spettacolo acquisito dalla biblioteca della Brown University, era «diviso in due grandi sezioni, formanti una serie di 72 vedute, brillantemente illuminate» che trasportavano gli spettatori dall'Inghilterra all'Africa e attraverso il «continente nero» fino alla Terra santa, e di lí in India, Cina, Giappone, l'Asia centrale, la Tartaria, la Siberia, le regioni artiche, l'isola di Vancouver e il vasto continente nordamericano. L'opuscoletto sostiene che si tratta dell'unica panoramica mondiale mostrata all'epoca in Inghilterra. Le varie tappe del viaggio, «accuratamente ricostruite», erano illustrate da famosi viaggiatori, esploratori o navigatori. I turisti si imbarcavano sul Tamigi e procedevano dalla Torre di Londra a bordo del piroscafo *Alexandra*. Navigavano lungo la costa occidentale dell'Africa, dove si incontravano con il famoso esploratore e missionario David Livingstone, che li guidava «in canoa», lungo l'itinerario del suo grande viaggio attraverso la vasta distesa dell'Africa centrale, fino alle «stupende cataratte» delle cascate Vittoria. Come vedremo, questa apparizione del dottor Livingstone nei panni di guida turistica fornisce anche un sorprendente collegamento tra i due panorami dipinti da Story.

Il giro del mondo virtuale proseguiva risalendo il Nilo, con un tour archeologico delle piramidi d'Egitto, seguito da una visita al Santo Sepolcro, poi attraverso l'India e la Cina, con la visita della Grande Muraglia e «la splendida veduta dioramica di un tempio buddhista» dove si concludeva la prima tappa. Dopo un intervallo di dieci minuti, che permetteva di girare il panorama e di mostrarne il retro, il lato due, la seconda tappa del viaggio iniziava con lo spettacolo di un tifone nei mari della Cina (il che fa pensare che comprendesse una sorta di macchinario da *eidophysikon*, con tanto di effetti speciali). Dopo una sosta in Giappone, per ammirare «le singolari usanze» di una Madama Butterfly che fa «toilette in strada» – un cliché orientalista –, i viaggiatori venivano condotti su una slitta trainata da cani per i paesaggi della Siberia e, attraversando il Passaggio a Nordovest, giungevano nell'alta California, con i suoi «alberi giganteschi» (le sequoie), per poi proseguire verso la Grande Valle di Yosemite e il «Lago Salato dei Mormoni». A questo punto si offriva alla vista dei turisti virtuali un magnifico panorama delle Montagne Rocciose. Ma, in un batter d'occhio, i viaggiatori si ritrovavano tra i variopinti popoli delle praterie centrali, per ammirare le «sepolture indiane sul fiume Cowlitz» e assistere a un «combattimento mortale con l'orso». Dopo avere offerto allo sguardo le terrificanti cascate del Niagara, il Québec e il lago Champlain, il grande tour si concludeva con una «splendida vista del porto di New York».

È significativo che la circumnavigazione inizi in Inghilterra e si concluda a New York, ossia abbracci il mondo conosciuto, nelle sue tappe obbligatorie, procedendo da ovest verso est, dal Vecchio al Nuovo Mondo, una prospettiva occidentale che, a distanza di fasi storiche, riecheggia la Sala dello Scudo del Palazzo Ducale veneziano. Oltre alla straordinaria portata geografica del panorama, una vera cosmografia, l'opuscolo esalta anche la qualità estetica delle immagini: «Le scene, – vi si legge, – sono splendidamente dipinte su tela da J. J. Story, artista e proprietario». E il programma dello spettacolo non manca di sottolineare che l'intera serie è «dipinta a partire da schizzi dei vari luoghi delineati», suggerendo cosí che, come per il panorama Garibaldi, i *tableaux* sono una rielaborazione di disegni presi dal vero, come abbiamo visto un'affermazione volta a certificarne l'accuratezza e la verisimiglianza. In assenza del panorama stesso, non possiamo essere del tutto sicuri delle sue fonti iconografiche. Una rapida ricerca nei volumi degli autori citati dall'opuscolo permette comunque di risalire a una serie di «illustrazioni che corrispondono esattamente ai titoli delle scene del panorama», cosicché «sarebbe del tutto possibile ricreare il panorama perduto», a partire da queste fonti[5]. Anche un collegamento con il ciclo dell'informazione, le notizie illustrate, come nel caso del panorama garibaldino, è del tutto plausibile: ad esempio, alcune scene della «guerra d'Abissinia», dipinte in fretta e furia a partire «da schizzi presi sul posto dal maggiore Baigrie», vengono aggiunte solo dopo le prime esibizioni, confermando cosí il riferimento all'attualità[6].

Ma è soprattutto una pedagogia imperiale a ispirare la spettacolare cosmografia del viaggio virtuale intorno al mondo: un lungo elenco di note «autorità», oltre al dottor Livingstone, garantisce l'accuratezza delle informazioni che Story in persona, maestro di cerimonie degli spettacoli, forniva meticolosamente agli spettatori. Da un articolo apprendiamo che Story ha tenuto al Mercato del grano di Stourbridge «un'interessante e divertente conferenza» illustrando il suo bel dipinto «con l'accompagnamento di un certo signor Parleet al pianoforte» (una conferma che Story stesso, con tutta probabilità, era anche il narratore del panorama Garibaldi, con lo pseudonimo di M. Bianco). Tra gli autori citati spiccano grandi scienziati come il barone Humboldt, il professor Darwin e Lord Elgin (lo «scopritore» dei «marmi di Elgin» esposti al British Museum, di cui si è parlato a proposito di Belzoni). Tutte queste informazioni sono raccolte in un vero e proprio *tour de force* enciclopedico che includeva nozioni di

> etnologia, geografia fisica, vita animale e vegetale, usi e costumi, storia, prodotti naturali e artificiali, credenze religiose e superstizioni, climatologia e geologia, fenomeni vulcanici e atmosferici [...] formando una serie di lezioni tratte dal Grande Libro della Natura, che è inaccessibile e sconosciuto a milioni di persone in questo paese[7].

Una vera enciclopedia panoramica. A confermare l'ibrido *edutainment*, questo spettacolo enciclopedico, accurato e realistico, era coronato da illusionistici effetti speciali, quella che potremmo chiamare una vera e propria fantasmagoria, una resa panoramica dell'effetto notte che offrivano anche le vedute del «mondo nuovo». Ad esempio:

> una grandiosa veduta dioramica della cripta del Santo Sepolcro, che presenta due effetti distinti, come prodotti per incantesimo: in primo luogo il luogo santo è visto alla luce del giorno; poi la Notte proietta le sue ombre profonde sul Sepolcro: si illuminano le lampade e le candele davanti al magnifico altare, e monaci e pellegrini vengono mostrati in atto di devozione, l'intera scena si illumina brillantemente, producendo un'apparizione abbagliante e splendida.

Ma è appunto uno sguardo «imperiale» e «coloniale» quello che caratterizza tanto la concezione quanto la fruizione di questo educativo spettacolo: la terra vista non dalla luna (come nell'opera buffa goldoniana) ma dal centro e dalla prospettiva del nuovo «occhio» del mondo che è l'Inghilterra vittoriana. A giudicare dal successo del suo giro del mondo, J. J. Story aveva chiaramente impressionato il suo pubblico provinciale (come Belzoni, con la sua fantasmagoria orientalista, aveva catturato l'immaginazione e risposto all'egittomania del pubblico londinese). La formula del Grand Tour, estesa alla globalizzazione in corso, sulla scorta delle mire imperialistiche dell'età vittoriana, era piú affidabile del turismo politico o bellico, e della passione che lo animava, una volta passato il «momento garibaldino». Tuttavia, come accennato in precedenza, esiste un collegamento ancora piú diretto tra i due panorami.

Il panorama acquisito dalla Brown University nel 2005 comprende 54 scene, cinque in piú rispetto alla versione esibita a Derby e Nottingham nel 1860-61. Quattro di queste scene, evidentemente aggiunte in seguito, si riferiscono alla famosa battaglia dell'Aspromonte, avvenuta nell'estate del 1862, in cui Garibaldi fu ferito a una gamba. Tra l'ingresso trionfale a Napoli (scena 49) che concludeva lo spettacolo presentato a Nottingham, e la continuazione con la battaglia dell'Aspromonte, si inserisono due *tableaux*: uno che sembra l'abbozzo di uno sfondo naturale, non meglio precisato, e un altro quadro che raffigura quella che a prima vista sembrerebbe una drammatica scena di safari, una caccia al leone, sullo sfondo di un paesaggio esotico: una savana africana, con palme, gazzelle e indigeni nei loro costumi. [*Fig.* 79]. Come conciliare questa scena con la vita e le imprese di Garibaldi che sono il soggetto del panorama? Se è vero che Garibaldi veniva spesso raffigurato come una figura leonina ed era soprannominato il leone di Caprera, la scena, priva di qualsiasi altro riferimento garibaldino, presenta un enigma che neanche il manoscritto poteva sciogliere. Anche la sceneggiatura di Story, infatti, si conclude con l'ultimo *tableau* presentato a Derby e Nottingham.

Come ha dimostrato Peter Harrington, questa scena non ha in verità nulla a che vedere con Garibaldi, ma è ispirata a un altro eroe panoramico che abbiamo già incontrato: il missionario ed esploratore scozzese David Livingstone. In effetti, la fonte visiva di questa sce-

79. John J. Story, panorama Garibaldi, scena 50: «Un leone attacca David Livingstone nell'Africa meridionale», tempera su tela, 1862.

na è un articolo pubblicato sull'«Illustrated London News» qualche anno prima, il 7 novembre 1857[8]. L'attacco del leone, che era quasi costato la vita a Livingstone, divenne uno degli episodi piú copiosamente illustrati delle avventure del noto esploratore: riportato non solo da stampe e dipinti ma riprodotto anche in monumenti pubblici e persino da vetri di lanterna magica, ormai una diffusissima forma di intrattenimento e di educazione nell'età vittoriana [*Fig. 80*]. Il che induce a congetturare che, mentre stava ancora completando la vita panoramica di Garibaldi, Story stesse già pensando a Livingstone,

80. Anonimo, *Livingstone e il leone*, diapositiva in vetro per lanterna magica, dalla raccolta *The Life and Work of David Livingstone*, London 1900 circa.

come ipotizza Harrington e, avanzandogli qualche metro di tela, avesse pensato di offrire agli spettatori la scena famosa dell'attacco del leone come una sorta di *trailer*, un'anteprima[9].

Qualunque sia la ragione, la transizione è significativa anche per noi, poiché prefigura l'ampliamento degli orizzonti panoramici di Story: da Garibaldi, l'Eroe dei due mondi, a David Livingstone, l'esploratore africano, il viaggio panoramico diventa globale e si collega allo sguardo imperiale tradotto in un vero e proprio programma educativo per la classe media della provincia inglese. Tuttavia, come dimostrano gli ultimi quattro *tableaux* del panorama, come ci è pervenuto, prima di rinunciare a Garibaldi come supereroe panoramico Story produsse un altro capitolo della sua vita leggendaria, un ultimo capitolo che si riferisce a un altro celebre episodio, la battaglia passata alla storia come giornata dell'Aspromonte. La battaglia, svoltasi il 28 e 29 agosto 1862, e la ferita al piede riportata da Garibaldi, scatenarono una vera e propria esplosione di voci e notizie piú o meno controllate nell'anfiteatro dell'opinione pubblica internazionale. Non sorprende quindi che Story avesse forse deciso di abbandonare per il momento Livingstone al suo destino e ritornare ancora una volta al Generale. Come vedremo, questo terzo atto nella vicenda panoramica di Garibaldi supereroe ci fornirà anche un'ipotesi sull'ultimo viaggio del panorama, che doveva riportare l'Eroe dei due mondi nel Nuovo Mondo da lui già visitato durante l'esilio, proprio negli anni successivi alla sconfitta della Repubblica Romana che l'aveva reso celebre[10].

2. *Dall'Aspromonte al Nuovo Mondo.*

Pur segnando una battuta d'arresto nella carriera del Generale, e intaccando la sua leggendaria invulnerabilità, la giornata dell'Aspromonte contribuí non poco alla leggenda garibaldina e all'immagine romantica dell'eroe valoroso, temporaneamente sconfitto, come nel 1849, e ora ferito per la stessa nobile causa. Nei primi mesi del 1862 Garibaldi aveva abbandonato il ritiro di Caprera per prendere posto nel neonato parlamento italiano a Torino. In un famoso discorso aveva lanciato un attacco personale contro il primo ministro Camillo Benso di Cavour, il leader del partito moderato e diplomatico che aveva orchestrato l'unificazione italiana. Garibaldi era indignato dal fatto che Cavour lo avesse reso «uno straniero in Italia» cedendo alla Francia la sua città natale, Nizza, in cambio dell'aiuto di Napoleone III nella guerra contro gli austriaci. Accusava inoltre il primo ministro sabaudo di aver provocato «una guerra fratricida» contro i volontari che avevano combattuto per la causa nazionale e incarnavano l'ideale garibaldino di un esercito popolare, idea aborrita dal partito monarchico conservatore che, tuttavia, aveva utilizzato i suoi volontari senza troppi scrupoli nella spedizione siciliana.

Dopo questa drammatica incursione sulla scena parlamentare, Garibaldi si ritirò a Caprera. Tuttavia, le voci che circolavano sulla stampa dell'epoca dicevano l'eroe di nuovo in movimento, diretto in Spagna o in Montenegro, nella costante anticipazione che guidasse i suoi seguaci a sostegno di tutte le cause di indipendenza nazionale. Garibaldi si era recato invece in Lombardia per promuovere la creazione di associazioni cittadine di fucilieri simili ai Robin Hood Rifles, che di un esercito popolare costituivano le radici. Dalla Lombardia era poi volato in Sicilia, ripercorrendo i suoi passi, come nel 1860: «Roma o morte – il grido della sinistra repubblicana – è risuonato ancora nella terra dei Vespri», proclamava Garibaldi nel luglio 1862 da Palermo. Al suo fianco accorsero migliaia di volontari e di picciotti siciliani, veterani della campagna del 1860. Come riferisce il «Nottingham Journal» in data 29 agosto 1862, il giorno dell'Aspromonte, i francesi costituivano di nuovo un formidabile ostacolo sulla strada che doveva finalmente condurre il Generale alla sua elusiva e fatidica meta, la Città eterna:

> Dal momento che l'Imperatore dei Francesi [Napoleone III], ha giurato che la Francia difenderà a oltranza il Santo Padre contro la «demagogica insurrezione» e Garibaldi ha di nuovo lanciato il suo grido selvaggio [*wild cry*] «Roma o morte» [...] ci si può aspettare da un momento all'altro una terribile eruzione in quella terra vulcanica che ora si sta sollevando con entusiasmo rivoluzionario.

Paventata o sperata, l'eruzione non ci fu e l'Aspromonte era destinato a essere una nuova promessa spenta sul nascere piuttosto che il preludio al sognato e ritardato coronamento dell'apoteosi napoletana del 1860, la scena trionfale che concludeva, per il momento, l'epopea del panorama.

Per evitare l'intervento francese, il re d'Italia Vittorio Emanuele e Cavour avevano inviato un contingente per fermare il Generale e le sue camicie rosse, e i due eserciti vennero a contatto sulla montagna calabra: Garibaldi fu ferito in una schermaglia e arrestato. Le proteste subito diffusesi tra il pubblico britannico forniscono lo spunto per le scene aggiunte da Story al suo panorama: le sue fonti sono tre incisioni pubblicate sull'«Illustrated Times» il 20 settembre. Il 6 settembre il giornale aveva già pubblicato un resoconto dettagliato degli eventi che esordiva cosí: «La notizia della cattura di Garibaldi è la peggiore notizia che abbiamo ricevuto dall'Italia dopo il ristabilimento del dominio austriaco in Lombardia tredici anni fa». Come abbiamo detto, il manoscritto che accompagna il panorama non menziona la sequenza aggiunta, ma la narrazione di Story avrebbe adottato lo stesso tono degli articoli del «Times», echeggiando il sentimento dell'opinione pubblica liberale inglese. Colmando questa lacuna, completiamo qui di seguito la sceneggiatura del panorama riportando alcuni brani tratti dalla stampa illustrata contemporanea.

La prima scena della sequenza Aspromonte, il *tableau* numero 52 nella numerazione complessiva, mostra Garibaldi a piedi, circondato dai suoi ufficiali, che scruta da un'altura con un cannocchiale le truppe nemiche, come intento a riconoscere, a colpo d'occhio, «il miglior punto di attacco» [*Fig. 81*]. Ma la didascalia dell'immagine apparsa sull'«Illustrated Times» recita cosí: «Aspromonte. Garibaldi ordina alle sue truppe di non sparare». L'articolo prosegue: «Ora, ecco la verità sulla vicenda dell'Aspromonte. Il Generale supponeva che gli sarebbe stato permesso di proseguire la sua marcia su Roma e di completare cosí l'unificazione del suo paese». Quando vide invece «le truppe italiane venire all'attacco delle sue posizioni, diede ordine ai suoi ufficiali di non far fuoco». Nel riportare la notizia e fare la cronaca della battaglia, la stampa inglese non ha dubbi: fedele ai suoi ideali, Garibaldi non volle fomentare ulteriormente quella «guerra fratricida» che accusava Cavour di aver provocato. Quello che accadde dopo è copiosamente immortalato da una varietà di media, illustrazioni e dipinti ed è anche parte di una cospicua e duratura tradizione folk: «Ergendosi in piedi su una piccola altura, come sempre in prima fila», il Generale viene colpito al piede da due pallottole italiane. «Garibaldi fu ferito… fu ferito ad una gamba», recita il ritornello di una delle canzonette piú famose del Risorgimento, divenuto in seguito una (irriverente) filastrocca.

Come riferisce il racconto di un testimone oculare sull'«Illustrated Times», il Generale ferito fu «trasportato e adagiato ai margini di una pineta», dove alcuni ufficiali italiani lo raggiunsero intimandogli la resa. Come mostra la scena 53 del panorama, Garibaldi dapprima rifiutò: «Aveva ancora nel cuore il grido di Marsala: "Roma o morte!" e desiderava morire» [*Fig. 82*]. Ma i suoi fedeli ufficiali alla fine lo convinsero a risparmiarsi la vita e, come mostra la scena 54, «il grand'uomo [venne] trasportato su una sorta di lettiga dall'Aspromonte a Scilla», giú dall'aspra montagna fino alla costa calabra che porta il nome del famoso mostro mitologico che minacciò la vita di Ulisse e dei suoi compagni [*Fig. 83*]. L'odissea mediterranea di Garibaldi continua cosí. La discesa dalla montagna durò sedici ore, riporta l'articolo del «Times», e il racconto che segue fornisce delle perfette didascalie agli ultimi *tableaux* del panorama. Nel terzo della serie il Generale è ritratto sulla sua lettiga, sorretta dalle sue camicie rosse: lungo il dirupato sentiero «illuminato di notte dalle torce e di giorno da un sole ardente», alla gente che si accalca al passaggio, persino i bersaglieri che lo avevano preso prigioniero intimano «Giú il cappel-

81. John J. Story, panorama Garibaldi, scena 52: «Garibaldi in piedi su una collina, circondato dai suoi volontari, scruta con il cannocchiale l'esercito piemontese nella valle sottostante», tempera su tela, 1862.

82. John J. Story, panorama Garibaldi, scena 53: «Garibaldi ferito a un piede nella battaglia dell'Aspromonte», tempera su tela, 1862.

83. John J. Story, panorama Garibaldi, scena 54: «Garibaldi portato via dal campo di battaglia», tempera su tela, 1862.

lo! È il Generale!» Come riferisce un altro testimone oculare, citato anche lui dal «Times»: «Il viaggio nell'oscurità su una strada cosí accidentata deve aver causato orribili torture al Generale: ma [Lui] non ha mai emesso né un lamento né un gemito». Infine, quando il corteo giunse a destinazione, sugli scogli di Scilla, «il popolo cadde in ginocchio» alla vista dell'eroe ferito e uno dei picciotti esclama: «Ah, lo riconosci, il tuo Generale, tuo Padre!»

Nell'iconografia garibaldina, l'Aspromonte è immortalato come il Calvario dell'eroe, una paradossale trasfigurazione cristiana dell'eroe ferocemente anticlericale, massone e ateo. L'Aspromonte generò infatti un vero e proprio culto della personalità: «Gli oggetti relativi alla vicenda [...] furono raccolti e conservati come "reliquie", – scrive Riall. – Garibaldi fu fotografato in carcere, al Varignano [...] con il piede ferito esposto come una stimmata». Evidentemente ritoccate «per enfatizzare il suo [...] sacrificio», alcune di queste fotografie «furono diffuse come *cartes-de-visite* o litografate»[11]. L'ampia risonanza mediatica della giornata dell'Aspromonte è anche un preludio all'ultimo viaggio del panorama in America. Un ritratto di Garibaldi al Varignano – l'ospedale vicino alla Spezia, sulla costa tirrenica, dove l'eroe venne trasportato e imprigionato – fu pubblicato il 27 settembre 1862 sull'«Illustrated London News». Lo raffigura in posa malinconica, con il mento appoggiato sul pugno, la gamba fasciata distesa su uno sgabello, mentre sullo sfondo si profila l'ombra di un bersagliere di guardia [*Fig. 84*]. Questo disegno, di Jean-Adolphe Beaucé (1818-1875), è accompagnato da un articolo eloquentemente intitolato *Il prigioniero d'Italia*. Il numero del 4 ottobre dell'«Illustrated London News» pubblica altri disegni dell'artista francese, tra cui una veduta di Varignano che è la fonte dell'ultimo *tableau* del panorama [*Fig. 85*]. A conferma della diffusione di questa iconografia e in notevole coincidenza con le scene aggiunte del panorama, una sorta di trittico venne pubblicato (come segnala Riall) nell'album *Giuseppe Garibaldi da Caprera ad Aspromonte*: «un'immagine relativa allo scontro stesso, con la didascalia, "Non sparate!'» pronunciata da Garibaldi; la seconda, il trasporto di Garibaldi a Scilla [...] e la terza di Garibaldi sofferente sul suo letto», sostituita nel panorama dalla veduta di Varignano[12] [*Fig. 86*].

Da un annuncio pubblicato su «The Era» nel gennaio 1863 apprendiamo che solo un paio di mesi dopo queste vicende J.J. Story mise il panorama in vendita. L'inserzione parla di «54 scene, ma-

84. Incisione (stampa) da un disegno di Jean-Adolphe Beaucé, *Garibaldi al Varignano*, in «The Illustrated London News», 27 settembre 1862.

gnificamente dipinte». Non vi è alcuna prova che la versione con le scene della giornata dell'Aspromonte sia mai stata esibita. Dai registri della biblioteca della Brown University relativi all'acquisizione, apprendiamo che Anthony Burford, «un membro di una famiglia del Cotswold, emigrato negli Stati Uniti nel 1854» e stabilitosi a East Liverpool in Ohio, acquistò il panorama da Story durante una visita in Inghilterra e lo riportò negli Stati Uniti, dove «tentò di esibirlo, ma con scarso successo»[13]. Un articolo pubblicato sull'«Evening Review» di East Liverpool il 4 settembre 1934 fornisce ulteriori dettagli sull'acquisto di Burford, il quale spese una somma «tra le 30 e le 40 sterline, equivalenti a 150 dollari nel 1863» (circa 4000 dollari al valore attuale). L'articolo aggiunge che il panorama può essere descritto «in un certo senso come uno dei primi spettacoli cinematografici [*motion picture*]», un paragone ormai entrato nell'uso comune. L'articolo conferma il successo limitato ottenuto da Burford

85. Incisione (stampa) da un disegno di Jean-Adolphe Beaucé, *Gli alloggiamenti di Garibaldi alla fortezza del Varignano, La Spezia*, in «The Illustrated London News», 4 ottobre 1862.

quando cercò di esibire il panorama nelle zone circostanti, tra il West Virginia e la Pennsylvania[14]. Su questo tentativo sono emerse poche notizie: un annuncio, pubblicato sul «Pittsburgh Daily Post» il 7 gennaio 1864, parla di una serie di rappresentazioni del panorama Garibaldi a Lafayette Hall, una sala nota come la «culla del GOP» (il Grand Old Party, il Partito repubblicano americano) perché nel 1856 ne aveva ospitato la prima convenzione nazionale. Da questo articolo apprendiamo che l'esibizione di «questa celebre opera d'arte» prevedeva una conferenza di «Mr A. Benford», chiaramente un refuso del nome Burford[15].

È interessante notare che, secondo lo stesso annuncio, l'opera d'arte esposta a Pittsburgh conteneva «49 vedute», il che suggerirebbe che le scene aggiuntive della battaglia dell'Aspromonte non fossero incluse nello spettacolo. Vale la pena di chiedersi perché. L'articolo dell'«Evening Review» afferma anche che «l'enorme tela conteneva scene di combattimenti in Italia prima, durante e dopo la guerra civile americana»: le uniche scene del panorama raffiguranti eventi accaduti dopo l'inizio della guerra civile americana non potevano essere che le scene della battaglia dell'Aspromonte. Sorge il dubbio se un collegamento con la guerra civile effettivamente esista e possa fornire una spiegazione sia dell'investimento che Anthony Burford

86. John J. Story, panorama Garibaldi, scena 55: «Gli alloggiamenti di Garibaldi alla fortezza del Varignano, La Spezia», tempera su tela, 1862.

credette di fare trasportando il panorama in America, sia del suo limitato successo.

L'autore dell'articolo scritto nel 1934, Tom T. Jones, attribuisce la diffusione limitata del panorama alle circostanze in cui Anthony Burford tentò di esibirlo: «Dato che era allora in corso la guerra civile, il pubblico non era attratto da scene di guerra europee. Né lo fu negli anni successivi, poiché gli americani erano poco attratti da spettacoli di guerra, dopo il sanguinoso scontro durato quattro anni tra il Nord e il Sud»[16]. È probabilmente cosí ma forse ciò non esclude un'altra spiegazione. Come abbiamo visto, la popolarità di Garibaldi nel Regno Unito raggiunse il suo apice nel 1864, all'indomani dell'episodio dell'Aspromonte, che rese l'eroe ferito una *cause célèbre* sia politica che medica. Anche in Nordamerica, come in Inghilterra, la popolarità del Generale era esplosa al tempo della spedizione siciliana, un anno prima dell'inizio ufficiale della guerra civile. In occasione della celebrazione annuale dell'indipendenza americana nel 1860, «Garibaldi, "il Washington d'Italia", come divenne noto, condivise gli onori tributati ovunque dagli oratori al padre degli Stati Uniti»[17]. Che il 4 luglio, la data della festa nazionale, fosse anche il giorno del compleanno di Garibaldi suggella questa simbolica fratellanza. All'epoca in cui Anthony Burford, nei mesi successivi alla battaglia dell'Aspromonte, decise di intraprendere la sua breve carriera di impresario acquistando da Story il suo panorama, la popolarità di Garibaldi si era rinfocolata anche in America.

Ne troviamo conferma in una serie di articoli sulla stampa locale pubblicati nei mesi e nelle settimane precedenti alle esibizioni del panorama in Ohio e Pennsylvania. Apprendiamo cosí che il noto radicale irlandese Thomas Mason Jones, un veterano delle campagne garibaldine, era in tournée proprio in quel periodo tra New York, Brooklyn e Filadelfia con uno spettacolo che i giornali dell'epoca descrivono come una «conferenza illustrata» e una «celebre orazione»: intitolata *Garibaldi e l'Italia*, la performance comprendeva anche una «Storia della vita di Garibaldi [con] dipinti delle battaglie di Garibaldi, immagini dell'Italia sotto il dominio dispotico, schizzi dell'Italia all'alba della sua rinascita»[18]. Una recensione del «Cleveland Daily Leader» conferma che il successo fu enorme: «L'orazione fu poco meno che sublime, e si concluse con un fragore di applausi tali che raramente si sentono risuonare nell'Accademia di Musica», la sala dove si era svolto lo spettacolo. L'articolo fornisce anche la seguente descrizione: «Oltre all'eloquente ritratto di Garibaldi, il signor Jones ha dipinto con vivide immagini le scene avvincenti di cui è stato testimone, tra le quali quelle che mostrano come il mostro re Bomba di Sicilia era solito trattare le vittime dei suoi capricciosi sospetti»[19].

Questa descrizione ricorda inconfondibilmente le scene di tortura incluse nel lato due del panorama garibaldino cui abbiamo accennato in precedenza: la scena 38, il «Bagno d'Ischia» e la scena 39, la «Camera delle torture» del carcere di Monreale (Palermo), entrambe famigerate segrete del re Bomba, come veniva soprannominato Ferdinando II delle Due Sicilie per aver ordinato un feroce bombardamento della città-porto di Messina nel 1848 [*Figg. 87-88*]. È solo una coincidenza? La descrizione corredata di immagini grafiche era circolata, come si è detto, sulla stampa britannica. Si può ipotizzare un legame piú diretto tra le orazioni illustrate di Thomas Mason Jones e la vita di Garibaldi illustrata del panorama di Burford? Sembrerebbe di sí, ma la nostra è destinata a rimanere soltanto un'ipotesi. Negli articoli citati non si fa infatti menzione del panorama e dunque potrebbe trattarsi solo dell'ennesima conferma che la leggenda di Garibaldi continuava a circolare in parole e immagini che presentavano tutte la stessa forma: testimonianze «oculari», racconti avventurosi illustrati (o dipinti a parole) con vividi colori. Ma visto il successo della tournée di Jones, è lecito chiedersi perché «questo bellissimo e istruttivo panorama che ritrae la vita e le imprese del Washington d'Italia, Garibaldi, insieme ai variopinti scenari di quel paese tanto vario», come lo descrive il giornale di Pittsburgh, non catturò l'immaginazione degli abitanti dell'Ohio o della Pennsylvania solo qualche mese dopo, nel 1864[20]. Forse la ragione è proprio che, dopo quattro anni di sanguinosa guerra civile, il pubblico americano era ormai «sazio di visioni di combattimenti». Per di piú vari panorami della guerra civile erano già in circolazione in quel momento, come ad esempio le «scene della grande ribellione» di Harry Davis[21]. Ma ci resta ancora un dubbio: perché i *tableaux* della battaglia dell'Aspromonte aggiunti da Story non erano inclusi nello show americano di Burford? Forse perché quest'ultimo intendeva riproporre l'immagine di un eroe trionfante e non quella melanconica di un eroe sconfitto e ferito, nonostante fosse questa che aveva rinfocolato l'immaginazione popolare e l'affetto per il Generale?

Vale forse la pena di ricordare un altro episodio nella vita del nostro eroe che potrebbe, con un po' di fantasia, essere collegato all'ap-

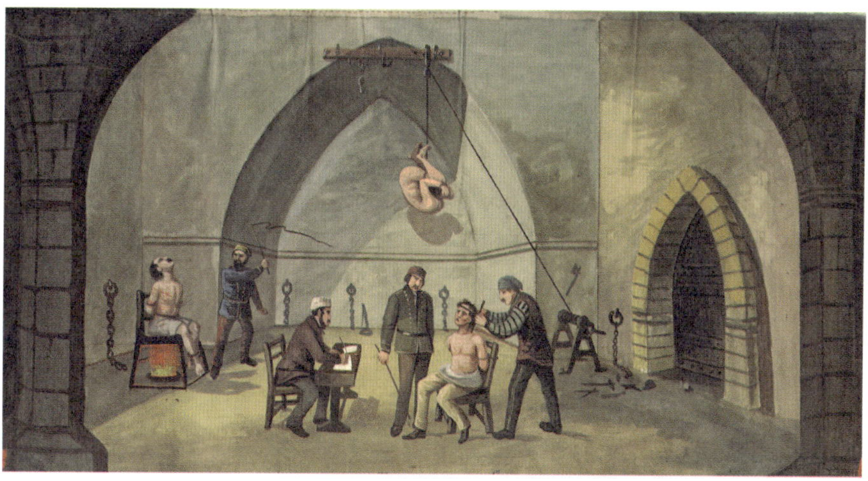

87. John J. Story, panorama Garibaldi, scena 38: «Bagno d'Ischia. La prigione di Carlo Poerio e Michele Pironti», tempera su tela, 1860.

88. John J. Story, panorama Garibaldi, scena 39: «Camera delle torture, prigione di Monreale, Sicilia», tempera su tela, 1860.

prodo del panorama di Story in Nordamerica. Il 26 ottobre 1862 il ritratto di *Garibaldi al Varignano*, ferito e prigioniero, pubblicato tre settimane prima sull'«Illustrated London News» (cfr. *supra*, Fig. 84) era apparso in prima pagina sulla popolare rivista americana «Harper's Weekly». Il breve articolo che accompagnava l'immagine collegava apertamente Garibaldi alla guerra civile americana, descrivendo l'offerta che gli era stata fatta dallo stato maggiore di Lincoln «di accettare un comando nel nostro esercito», l'esercito dell'Unione[22]. L'episodio a cui si riferisce l'articolo è ben documentato dagli storici; non era la prima volta che rappresentanti di Lincoln tentavano di reclutare il Generale alla loro causa. Un'offerta simile era stata già avanzata nel 1861, dopo la conclusione della spedizione siciliana, quando Garibaldi, dopo il discorso al parlamento di Torino, si era temporaneamente ritirato nel suo eremo di Caprera[23]. E, subito dopo l'Aspromonte, l'invito era stato rinnovato per via diplomatica[24]. Il 25 settembre 1862, il «London Times» riferiva in un editoriale, apparso anche sul «New York Herald» il 6 ottobre, che «non è impossibile che si possa presto vedere Garibaldi attraversare l'Atlantico sotto le mentite spoglie di un cittadino americano, per unirsi alla lotta di una nazione per la libertà». Forse Anthony Burford aveva letto questi resoconti che accreditavano le voci di un imminente ritorno del Generale nella New York dove era stato «in esilio» e, come J. J. Story nel 1860, aveva forse visto l'opportunità di salire sul nuovo «carro di Garibaldi», decidendo cosí di acquistare il panorama nel 1863. Pensava che dall'altra parte dell'Atlantico si stesse preparando il terreno per un altro «momento garibaldino», un momento propizio per esibire tra l'Ohio, New York e la Pennsylvania i magnifici cartoni semoventi che raccontavano la vita e le imprese del Generale, come aveva fatto il fantomatico M. Bianco – «Viva Garibaldi!, due ore con Garibaldi, il supereroe panoramico, in procinto di apparire in carne e ossa sulla scena della guerra civile americana, in camicia rossa, alla guida dei volontari internazionali, pronti ad accorrere a sostegno di ogni causa giusta: come quel battaglione della Guardia Garibaldi che era sfilato davanti a Lincoln il 4 luglio 1861» –, come riporta fedelmente l'«Illustrated London News» includendo un'incisione che si basa su uno schizzo dell'onnipresente Frank Vizetelly [*Fig. 89*].

Non abbiamo alcuna prova da offrire a sostegno di questa congettura, ma ci sembra plausibile, cosí come è altrettanto plausibile supporre che, quando il progetto di Anthony Burford di portare il panorama in tournée venne realizzato, all'inizio del 1864, era ormai chiaro che l'Eroe dei due mondi non sarebbe tornato di persona in America a combattere per l'Unione. Nonostante gli sforzi dei suoi reclutatori, il generale Garibaldi non accettò mai le offerte di arruolarsi nell'esercito di Lincoln. L'ipotetico coinvolgimento nella guerra civile americana resta infatti un capitolo non scritto nella storia, o nel romanzo, del nostro eroe. Le ragioni del gran rifiuto sono ancora dibattute dagli storici, e hanno forse a che fare con la richiesta, avanzata da Garibaldi, di ottenere «piena autorità» nell'affrancare gli schiavi (come aveva affrancato il fedele Aguyar, martire della Repubblica Romana), un'autorità che Lincoln esitava a concedergli. O forse queste ragioni sono da collegare alla riluttanza dello stesso Garibaldi a impegnarsi in un'altra guerra fratricida mentre la sua missione italiana – «Roma o morte!» – rimaneva ancora incompiuta[25].

89. Incisione da uno schizzo di Frank Vizetelly, *Il presidente Abraham Lincoln e il generale Winfield Scott passano in rassegna le truppe federali il 4 luglio: sfila il reggimento di volontari Guardia Garibaldi*, in «The Illustrated London News», 3 agosto 1861.

Qualunque sia la vera spiegazione, la possibile venuta di Garibaldi nel 1864 aveva forse esaurito il suo immediato richiamo in Nordamerica, mentre il Generale in persona veniva accolto trionfalmente a Londra.

La vicenda dell'eroe panoramico prosegue ancora, oltre quel fatidico 1862, oltre l'immagine malinconica dell'eroe ferito, frustrato ancora una volta nel suo sogno (Roma, il premio inafferrabile); oltre l'immagine del «prigioniero d'Italia», simbolo di un'altra guerra civile. Altre immagini, altre vicende completeranno il ritratto di un personaggio e il racconto di una vita memorabile, che neppure il montaggio retrospettivo della morte ha consumato ed esaurito del tutto (tanto è vero che continuiamo a immaginarla e scriverci sopra). D'altra parte, nonostante l'aspirazione del secolo, nessun panorama potrà mai contenere la totalità della storia, finché questa è in corso; o fermare il tempo fin che scorre. Ciò che ci resta di questa storia e questo tempo è una capsula: il panorama di M. Bianco, J.J. Story e Anthony Burford è giunto a noi come testimonianza di un preciso momento storico che accomuna l'Italia e la Gran Bretagna nel nome dell'eroe, e fors'anche testimonia un'occasione perduta per il pubblico americano di vedere il piú grande dei supereroi panoramici in azione, a colori, sul «grande schermo» della storia vera. A noi, ha offerto l'opportunità di gettare un colpo d'occhio retrospettivo su una storia narrata e immaginata nel vivo: una storia sempre in procinto di accadere, che forse non è andata proprio cosí ma cosí si sarebbe potuta verosimilmente svolgere.

Parte sesta

L'Italia attraverso lo stereoscopio
Da Venezia alla Sicilia
1900 circa

Capitolo primo
Sculture solari e ombre fossilizzate

> Persino le migliori fotografie non ci sembrano che fotografie; non creano l'illusione di realtà, solidità, profondità. Anche le migliori non sono altro che ombre. Ma con lo stereoscopio la meraviglia della fotografia giunge al culmine.
>
> GEORGE J. SMITH[1].

> Ombre lontane! Io credo che per scorgervi occorra un ausilio ottico e sia questo che vi capovolga.
>
> ITALO SVEVO[2].

1. *Scorticare la realtà.*

In quest'ultima parte ci concentreremo sullo stereoscopio, inventato da Charles Wheatstone nel 1838 e perfezionato in visore portatile da David Brewster nel 1849, il dispositivo che piú di ogni altro sembra adombrare le esperienze immersive oggi possibili grazie alla tecnologia digitale [*Figg. 90-91*]. Da molti punti di vista, la stereoscopia costituisce il coronamento del realismo virtuale ottocentesco e lo stereoscopio riconfigura in sé svariate caratteristiche dei dispositivi presi in considerazione finora: come il «mondo nuovo» evoca «lontananze e prospettive» e le presenta vividamente allo sguardo; come la camera oscura converte impressioni retiniche in percezioni mentali, pur rovesciandole, e offre un umbratile riflesso delle cose; come una fantasmagoria reale proietta l'osservatore nello spazio (e nel tempo), o produce l'impressione che le cose si protendano verso chi guarda; come il panorama consente di esplorare il mondo a colpo d'occhio, nella sua totalità e in dettaglio. Ma rispetto ai dispositivi presi in considerazione finora, lo stereoscopio si basa su una nuova tecnologia che riproduce direttamente il reale, non lo rappresenta pittoricamente.

In un articolo pubblicato sull'«Atlantic Monthly» nel 1859, Oliver Wendell Holmes tesseva le lodi della tecnica che aveva finalmente realizzato le teorie degli atomisti Democrito di Abdera e Lucrezio, secondo i quali «forme, effigi, membrane, o pellicole perpetuamente si distaccano [o emanano] [...] dalle superfici e dai solidi come la corteccia dagli alberi»; queste «membrane evanescenti si possono notare sulla superficie trasparente di un'acqua calma, o su uno specchio, persino nella pupilla di un animale da chi l'osservi direttamente»; meglio ancora, riflettono «la coscienza che agisce dietro l'occhio nell'ordinario atto del vedere»[3]. Tutti questi fenomeni sono percepibili a occhio nudo, ma grazie alla nuova tecnologia fotografica «possiamo "scorticare" i nostri amici ed essere "scorticati" da loro [...] con l'aiuto del tagliente raggio di sole che aveva scorticato Marsia». Il riferimento è al mito di Apollo (il Sole) e del satiro che lo aveva sfidato con il suo flauto[4]. Holmes non lo menziona, ma il processo che descrive fa anche pensare al modo in cui Belzoni, usando una tecnica differente – i calchi in cera di Parigi – aveva «distaccato» le ieratiche figure del pantheon faraonico dalle pareti della tomba di Seti per portarle con sé e metterle in mostra all'Egyptian Hall. La piú recente invenzione del «Prometeo Daguerre», il dagherrotipo, conferisce un nuovo significato a questa operazione di «scorticamento» volta a produrre un facsimile della realtà:

> Distacchiamo un'impalpabile scheggia dalla superficie delle piramidi. Solleviamo dalla cupola di San Pietro quell'altra cupola imponderabile che le si adattava cosí bene da tradire ogni graffio dell'originale. Rimuoviamo una sottile e secca cuticola dalle rapide del Niagara e la posiamo sulla nostra

90. Stereoscopio a specchi inventato da Charles Wheatstone, legno e vetro, 1844.

carta asciutta senza rompere una bolla o perdere un granello di schiuma. Rubiamo un paesaggio ai suoi legittimi proprietari sfidando l'accusa di disonestà. Scortichiamo i selciati lungo la strada e nessuno ci accusa del furto[5].

Dopo aver stabilito che la nuova tecnologia ha la capacità di rimuovere gli impalpabili contorni del mondo esterno, Holmes procede a elogiare un altro potere della fotografia, riverberato dalla moda di metà Ottocento dei biglietti da visita o dei ritratti fotografici da album di famiglia. È giunto il momento di invertire il punto di vista e puntare le lenti dal mondo esteriore verso quello interiore:

Le impronte del pensiero, della passione, delle nostre intenzioni, sono tutte custodite in queste ombre fossilizzate. [...] I nostri occhi possono perdere traccia delle immagini che percepiscono. I genitori a volte dimenticano i volti dei loro stessi figli dopo una separazione di uno o due anni. Ma l'imperitura retina artificiale [della fotografia] che li ha osservati trattiene la loro impronta, e un nuovo raggio di sole li deposita sul nervo vivente come se fosse irradiato dalla forma vivente. Come durano queste ombre, e come svaniscono i loro originali![6].

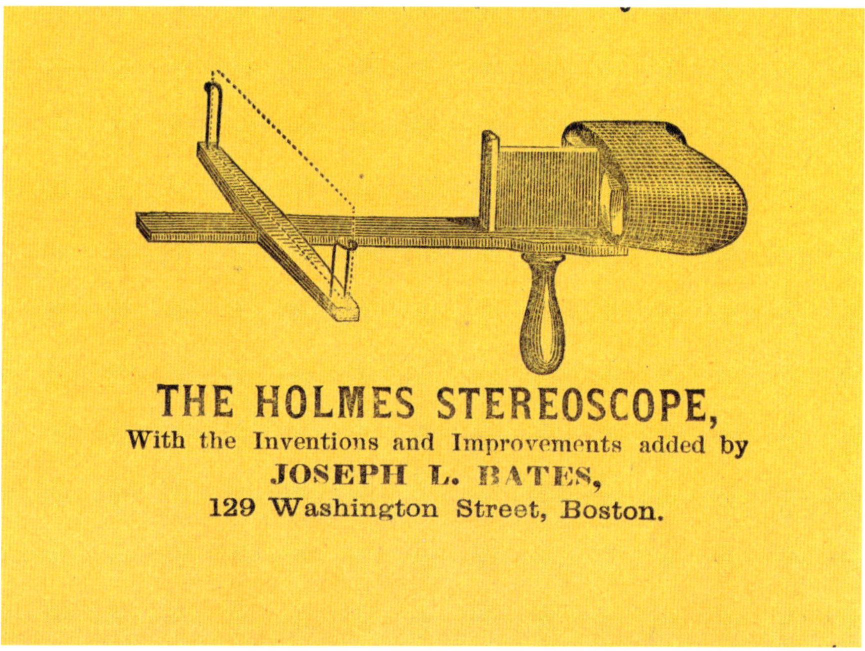

91. Pubblicità dello stereoscopio Holmes.

Le parole di Holmes echeggiano quelle di Elizabeth Barrett in una lettera del 1843 a Mary Russell Mitford: «Non è solo la somiglianza che è preziosa in tali casi, ma [... il] senso di prossimità [...] il fatto che l'ombra stessa della persona rimanga fissata lí per sempre!»[7]. A questi poteri misteriosi della fotografia, capace di staccare dagli oggetti la loro effigie luminosa e di evocare una fossile ombra di defunti o assenti, conservando le emozioni che la loro vivente presenza comunicava, lo stereoscopio aggiunge un'altra proprietà: una «sbalorditiva illusione di solidità» che corona «l'effetto che tanto incanta l'immaginazione»[8]. Non solo la «pelle» viene distaccata da questi corpi, ma la loro intera corporeità è catturata e registrata dalla macchina fotografica.

2. *Dal colore alla forma.*

Questo strabiliante effetto si ottiene attraverso un semplice trucco: decomponendo la visione monoculare in una binoculare, basata sull'anatomica disparità della nostra visione effettiva, e ricomponendo l'immagine, quasi magicamente, nella mente dell'osservatore. A entrambi gli occhi si presenta cosí la stessa *pictura* (per riprendere la terminologia di Keplero) ma vista da due angolature leggermente diverse. Attraverso l'apparato, le due immagini si ricompongono in un'unica *imago* da cui emana una vivida impressione di profondità e solidità (in greco *stereos* significa «solido»)[9]. La fotografia stereoscopica inaugura una nuova fase nella virtualizzazione realistica del mondo: «In effetti, la materia come oggetto visibile non è piú di grande utilità, se non come stampo su cui viene modellata la forma», scrive Holmes[10]. La «freschezza» del colore che produceva l'aura del facsimile passa in secondo piano. Ne risulta un realismo paradossalmente spettrale, ma proprio per questo ipnotico. Distaccare la «pelle» dal corpo fisico, permette alla «forma» corporea, soggetta com'è nella realtà a mutevoli condizioni di luce, di apparire in tutta la sua im-permanenza: come una radiografia delle cose, ma una radiografia che invece di cogliere solo la silhouette, il negativo, produce un'impronta fedele della vita stessa. Priva di colore, la corporeità tridimensionale degli oggetti risalta (come nella *Somatascopia* di Belzoni), provocando in chi guarda «un'esaltazione onirica delle facoltà, una sorta di chiaroveggenza in cui sembra di lasciare il corpo dietro di noi e di volare via in una strana scena dopo l'altra, come spiriti disincarnati»[11].

Questo «macchinario pittorico» – come lo chiama Holmes – produce dunque uno scambio tra proprietà fisiche e percettive, poiché «le ombre dell'immagine della fotocamera diventano le luci dell'immagine su vetro»[12]. Visti attraverso lo stereoscopio, gli oggetti fluttuano nello spazio, corporei ma disincarnati, con un'iridescenza paradossalmente neutra che simula movimento e animazione, in un modo che ricorda gli effetti della camera oscura nella descrizione che ne dava Algarotti, «fissati» adesso da un procedimento fotochimico:

> Per quanto riguarda il movimento, sebbene ovviamente non sia presente nelle immagini stereoscopiche, eccetto in quei giocattoli che sono stati introdotti di recente, è comunque meraviglioso vedere come l'effetto del movimento sia prodotto dalla piú leggera variazione di luce sull'acqua o sulle foglie degli alberi come se fosse percepito da entrambi gli occhi nell'immagine doppia[13].

Guardando attraverso questo congegno, una sorta di vibrante vita spettrale prende forma: una «delineazione» che fa di una stereografia una «scultura di sole» piuttosto che un «quadro di sole», come lo è una fotografia ordinaria, aumentando ulteriormente e in un certo senso purificando l'effetto di realtà del mezzo fotografico. Prodotto di questo dispositivo è una paradossale «evidenza», scultorea ma fossile, piú difficile da confutare o alterare[14]. Se nella *Somatascopia* di Belzoni l'effetto tridimensionale emanava dal chiaroscuro delle candele su un corpo reale, nella stereoscopia sembra che una tangibile corporeità irradi direttamente da ombre disincarnate e prive di colore, ombre appunto «fossili». Il risultato non è lontano da una fantasmagoria reale, ma una fantasmagoria alla seconda potenza. Il facsimile della realtà emana ora dalla cosa stessa, non dalla sua copia; condensa la sua sostanza, esteriore e interiore, con tutte le sue proprietà percettive ed emotive: un'altra possibile definizione dell'aura, ma di una sua varietà iper-realistica. Chi guardi *attraverso* lo stereoscopio, entra in una dimensione persino piú reale del mondo vero.

3. *Un nuovo tipo di evidenza.*

Holmes sceglie parole roboanti per descrivere le meraviglie dello stereoscopio, che attribuiscono cosí una qualità veramente fantasmagorica al viaggio virtuale.

Questi spettacoli, le Alpi, i templi, i palazzi, le piramidi, ti vengono offerti per una nonnulla, e li puoi portare a casa con te, in modo che tu possa guardarli a tuo piacimento, accanto al caminetto, quando sei dell'umore giusto, senza prendere freddo, senza dover arrancare dietro un «valletto di piazza», e in qualsiasi ordine di successione ti aggrada – saltando da un ghiacciaio al Vesuvio, dalle cascate del Niagara a Memphis – per tutto il tempo che vuoi, interrompendoti solo quando ti va; e tu, abitante di questo pianeta incomparabilmente noioso, ti sei appena accorto di questo dono divino, che, se un angelo l'avesse portato giú sulla terra da qualche sfera piú vicina al trono centrale, sarebbe stato considerato degno del messaggero celeste a cui era stato affidato[15].

Viene esaltato ciò che altrimenti rischia di essere sottovalutato come un semplice *gadget* anche da molte persone «di cultura e gusto». Per dimostrare il potere di queste immagini, Holmes sfoglia la sua collezione personale di stereografie, portando con sé i suoi lettori in un viaggio virtuale che parte da New York, in rotta verso l'Europa:

Ci è sembrato che potesse forse suscitare l'interesse in alcuni dei nostri lettori, se li portiamo con noi attraverso un breve viaggio stereografico, descrivendo non i luoghi, ma le fotografie di essi che abbiamo nella nostra collezione. [...] Ma il lettore deve ricordare che questo viaggio offre solo un piccolo campione di alcune scene scelte dalla nostra galleria, che ne annovera migliaia. Visitarle tutte, come i turisti visitano le realtà, e riportare tutto ciò che abbiamo visto, con le solite spiegazioni e illustrazioni storiche, costituirebbe un formidabile libro di viaggi[16].

Anche la velocità è un fattore, in questa potenziata esperienza di viaggio. Come vanta una pubblicità della fine del XIX secolo [*Fig. 92*], i viaggi stereoscopici intorno al mondo potevano persino dimezzare il tempo convenzionalmente impiegato dai tour panoramici, come il grande viaggio del panorama «In giro al mondo» di Story. Per illustrare la novità della stereografia come «scultura solare», Holmes si sofferma su una famosa immagine di Broadway, inclusa nelle «Vedute istantanee di New York» (1859) di Edward Anthony[17]. Nell'esaminare questa stereografia e proporla come modello, a colpire l'attenzione di Holmes è il movimento sospeso delle persone che affollano la scena:

Eccoci nella via principale della grande città. Questa è l'istantanea miracolosa del signor Anthony presa su Broadway. È la storia orientale [*sic*] della città pietrificata resa reale ai nostri occhi. Il suo carattere è, forse, mostrato al meglio dall'uso che ne facciamo nelle nostre lezioni, per illustrare la fisiologia del camminare. Ogni piede è colto nel suo movimento con tale precisione che appare chiaramente come se fosse immobile. Siamo sorpresi di vedere, in una figura, quanto sia lungo il passo, in un'altra, quanto sia piegato il ginocchio, in una terza, quanto curiosamente il tallone colpisca il suolo prima del resto del piede, in tutte, quanto in ogni sua singola parte il corpo si adatti all'azione del camminare[18].

Parole che fanno pensare agli esperimenti piú tardi di Étienne-Jules Maray e di Edward Muybridge. In questa veduta di New York, descritta come una sorta di esotica rovina archeologica, pietrificata

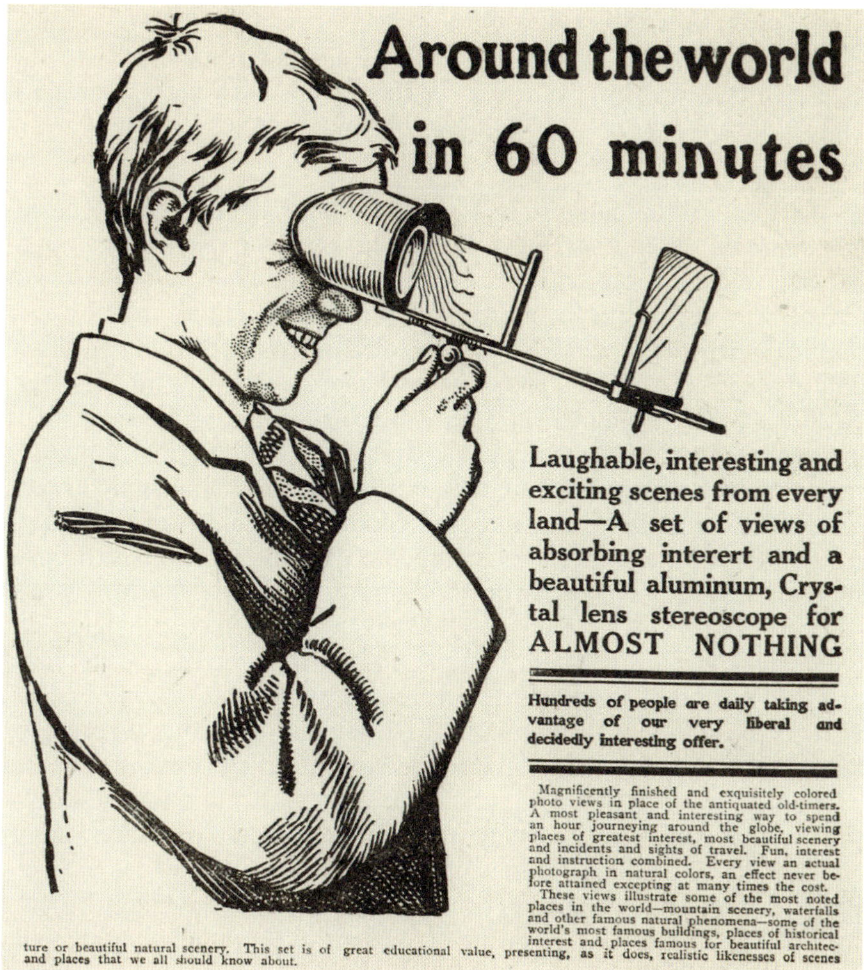

92. Pubblicità di stereoscopio, fine XIX secolo.

o fossilizzata, le impronte dei viventi sono colte nell'atto stesso di essere impresse; il movimento è evidenziato dalla loro immobilità e, viceversa, l'immobilità trasmette il movimento, come in un panorama, ma con l'aumentato realismo dell'immagine fotografica. Se, come abbiamo visto, nel panorama l'azione congelata poteva risultare strana o persino comica, la stereografia suscita un altro effetto: qui il movimento virtuale emana proprio dalla fissità: «come se fosse immobile». Visto attraverso lo stereoscopio, una sorta di multiplanare lente di ingrandimento, anche il minimo dettaglio acquista rilievo, diventa una «prova» inalterabile, quasi piú vera del vero:

> Ma che meraviglia è questa, uno scorcio incentrato sulla vita di una città possente mentre scorre in tutta la sua complessità di movimenti molteplici! Centinaia di oggetti in questa immagine potrebbero essere identificati in tribunale dai loro proprietari[19].

La stereografia inaugura cosí un nuovo protocollo di «certificazione» del reale. Rispetto al panorama, un nuovo tipo di evidenza tangibile si rivela a un colpo d'occhio approfondito dalla combinazione di iconicità e profondità fotografica: un realismo virtuale che non solo duplica la realtà ma rivela strati di realtà nascosti sotto la superficie dell'immagine, o congelati in essa per essere «estratti» da chi osserva. Questi due elementi, la natura intrinsecamente dinamica della visione stereoscopica e la ricchezza di dettagli che mette in rilievo, lo rendono un perfetto dispositivo per un'esperienza di viaggio ancora piú realisticamente immersiva di quella offerta dal panorama. Mentre i panorami della metà del XIX secolo usavano talvolta la fotografia come fonte per la loro riproduzione pittorica della realtà (era il caso di Langlois), lo stereoscopio «scava» direttamente nella realtà come sua fonte immediata. Nel panorama, le tecniche prospettiche producevano un effetto di rappresentazione pensato per chi osserva a occhio nudo; nello stereoscopio, una manipolazione tecnologica basata sulla disparità binoculare riflette e modifica la percezione del mondo da parte dell'occhio umano. L'osservatore monoculare della prospettiva pittorica (il gentiluomo con il monocolo di Giandomenico Tiepolo) si sdoppia in un soggetto osservante che vede, o percepisce, di piú. In altre parole, se nel panorama come mezzo pittorico l'effetto di realtà era incorporato prospetticamente nel quadro, nella stereoscopia si incorpora nel soggetto che guarda attraverso il dispositivo bifocale[20]. L'occhio e il dispositivo sono inseparabili, e sempre piú integrati, in rapporto prostetico tra loro, come argomenterà McLuhan[21]. Quello che Algarotti chiamava «occhio artifiziale», la camera oscura, trasferisce le sue proprietà direttamente a chi guarda.

4. *Viaggi stereoscopici.*

Da questa visione prosteticamente potenziata risulta un mondo (visto come) nuovo. Ciò che era percepito come una rappresentazione fedele, al punto da riprodurre esattamente la vita, è ora concepito come un'esperienza diretta della realtà: l'immagine stessa diventa «reale», anzi piú reale della realtà. Tutto ciò esalta anche l'esperienza virtuale del viaggio. «Eccoci pronti all'imbarco. Ecco il porto; e lí giace alla fonda il *Great Eastern*, la piú grande isola che sia mai andata alla deriva», scrive Holmes riferendosi alle grandi dimensioni del piroscafo su cui sta idealmente per imbarcarsi con i suoi escursionisti, introducendo il suo tour in 3D in un modo che ricorda inconfondibilmente il grandioso viaggio panoramico intorno al mondo di Story. E come Story, anche Holmes non può non soffermarsi sul momento storico in cui la sua stereoscopica crociera sta per salpare dalle coste americane. Scrive infatti nel 1861, l'anno di grazia del supereroe Garibaldi e, cosa ancora piú rilevante per i suoi lettori, l'anno che vede l'infausto inizio della guerra civile americana: «Un momento, – aggiunge, – i viaggiatori ci chiederanno adesso della secessione degli Stati ribelli, – allora può essere utile dare un'occhiata a Charleston, per un istante, prima di partire»[22]. Come il panorama Garibaldi di Story, lo stereoscopio di Holmes ha il potere di cambiare prospettiva a colpo d'occhio, catturando un'istantanea della storia in procinto di accadere. Non diversamente da Story, in un fotografico lampo Holmes trasporta il suo pubblico sul campo di battaglia: «In lontananza, a destra, Fort Sumter, che appare remoto e inaccessibile [...] Quanto è spettrale, eppure quanto è reale, mentre emerge dall'oscurità»[23].

La fotografia stereoscopica è anche il mezzo perfetto per catturare l'incombente esplosione delle ostilità, come fa lo stesso Holmes per i lettori dell'«Atlantic Monthly», in termini che drammatizzano la spasmodica attesa di un'intera nazione, avvolta da un telegrafico fascio di nervi: «La guerra riduce i fatti ai loro semplici elementi nel suo rovente crogiolo, con il suo nero flusso di carbonio, zolfo e nitrato»[24]. Una materica analogia lega la tecnologia fotografica a quella militare. Meglio allora fuggire da questa terra, l'America, che sta per trasformarsi in un inferno, e volar via attraverso l'oceano in un batter d'occhio, per dirigersi verso l'Italia, la meta finale dello stereografico viaggio di Holmes, e del nostro.

> Quasi tutto dell'Italia è interessante, – scrive il nostro cicerone, – le rovine di Roma, le statue del Vaticano, le grandi chiese, tutto passa davanti a noi, ma in un lampo, come se fossimo trasportati tramite le immagini sulla nostra locomotiva ideale[25].

All'illusoria immersione del panorama fisso e al rapido scorrere del panorama mobile si aggiunge il movimento ancora piú rapido dell'occhio che scruta la sequenza degli stereogrammi e ne viene rapito «come uno spirito disincarnato e chiaroveggente», esposto a lontananze e prospettive che si imprimono ancora piú a fondo nella psiche.

Capitolo secondo
Un formidabile libro di viaggi

> Ciò che il Telefono fa per l'orecchio, il Sistema di Viaggio Underwood lo fa per gli occhi. Offre accesso diretto da ogni abitazione o aula di scuola ai luoghi piú importanti, interessanti e affascinanti del mondo.
>
> UNDERWOOD & UNDERWOOD, inserzione pubblicitaria[1].

1. *Un sistema completo di viaggio.*

Non sorprende che il «formidabile libro di viaggi» immaginato da Holmes sia stato successivamente realizzato come un completo sistema di viaggi virtuali da due fratelli di Ottawa, nel Kansas. Elmer e Bert Underwood avviarono nel 1882 una piccola impresa di distribuzione delle serie stereografiche pubblicate da altre compagnie, poi incominciarono a produrre le proprie. Nel giro di pochi anni, le «sculture solari» degli Underwood venivano vendute in tutto il Nordamerica, e presto gli intraprendenti fratelli furono in grado di aprire una filiale a Liverpool, per poi trasferirsi a Londra, da dove estesero le loro operazioni anche ai mercati europei. Entro la metà degli anni Novanta dell'Ottocento la ditta era attiva in tutta Europa e aveva filiali in Australia, Nuova Zelanda, Sudafrica, India, Giappone e Sudamerica. Il suo archivio di fotografie, scattate da fotografi professionisti reclutati nei vari paesi, ammontava a migliaia di negativi e ben novecento titoli sotto il marchio di fabbrica della «scultura solare» [*Fig. 93*]. L'impresa ricorda quella dei fratelli Lumière, non estranei a questo genere di esplorazioni.

93. *Sun Scuplture*, marchio di fabbrica della ditta Underwood & Underwood.

Brevettato il 21 agosto 1900 con il titolo di *Educational System*, il sistema di viaggio stereografico degli Underwood sfrutta le mirabilie della stereoscopia per inaugurare un nuovo tipo di viaggio virtuale attraverso le immagini, concepito per accendere l'immaginazione geografica e, come vedremo, etnografica di giovani e anziani. In pratica un precursore di Google Earth. Seduto in poltrona, nella confortevole intimità della sua casa, il viaggiatore virtuale è in grado di esplorare il mondo intero a piacer suo, navigando immobile oltre le pareti della sua biblioteca stereografica, paragonabile a un vero e proprio cosmorama privato. Una pubblicità mostra un gentiluomo armato di stereoscopio che abbraccia un mappamondo puntato sull'Africa e il Sudamerica, con lo slogan: «Perché paesi lontani siano a portata di mano basta che lo sia il sistema di viaggio stereografico Underwood»[2]. Si inaugura cosí una nuova fase nell'evoluzione «dalla mappa al tour» di cui ha parlato Michel de Certeau e di cui abbiamo visto un primo esempio all'inizio del nostro itinerario, con il «mondo nuovo» dei savoiardi e il cosmorama dell'abate Gazzera[3]. Ricombinando mappa e tour in un unico sistema personalizzato, contenuto in un dispositivo portatile, il sistema stereoscopio funziona come una sorta di terzo occhio chiaroveggente[4]. Come si diceva, le «sculture solari» hanno il potere non solo di mostrare o evocare, ma di *approfondire* il mondo reale, proiettando il viaggiatore in una terza dimensione popolata da «ombre fossilizzate», una realtà spettrale ma tanto piú «evidente», «presente» e «tangibile» del mondo osservato dal vivo. Lettura, localizzazione sulla mappa e visione vengono ricombinate in un'operazione che non è soltanto di natura estetica, ma configura un'esperienza rinnovata del mondo: non solo

> una serie di immagini che illustrano i punti di bellezza e interesse di una data destinazione, ma una sequenza accuratamente pensata che mostra paesaggi, scene di vita urbana, edifici di vario tipo, attività agricole, artigianali e industriali e tradizioni e costumi delle popolazioni che vivono in varie parti del mondo, in modo da offrire al viaggiatore in poltrona una visione completa ed esauriente dell'intero globo[5].

Siamo insomma di fronte a una nuova fase della globalizzazione virtuale a colpo d'occhio inaugurata dal panorama. Se quest'ultimo riduceva già il mondo alla sua rappresentazione, lo stereoscopio trasforma questa rappresentazione in una realtà «aumentata», ordinata secondo un ben preciso sistema «turistico», ma a beneficio di un viaggiatore individuale, del tutto autonomo.

La biblioteca degli Underwood include anche una serie intitolata *Italy through the Stereoscope* completa di mappe e di una guida dettagliata, che costituiscono «un complesso apparato di componenti visive e testuali, un sistema di geolocalizzazione capace di creare un'esperienza percettiva che oggi definiremmo multimodale e immersiva»[6]. Sebbene le stereografie siano numerate in sequenza e quindi la serie delle immagini abbia un ordine preciso, chi usa questo sistema «interattivo» ha l'illusione di progettare e tracciare il proprio itinerario sulla mappa, come un esploratore alle prese con un territorio da attraversare. Un'immagine che illustra come utilizzare propriamente il sistema ritrae uno dei fratelli Underwood: «Il suo dito è puntato su una pagina della guida che sta leggendo e accanto a lui è dispiegata una mappa di Roma. Dietro di lui, la libreria mostra l'intera collezione di diversi "tour" in tutto il mondo», recita la didascalia[7] [*fig. 94*].

Una volta stabilita la propria posizione sulla mappa, secondo le indicazioni della guida, il viaggiatore virtuale procede a visionare le stereografie. Queste «realizzano», ovvero traducono il sistema in realtà *percepita*. Corrispondentemente, i vari capitoli della guida sono organizzati e numerati in base alle posizioni dell'apparecchio

94. *Viaggiare con l'«Underwood Travel System», sistema brevettato di mappe, stereografie e guide dettagliate*, stampa all'albumina Underwood & Underwood, New York 1908.

da cui sono state scattate le doppie fotografie. Iscritte sia sul fronte che sul retro di ciascuna stereografia, le didascalie coincidono con le tappe sequenziali e numerate di un itinerario narrativo completo: un formato che rielabora quello degli opuscoli dei panorami, traducendo la visione panoramica da intrattenimento teatrale in attività autonoma e interattiva. Complementandosi a vicenda, le componenti visive e verbali del viaggio virtuale producono una sorta di transmediale esperienza «autonarrativa», che culmina nell'immersione visiva attraverso lo stereoscopio. L'esercizio cognitivo di localizzazione, che annulla le distanze rappresentandole schematicamente, prepara questa immersione in una realtà virtuale[8].

Si tratta insomma di un vero e proprio «esercizio di immaginazione geografica», come ha scritto Douglas Klahr a proposito di un altro prodotto Underwood interamente dedicato a Roma vista attraverso lo stereoscopio:

> Nel libro erano incluse cinque mappe, e queste possedevano il piú ricco nesso di relazioni tra testo e immagine, poiché il lettore non solo doveva padroneggiare la lettura delle mappe, ma anche studiare il modo in cui le cose *da vedere* erano state selezionate[9].

Con un reticolo di linee tracciate in rosso, la mappa permette di stabilire il punto esatto da cui le stereografie sono state scattate e dunque il punto di vista esatto che localizza «la relazione topologica tra l'osservatore e i suoi oggetti» all'interno di un contesto spaziale razionalizzato[10] [*fig. 95*]. La precisione delle coordinate è ulteriore garanzia dell'accuratezza scientifica e della veridicità delle immagini. In altre parole, il kit stereoscopico non solo guidava il turista alla scoperta di Roma, ma lo faceva attivando una serie sistematica di operazioni visive e cognitive, volte «all'attraversamento mentale della mappa», che poteva essere utilizzata anche «mentre si trovava effettivamente nella città di Roma», rendendo l'esperienza immersiva ancora piú «complessa e stratificata» mediante la combinazione di una prospettiva «allocentrica» (panoramica ma molto piú dettagliata) e di una «egocentrica» (il percorso individualizzato), una riformulazione delle «lontananze e prospettive» del «mondo nuovo»[11]. Si configura cosí una peculiare ambivalenza tra sistematicità programmata e libertà soggettiva. Orientandosi e immergendosi ulteriormente nella «realtà» percepibile, il viaggiatore virtuale partecipa a una vera e propria riconfigurazione del mondo percepito. Il linguaggio stesso utilizzato nelle guide rafforza questa duplice immersione con una serie di espressioni «che si riferiscono all'idea di presenza fisica, come "girando a destra, ora vediamo", o "dietro di noi ci si presenta..."», arrivando dunque al pieno dispiegamento del linguaggio già utilizzato da Holmes nell'articolo pubblicato trentacinque anni prima[12]. È un punto cruciale. Infatti, come scrive Klahr , queste attività interattive potrebbero funzionare sia per un'esperienza di viaggio completamente virtuale, da qualsiasi posizione remota, sia come

95. *Mappa di Roma antica*, da Ellison 1897.

potenziamento di un'esperienza turistica *in loco*, che sovrappone il virtuale al reale come nella realtà aumentata:

> A volte, agli spettatori viene richiesto di ripercorrere i loro passi, producendo un complesso insieme di richieste cognitive, indipendentemente dal fatto che gli spettatori siano viaggiatori da poltrona o si trovino effettivamente a Roma, con libro [e stereoscopio] in mano[13].

2. *Un cosmorama stereoscopico.*

Il sistema di viaggio concepito da Underwood & Underwood è un esempio perfetto di realizzazione del virtuale, il processo che, a partire dalla virtualizzazione del reale, completa il realismo ottocentesco trasformando una tecnica di rappresentazione in un sistema di navigazione culturale del mondo. Il risultato è un'esperienza cognitiva interamente mediata da dispositivi tecnologicamente concepiti per intensificare e surrogare la nostra percezione immediata del «reale». Collocandosi idealmente nel punto da cui erano state scattate le fotografie della scena descritta e riprodotta davanti ai loro occhi, i turisti virtuali potevano illudersi di *essere* proprio lí. Quelli che si trovavano effettivamente a Roma o a Venezia potevano viceversa posizionarsi *fisicamente* «sulla mappa» e, alternando lo sguardo a occhio nudo a quello dell'occhio artificiale messo a disposizione dallo stereoscopio, confermare la coincidenza di realtà fisica e realtà percepita. Da questa combinazione di visione naturale e artificiale deriva una sorta di «attualizzazione del virtuale», una realtà «certificata» e al tempo stesso aumentata dall'apparato, in un'esperienza non dissimile da quella sperimentata all'interno del casotto dei Selva, ma resa ancora piú evidente e piú tangibile dalla doppia tecnica scultorea e umbratile della stereoscopia[14].

Se il carattere panottico del turismo virtuale è chiaro fin dalle sue primissime fasi, incorporato in «mondi nuovi», cosmorami e panorami, con lo stereoscopio le tecniche di rappresentazione cambiano in modo funzionale alle nuove forme cognitive richieste dall'imperialismo capitalistico a un numero sempre piú grande di persone, in un'epoca in cui la nazionalizzazione delle masse era anche parte di una piú ampia globalizzazione dei mercati[15]. Come abbiamo visto nel caso del panorama, la globalizzazione è anche un fenomeno ottico. Holmes ha scritto profeticamente:

Verrà il tempo in cui chiunque desideri vedere qualsiasi oggetto, naturale o artificiale, andrà alla Biblioteca Imperiale, Nazionale o Comunale, e chiederà la sua «pellicola» [*skin*] o la sua «forma» come richiederebbe un libro in qualsiasi biblioteca comunale[16].

Da questo punto di vista, lo stereoscopio esemplifica la relazione che intercorre fra il turismo virtuale e l'organizzazione complessiva della conoscenza. La biblioteca domestica di Holmes [*Fig. 96*] è anche un cosmorama e questo cosmorama ora risiede nei nostri dispositivi portatili, il cui sistema è distribuito attraverso reti «nervose» che condizionano e filtrano il «desiderio di *vedere* qualsiasi oggetto, naturale o artificiale», ulteriore realizzazione del voyeurismo sociale che caratterizza il panotticismo moderno. Desiderio di vedere e desiderio di acquisire vanno di pari passo. L'accesso alla conoscenza o all'informazione è ancora di gran lunga filtrato attraverso tecnologie ottiche, principalmente funzionalizzate al consumo. Come ha scritto Brooke Belisle, la formulazione di Holmes anticipa anche la nostra immaginazione della banca dati, versione contemporanea di una «fantasia della rappresentazione totale»: il nostro «sogno di un archivio totale» che include tutte le «relazioni materiali tra persone, luoghi e cose», ridotte a dati e coordinate di geolocalizzazione[17]. L'Esposizione universale è diventata sistema.

96. *Lo stereografo come educatore. Modulo del sistema brevettato Underwood in una biblioteca domestica*, stampa fotografica - stereografia Underwood & Underwood, New York 1901 circa.

Il tratto distintivo della tecnologia stereoscopica consiste proprio nella sua capacità di combinare educazione e intrattenimento in un'esperienza presentata come piú diretta, non mediata, dei luoghi e degli oggetti riprodotti dalle stereografie. Insomma, ciò che lo stereoscopio prometteva effettivamente di realizzare, come tecnologia di massa, era un approfondimento della visione panoramica ed enciclopedica del mondo, trasformando l'atto cognitivo della percezione visiva in un'attività completamente immersiva dipendente da un apparato tecnico: l'intero mondo conosciuto messo a disposizione del pubblico per una forma di voyeurismo collettivo. Come ribadisce Albert E. Osborne nel libro *The Stereograph and the Stereoscope*, pubblicato da Underwood & Underwood nel 1909, l'esperienza che lo stereoscopio e le stereografie offrono ai loro utenti non è semplicemente quella «di guardare dalla comodità delle loro case o aule scolastiche rappresentazioni a grandezza naturale di luoghi situati qua e là per tutto il mondo, ma quella di fornire la sensazione o l'esperienza effettiva di *essere* in quei luoghi»[18]. Viaggio virtuale e voyeurismo sociale vengono a fondersi in un sistema panottico interamente tecnologizzato che tendenzialmente surroga il mondo vero.

Il fascino della stereografia risiede, secondo Osborne, precisamente nel suo potenziale iperrealistico, una percezione fenomenologica del mondo che va oltre i limiti ontologici del mezzo fotografico e influenza la stessa struttura della realtà come la percepiamo. Nei suoi scritti, Osborne usa spesso il termine «appercezione». Come avvertiva William James nel suo Quattordicesimo discorso agli insegnanti di psicologia, una raccolta di lezioni pubblicata per la prima volta nel 1899, il termine postkantiano *Apperzeption* era di moda tra gli educatori all'epoca in cui scriveva Osborne. Scrive James:

> Appercezione è una parola che figura preminentemente nella pedagogia dei nostri giorni [...] Ora, appercezione è sicuramente utile in pedagogia e offre un termine conveniente per un processo a cui ogni insegnante deve fare frequente riferimento. Ma in verità non significa altro che l'atto di *prendere* [*taking*] qualcosa nella mente[19].

Si registra cosí una significativa somiglianza tra la nozione di «esperienza virtuale» promossa da Osborne e le teorie fenomenologiche meglio rappresentate dai lavori di Edmund Husserl e Maurice Merleau-Ponty[20]. L'appercezione è una sorta di sovrappiú, o intensificazione dell'atto percettivo, inscindibile dalla consapevolezza[21].

Come scrive Osborne, il viaggio stereoscopico dimostra l'esistenza di «due generi di realtà, una oggettiva – il mondo materiale che ci circonda, la terra, gli edifici, la gente – e l'altra soggettiva – gli stati del nostro sé consapevole, i pensieri, le emozioni, i desideri»[22]. Se è vero che «le stereografie di Roma non sono Roma», aggiunge, quello che «un viaggiatore veramente cerca» sono «le *esperienze* dei luoghi, non i luoghi stessi»[23]. Quando ci rechiamo virtualmente a Roma attraverso lo stereoscopio, «non andiamo a *prendere* [*sic*] la Roma materiale, i colli, le rovine, e la gente [...] Eppure, ci sentiamo di avere *ottenuto* [*sic*] ciò che cercavamo». Ciò che cercavamo – conclude Osborne – è evidentemente «la nostra esperienza di *essere* a Roma»[24]. «Non possiamo sostenere con piú forza, non possiamo affermare con piú chiarezza, – scriveva profeticamente sempre il portavoce degli Underwood, Osborne, – che attraverso lo stereoscopio abbiamo a che fare con realtà, ma queste realtà sono stati mentali, non le realtà delle cose fisiche esteriori»[25].

La stereoscopia offre dunque una soluzione «tecnica» al paradosso del realismo virtuale che, come abbiamo visto, costituisce il paradigma estetico della cultura ottocentesca: un medium fotografico capace sia di riprodurre la realtà («prendere», *to take*, con una macchina da presa, appunto) sia di fornire al soggetto un'esperienza del reale squisitamente immaginativa, quasi allucinatoria, sostituendo alla presenza «effettiva» una presenza virtuale. «Questa esperienza [della presenza] era considerata impossibile se non *sul luogo stesso*», scrive Osborne[26]. L'esperienza di cui parla Osborne ridefinisce anche l'aura di cui parlava Benjamin: l'inavvicinabile lontananza che (secondo Benjamin) la caratterizza è ora annullata da un'onnipresenza fantasmagorica, pseudocorporea, un'astrazione totale dell'*hic et nunc*. Osborne scrive all'alba di un secolo che, con l'intervento degli Stati Uniti nella Prima guerra mondiale e piú tardi, dopo il secondo conflitto, con l'espansione globale della macchina dei sogni di Hollywood, dei network e dei social media di Silicon Valley, sarebbe divenuto appunto il lungo secolo americano. L'approccio «fenomenologico» di Osborne come portavoce della Underwood & Underwood era naturalmente parte di una strategia di marketing, mirante a vendere un prodotto, il cosmorama mobile degli Underwood e, soprattutto, il loro «sistema operativo»: il mondo in scatola per gli «innocenti a casa loro», per parafrasare il titolo del libro di Mark Twain che, nel 1867, aveva raccontato il suo viaggio in Europa e in Terra santa in compagnia dei «nuovi pellegrini» a bordo del piroscafo *Quacker City*[27]. Come illustra il sottotitolo del libro di Osborne, il «progresso individuale» che l'enciclopedica biblioteca-atlante degli Underwood promuove promette anche «l'espansione della civiltà», quella americana si intende, che del virtuale ha fatto il proprio pane quotidiano. Il nuovo «progresso del pellegrino» (virtuale), per parafrasare ancora Twain, è l'americanizzazione del mondo, che piú di un secolo dopo, al culmine della sua realizzazione, dà ormai segno di una crisi forse irreversibile. Il sistema Underwood & Underwood, che vende il viaggio virtuale come una forma compiutamente democratica di voyeurismo, alla portata di tutti, è il sistema operativo del XX secolo, o almeno un lato della sua interfaccia. Altre scatole e altri piú potenti sistemi verranno alla ribalta e forniranno versioni piú sofisticate della stessa panottica illusione.

Siamo infine approdati nel Nuovo Mondo prospettato da Tiepolo, il miraggio si è materializzato. Ma come precursore della realtà virtuale, il viaggio stereoscopico adombra una nuova fase dell'imperialismo ottico, che usa la conoscenza come alibi. Si tratta di una conoscenza che abbraccia il mondo pretendendo di non «prenderne» possesso, di farne solo «esperienza», ma poi usa questo pretesto per vendere a tutto il mondo la propria esperienza virtuale, per quanto fantasmagorica sia, e i sistemi che la rendono possibile. Un'esperienza tanto piú allettante perché alla portata di chiunque, ovunque si trovi, forma efficace di una democratica colonizzazione della mente[28].

3. *«Déjà-vu»*.

La simulazione inclusa nella versione digitale di questa monografia si basa su un prodotto Underwood & Underwood del 1900: *Italy through the Stereoscope*[29] che, come il resto della collezione, dall'esterno si presenta come un libro elegantemente rilegato, ma di fatto è solo un contenitore per vari media che richiedono un genere nuovo di lettura multimodale (cfr. *supra*, Fig. 2). Guida, mappe e stereografie sono organizzate in un sistema di viaggio virtuale che comincia a Roma, conduce a Napoli e poi risale la penisola fino a Venezia. Il nostro itinerario ha preso invece le mosse da Venezia e, come vedremo, ci condurrà fino in fondo alla penisola. Il nostro punto di partenza è una veduta stereoscopica della piazzetta dove abbiamo incontrato tanto *Il Mondo novo* quanto il «mondo nuovo» (il dipinto e il dispositivo) e dove era collocato l'illusionistico casotto dei Selva. Come conferma la mappa, il nostro occhio (sdoppiato) galleggia dolcemente su una gondola attraccata alla riva: da lí scorgiamo la stessa prospettiva, dal basso, di uno dei quadri della serie di Canaletto e il nostro sguardo si allunga verso la piazza e l'orologio, con la colonna di San Marco sulla sinistra e le arcate del Palazzo Ducale sulla destra [*Fig. 97*]. Si tratta dunque di un *déjà-vu*, per chi legge queste pagine, e in effetti le immagini stereoscopiche di Venezia erano descritte proprio cosí, come un *déjà-vu* fotografico, da Osborne nella sua introduzione alla guida di Underwood. Vediamo in che senso.

Per sottolineare meglio le virtú della stereoscopia, Osborne affronta la questione dei potenziali effetti controproducenti della fotografia. Come si è visto nella seconda parte di questo libro, non era del tutto inconsueto che la Venezia vera finisse per deludere le aspettative alimentate dalla Venezia virtuale dipinta da Canaletto. Per i turisti del Grand Tour la città era soprattutto «uno spettacolo da vedere, piuttosto che un luogo da esplorare»[30]. Paradossalmente la fotografia rinforza questa disillusione, sottraendo all'esperienza del luogo la sua intensità emotiva (al punto che, quando la fotografia si diffonderà come attività turistica di massa, il fotografare si sostituirà

97. John. F. Jarvis, *Il Leone di Venezia accanto a San Marco*, dalla serie *Italy through the Stereoscope*, stereografia Underwood & Underwood, New York 1900-10.

del tutto al guardare). Per il suo aumentato effetto di realtà, la stereoscopia possiede invece, secondo Osborne, il potere di conservare e/o restaurare l'esperienza diretta della realtà. Non solo può fornire, prima della partenza, un'«idea meravigliosamente accurata [...] di Venezia», ma a chi vi si rechi consente di riportare con sé non solo le immagini, ma anche «gli stessi sentimenti provati sul posto a Venezia»[31]. C'è indubbiamente il rischio che al viaggiatore virtuale che abbia già avuto esperienza di questa città senza paragoni attraverso lo stereoscopio, quando finalmente vi giunge, «paia di non avere alcuna *nuova* esperienza, alcuna emozione veramente *nuova* [...] come se ritornasse in un luogo *veduto prima* [...] guardando le stereografie a casa propria»[32]. Anche la stereografia espone al rischio di ogni viaggio virtuale rispetto all'esperienza reale: piú efficace nell'incapsulare l'aura del luogo, anche questo dispositivo in fin dei conti converte la realtà nella sua ombra.

Eppure rispetto alla fotografia – questo è il succo dell'argomentazione di Osborne – lo stereoscopio rende possibile un'anticipazione e una ripetizione fedele dell'esperienza. Come ribadisce anche Ellison nell'ultima pagina della guida Underwood, l'effetto di *déjà-vu* diviene cosí un aspetto determinante del viaggio virtuale. Un *déjà-vu* intensificato è la vera novità della stereoscopia:

> Abbiamo visto l'Italia, io e voi insieme, ma nei giorni futuri che rapidamente si avvicinano potremo tornare a guardare sempre di nuovo queste dilettevoli scene. E nel farlo sarà naturale se indugeremo laddove lo splendore brilla piú luminoso e piú profondo [*where the splendor shines the brightest and deepest*], su questo Canal Grande, la spaziosa via d'acqua dai riflessi di un oro tremolante incorniciata da palazzi di alabastro le cui finestre traforate e le cui colonne brillano di una luce rosata[33].

Il *déjà-vu* è incorporato dunque sia nella realtà aumentata dell'immagine stessa sia nella sua fruizione a posteriori, un elemento della sua «intrinseca» intensità percettiva. Prima del viaggio, l'immagine esperita attraverso lo stereoscopio lascia una traccia vivida e profonda nella mente. Al ritorno dal viaggio, l'immagine non solo rievoca i minimi dettagli ma riattiva la profondità della visione con tutta la sua traccia emotiva. La realtà si ri-presenta all'occhio e alla mente a partire dalle «ombre fossili» stereoscopiche con tutte le sue vibrazioni luminose, esteriori e interiori, al punto che anche i rutilanti colori della Venezia vera vengono quasi magicamente riaccesi dalla «forma» percepita. *Pictura* e *imago* si compenetrano del tutto.

4. *Doppia visione (orientalista).*

Lasciando alle nostre spalle Venezia avvolta nel suo turneriano splendore, l'ultima tappa del nostro mini Grand Tour virtuale ci conduce nel profondo Sud. Come nella Sala dello Scudo del Palazzo Ducale di Venezia, una carta geografica della penisola può fornirci una prospettiva a volo d'aquila della nostra discesa, come quella del supereroe panoramico Garibaldi: a colpo d'occhio. Si tratta di una curiosa rappresentazione cartografica che inverte il tradizionale orientamento dello Stivale e ricorda vagamente certe visualizzazioni di Google Earth, proiettando il viaggiatore dalle Alpi verso la costa nordafricana che si profila in lontananza, al tempo stesso orizzonte ed evanescente punto di fuga[34].

Rovesciando la consueta rappresentazione cartografica, questa veduta fornisce una visualizzazione efficace del progresso storico che fa da sfondo al nostro itinerario [*Fig. 98*]. Pubblicata nel 1853, meno di

98. *Veduta d'Italia* da *La geografia a colpo d'occhio: ossia primarie nozioni di geografia storica e statistica*, Milano 1853.

dieci anni prima della spedizione dei Mille, quando l'Italia stava ancora evolvendo da mera espressione geografica – come era stata notoriamente definita dal principe di Metternich al Congresso di Vienna[35] – a stato-nazione, questa carta d'Italia illustra lo slancio meridionale del Risorgimento, lo stesso che animava il turismo di guerra del panorama Garibaldi. Uno slancio che, verso la fine del secolo e per la prima metà del successivo, acquisterà i toni roboanti di una riconquista imperiale del *Mare nostrum* e della «quarta sponda» solo per affondare, vent'anni piú tardi, nelle sabbie del deserto libico e perdersi sugli altopiani etiopici. Questo impeto verso sud era anche una risposta alla vera questione che affliggeva l'Italia postunitaria e getterà a lungo la sua ombra, fino ai nostri giorni, sul *bel paese*: l'irrisolta questione della sua ambivalente appartenenza tanto al Nord europeo quanto al Sud globale. Se la vicenda di Belzoni e il panorama Garibaldi esemplificavano un punto di vista britannico, *Italy through the Stereoscope* illustra una prospettiva americana e tendenzialmente «globale».

Non molti pionieri si avventuravano a sud di Roma nelle prime fasi del Grand Tour. Tuttavia quando la stereoscopia si diffonde, intorno alla metà dell'Ottocento, il Grand Tour è ormai avviato a trasformarsi in turismo di massa e Napoli e la Sicilia rientrano negli

99. John F. Jarvis, *Chiesa di San Pietro e il Vaticano (ovest), Roma,* dalla serie *Italy through the Stereoscope*, stereografia Underwood & Underwood, New York 1900-10.

itinerari riconosciuti. Alla tradizionale attrazione per le città italiane come musei viventi [*Fig. 99*] si aggiunge la curiosità etnografica per le popolazioni indigene e le loro usanze. L'Italia meridionale, altrettanto esotica agli occhi dei viaggiatori provenienti dal Nuovo Mondo quanto il Nuovo Mondo lo era per i viaggiatori del «mondo nuovo» o l'Egitto per i visitatori dell'Egyptian Hall, rientra negli archivi dell'enciclopedia coloniale, oggetto del voyeuristico consumo dell'Altro esotico e antico almeno a partire dall'epoca napoleonica. L'esempio forse piú evidente di questa stereotipizzazione «etnografica» attraverso lo stereoscopio è una serie di vedute di strada di Napoli. Ecco come, nella guida Underwood, Ellison ne introduce una, intitolata «I *lazzaroni*, come vivono per le strade di Napoli»: «Che scena perfetta per uno studio del carattere degenerato! O illustra solo *L'origine dell'uomo* di Darwin?»[36] [*Fig. 100*] .

Lo stereoscopio non solo rende piú tangibile lo stereotipo – Napoli «un paradiso abitato da diavoli» –, ma in un certo senso lo cristallizza e lo «certifica»[37]. Con i loro riferimenti darwiniani e shakespeariani, le didascalie completano l'effetto fantasmagorico di questa realtà aumentata. Se gli uomini sono diavoli travestiti, le donne, specialmente le vecchie, possono solo essere paragonate a streghe. Citando *Macbeth* (atto IV, scena 1), Ellison combina prospettive mi-

100. John F. Jarvis, *I «lazzaroni», come vivono per le strade di Napoli*, dalla serie *Italy through the Stereoscope*, stampa fotografica - sereografia Underwood & Underwood, New York 1900-10.

tologiche ed etnologiche, proprio come in una fantasmagoria (si rammenti quella dei Tiepolo a Würzburg):

> Quelle vecchie con il lino e i fusi potrebbero servire come terribili modelli per le streghe di Shakespeare, e non ci vorrebbe molta fantasia per immaginarle appoggiate ai loro bastoni che guardano nei calderoni fumanti, mentre mormorano: «Raddoppiamo, raddoppiamo cure e travagli; e brilli il fuoco, e la caldaia bolla»[38].

La guida fornisce anche una spiegazione del termine *lazzaroni*, poi entrato nell'uso comune come sinonimo di «sfaticato» o «scansafatiche», riconducendolo a Lazzaro, resuscitato da Gesú nel Nuovo Testamento. Aggiunge anche un'allusione all'ospedale di San Lazzaro, dove i moribondi vengono confinati in tempi di pestilenza, un'allusione che rende i *lazzaroni* una sorta di morti viventi e che riconduce a quella che è probabilmente la vera origine del loro nome[39]. Ma una piú precisa caratterizzazione sociologica è poi aggiunta da Ellison a questa descrizione:

> All'inizio formavano una classe semicriminale e in effetti tra di loro si trovano molti criminali feroci. Ora appartengono a classi diverse, alcuni sono fannulloni che non combinano nulla, e altri [fannulloni] che lavorano solo occasionalmente e per breve tempo, agendo generalmente come facchini o venditori ambulanti, vivendo per lo piú alla giornata, e molti di loro, senza il peso di affitto e tasse[40].

Usanze bizzarre come quella di mettere a essiccare i maccheroni per strada attirano l'occhio (raddoppiato) del fotografo e ispirano aneddoti sull'igiene discutibile di queste pratiche [*Fig. 101*]. Non mancano i riferimenti all'abbigliamento dei *lazzaroni*, «dello stile piú primitivo» consistente in «una rozza camicia bianca aperta sul davanti e una logora salopette». Per confermare ulteriormente l'evidenza offerta dall'immagine, viene citato un illustre testimone oculare che abbiamo già incontrato lungo il nostro percorso, Alexandre Dumas, il quale aveva dichiarato che «i *lazzaroni* degenerarono [si noti il reiterato riferimento al concetto di degenerazione] come un potente fattore nella vita napoletana proprio dal momento in cui cominciarono a prestare attenzione al modo di vestire», e ciò include anche il tatuaggio. Come nota sempre Ellison, «tatuarsi infuria tra questa gente, sia tra gli uomini che tra le donne»[41]. È come se prestare attenzione al proprio aspetto diventasse un segno consapevole e non solo un marchio della propria condizione, un distintivo della propria differenza (sia dalle classi «borghesi» che da altri ceti popolari). Mescolando povertà e criminalità nella sua caratterizzazione, Ellison osserva come «questa gente sia strettamente associata e, in effetti, impossibile da distinguersi dalla potente e ben organizzata società che si chiama Camorra», divenuta cosí forte «che persino la polizia e i politici del quartiere sono costretti ad allearsi con essa». E conclude con una diagnosi che consolida lo stereotipo, con tutti i suoi riferimenti letterari e antropologici, per il viaggiatore virtuale nordamericano: «Un'ampia classe di tale popolo si può trovare solo in una città dove il clima induce alla pigrizia, rendendo ogni sforzo piú faticoso e sappiamo che, di regola, indolenza e crimine vanno mano nella mano»[42].

Lo stereotipo «orientalista» del popolano di Napoli che balla la tarantella al suono del mandolino è la maschera che nasconde il vero volto dei *lazzaroni*[43]. A ben guardare, è la stessa ambivalenza che si cela nel Pulcinella di Giandomenico Tiepolo con i suoi *Doppelgänger*, i bianchi diavoletti della sua privata fantasmagoria. La descrizione dei *lazzaroni* ne richiama una molto simile dei savoiardi che, con la *cassela* in spalla e l'organetto, migravano stagionalmente nelle metropoli nordeuropee. Figure romantiche che divengono a poco a poco parte di quelle classi pericolose e depravate (per usare l'espressione

101. John F. Jarvis, *Essiccatura dei maccheroni nelle strade sporche di Napoli*, dalla serie *Italy through the Stereoscope*, stereografia Underwood & Underwood, New York 1900-10.

del sociologo francese Honoré Frégier) che includono sia gli ambulanti che il sottoproletariato metropolitano[44]. Un abbigliamento «caratteristico» è il marchio delle classi nomadi, che adombrano i numerosi migranti straccioni in arrivo sulle sponde americane proprio negli anni in cui scrive Ellison[45]. Dal nostro punto di vista si stabilisce cosí una rivelatrice simmetria tra i pionieri del viaggio virtuale, i savoiardi, e gli stereotipi del turismo di massa alla fine di un secolo che, come abbiamo visto, registra gli effetti intrecciati (virtuali e reali) della mobilità globale che coinvolgono masse sempre piú grandi di viaggiatori per turismo o per necessità. Attraverso lo stereoscopio, l'«innocente a casa sua» prova il brivido di «esperire» un basso napoletano, «una sorta di capanna o di stalla, con una porta che si può chiudere di notte ma senza finestre» e la curiosità di osservare il caratteristico modo in cui i nativi comunicano con un vocabolario di gesti colti (per parafrasare Holmes) come se fossero immobili. «La conversazione dei *lazzaroni*, e, in verità, dei napoletani in genere, è fatta in gran parte di gesti; è molto piú enfatica ed evita cosí problemi», ovvero fraintendimenti[46]. Affermazione che dà adito anche a una sintomatica analogia: «Come la gente di colore in America, questa gente ha una vena spiccata di umorismo»[47].

Capitolo terzo
Ombre lontane

– Ma signore... perdoni il suo umile servo... non capisco bene cosa intenda... la mia ombra?... come posso?
– Mi permetta, – esclamò interrompendomi, – di raccogliere la nobile immagine che giace per terra, e di prenderla in mio possesso. Quanto al modo di farlo, lo lasci a me.

ADELBERT VON CHAMISSO[1].

Potrebbero ricevere nelle loro anime lo strano messaggio che certi luoghi d'Italia ispirano.

ALBERT E. OSBORNE[2].

1. *Acquario della lontananza e del passato.*

Per tutto il XIX secolo, viaggi virtuali e mobilità di massa motivata da turismo, migrazioni, o espansione coloniale, si intrecciano. Verso la fine del secolo, l'impresa degli Underwood è testimone di un salto di qualità in questa dialettica: da una parte, con lo stereoscopio il viaggio virtuale ambisce a sostituirsi del tutto a quello reale; dall'altra si registra uno scambio simbolico tra Vecchio e Nuovo Mondo. Il Nuovo Mondo, che era una volta la meta del viaggio virtuale, ne diviene adesso l'origine. L'occhio del mondo è migrato. A mano a mano che l'esperienza del Grand Tour si diffonde, con l'ascesa della borghesia un nuovo soggetto emerge, sia sociale che «panottico». Per questo soggetto, «innocente a casa sua», come l'abbiamo battezzato, il mondo intero è a portata di mano, o meglio a portata di sguardo, tanto come oggetto di conoscenza che di consumo immaginativo, una collezione di viventi stereotipi[3]. I sistemi stereografici di Underwood, Keystone o Corona Stereo trasformano l'esperienza di un altrove, adombrata nei viaggi nel «mondo nuovo» di un secolo prima, o nei panorami della seconda metà del secolo, in una sorta di iperrealistica esperienza, educativa e voyeuristica nello stesso tempo: pretendono di educare sia la mente che l'occhio, adescandoli. Di questo processo è anche parte non trascurabile la museificazione etnografica del *bel paese*.

La dimensione temporale di questo altrove è venuta ripetutamente e decisamente alla ribalta lungo il nostro percorso: l'emozione del viaggio nel tempo (storico) si sovrappone alla vertigine del viaggio nello spazio (geografico). Ma guardare attraverso lo stereoscopio suscita un'ulteriore emozione, quella di immergersi in una dimensione collettiva della memoria, congelata nel tempo. La forma di questa emozione è un *déjà-vu* allo stato puro. Guardando attraverso lo stereoscopio, piú di un secolo dopo, facciamo non solo e non tanto l'esperienza del luogo com'era, ma ripetiamo anche inconsapevolmente l'esperienza di chi guardava cento anni fa, come se guardassimo a quelle ombre fossili con, o meglio attraverso, gli occhi di chi non c'è piú. Una sensazione simile è descritta da Benjamin quando, parlando della propria esperienza infantile del *Kaiserpanorama* a Berlino, descrive quelle immagini come se provenissero da un «acquario della lontananza e del passato»: «Mondi lontani non erano sempre estranei a queste arti, – scrive Benjamin, – e succede cosí che il desiderio che questi mondi suscitavano parlava piú della casa che di qualcosa di sconosciuto»[4]. Per tutto il XIX secolo, sempre piú sofisticate tecnologie dello sguardo sembrano condensare questa paradossale nostalgia dell'ignoto mentre consentono una sistematica «appropriazione» del mondo: l'addomesticamento e il consumo dell'altro, tanto piú esotico quanto piú ci è familiare. La «casa» di cui parla Benjamin è anche la «casa senza finestre» o con finestre virtuali che ospitava i panorami, rovesciando il mondo esteriore e il mondo interiore, o rendendoli reversibili l'uno con l'altro. La casa senza finestre che la realtà virtuale realizza.

2. *«Punctum»*.

In un certo senso, l'ultima simulazione del nostro itinerario riassume tutte le altre: se all'inizio è stato il teatro, come struttura architettonica e ottica, tanto contenitore che palcoscenico, a fornirci la chiave dei giochi d'ombra (dai «teatrini del mondo» di Goldoni e di Tiepolo alle installazioni immersive di Selva e Belzoni, fino agli scenari mobili o fissi dei panorami), alla fine del percorso abbiamo rovesciato la direzione del nostro sguardo: non soltanto Mondo e Teatro si rispecchiano l'uno nell'altro ma è come se il Teatro (sia contenitore che palcoscenico) fosse divenuto virtualmente il Mondo. Siamo anche partiti da un'analogia tra il libro (la monografia digitale di cui questa versione a stampa è un adattamento) e la confezione multimodale dei viaggi stereoscopici, che estende o espande la pagina scritta, riconfigurando il rapporto tra immagini e simboli. L'analogia tra il libro e il kit stereoscopico era già chiaramente adottata nella letteratura promozionale degli Underwood, sancita da esperti in scienza dell'educazione, come leggiamo sulla retrocopertina di *Italy through the Stereoscope*:

> Ma tutto considerato, nei libri noi ci avviciniamo alla realtà solo attraverso l'interpretazione di simboli con la forza della nostra immaginazione e tramite l'illuminazione fornitaci dalle nostre personali esperienze. I libri non possono fornirci nuove percezioni della realtà.

Ma *le immagini* sí, e le immagini stereoscopiche elevano questo potere cognitivo a un'ulteriore potenza.

Abbiamo tracciato l'evoluzione apparentemente irreversibile di quello che abbiamo chiamato «realismo virtuale». Ma l'ambivalenza racchiusa nella definizione che Holmes dà delle stereografie, «sculture solari» e «ombre fossilizzate», non ne risulta del tutto dissolta. Nello spazio virtuale, immaginativo e simbolico insieme, l'aura del facsimile si precisa come un'illusione di presenza che consente il ritorno di un passato vivente, come nella fantasmagoria di Belzoni. Immaginario e simbolico non sono piú regimi distinti o addirittura opposti. Per quanto evidenti e tangibili, le presenze percepite attraverso lo stereoscopio rimangono tuttavia remote, inavvicinabili. La profondità che le avvolge è tanto spaziale che temporale, una irreversibile lontananza che pure torna a noi, esperienza di una percezione «archeologica» o persino «geologica» che appartiene al passato e che abbiamo definito un *déjà-vu* cognitivo [*Fig. 102*]. Possiamo applica-

102. John F. Jarvis, *Nella desolazione della lava, ai piedi del Vesuvio*, dalla serie *Italy through the Stereoscope*, stereografia Underwood & Underwood, New York 1900-10.

re a questa «immagine vivente di una cosa morta» la distinzione che fa Roland Barthes, nella *Camera chiara*, tra ciò che chiama *studium*, la cornice simbolica dell'immagine, l'esperienza «culturale» che essa fornisce, e ciò che chiama invece *punctum*, il dettaglio percettivo che colpisce (consapevolmente o no) chi osservi una fotografia, provocando una «fulminea» risposta emotiva, una sorta di mini-shock[5].

Lo stereoscopio fonde e approfondisce queste due dimensioni in un singolo atto percettivo: un nuovo tipo di esperienza culturale vivida al punto da provocare uno shock di riconoscimento tanto cognitivo che emotivo[6]. All'esperienza di «essere là», sul o nel luogo stesso, descritta da Osborne, si aggiunge la consapevolezza di «trovarsi» in una simulazione. Questa esperienza simultaneamente cognitiva e immaginativa ci insegna a guardare o a percepire la realtà con altri occhi, una bifocalità che coinvolge non solo la *pictura* ma anche l'*imago*. A essa si accompagna l'in-consapevolezza dell'in-consistenza (e impermanenza) del reale. Questo è propriamente lo shock cognitivo (consapevole o inconsapevole) del realismo virtuale. Se rimane inconsapevole, siamo ancora nel voyeuristico regno della fantasmagoria. Se diventa consapevole, entriamo in una nuova dimensione fenomenologica e ontologica della nostra effimera presenza al mondo.

3. *Mummie senza corpo.*

Non ci potrebbe essere esempio piú chiaro di ciò che andiamo dicendo dell'impressione che fanno sul viaggiatore stereoscopico degli Underwood i corpi mummificati scoperti durante gli scavi di Pompei, una delle città sepolte dal Vesuvio, colti «come se fosse[ro] immobili» nella posizione in cui vennero «presi» dalla morte e coperti di cenere, in un solforico flash:

> Abbiamo visto le case e le strade di Pompei, ma gli abitanti? non è rimastra traccia di loro? Non c'è dubbio che tale vista susciti un interesse patetico e luttuoso, ma guardare effettivamente i volti di coloro che abitarono questi luoghi e vissero la vita di questa famosa città sarebbe estremamente interessante e istruttivo. È possibile questo? Per quanto possa sembrare sorprendente, è esattamente ciò che ci apprestiamo a fare[7].

Scoperti nel settembre del 1853, questi corpi, scrive Ellison, «erano preservati nella stessa forma in cui erano stati trovati tramite un ingegnoso procedimento, suggerito da Giuseppe Fiorelli, che consisteva nel versare della malta liquida nello stampo di lava indurita e ceneri» in cui il loro corpo si era quasi istantaneamente fossilizzato [*Fig. 103*]. La stereografia li restituisce alla vista non solo come unidimensionali reperti, come in un museo o un gabinetto delle meraviglie (lo *studium* di Barthes), ma riattivando l'*hic et nunc* della loro morte improvvisa (il *punctum* di Barthes):

> Questa malta una volta solidificata formò una delineazione meravigliosamente perfetta del corpo, preservando ogni atteggiamento ed espressione. Abbiamo la sensazione che queste non siano statue, ma veri e propri corpi umani imbalsamati dal Vesuvio in una colata di lava, che ha riprodotto i vestiti, la carne, anzi, quasi ogni apparenza di vita. Queste non sono mummie egizie nere, avvizzite, orribili, ma uomini e donne che sono appena morti. Alcuni corpi hanno un aspetto calmo e sereno ma altri hanno un aspetto spettrale, come se le ossa protrudessero qui e là dove la lava scorrendo non aveva ancora avviluppato completamente le membra[8].

Non può sfuggire l'analogia tra questa mummificazione istantanea e il processo fotochimico che produce le immagini leggermente disparate che vanno a comporre ciascuna stereografia. In un certo senso, le «mummie» pompeiane, mummie «bianche» meno inquietanti di quelle «nere» egizie (e tutto sommato anche dei tatuati *lazzaroni*, «morti viventi» esorcizzati nel pittoresco) sono il perfetto correlativo oggettivo delle «ombre fossili» stereografiche:

103. John F. Jarvis, *Vittime dell'immane catastrofe del 24 agosto 79 d. C. a Pompei*, dalla serie *Italy through the Stereoscope*, stereografia Underwood & Underwood, New York 1900-10.

calchi fedeli ma vuoti, ottenuti con una fissione «solare» che fissa la vita una volta per sempre per restituirne la forma essenziale nei suoi precisi contorni, come una compiuta apparenza. Si completa cosí anche il paradosso al cuore del realismo virtuale: tanto piú sofisticata e accurata diviene la nostra abilità tecnica di convertire il mondo in una fantasmagoria di simulazioni che sembrano vivere di una vita propria, quanto piú la realtà perde peso, si svuota di contenuto. La coincidenza di vita e morte, presenza e memoria, che emana dai corpi fossili e mummificati di Pompei – in realtà simulazioni di gesso ottenute a partire da una forma vuota, dall'assenza dei corpi – è forse l'effetto estremo e rivelatore, conscio e inconscio, dell'esperienziale viaggio stereoscopico che il formidabile sistema Underwood & Underwood consente di intraprendere, a noi che lo ripercorriamo: riservando ai viaggiatori virtuali che si avventurano nel piú profondo Sud d'Italia, terra vulcanica di una bellezza senza tempo che allo stesso tempo nasconde e rivela i segreti della sua storia pietrificata, un'emozione inattesa. Inscritto nel dispositivo è un ulteriore significato, inquietante, dell'«esserci», dell'essere proprio lí, dove si posa lo sguardo: un paradosso percettivo e temporale, presenza e assenza cristallizzate in un'ombra fossile, con una evidenza lampante.

Tutto questo è perfettamente dimostrato in una sequenza del *Viaggio in Italia* di Roberto Rossellini, un film del 1954 [*Fig. 104*]. Questo fotogramma mostra il momento in cui due fossili umani, un uomo e una donna congelati in un eterno abbraccio dall'eruzione del Vesuvio, vengono «scoperti» e dissotterrati: la sequenza è ovviamente una simulazione e non solo perché si tratta di una finzione cinematografica, per quanto «realistica», ma anche perché l'impronta della mummia, il corpo assente e nascosto nelle sue simboliche «fasce» di cenere, non avrebbe potuto essere ottenuta cosí come ci viene mostrato. Ottenere il calco era un processo tecnicamente molto piú lento e complesso, ma ciò che questa sequenza illustra è proprio il processo di istantanea mummificazione dell'immagine fotografica e la capacità del cinema di mettere in moto, rianimare la «mummia»[9]. Prefigurando la rigenerazione digitale, anch'essa frutto di un apparato complesso, la stereoscopia ottiene qualcosa di simile a questa rianimazione, ma in senso opposto a quello del cinema, mostrando i corpi (o le loro ombre) non come se si muovessero, ma come se fossero immobili: come i facsimili delle ieratiche figure dipinte sulle pareti della tomba di Seti I ottenuti da Belzoni con un procedimento di impressione o «impronta» dal vivo, in cera o in gesso, anche le stereografie hanno il potere di incapsulare e trasmettere ai visitatori l'emozione della «scoperta». Aggiungendo un'insondabile profondità all'immagine fotografica, l'immagine stereoscopica adombra il movimento, la vita e per questo affascina o inquieta. Similmente, la sequenza di Rossellini comunica lo shock di riconoscimento della protagonista del film. Assistendo alla «resurrezione» degli amanti abbracciati, Katherine (Ingrid Bergman) scoppia in lacrime riconoscendo che anche il suo amore per Alex, il marito, è morto ma può forse essere riportato in vita, come il finale del film poi mostra. Lo stereoscopio non ha, come il cinema, il potere di animare le ombre ma può rendere il momento della «morte e resurrezione» ancora piú ipnoticamente tangibile[10].

104. Fotogramma dal film *Viaggio in Italia* di Roberto Rossellini, 1954.

4. *Chiaroveggenza.*

La visione stereoscopica dà accesso a un archivio mnemonico del nostro passato, approssimazione di una macchina del tempo, oltre che del viaggio virtuale: attraverso lo stereoscopio, ombre lontane si condensano in sguardi che non sono piú, un mondo silenzioso colto nell'attimo del suo scomparire. E per questo per noi affascinante. Nel caso di *Italy through the Stereoscope*, viene presentata al nostro sguardo un'immagine che dovrebbe esserci familiare – paesaggi, volti, pose del nostro stesso passato – ma che ritorna a noi come un esotico Altro, attraverso uno sguardo che non è il nostro, uno sguardo che riflette curiosità e pregiudizio, ma veicola anche una visione che, per il suo realismo, può divenire insostenibile:

> Mentre osservavo queste vittime di una delle piú grandi tragedie del mondo, – scrive Ellison a proposito delle «mummie» pompeiane, – tutto divenne cosí reale e cosí vicino, che l'aria stessa di quella stanza si fece angusta e soffocante; e mentre avrei dovuto indugiare davanti a questi sofferenti silenziosi che mi trattenevano con un potere magnetico, fui costretto alla fine a distogliere gli occhi e cercare la luce del sole e la vitalità dell'aria esterna[11].

Non è dato sapere se, da brava guida che si immedesima nel suo compito, Ellison stia parlando di un'esperienza virtuale, fatta attraverso lo stereoscopio, che diviene all'improvviso tanto realistica da richiedere un'interruzione, o di un'esperienza reale fatta da lui sul luogo stesso, magari mentre sovrintendeva alla realizzazione delle stereografie.

Come che sia, forse neppure gli entusiasti elogiatori dello stereoscopio sono in grado di apprezzarne fino in fondo l'autentico potere, presi come sono dalla suggestione del dispositivo. A distanza di un secolo e piú, come tutte le altre simulazioni incluse in *Giochi d'ombra*, anche quella dello stereoscopio ci colloca sulla soglia della presenza, una dimensione dell'esserci che può paradossalmente sussistere solo nel «luogo in cui si trova» come scrive Benjamin[12]. Su questa soglia, il luogo della visione, si condensa il significato del virtuale: attraverso lo stereoscopio le ombre delle cose possono manifestare la loro piena potenza suscitando la nostra riflessione. Vale ripeterlo, lo scopo ultimo del realismo virtuale, come prospettiva critica, non è quello di cadere nell'illusione di poter fermare il tempo nel momento in cui svanisce, di cogliere la vita come se fosse immobile, ma è quello di provocare ri-conoscimento, come ha spiegato eloquentemente Susan Sontag:

> Si addiceva all'atteggiamento derogatorio di Platone verso le immagini di paragonarle a delle ombre – transitorie, minimamente informative, immateriali, impotenti co-presenze delle cose reali che le proiettano [*cast*].

105-6. *Pecore e pastori, Segesta* e *Ponte di nave affollato di migranti, Sicilia*, stereografie Stereo Travel Co., Corona, New York 1908.

Ma la forza delle immagini fotografiche proviene dall'essere realtà materiali a loro pieno diritto, depositi riccamente informativi lasciati nella scia di ciò che li ha emessi, mezzi potenti per rovesciare le cose e trasformare la realtà in un'ombra[13].

Rifacendoci ancora una volta a Barthes, possiamo chiederci cosí quale sia l'autentico *punctum* delle nostre due ultime «stereotipiche» stereografie, tratte da un viaggio in Sicilia che può fare da degna appendice a *Italy through the Stereoscope*, il cui itinerario si fermava a Napoli, per poi risalire a Venezia, tornando al nostro punto di partenza. Queste due immagini, tratte da un kit Corona, catturano lo sguardo di altri «morti viventi», lo sguardo spettrale di altre «mummie» archeologiche o storiche delle quali rimane solo una traccia tanto vivida quanto evanescente: un pastore siciliano che sorveglia il suo gregge, volgendo le spalle alle rovine di una civiltà perduta, emigranti che affollano la tolda di una nave in procinto di salpare per il Nuovo Mondo [*Figg. 105-6*]. La vita postuma delle loro fossili ombre dipende dal nostro sguardo vivo: calchi vuoti di una vita reale che pure «aderiscono alla nostra pelle», ci sollecitano a una risposta emotiva, tra l'incantesimo e l'esorcismo[14]. Osservando queste forme silenziose che guardano verso di noi, verso l'invisibile dispositivo nell'attimo stesso in cui le «prende», il lettore potrà forse sperimentare un altro genere di shock di riconoscimento, uno spostamento «altrovepolemoscopico» che spiazza e da cui scaturisce una sorta di «chiaroveggenza» nel senso di Maurice Merleau-Ponty: «l'enigma [...] racchiuso nel fatto] che il mio corpo simultaneamente vede ed è visto»[15].

Come abbiamo piú volte suggerito nel corso del nostro itinerario, il *punctum* della stereografia, e di tutte le simulazioni visive che abbiamo passato in rassegna, può essere proprio il riconoscimento di uno sguardo a ritroso che guarda a noi dal profondo di un'inavvicinabile lontananza e ci coglie in flagrante, per quello che siamo, *voyeurs* della vita e della morte, ovunque ci troviamo nello spazio e nel tempo, sulla mappa del nostro fantomatico o fantasmagorico Nuovo Mondo: uno sguardo che giunge a noi da un remoto e stranamente familiare altrove in cui, che ne siamo consapevoli o no, siamo noi stessi per sempre incastonati, con le nostre ombre.

Note

INTRODUZIONE

[1] Lanier 2017, p. 176.

[2] Benjamin 1983 [trad. it. p. 511, N, 1, 8; trad. di G. Russo]. Qui Benjamin cita R. Borchardt, *Epilegomena zu Dante*, vol. I, Berlin 1923, pp. 56-57.

[3] Brunetta 1997, p. 117.

[4] Citato da Pesenti Compagnoni 2000, p. 20.

[5] «The Penny Magazine of the Society for the Diffusion of Useful Knowledge», XIV (1845), p. 101.

[6] Tra i primi a introdurre questa nozione è stato Haim 1998.

[7] Nel 1981 Jean Baudrillard descriveva in *Simulacri e simulazione* l'evolversi del processo di simulazione in quattro stadi, dalla rappresentazione di una realtà percepita come esistente alla distorsione, o perversione, della realtà rappresentata; e dal mascheramento dell'assenza di una realtà univoca alla pura autoreferenzialità, la generazione di modelli senza origine né realtà.

[8] L'espressione è di Adam Lowe, sulla scorta di Walter Benjamin; per una dettagliata citazione e trattazione si rimanda alla Parte quarta.

[9] Heidegger 1938.

[10] Settis 2014; Hom 2015.

[11] Kentridge 2014, p. 10.

[12] «L'ombra è solo l'assenza di luce. Ma vediamo sempre le ombre? Non bisogna vederle consapevolmente», ha detto David Hockney, intervistato da Martin Grayford, in «The Guardian», 26 settembre 2016.

[13] Una trattazione interessante del «metodo» di Greenaway – strumento di un'ecfrasi la cui sostanza non sono le parole ma l'immagine stessa, modulata e animata, scomposta e ricomposta, o digitalmente rigenerata – è oggetto di una dissertazione inedita che ho avuto occasione di leggere: Bellacosa 2024.

[14] S. Johnson 2016.

Parte prima *Viaggio nel «mondo nuovo»*

1. TEATRINO DEL MONDO

[1] Foscarini 1844, pp. 174-75.

[2] Sansovino 1765, p. 1.

[3] Lorenzetti 1936, pp. 61-62.

[4] Goethe 1816-17 [trad. it. p. 71].

[5] Spieth 2010, p. 196. La mia lettura si basa sull'analisi di Spieth, ma giungo a conclusioni diverse.

[6] In una lettera da Môtiers, Jean-Jacques Rousseau esprime il desiderio di ricevere un simile congegno scrivendo che, nella condizione di recluso volontario per sei mesi l'anno, i viaggi della mente possono fornirgli una distrazione, grazie ai siparietti, alle prospettive, ai boulevard, alle gallerie e ad altri simili spettacoli che «creano una distanza ed estendono lo spazio»: lettera a Jean-André De Luc, 20 dicembre 1764, in Rousseau *s. d.*, pp. 151-53.

[7] Mentre il termine tedesco *Guckkasten* (alla lettera, «scatola ottica») definisce la funzione della macchinetta, il termine spagnolo, *tutilimundi*, da *todos los mundos*, alla lettera «tutti i mondi (possibili)», variante di cosmorama, è il piú vicino al termine veneziano e, in un certo senso, ne moltiplica il mirabile effetto.

[8] *Nuova Enciclopedia Italiana* 1878[6], vol. VI, p. 672.

[9] Huhtamo 2012, pp. 39-40. Non si è conservata traccia iconografica della galleria dell'abate Gazzera nella Galerie vitrée del Palais Royal, descritta da Huhtamo come «una galleria dentro una galleria». Prima la demolizione dell'antica galleria nel 1828, che impose il trasporto di quadri e apparati «in una piú vasta sala della rue Vivienne»; poi la rivoluzione del 1830 e «il flagello del cholera» fecero sí che l'ultima esposizione avvenisse nel settembre 1832. La collezione andò poi dispersa tra varie città italiane (Mondoví, Velletri) e francesi (Avignone). Questa vicenda dimostra che, nel cosmorama, l'esperienza «immersiva» del viaggio virtuale si intreccia con l'interazione sociale tipica della metropoli.

[10] Spieth 2010, p. 188, sostiene che il titolo del quadro «fu coniato solo dopo il distacco dell'affresco dalle pareti della villa di Zianigo», dunque non avrebbe nulla a che fare con Tiepolo. Questa tesi non regge, poiché non tiene quanto meno conto della lunga evoluzione del soggetto nell'opera di Giandomenico.

[11] Goldoni 1764, p. 228.

[12] *Ibid.*

[13] *Ibid.*: «Queste macchine, dette volgarmente | Il Mondo novo, mostran dell'ingegno».

[14] Goldoni 1764, p. 229.

[15] *Ibid.* Una lettera del conte Pupieni, datata 6 febbraio 1769, descrive questo «modello perfezionato di cosmorama» che produce un «parallelo tra il mondo nostro, e quel pasticcio di figure, che chiamasi dal volgo Mondo nuovo. Ivi si vedono bambocci ben vestiti...» e altri pupazzetti; citato da Fido 1988, p. 44.

[16] Goldoni 1764, p. 230.

[17] *Ibid.*

[18] Goldoni 1764, p. 231.

[19] Goldoni 1764, pp. 231-32: «Oh come ch'el par bon | Zelenza Nicoleto mio paròn! | Vederano là suso in quel castelo | De dí, de note, so Zelenza atento, | E vederano la giustizia e el zelo | Come l'ha sostenudo el regimento».

[20] *Ibid.*

[21] Si succedono nell'ordine i figli di Nicolò (sier Marco, «puto de bon genio e de bon fondo»; sier Matío, «che i ghe dise el Dotorin»; sier Francesco, «picolo ma fin; sier Galean, «che anca lu no xe un baban»); il fratello del *paròn*, Zelenza Zuane, «de zucaro impastato e marzapane», dunque dal dolce temperamento; infine le altre figlie.

[22] Goldoni 1764, p. 235.

[23] Goldoni 1764, p. 236.

[24] Goldoni 1764, p. 237.

[25] *Ibid.*

[26] Goldoni 1764, p. 240.

[27] Goldoni 1750, vol. I, pp. 761-72: «Ecco quanto ho io appreso da' miei due gran libri, Mondo e Teatro. Le mie Commedie sono principalmente regolate, o almeno ho creduto di regolarle, co' precetti che in essi due libri ho trovati scritti: libri, per altro, che soli certamente furono studiati dagli stessi primi Autori di tal genere di Poesia, e che daranno sempre a chicchessia le vere lezioni di quest'Arte. La natura è una universale e sicura maestra a chi l'osserva. "Quanto si rappresenta sul Teatro – scrive un illustre Autore – non deve essere se non la copia di quanto accade nel Mondo"».

[28] Goldoni 1943, vol. XIII, pp. 187-88.

[29] Sul realismo ludico di Goldoni rimane fondamentale Fido 1977, pp. 89-101.

[30] «Come conciliare l'informazione visiva e semantica incorporata nella composizione con le molteplici ambiguità dell'espressione "il mondo nuovo"?», chiede Spieth 2010, p. 188.

[31] *Mundus Novus, Alberic[us] Vespucci[us] Laure[n]tio Petri Francisci de Medicis salutem plurima[m] dicit, Felix Baligault and Jehan Lambert*, Paris 1503. Per un'edizione moderna Vespucci 2007.

[32] Gealt e Knox 2005. Sull'immaginazione del Nuovo Mondo cfr. Buccini 1990.

[33] Cfr. anche Buccini 1992, pp. 212-21. Dal canto suo Spieth 2010, p. 199, considera l'una interpretazione esclusiva dell'altro.

[34] Wilson 2005, p. 3.

[35] F. G. Zanetti 1925: «Miniata con infinita diligenza contrassegnando i luoghi tutti indicati da Marco Polo nel suo sí famoso Itinerario, anzi non solamente i luoghi e le Città, ma i siti; inoltre ov'egli descrive o nota alcuna osservabil e nuova cosa, esprimendola con figure d'uomini, di animali, e fino di spiriti, dimonj ed altro secondo il suo racconto, siccome può con poca fatica vedersi. Anzi oltre tutto questo, per mezzo di linee di color giallo vengono in essa indicate le vie battute e ribattute dal Polo quali appunto indicate si leggono ne' suoi scritti».

[36] *Ibid.*: «... cò suoi lidi, porti, spiagge, approdi, consolati Veneti, l'Italia, l'Istria, la Dalmazia, l'Ungheria, la Moldavia, la Servia, la Valacchia, la Grecia, l'Arcipelago con sue Isole, porzione di quella di Cipri e tutte in fine le aggiacenti Provincie di sí ampio tratto».

[37] F. G. Zanetti 1925, pp. 334-36: dimostrazione «di esser uscita da mano piú che mezzanamente esperta non solo della moderna e antica Geografia, ma della Storia e dello studio antiquario ancora».

[38] Per questa descrizione, cfr. anche *Prospettiva...* 1854, pp. 599-600.

[39] *Prospettiva...* 1854, p. 600.

[40] Per diverse opinioni sui viaggi dei fratelli Zen nel Nuovo Mondo: Di Robilant 2011; Horodowich 2014, pp. 841-77.

[41] De Certeau 1990, cap. VII.

[42] Crary 1990.

II. EVOLUZIONE DI UNA SCENA

[1] C. Goldoni, *I rusteghi*, atto II, scena V.

[2] Calasso 2006, p. 228.

[3] Nell'edizione Mondadori del testo di Goldoni (Goldoni 1943, p. 1036), è attribuita a Gradenigo la menzione «fra i vari spettacoli, delle "camere optiche"». Vi si legge anche che Gradenigo «racconta, in data 5 marzo '64, di un impresario "de' casotti alla Bolognese"».

[4] Di questo quadro, oltre a un disegno preparatorio, esiste un'altra versione, datata 1765 e di attribuzione incerta, esposta al Musée des Arts décoratifs di Parigi.

[5] Spieth 2010, p. 191.

[6] Friedberg 2006, p. 61.

[7] White 2000, pp. 189-90: «In termini discorsivi il nuovo mondo, e quindi le "lontananze" e le "prospettive" che esso comprende, sono letteralmente "dentro" al dispositivo [...] In altre parole, entrano nella nostra immaginazione di osservatori proprio perché non sono rappresentati direttamente, ma in maniera indiretta».

[8] Come suggerito da Bonicatti 1964, p. 146.

[9] Mariuz 1971, p. 82.

[10] Mathews 1993, p. 66.

[11] Mathews 1993, p. 64.

[12] Mariuz 1971, p. 82; Mathews 1993, pp. 36-38, in particolare p. 38, dove si legge che Giandomenico ci offre «uno sguardo realistico sull'opacità degli esseri umani».

[13] Mariuz 1971, p. 82.

[14] *Ibid.*

[15] Spieth 2010 p. 196.

[16] Christiansen 1999, p. 665. Per Spieth 2010, p. 196, con la raffigurazione di questo episodio della sua giovinezza Giandomenico «accetta il dono paterno della visione, la vocazione per la vita all'arte».

[17] White 2000, pp. 192-99. Anche White basa la sua interpretazione sul poemetto di Goldoni.

[18] «Il tempo presente e il tempo passato | Son forse entrambi nel tempo futuro, | E il tempo futuro è contenuto nel tempo passato», come recitano i celebri versi del poema *Burnt Norton* di Thomas Stearns Eliot; Eliot 1936 [trad. it. p. 261].

[19] Calasso 2006, p. 228.

[20] Prende in considerazione questa allegoria anche Spieth 2010, p. 201.

[21] Calasso 2006, p. 235.

[22] Calasso 2006, pp. 234-35: «Che cosa conterrà la cartella? Disegni, incisioni? Qualcosa da vendere? È chiaro che l'uomo dev'essere un artista».

[23] Calasso 2006, pp. 232: «L'Europa di Würzburg è la stessa prim'attrice che avrebbe assunto anche il ruolo di Venezia mentre riceve doni da Nettuno, a Palazzo Ducale. Di fatto, che cos'era l'Europa se non una espansa Venezia? Con l'aggiunta di qualche macchinosità [...]?» Per Calasso (p. 236), la chiave del cosmorama è «un esperimento antropologico [...] Se mai la parola *cosmopolitismo* ha avuto un senso, è su quel soffitto».

III. IL SEGRETO DI PULCINELLA

[1] Baudelaire 1992 [trad. it. p. 203].

[2] Goethe 1832 [trad. it. p. 475].

[3] Lo ha notato Ferrari 2016 nella sua recensione al libro di Giorgio Agamben citato *infra*, alla nota 12.

[4] Cfr. Vescovo 2014, pp. 193 sgg.

[5] Il termine «fantasmagoria» è usato da Calasso 2006, p. 237, nella sua trattazione del cosmorama di Würzburg, descritto come una «fantasmagoria della Storia [...] poco prima che una cesura invalicabile la riducesse a materiale adatto per i libri di scuola, le enciclopedie popolari e i monumenti civici», dopo il 1789.

[6] Chambet 2010, pp. 62-71.

[7] Negli scenari della Commedia dell'arte troviamo svariati «lazzi» riguardanti Pulcinella e il «mondo nuovo». Cfr. Bartoli 1880, pp. 225-33; De Maio 1989, pp. 142-43: «Ciarlatano o astuto mercante, Pulcinella attrae i bambini con il suo ["mondo nuovo"], in modo da attirare anche gli adulti».

[8] Calasso 2006, pp. 108-10.

[9] Peteri 2007, p. 320. Per il concetto di Perturbante cfr. Freud 1919, che fa riferimento a E. Jentsch, *Zur Psychologie des Unheimlichen*, 1906.

[10] Peteri 2007, p. 322: «Il *Doppelgänger* che proteggeva il nostro ego in tempi remoti (come le figurine che corredano i sarcofagi egiziani) e nella nostra infanzia (le bambole che agghindavamo a nostra immagine e somiglianza) si trasformano nell'illuminata età adulta in uno spauracchio che minaccia la nostra identità. Allo stesso modo, la coazione a ripetere associata nel bambino al principio di piacere fa un'orribile impressione sull'adulto civilizzato».

[11] *Ibid.*: «Il genere dello "scherzo" mostra una particolare propensione a fare da veicolo musicale dell'inquietante [il freudiano *Unheimlich*] non come opposto dell'*Heimlich* – il ben noto, il familiare – ma una sua distorsione».

[12] Agamben 2015, p. 62.

[13] Mitchell e Nicholson 1999, p. 123.

[14] Il *lazzo* «non è un'azione imputabile, non implica responsabilità [...]», è un gioco che si disfa nel giocarlo, scrive Agamben 2015, p. 71.

[15] De Maio 1989, p. 143.

[16] Per Agamben 2015, p. 135: «Non vi è, in Pulcinella, una vita vegetativa separata dalla forma di vita, una *zoe* che possa essere separata e distinta dal *bios*. Egli non è, in verità, né l'una né l'altro. È, piuttosto, il terzo che appare nella loro coincidenza – cioè, nel loro cadere insieme – e, come il trapezista [...] o un funambolo che cammini su una corda inesistente, si muove liberamente, con la sua ardua, disciplinata, acrobatica goffaggine, nello spazio che si apre fra essi e al di là di essi».

[17] Mathews 1993, p. 16: se «Giambattista ci invita a trasvolare uno spazio divino e immaginario», Giandomenico ci colloca invece «al margine immediato di una scena reale e terrestre [...] reale ma nondimeno una scena».

[18] Fido 1995, p. 96: «... come Giandomenico, anche Goldoni si chiede se dietro la parete che nasconde ai suoi personaggi e a noi il mondo nuovo non ci sia in realtà che un'illusione, una finzione dentro una finzione, meno consistente di quella tiepolesca dei curiosi che, voltandoci le spalle, si affollano in splendide sequenze compositive negli affreschi del cosmorama, o dei figurini che, sempre di spalle, si allontanano sotto la pioggia verso un orizzonte vuoto» nelle sequenze della passeggiata in villa.

Parte seconda *Nel casotto dei Selva*

1. UNO STRANO CASOTTO

[1] Foscarini 1844, p. 174.

[2] H. James 1909. Per una ricostruzione dell'ologramma veneziano di Henry James, cfr. L. Holmes 2019, pp. 178-94.

[3] Selva 1787, p. 170.

[4] Cfr. la voce «Lorenzo Selva», in *Dizionario biografico dei friulani* 2009, consultabile anche online.

[5] Selva 1761, parte III.
[6] Kemp 1990, p. 186.
[7] Selva 1787, p. 170.
[8] *Ibid.*
[9] Algarotti 1763, p. 67.
[10] Algarotti 1763, pp. 67-68.
[11] Selva 1787, pp. 170-71.
[12] Selva 1787, p. 171.
[13] *Ibid.*
[14] Selva 1787, pp. 171-72.
[15] Barbaro 1569, p. 192.
[16] Una spiegazione dettagliata si trova in Algarotti 1737, pp. 81 sgg.
[17] Pesenti Compagnoni 1995, pp. 46-47.
[18] Kepler 1604, pp. 51 sgg.
[19] Darrigol 2012, pp. 28-29.
[20] Darrigol 2012, p. 30; cfr. anche Shapiro 2008, pp. 270-312.
[21] Algarotti 1737, pp. 83-84.
[22] Algarotti 1737, p. 84.
[23] La «gutta serena» afflisse, se non il greco Omero, almeno l'Omero britannico Milton, «ch'egli intrecciò nel suo Poema alle amenità del perduto Paradiso, alle zuffe degli Angeli, & all'Abisso pregnante»; Algarotti 1737, pp. 85-86.
[24] Algarotti 1737, p. 85.
[25] Selva 1787, p. 170.
[26] Algarotti 1763, pp. 66-67.
[27] Clark 2007, p. 83.
[28] Algarotti 1763, p. 67. Pullè commenta: «Un tal magistero della natura che si è in questi ultimi tempi discoperto, potrebbe soltanto dar pascolo alla curiosità de' Filosofi e per li pittori rimanersi inutile quando l'arte non fosse giunta a contraffarlo e a renderlo familiare e palese alle viste di tutti. Per via di una lente di vetro e di uno specchio si fabbrica un ordigno, il quale porta la immagine o il quadro di che che sia e di un'assai competente grandezza sopra un bel foglio di carta dove altri può vederlo a tutto suo agio e contemplarlo: E cotesto occhio artifiziale, Camera Ottica si appella».
[29] Reynolds 1891, p. 316: «Se supponiamo una veduta della natura rappresentata con tutta la verità della camera oscura e la stessa veduta rappresentata da un grande artista, quanto piccola e mediocre l'una apparirà in confronto all'altra, laddove non si suppone superiorità nella scelta del soggetto!»
[30] Reynolds 1891, pp. 316-17.
[31] Algarotti 1763, p. 68.
[32] Algarotti 1763, p. 69: «Maraviglioso dipoi in tal quadro è lo innanzi e lo indietro. Oltre al diminuirsi che fa negli oggetti la grandezza secondo che dall'occhio si allontanano vedesi ancora diminuita la sensibilità del colore, del lume, delle parti di quelli. A maggior distanza risponde piú perdimento di colore, ed isfumatezza di contorno ed assai piú slavate sono le ombre in un lume minore o piú lontano. Gli oggetti, al contrario, che sono piú vicini all'occhio e piú grandi, sono anche piú precisi nel contorno di ombre molto piú vivi, piú alti di tinta».

[33] *Ibid.* (anche per la citazione precedente).
[34] Algarotti 1763, p. 70.
[35] Algarotti 1763, p. 63.
[36] Algarotti 1737, pp. 80-81.
[37] *Ibid.*

II. UN DIORAMA MOBILE

[1] G. Leopardi, *Zibaldone di pensieri*, 2 settembre 1821.
[2] Kemp 1990 attribuisce la citazione al paesaggista Pierre-Henri de Valenciennes.
[3] Mazzotti 2004, p. 138.
[4] Mazzotti 2004, pp. 132-34.
[5] In un'altra annotazione nella stessa data, il cui soggetto è la traduzione da una lingua straniera, l'effetto mimetico della camera oscura viene decisamente ridimensionato.
[6] A. M. Smith 2014, p. 369.
[7] Algarotti 1737, p. 47.
[8] Algarotti 1737, p. 75.
[9] L. B. Alberti, *De pictura*, I, 7.
[10] Locke 1689, libro II, cap. XI, 17 [trad. it. pp. 119-20].
[11] Kemp 1990.
[12] Rauer 2016, pp. 21-50.
[13] Il casotto è un antesignano della «splendida *camera obscura*» di cui tratta Reiko Loader 2018, pp. 289-300.
[14] Per una dettagliata analisi del dispositivo nell'opera di Canaletto si rimanda a Corboz, 1985a.
[15] Corboz, 1985a, p. 154.
[16] Su Newton e Canaletto cfr. Corboz 1985b, p. 173.
[17] Morassi 1955, p. 350; Corboz 1985, p. 192; cfr. anche Baetjer e Links 1989, p. 336.
[18] A. M. Zanetti 1771, vol. IV, libro 5, p. 463.
[19] Aikema e Bakker 1990, p. 127.
[20] Baetjer e Links 1989, p. 306.
[21] Alessandro Bettagno, citato da Baetjer e Links 1989, p. 46.
[22] Corboz 1985a, p. 153.
[23] Benjamin 1963 [trad. it. p. 22].
[24] Goethe 1816-17 [trad. it. p. 93].
[25] *Ibid.*
[26] *Ibid*: «Tiziano e Paolo Veronese possedevano al massimo questa luminosità, e se non la si trova in qualcuna delle loro opere, è perché il quadro s'è deteriorato, oppure è stato ridipinto».
[27] Sulla teoria goethiana (*Zur Farbenlehre*, Tübingen 1810) cfr. per esempio Kemp 1990, p. 297.
[28] Riva 1992.
[29] G. G. Byron, *Childe Harold's Pilgrimage*, canto IV, 3-4.
[30] Redford 1996, pp. 109-15.

[31] Beckford 1835, p. 12: «Mi sono spostato su un balcone affacciato sul canale [...] Qui mi sono messo a godere il fresco e a osservare per quanto a lungo lo consentisse il crepuscolo la varietà di figure che sfrecciavano sulle loro gondole. Al calar della sera, innumerevoli ceri scintillavano attraverso le tende delle finestre. Ogni imbarcazione ha la sua lanterna, e le gondole muovendosi rapidamente lasciavano una scia di luce che luccicava e giocava sull'acqua».

[32] Beckford 1835, pp. 28-29: «Quando mi sento oppresso da questa atmosfera nociva, corro sul campanile della piazza, e sedendomi tra i pilastri della galleria, respiro i freschi venti che soffiano dall'Adriatico; osservo a mio piacimento tutta Venezia sotto di me, con il suo mare azzurro, le vele bianche e lunghi tratti di isole splendenti al sole. Avendo cosí incamerato una provvista di brezze salutari, sfido i vapori dei canali e mi avventuro nei quartieri piú curiosi e oscuri della città, alla ricerca di turchi e infedeli, per poter rivolgere loro tutte le domande che voglio su Damasco e il Suristan, quei paesi felici che la natura ha ricoperto di rose. Gli asiatici trovano Venezia molto di loro gusto».

[33] Per un'esplorazione in area soprattutto germanica cfr. Cometa 2016.

[34] Kemp 1990, pp. 199-202.

[35] Darrigol 2012, pp. 108, 158, 184.

III. UN LOGOGRIFO VIRTUALE

[1] Calvino 1972, pp. 10 e 40.

[2] Corboz 1985, p. 173; per un'analisi dei capricci di Canaletto, pp. 283-404.

[3] Dubbini 1994, p. 47.

[4] Calvino 1972, p. 81.

[5] Selva 1787, p. 62.

[6] *Ibid.*

[7] Selva 1787, p. 172.

[8] Blake 2003, p. 13.

[9] La finestra si trova al secondo piano del Palazzo Angeli, oggi sede del Museo del Precinema e della collezione Minici Zotti. Una suggestiva mostra intitolata *Imago oculis* è stata allestita da Carlo Alberto Zotti Minici, con la co-curatela di Gian Piero Brunetta, nel 2017.

[10] Zotti Minici 1998, p. 68.

[12] Shakespeare 1623 [trad. it. p. 1023].

Parte terza *Voyeurismo sociale*

I. OSSERVAZIONI PERICOLOSE

[1] Goldoni 1771, p. 17.

[2] Goldoni 1771, pp. 5-6.

[3] Goldoni 1771, pp. 7-8.

[4] Goldoni 1771, p. 9.

[5] Goldoni 1771, pp. 9-10.

[6] Goldoni 1771, pp. 10-11.

[7] La *pièce* goldoniana è forse indebitata con uno scenario della Commedia dell'arte rielaborato da Aphra Behn, *Emperor of the Moon* (1687), come messo in rilievo da

Hayden e Worden 2019, pp. 19-44 (cap. *The Emperor of the Moon: A Critical Discussion*); cfr. anche Dick 1943, pp. 544-48.

[8] Goldoni 1771, p. 14.

[9] Goldoni 1771, p. 19: «Un Astrologo v'è come son io | Che ha fatto un Canocchial simile al mio. | Congiunti nella cima i Canocchiali, | E levato il cristallo, o sia la lente, | Facilissimamente | Sento quel che si dice in l'altro Mondo, | E col metodo stesso anch'io rispondo».

[10] Goldoni 1771, pp. 19-20.

[11] Goldoni 1771, p. 23.

[12] Galileo, *Sidereus nuncius*, 1610: «Lunam superficie leni et perpolita nequaquam esse indutam, sed aspera et inæquali; ac, veluti ipsiusmet Telluris facies, ingentibus tumoribus, profundis lacunis atque anfractibus undiquaque confertam existere».

[13] Goldoni 1771, p. 26.

[14] Kepler 1634.

[15] Goldoni 1771, p. 30.

[16] Goldoni 1771, p. 46.

[17] Goldoni 1771, pp. 52-53 (anche per le due citazioni precedenti).

[18] Goldoni 1771, p. 9.

[19] Galileo, *Sidereus nuncius*, 20: «E voglio anche ricordare un'altra cosa che notai non senza una certa meraviglia: quasi nel mezzo della Luna vi è una cavità maggiore di tutte le altre e perfettamente rotonda di figura: questa scorsi in vicinanza di entrambe le quadrature, e per quanto mi fu possibile riprodussi nelle due figure poste qui sopra: per quel che riguarda l'adombramento e l'illuminazione offre lo stesso aspetto che sulla Terra offrirebbe la regione consimile della Boemia, se fosse da ogni parte circondata da monti altissimi, e disposti a circolo perfetto; nella Luna infatti è circondata da monti cosí alti che la regione estrema confinante con la parte tenebrosa di essa si vede illuminata dal raggio solare prima che il limite tra la luce e l'ombra raggiunga il diametro della figura stessa. Come nelle altre macchie, la parte ombrosa di quella guarda il Sole, la parte luminosa è volta verso la parte oscura della Luna».

[20] Casanova 2003 (trad. rivista per tutte le citazioni di questo testo).

[21] Casanova 2003, p. 43.

[22] Casanova 2003, p. 53.

[23] Casanova 2003, p. 57.

[24] Casanova 2003, p. 61.

[25] Casanova 2003, p. 67.

[26] Casanova 2003, p. 75.

[27] Casanova 2003, p. 77.

[28] *Ibid.*

[29] Gale 1808, p. 194.

[30] Casanova 2003, pp. 80-81.

[31] Casanova 2003, p. 81.

[32] Casanova 2003, p. 83.

[33] Casanova 2003, p. 85.

[34] Casanova 2003, p. 87.

[35] Casanova 2003, p. 93.

[36] Casanova 2003, p. 97.

[37] Choderlos de Laclos 1782, lettera LXXXI: «la Marchesa di Merteuil al Visconte di Valmont».

[38] Foucault 1975.

[39] Cfr. Caluya 2010, pp. 621-33.

[40] Casanova 2003, p. 103.

[41] Casanova 2003, p. 109.

[42] Casanova 2003, p. 113.

[43] Un aristocratico membro dell'élite locale, in una città occupata da una guarnigione francese, non avrebbe potuto sfidare un ufficiale francese a duello senza creare un incidente diplomatico. Era necessaria una linea d'azione piú «discreta», ovvero polemoscopica.

II. UNA VITA DA LANTERNA MAGICA

[1] Casanova 1964, vol. I, p. 34 (Prefazione).

[2] Nella premessa al primo volume dell'edizione francese Pléiade, Casanova 2013, p. XI.

[3] Lo studio piú esauriente è quello di Luna 1998.

[4] Casanova 1964, vol. I, p. 25 (Prefazione).

[5] L'atleta del sesso interpretato da Donald Sutherland nel fantasmagorico *Casanova* di Federico Fellini (1977); o l'impomatato e gottoso personaggio interpretato da Marcello Mastroianni nel film di Ettore Scola *Il mondo nuovo* (1982); o il romanzesco protagonista del *Ritorno di Casanova* (1918) di Arthur Schnitzler, della *Recita di Bolzano* (1940) di Sándor Márai e del *Casanova in Bohemia* (2022) di Andrei Codrescu. Naturalmente è anche l'oggetto di innumerevoli saggi, da *Casanova* di Stefan Zweig (1928) a *Casanova o la dissipazione* (1961) di Robert Abirached, a *Casanova. Actor, Lover, Priest, Spy* (2008) di Ian Kelly, a *Casanova: un voyage libertin* (2014) di Chantal Thomas,

[6] Casanova 1964, vol. I, pp. 34-35 (Prefazione).

[7] Goldoni 1771, pp. 7-8; cfr. *supra*, p. 108.

[8] Casanova 1964, vol. I, p. 26 (Prefazione).

[9] Casanova 1964, vol. I, p. 46 (tomo 1, cap. 1).

[10] Casanova 1964, p. 47.

[11] «Chi crederebbe che la colpa di un ragazzo potesse avere conseguenze cosí crudeli? [...] Ho forse fatto morire nell'ignominia e nella miseria una giovane amabile, onesta, stimabile, e che sicuramente valeva piú di me». Nelle *Confessioni*, l'episodio ha un preludio, poche pagine prima, quando il giovane Jean-Jacques viene licenziato dalla casa dove si trovava prima di approdare in casa Vercelli: «La signora Sabran trovò modo persino di strapparmi un nastrino argentato che la signora di Warens m'aveva regalato per il mio spadino...» E ha una coda: «Ma non adempirei lo scopo di questo libro se non esponessi insieme le mie intime disposizioni, e se temessi di scusarmi di quanto è conforme al vero. [...] Non la punizione temevo, ma la vergogna; ma la temevo piú della morte, piú del delitto, piú di qualsiasi cosa al mondo. Avrei voluto sprofondare, scomparire nel cuore della terra; l'invincibile vergogna vinse tutto, la vergogna sola scaturí tanta imprudenza; e piú mi inoltravo nel delitto piú il terrore di confessarlo mi rendeva intrepido. Non vedevo che l'orrore d'essere smascherato, dichiarato pubblicamente, me presente, ladro, bugiardo, calunniatore. Un'angoscia totale mi toglieva ogni sentimento. Se mi avessero consentito di tornare in me, avrei immancabilmente confessato tutto...»

[12] La «confessione» di Rousseau è sconfessata da De Man 1979, che in un capitolo la cataloga retoricamente e sintomaticamente tra le «scuse».

[13] Casanova 1964, vol. I, pp. 49-50 (tomo 1, cap. 1).
[14] Casanova 1964, p. 50.
[15] *Ibid.*
[16] *Ibid.*
[17] Casanova 1964, p. 48.
[18] Casanova 1964, p. 49.
[19] Come suggerito da Marie-Françoise Luna in Casanova 2013, vol. I, p. 1197, nota 31.
[20] Casanova 1964, vol. I, p. 48 (tomo 1, cap. 1).
[21] Casanova 1964, p. 49.
[22] Casanova 1964, p. 24 (Prefazione).
[23] Casanova 1964, p. 33.
[24] *Ibid.*
[25] Casanova 1964, p. 30.
[26] Diderot 2010, p. 150.
[27] Casanova 1964, vol. I, p. 34 (Prefazione; trad. modificata).
[28] Deleuze 1985 [trad. it. p. 93]: «L'immagine-cristallo può ben possedere molti elementi distinti, la sua irriducibilità consiste nell'unità indivisibile di un'immagine attuale e della «sua» immagine virtuale. Ma cos'è questa immagine virtuale in coalescenza con l'attuale? [...] Il presente è l'immagine attuale e il proprio passato contemporaneo, è l'immagine virtuale, l'immagine allo specchio».
[29] Casanova 2013, vol. I, p. 1197, nota 22.
[30] Casanova 1964, vol. II, p. 408 (tomo 4, cap. 1).
[31] Come scrive J. H. Johnson 2011: «Nello strano mondo del mascheramento veneziano, dove le maschere aiutavano a preservare la gerarchia, sospendendola temporaneamente, il mascheramento [...] era un "velo di onesta oscurità", come aveva detto Torquato Accetto in *Della dissimulazione onesta*, piuttosto che un copertura per l'inganno».
[32] Casanova 1964, vol. II, pp. 416-17 (tomo 4, cap. 1).
[33] Casanova 1964, p. 421 (cap. II).
[34] Casanova 1964, p. 427.
[35] Casanova 1964, pp. 433-34.
[36] Casanova 1964, p. 434.
[37] Casanova 1964, p. 436.
[38] *Ibid.*
[39] Casanova 1964, p. 437.
[40] Casanova 1964, p. 438.
[41] Casanova 1964, p. 444 (cap. III).
[42] Casanova 1964, p. 444-46.
[43] Casanova 1964, p. 446-47.
[44] Casanova 1964, p. 450.
[45] Casanova 1964, pp. 450-51.
[46] Casanova 1964, pp. 452.
[47] Casanova 1964, pp. 472-73 (cap. IV).
[48] Casanova 1964, p. 453 (cap. III).
[49] Casanova 1964, pp. 453-54.

[50] Casanova 1964, p. 456.
[51] Casanova 1964, pp. 457-58.
[52] Casanova 1964, p. 460.
[53] La circolazione di immagini lascive nel periodo prerivoluzionario, il crepuscolo dell'*Ancien régime*, richiederebbe un lungo *détour*: diversi episodi della *Storia della mia vita* illustrano quanto Casanova fosse versato in tale commercio e per questa ragione perse addirittura un'amante a favore di Luigi XV, l'attrice fiamminga O'Morphi.
[54] Casanova 1964, vol. II, pp. 469 (tomo 4, cap. IV).
[55] Casanova 1964, p. 489 (cap. V).
[56] Casanova 1964, p. 484 (cap. IV).
[57] *Ibid.*
[58] Casanova 1964, vol. I, pp. 518-19 (tomo 2, cap. IV). Cfr. anche Emery 2007, pp. 23-44.
[59] Casanova 1964, vol. II, pp. 474-76 (tomo 4, cap. IV).
[60] Perez 2008, pp. 29-35; cfr. anche Otto 2011, cap. II: *The Panopticon*, pp. 50-53.
[61] Casanova 1964, vol. II, pp. 496-99 (tomo 4, cap. V).
[62] *Ibid.*, p. 499.

III. L'ULTIMO VIAGGIO DI CASANOVA

[1] Casanova 1964, vol. V, p. 205 (tomo 9, cap. VI).
[2] Voltaire 1770-72, pp. 213-14.
[3] Casanova 1964, vol. III, pp. 77-78 (tomo 5, cap. III).
[4] Ch. Thomas 1994, p. 74.
[5] Casanova 1964, vol. I, p. 35 (Prefazione).
[6] Vassalli 2002.
[7] Sede della collezione Minici Zotti, Palazzo Angeli, Padova.
[8] Cfr. l'antologia a cura di Fitting 2004.
[9] Le «variazioni» di cui parla il testo sono un implicito riferimento alla *pièce The Giacomo Variations*, Steppenwolf Theater, Chicago, 2013, con protagonista John Malkovich.
[10] Tiphaigne de la Roche 1760: «Il primo effetto della tela è quello dello specchio; vi si vedono tutti i corpi vicini e lontani di cui la luce riesce a trasmettere la forma. Ma la tela, grazie alla viscosità della sua materia, trattiene i simulacri – quello che un vetro non può fare».
[11] È il titolo della pregevolissima introduzione di G. Lahouati all'edizione Pléiade dell'*Histoire de ma vie* cit., vol. I, p. IX.

Parte quarta *Una fantasmagoria reale*

I. SOMATASCOPIA

[1] «Household Words», II (1851), p. 552.
[2] Belzoni 1820, pp. VII-VIII.
[3] Zatterin 2008, p. 23.
[4] *Ibid.*
[5] Mayes 2003, p. 22.

[6] Dickens 1846, pp. 169-70.

[7] *Extraordinary Characters*... 1805, pp. 40-41: «Topham, il meraviglioso forzuto del secolo scorso, si dice abbia usato vari macchinari nelle sue imprese ma BELZONI [*sic*] non richiede alcun supporto, ed esercita i suoi poteri per sola forza naturale».

[8] Stephen e Lee 1885-1900, vol. IV, p. 205.

[9] «Household Words», vol. II (1851), p. 548.

[10] *Extraordinary Characters*... 1805, p. 40.

[11] J. Th. Smith 1915, p. 186.

[12] *A Collection*... 1757-72; cfr. anche Goldsmith 1820, p. 274; Pigafetta 1524.

[13] «The Gentleman's Magazine», XCI (1821), n. 1, p. 41.

[14] «Kentish Chronicle» («Kentish Weekly Post or Canterbury Journal»), n. 2903, 20 novembre 1807.

[15] Una descrizione si trova nel romanzo *La magia bianca svelata*, pubblicato nel 1784 da Henri Decremps. Per una breve storia della fantasmagoria, Mannoni e Brewster 1996.

[16] «Oxford University and City Herald», 8 maggio 1808 (corsivo mio).

[17] *Ibid.*

[18] Originalmente parte della *Méthode pour apprendre à dessiner les passions* (1702). Ho potuto consultare l'edizione del 1732 dell'*Expressions des passions de l'âme*, Martin Engelbrecht, Augsburg, conservata al Metropolitan Museum of Art.

[19] «Cumberland Pacquet, and Ware's Whitehaven Advertiser», 14 maggio 1811.

[20] Rutherford 2009.

[21] Cfr. il brillante studio di Warner 2006, parte V: *Ombre*, e Stoichita 2000.

[22] Una ricostruzione si trova sul bel sito del centro teatrale Barbican di Londra (https://sites.barbican.org.uk/intothenight-paris/). Cfr. anche Jeanne 1937; Oberthür 1992.

[23] Altick 1978, p. 119, cita un esempio tratto da *A Tale of a Tub* (1633) di Ben Jonson per concludere che «spettacoli simili erano occasionalmente portati in Inghilterra dai savoiardi. Alla Fiera di Bartolomeo nel 1737, per esempio, si poteva ammirare un teatrino d'ombre "dei migliori maestri d'Italia"».

[24] Altick 1978, p. 120.

[25] Angelo 1828, p. 10.

[26] Brewster 1832, pp. 158-59: «Il piccolo teatro che ospitava lo spettacolo era illuminato solo da una lampada appesa al soffitto, la cui fiamma era aspirata o schermata da un opaco camino all'avvio della performance. In questa "visibile oscurità" il sipario si alzò, mostrando una caverna e in rilievo sulle sue pareti scheletri e altre terrificanti figure [...] Alla testa del dottor Franklin [...] trasformata in un cranio [...] si susseguivano spettri, scheletri, e altre figure terribili, che, invece di recedere e scomparire come prima, all'improvviso avanzavano sugli spettatori, diventando sempre piú grandi mentre si avvicinavano, e alla fine svanivano come se affondassero nel pavimento. L'effetto di questa parte dello spettacolo era naturalmente il piú impressionante».

[27] Brewster 1832, p. 158.

[28] Brewster 1832, p. 159.

[29] Altick 1978, p. 217.

[30] Stanley 2003, p. 66. L'aggrescopius di Belzoni non era unico, nel suo pseudoclassico conio linguistico. Altri pantoscopici teatri esibivano «una gran varietà di ottici *eidothaumata* [*sic*]», compresi dei misteriosi «fantasmi capnoforici», come riporta un cartellone del Lyceum Theatre nel 1804.

[31] Il «Saunders's News-Letter», 18 settembre 1809, ribadisce che «la sostanza della Figura, e non l'Ombra soltanto, ruoterà intorno, mostrandosi da tutti i lati agli spettatori».

[32] «Chester Courant», 8 maggio 1810.

[33] Wallach, O'Connell e Neisser 1953: «Un effetto ottico ottenuto quando «filiformi figure tridimensionali, proiettate su uno schermo traslucido, appaiono bidimensionali», ma facendole ruotare sul loro asse, «le loro ombre senza spessore appaiono tridimensionali».

[34] «Oxford City Herald», 6 giugno 1807.

[35] Warner 2006 racconta e analizza la quasi totalità di questi fenomeni.

[36] Mannoni e Brewster 1996, p. 393.

[37] Kentridge 2014, p. 10.

[38] Mannoni 2000, p. 81.

[39] Mannoni e Brewster 1996, p. 394.

[40] Castle 1995, cap. IX: *Phantasmagoria and the Metaphorics of Modern Reverie*, p. 142.

[41] Castle 1995, p. 143.

[42] Casetti 2023.

[43] Cohen 1989.

[44] Castle 1995, p. 159.

[45] Robertson 2023.

[46] Uno degli studiosi che piú hanno contribuito a mettere a fuoco l'importanza della fantasmagoria per la mentalità moderna e in relazione all'ottica, Tom Gunning, cita l'opera di artisti contemporanei come Zoe Beloff e Judith Barry, che utilizzano una varietà di media, rifacendosi direttamente o indirettamente alla lunga storia della fantasmagoria, da Robertson alle magie cinematografiche di Méliès. Rifacendosi alla fotografia spettrale, che catturava, mettendole in scena, le presenze inquietanti delle sedute spiritiche, Beloff «non presenta le sue immagini come evidenza di una presenza sovrannaturale, ma piuttosto come un simulacro di un'insostenibile credenza la cui fascinazione spettacolare rimane indiscutibile». Dal canto suo Barry, «con le sue proiezioni in luoghi pubblici (inclusi edifici) non solo rende visibile la tecnologia, ma ridefinisce lo spazio sociale e le forme piú familiari, poiché le immagini sfidano gli spettatori a riorientarsi in posizioni alternative a quella tradizionale del pubblico davanti allo schermo»; Gunning 2004a; per la prospettiva generale di Gunning (e l'implicita critica a una stretta prospettiva del precinema), Gunning 2004b.

II. EGITTOMANIA

[1] Scott 1894, p. 77.

[2] Altick 1978, p. 218, riporta la descrizione contenuta nell'opuscolo: «La scena principale è una mappa del Basso Egitto che mostra, in grande scala, le spettacolari ramificazioni di quel grande fiume, il Nilo. Svolgendosi l'una dopo l'altra, una serie continua di scene illustra il vero volto e le maniere del grande paese e del "carattere nazionale", come i geroglifici di Iside e Osiride, le piramidi, i cammelli, tratti desolati dell'Africa, vedute del Nilo, il porto di Alessandria, la colonna di Pompeo, la grande piazza al Cairo ecc. ecc.; accompagnando le scene con letture descrittive che, mentre le vedute intrattengono la fantasia, informano l'intelletto».

[3] Fritze 2016.

[4] L'annuncio dello spettacolo si trova, per esempio, in «Stamford Mercury», 20 marzo 1807 e in «Hull Advertiser and Exchange Gazette», 16 maggio 1807.

[5] Inclusi dei mattoncini-giocattolo in legno dipinto che si possono ammirare al National Maritime Museum di Greenwich. Un panorama in miniatura dei funerali di Nelson è menzionato da Huhtamo 2013, p. 31.

[6] «Leeds Mercury», 4 luglio 1807.

[7] La lettera è contenuta in Gaudenzio 1936, pp. 27-29.

[8] Come commenta il biografo di Belzoni, Zatterin 2008, p. 34.

[9] Drovetti 1857, p. 9.

[10] Spackman 2017, p. 107. Come scrive lo stesso Belzoni 1820, p. VII: «La mia costante occupazione era quella di andare in cerca di antichità, e mi ha portato, nel corso delle varie trattative che ho avuto con loro, a osservare il vero carattere dei turchi, degli arabi, dei nubiani, dei beduini e delle tribú degli Abadba».

[11] Schneider 1998; Moe 2006.

[12] Lady Morgan 1821, p. 356 (nota) li considera un esempio dell'*amor patriae* di Belzoni, riconosciuto dai suoi concittadini, «che parlavano di lui in termini molto elogiativi».

[13] Zatterin 2008, pp. 237-38.

[14] Zatterin 2008, pp. 243-44.

[15] P. B. Shelley, *Ozymandias*, 1818.

[16] Wood 2001, p. 1. Progettato dall'architetto Peter Fredrick Robinson per il collezionista William Bullock, l'edificio venne inaugurato nell'aprile 1812 con il pomposo nome pseudoclassico di London Museum and Pantherion, «un'assurdità» che «lo trasforma in una pubblicità efficace», come scrive Hunt 1861, p. 43. I suoi sotterranei erano come «un ripostiglio dell'inconscio esotico vittoriano», osserva Luckhurst 2012, p. 94.

[17] Cook 1949-54, p. 115: «Nella primavera del 1821 [Belzoni] aprí all'Egyptian Hall, a Piccadilly, un'esposizione di tombe egizie, templi e piramidi da cui era appena tornato. Nulla era stato tralasciato, fino al piú piccolo emblema: l'effetto prodotto su quanti entravano in queste stanze provenendo dal bagliore del giorno è indescrivibile».

[18] Moser 2006.

[19] Wood 2001, p. 1.

[20] Mannoni e Brewster 1996, p. 404.

[21] Castle 1995, p. 149: «Robertson, come i suoi predecessori, si premurava di chiarire sulla stampa che gli effetti della *Fantasmagoria* "sono il risultato di felici combinazioni ottiche" e che "le donne non devono avere paura di esserne terrorizzate piú di quanto lo sarebbero dagli effetti spesso inquietanti della luce lunare"». Inoltre, in base a Otto 2011, pp. 118-19, cap. II: *Phantasmagoria*, «l'aperta ammissione da parte dello *showman* che i suoi spettri erano illusioni ottiche [...] rafforzava lo scetticismo del pubblico con l'obiettivo di accrescerne lo stupore».

[22] Peta Rée, voce «Belzoni, Giovanni Battista (1778-1823)», in *Oxford Dictionary of National Biography*, scrive che l'esibizione all'Egyptian Hall «fu un successo strepitoso; il primo giorno 1900 persone pagarono la loro mezza corona per entrare nella "Tomba di Belzoni"».

[23] Wood 2001, p. 2.

[24] Moser 2006, p. 94.

[25] «New Monthly Magazine», 1° dicembre 1821, pp. 615-16.

[26] S. Thomas 2012, p. 19. Cfr. anche Colla 2007, p. 197.

[27] Pearce 2000, pp. 117-18, sottolinea il ruolo di Belzoni in questo passaggio da una cornice «in cui antichi reperti agivano da ispirazione decorativa o architetturale piuttosto

che da mezzi per accedere a una realtà passata» a una in cui «l'idea della cosa "reale" e la sua relazione a una storia "reale" comincia a farsi largo».

[28] Thornton 1822, p. III: «Il mio eroe è un uomo alla moda – di spirito, di curiosità, un uomo di mondo», spiega l'autore introducendo il secondo volume del romanzo, ambientato nella «metropoli britannica».

[29] Gardiner 1823. Luckhurst 2012, p. 98, osservando che nelle pagine di Lady Blessington «le stanze dell'esibizione sono un posto adatto a fungere da salotto urbano e a coltivare rapporti sociali», aggiunge correttamente che per lei l'esibizione era dunque una «desolante lezione sull'ignoranza delle nazioni che si presumevano civilizzate e non un impressionante spettacolo dell'orrore».

[30] Thornton 1822, pp. III-IV; per *The Magic Lantern* di Lady Blessington cfr. Engel 2019, cap. *The Countess of Blessington and Magic Lanterns*, pp. 81-105.

[31] Upham 1822.

[32] Thornton 1822, p. 111.

[33] Gardiner 1823, pp. 55-56.

[34] Thornton 1822, pp. 111-14.

[35] Upham 1822, p. 2.

[36] Gardiner 1823, p. 67.

[37] A proposito della «decadenza» del valore cultuale, Lady Blessington descrive alcuni scolari che si divertono a riconoscersi a vicenda nelle figure «mostruose» delle divinità egizie raffigurate nelle statue o dipinte alle pareti: sfingi dalla testa di leone, il dio Apis dalla testa di toro. Ammonendoli, l'accompagnatrice «legge loro sentenziosamente alcuni passi dalla descrizione di Belzoni, di cui i piccoli innocenti non capiscono neanche una parola»; Gardiner 1823, p. 65.

[38] Gardiner 1823, pp. 64-65.

[39] *Dialogo della Moda e della Morte*, in Leopardi 1834, pp. 34-35.

[40] Benjamin 1963 [trad. it. p. 22 e nota 9 a p. 49].

[41] Benjamin 1963 [trad. it. p. 26].

[42] Benjamin 1983 [trad. it. p. 336; J 47a, 1]. Modifico la traduzione dell'edizione italiana, «l'aura come lontananza dello sguardo che si ridesta in ciò che è contemplato».

[43] Benjamin, 1963 [trad. it. p. 25].

[44] Benjamin 1963 [trad. it. p. 49, nota 8]: «La distanza è il contrario della vicinanza. Ciò che è sostanzialmente lontano è l'inavvicinabile. Di fatto l'inavvicinabilità è una delle qualità principali dell'immagine cultuale. Essa rimane, per sua natura, "lontananza, per quanto vicina". La vicinanza che si può strappare alla sua materia non elimina la lontananza che essa conserva dopo il suo apparire».

[45] Lowe 2020, p. 16 (Introduzione).

[46] Lowe 2020, pp. 16-17.

[47] Lowe 2020, p. 18, corsivo mio.

[48] Lowe 2020, pp. 17-18: «La digitalità una volta associata al virtuale diventa in sempre maggior misura fisica». L'aura digitale sarebbe quindi inseparabile dall'oggetto fisico, nella sua esistenza digitale. Ma Lowe aggiunge: «Per Benjamin l'aura è intrinseca a, ed emana dall'oggetto; in realtà, l'aura è proiettata sull'oggetto dall'osservatore ed è il prodotto della nostra stessa percezione di valore, delle nostre credenze e pregiudizi. Quando questi mutano, l'aura muta [*relocate*] con loro».

III. LA MUMMIA

[1] Classen 2017, cap. III: *The Lure of the Unseen. Egyptian Mummies*, p. 48.

[2] La mostra bolognese del 2007, *Giovanni Battista Belzoni: un Indiana Jones alla riscoperta dell'Egitto*, che usava Belzoni per mettere in evidenza le proprie collezioni, ha ispirato il modello 3D incluso nella versione digitale di questo libro.

[3] Lowe 2020, p. 17: «Ogni cosa è in processo di cambiare. Le repliche non solo ci aiutano a comprendere e a empatizzare [con il passato] ma possono anche renderci consapevoli dei nostri limiti temporali e prospettici».

[4] Come ha scritto Markovitz 2020, p. 272: «Nonostante l'appello appassionato di Factum Arte al salvataggio della tomba di Seti I dalle ingiustizie del saccheggio coloniale, il facsimile riprodotto a Basilea è capitale culturale valorizzato ulteriormente dall'interazione sociale che consente. Si può entrare nella tomba, postare alcune immagini su Instagram e ritenersi soddisfatti che l'originale sia protetto dagli esperti. È una variante sottile dello stesso racconto che caratterizza oggi molti progetti di ricostruzione archeologica».

[5] Su Pettigrew cfr. Luckhurst 2012, pp. 99 sgg.

[6] Per un manifesto che pubblicizza una di queste performance, http://museums.bristol.gov.uk/details.php?irn=80529.

[7] Classen 2017, p. 48.

[8] Patmore 1826, p. 33.

[9] Patmore 1826, pp. 32-34: «In Egitto, la scultura era un'arte riservata esclusivamente alla religione [...] di rado veniva guardata e non per essere ricordata in quanto oggetto visibile; ma solo per essere percepita, come percepiamo l'impressione di un sogno molto dopo aver dimenticato tutti i dettagli delle forme e delle circostanze che lo costituivano». Riferendosi al Memnone, Patmore commenta poi: «Nella sinossi si legge che è stato esposto nel museo dal signor Salt e dal defunto signor Burchardt. Il nome di Belzoni non è in alcun modo messo in relazione con esso: come ha potuto verificarsi una svista del genere?»

[10] G. B. Belzoni, Lettera da Beban El Maluk [*sic*: Bībān al-Mulūk, la valle delle «porte dei re»], vicino a Tebe, 15 agosto 1818, in Gaudenzio 1936, p. 32: «La singolarità di questo busto ha una dolcessa e cosí tenera espressione nella fisionomia, che ancorché di una magnitudine collosale pure da dileto ad mirarlo, egli fu fato per rappresentare un Dio, e non credo che si potrebbe esprimere la dea della purità, con migliori linamenti di questo».

[11] Sul rapporto fra la mummia e la statua, cfr. Chaney 2020.

[12] Thornton 1822, p. 121.

[13] L. Horace Smith, *Address to the Mummy at Belzoni's Exhibition*, 1821.

[14] Thornton 1822, p. 118; Belzoni 1820, pp. 239-40.

[15] Il sarcogafo era stato offerto da Henry Salt ai direttori del British Museum per una grossa somma, ma l'acquisto non andò in porto. Per una descrizione del sarcofago, Taylor 2017.

[16] Dorey 1825, p. 83 e note 12, 92.

[17] http://explore.soane.org/section/sepulchral.

[18] Haydon 1853, vol. II, p. 12: «La prima persona che incontrai [...] era Coleridge [...] sono stato spintonato [poi] addosso a Turner, il paesaggista, con il suo volto rosso, e il gilè bianco».

[19] Kemble 1880, p. 37.

[20] Haydon 1853.

[21] Thornton 1821, p. 240.

[22] Belzoni 1820, p. 236.

[23] Dorey 1825, p. 87.

[24] Thornton 1822, p. 118.

[25] Haydon 1853, vol. II, p. 12.

[26] Cook 1949-54, p. 114.

[27] Belzoni 1820, pp. 156-57.

[28] Luckhurst 2012, p. 98. Riferimento implicito a Kristeva 1980.

[29] Cook 1949-54: «Nulla, se non il suo entusiastico spirito di scoperta e la sua forza superiore avrebbero potuto aiutarlo a superare gli orrori nei quali si imbatté nell'esplorare i passaggi sotterranei, lunghi e stretti, e i ricettacoli delle mummie».

[30] Belzoni 1820, pp. 156-57.

[31] A partire dal visionario romanzo di fantascienza *The Mummy!* scritto nel 1827 da Jane Webb Loudon, sottotitolato *A Tale of the Twenty-Second Century*, in cui la mummia è effettivamente un viaggiatore nel tempo e un «esploratore», una sorta di Don Juan del futuro. Per il collegamento con la mercificazione, Daly 1994.

[32] Thornton 1822, p. 119: «La barbarie, la cupidigia e la ferocia dell'accozzaglia di gente che ha popolato l'Egitto per secoli ha reso visitare le [sue] innumerevoli rovine a lungo» impossibile o rischioso.

[33] *Ibid.*

[34] Atkins Wilson 1824 (1ª ed. 1821), p. 8. «Messi in un anfiteatro di incommensurabile ampiezza e circondati da un'immensa varietà di oggetti, i bambini sono curiosi per natura e felicissimi di ogni nuova conoscenza acquisita: e dal momento che la verità non è piú considerata incompatibile con il divertimento, il modo piú piacevole di veicolare la prima sembra consistere nel fonderla con il secondo».

[35] Atkins Wilson 1824, p. 5: la madre (signora A.) spiega ai suoi figli che l'Egitto oggi è cosí interessante «perché di recente un signore, con instancabile impegno, ha fatto molte ricerche in quel paese e le sue singolari scoperte fra piramidi e templi hanno stimolato in misura non piccola l'attenzione del pubblico».

[36] Atkins Wilson 1824, p. 6 (anche per la citazione precedente), corsivi miei.

[37] Atkins Wilson 1824, p. 99: «Il suo obiettivo principale – dice la signora A. – era di derubare gli egiziani dei loro papiri [...] rotoli o registri che venivano di solito collocati con le mummie e contenevano fatti storici che si sarebbero rivelati utilissimi all'antiquario se fosse stato capace di decifrarli».

[38] Upham 1822, p. IV, scrive, rendendo omaggio a Belzoni: «La sua perseveranza e l'energia che lo contraddistinguono hanno avuto un tale effetto per il mondo letterario e antiquario, consentendogli di portare alla luce queste belle camere sepolcrali senza paragoni con altre, che ogni tentativo di comprenderne il significato e ogni felice aggiunta alla nostra conoscenza dei simboli egizi a partire dalle loro forme mistiche saranno sempre messi in relazione con la sua fortunata scoperta e con il suo nome».

[39] Atkins Wilson 1824, pp. 95-96.

[40] Atkins Wilson 1824, pp. 133-34, qui p. 130: «Il papà mi ha parlato dei piccoli groenlandesi. Mi ha raccontato che sono affezionatissimi al loro paese, nonostante sia cosí freddo e desolato, e che non scambierebbero per nessuna ragione le loro nude rocce e le montagne coperte di neve con i boschetti di spezie e i campi fioriti dei climi piú caldi». In altre parole, non venderebbero mai la loro eredità culturale come fanno gli «arabi infidi» che hanno aiutato Belzoni a dissacrare la tomba di Seti.

[41] Otto 2011, cap. V: *Phantasmagoria*, p. 118.

[42] *Dialogo di Federico Ruysch e delle sue mummie* (1824), in Leopardi 1834 , p. 174: «Ruysch fuori dello studio, guardando per gli spiragli dell'uscio. Diamine! Chi ha insegnato la musica a questi morti, che cantano di mezza notte come galli? In verità che io sudo freddo, e per poco non sono piú morto di loro, io non mi pensava perché gli ho preservati dalla corruzione, che mi risuscitassero. Tant'è: con tutta la filosofia, tremo da capo a piedi. Mal abbia quel diavolo che mi tentò di mettermi questa gente in casa. Non so che mi fare. Se gli lascio qui chiusi, che so che non rompano l'uscio, o non escano pel buco della chiave, e mi vengano a trovare al letto? Chiamare aiuto per paura dei morti, non mi sta bene. Via, facciamoci coraggio, e proviamo un poco di far paura a loro».

[43] Warner 2006, pp. 14-15. Cfr. anche Castle 1995, p. 161: «I razionalisti non negarono tanto il tradizionale mondo degli spiriti, piuttosto lo spostarono nel regno della psicologia. I fantasmi non venivano esorcizzati, solo interiorizzati e reinterpretati come pensieri allucinatori».

[44] Elizabeth 1833, p. 45.

[45] Morgan 1833, p. 697.

Parte quinta *La storia a colpo d'occhio*

1. ARTE SU SCALA EPICA

[1] «The Critical Review, Or, Annals of Literature», IX (1794).

[2] Biemiller 2007.

[3] «Derby Mercury», 19 dicembre 1860, p. 4.

[4] Proseguendo il suo viaggio virtuale in vari formati, il panorama è stato esibito in occasione di mostre e convegni, da Padova a Mantova e, nel 2023, nell'ambito della mostra *Garibaldi Pop*, al Museo del Risorgimento di Torino.

[5] Consultabile all'indirizzo https://library.brown.edu/cds/garibaldi/panoramaHTML5/panorama_scroll.php.

[6] Sternberger 1974.

[7] Huhtamo 2002, pp. 193-228. Il panorama, scrive Huhtamo, «anticipa quello che faranno i network del XXI secolo [...] dissolve i confini tra un'esistenza locale e una visione globale e onnicomprensiva».

[8] Benjamin 1983 [trad. it. p. 8; trad. di R. Solmi].

[9] Wordsworth 1850.

[10] Per uno sguardo complessivo sul panorama come «nuovo medium», accanto all'esauriente studio di Oettermann 1980, piú di recente Barringer 2020, pp. 83-106.

[11] Dal brevetto di Barker (consultabile all'indirizzo https://www.edvec.ed.ac.uk/html/projects/panorama/barker.html): «La mia invenzione, chiamata *la nature à coup d'œil*, intende, in disegno e pittura, e con una disposizione appropriata dell'insieme, perfezionare la veduta intera di qualsiasi paese o situazione in quanto appare a un osservatore che si giri attorno; per produrre il cui effetto, il pittore o disegnatore deve fissare la sua posizione, e delineare correttamente e in modo connesso ogni oggetto che si presenta alla sua vista mentre si gira, concludendo il suo disegno con una connessione con il punto in cui ha iniziato. Deve osservare le luci e le ombre, e perfezionare la sua opera al meglio delle sue capacità».

[12] Bigg 2007, pp. 73-96.

[13] Citato da Bigg 2007, p. 79.

[14] Benjamin 1983 [trad. it. p. 595].

[15] Stephens 2006, pp. 173-87.

[16] Huhtamo 2013.

[17] Nei panorami fissi, l'illusione realistica veniva rinforzata spesso da elementi «dioramici» forniti da oggetti di scena tridimensionali, posizionati fra l'osservatore e il quadro su uno «sfondo falso» (*faux terrain* in francese).

[18] Bordini 1984, p. 195.

[19] Hegel 1988, p. 233.

[20] Balzac 1899, p. 504.

[21] Balzac 1899, p. 7.

[22] Clausewitz 1832. «Il colpo d'occhio militare – commenta Bigg 2007 – differisce da quello del naturalista perché consiste in un'accurata ispezione del paesaggio situata nel tempo per l'immediato proposito di un'azione». Come osserva Valeria Pansini, citata da Bigg 2007, p. 20, la ricognizione a vista era «la capacità di prendere le misure senza strumenti».

[23] Samuels 2007, p. 40.

[24] Robichon 2005, p. 91.

[25] *Essais sur le Salon de 1817...* 1817, pp. 351-52.

[26] A. de Forges, *Panorama de la bataille de Solferino*, in «Le Moniteur de l'armée», 21 giugno 1865, cit. da Robichon 2005, p. 23.

[27] *L'Explication du Panorama de la bataille de Solferino*, pubblicata nel 1866 (Harvard Risorgimento preservation microfilm [2b, 26759]), riporta in appendice un bollettino della battaglia, a beneficio di chi desidera conoscerne tutte le fasi.

[28] Bourseul 1874, pp. 67-68.

[29] Robichon 2005, , p. 21.

[30] Citato in Robichon 2005, p. 22.

[31] Un articolo pubblicato su «Spectator» del 20 novembre 1852 registra l'impressione che un panorama napoleonico poteva esercitare circa quarant'anni dopo gli eventi rappresentati: la battaglia di Waterloo, con cui si chiuse l'epopea napoleonica. Il panorama venne esibito al Panorama Royal di Burford (una famiglia di importanti panoramisti omonimi di colui che acquistò il panorama Garibaldi da Story e lo trasportò in America). Lo spettacolo della battaglia riproposto a Londra non fece la stessa impressione – non era «lo stesso spettacolo» – ammirato sugli Champs Élysées trentasei anni prima, scrive l'anonimo autore dell'articolo, che ne mette in questione sia l'accuratezza che il realismo. La verisimilitudine – l'effetto di realtà – è il risultato di un'astuta manipolazione che consiste sia nel congelare «l'azione principale» in un'istantanea sia nel «raffigurare insieme [...] accidenti non perfettamente simultanei».

II. SUPEREROE PANORAMICO

[1] «New York Times», 3 maggio 1864.

[2] Fra i panorami garibaldini c'erano quelli di noti impresari come Hamilton e Gompertz. Quest'ultimo fu il primo a introdurre il tema garibaldino, nel settembre del 1860 a Bristol, con un cartellone che affiancava «Vedute sul Reno» e le «Imprese di Garibaldi in Sicilia», confermando il legame cruciale fra turismo virtuale, giornalismo e spettacoli storici; cfr. Pellegrino Sutcliffe 2010, p. 130 e Pellegrino Sutcliffe 2013b, p. 234.

Per una presentazione generale del panorama Garibaldi nel suo contesto storico, cfr. Hyde 2010, pp. 46-51.

[3] Duggan 2007, pp. 795-96. Florence Nightingale, che era nata a Firenze nel 1820, durante il Grand Tour dei suoi genitori, e doveva il suo nome a questa circostanza, fu testimone anni dopo della difesa gloriosa e tragica della Repubblica Romana.

[4] Per il contesto storico, cfr. Isabella 2011.

[5] Il sito della Brown University dà accesso al facsimile digitale e a una trascrizione completa del taccuino. Grace Burford, una discendente di colui che trasportò l'artefatto in America, lo aveva lasciato in eredità al già menzionato collezionista newyorkese, suo nipote.

[6] Per queste informazioni sono grato a Peter Harrington, curatore della collezione di Arte militare della Biblioteca John Hay (Brown University); Michael Cooper (Nottingham Museum); Sarah Skinner (Nottingham Castle Museum and Art Gallery); Christina Raven Conn e Dorothy Ritchie (Local Studies Library, Nottingham Central Library).

[7] Riall 2007, p. 148.

[8] *Ibid.*

[9] Riall 2007, pp. 148-49 e 157.

[10] Come ha osservato Clizia Magoni in un contributo che si può leggere sul sito dedicato al panorama Garibaldi, il gruppo piú consistente di citazioni da Dumas riguarda le imprese di Montevideo e del Brasile (scene 2, 3 e 4) e alcune scene della Repubblica Romana.

[11] Anonimo 1860. Si tratta di un'edizione pirata uscita in Francia a firma del noto giornalista Charles Paya, *Joseph Garibaldi, biographie complète illustrée par Janet-Lange*, come appendice alla *Histoire de la guerre d'Italie*.

[12] «The Illustrated London News», 18 luglio 1860.

[13] *Ibid.*

[14] Riall 2007, p. 254. Cfr. anche L. Stephen, voce «Frank Vizetelly», in *Dictionary of National Biography*, Macmillan, London 1899, p. 386.

[15] Riall 2007, p. 255.

[16] È significativo che nella sceneggiatura della sequenza della Repubblica Romana da parte di Story manchi qualsiasi accenno a Mazzini, che della Repubblica era stato l'ispiratore. Per un'analisi dettagliata di questa sezione del panorama si rimanda a Riva 2023.

[17] Uscito nel 1861 con il titolo *Les Garibaldiens, Révolution de Sicile et de Naples* presso l'editore Michel Lévi, con materiale datato fino al 15 novembre 1860, il testo fu pubblicato nel 1862 da Dumas al termine del *Conte di Montecristo* con il titolo di *Une Odyssée en 1860*; Dumas 2002.

[18] «The Illustrated London News», 4 agosto 1860. Come scrive Croce 1927, p. 340, Garibaldi permette a Dumas «di tradurre nella vita quotidiana l'ideale dei suoi romanzi e dei suoi drammi».

[19] Come scrive Gilles Pécout nell'introduzione all'edizione Einaudi del volume, ciò che conferisce unità al libro è «la progressione di due avventure principali, le peregrinazioni di Dumas nel Mediterraneo e la spedizione militare di Garibaldi in Sicilia».

[20] Per la saga di *Robin Hood. Il principe dei ladri* (1872) e *Robin Hood il proscritto* (1873) Dumas era stato ispirato dal romanzo di Pierce Egan il Giovane, *Robin Hood and Little John: or The Merry Men of Sherwood Forest* (1840).

[21] «Nottingham Guardian», 14 giugno 1860.

[22] *Ibid.*

[23] Pellegrino Sutcliffe 2013a, pp. 204-5: «Tutte le "camicie rosse" britanniche appartenevano alla tipologia dei "dilettanti" e dei "soldati-cittadini", con la possibile eccezione di una manciata di mercenari e avventurieri».

[24] Pellegrino Sutcliffe 2013a, p. 207.

[25] Come riporta l'«Illustrated London News» di sabato, 7 gennaio 1860, i Robin Hood Rifles «sono decisamente uno dei corpi d'élite» tra i corpi di volontari che si stanno formando in tutta la Gran Bretagna, e che danno vita a quello che «può essere veramente chiamato un rinascimento militare», confermando che «lo spirito marziale [...] non si è mai estinto tra gli inglesi».

[26] «Nottingham Journal», 25 maggio 1860.

[27] Un'altra incisione, anch'essa basata su un disegno di Vizetelly e raffigurante la Legione Britannica che marcia nel largo San Francesco da Paola a Napoli viene pubblicata dall'«Illustrated London News» il 10 novembre 1960.

[28] Pellegrino Sutcliffe, 2013b, p. 207, note 32 e 216.

[29] «London Review», 25 agosto 1860.

[30] Il Nottingham Forest è stato infatti il primo club a vestire ufficialmente il rosso, un colore che da allora è stato adottato da parecchi altri.

III. EROE DEI DUE MONDI

[1] *Grand Moving Panorama Illustrating an Ocean and Overland Journey Round the World, Including the Recent Discover of the Source of the Nile. [...] Painted on a Colossal Length of Canvas*, W. J. & H. Stennett, Nottingham 1869. Il titolo adottato nel testo è una libera traduzione mia.

[2] Cfr. Trumpener 2020, pp. 182-203.

[3] Tra i viaggi virtuali si annoverano anche altri famosi romanzi di Verne, come *Cinque settimane in pallone. Viaggio di scoperte in Africa* (1863) o *Ventimila leghe sotto i mari* (1870), che riprende l'*Icosameron* di Casanova.

[4] Huhtamo 2013, p. 291.

[5] Una ricostruzione a partire da queste fonti è abbozzata da Harrington 2020, p. 62.

[6] Il riferimento è alla campagna del contingente britannico guidato da Robert Napier contro l'imperatore Teodoro II di Etiopia nel 1867-68, illustrata nel catalogo *Abyssinia 1867-68. Artists on Campaign. Watercolors and Drawings from the British Expedition under Sir Robert Napier*, comprendente trentadue disegni e pubblicato nell'«Illustrated London News» tra il novembre 1867 e il giugno 1868, una dozzina di anni prima delle spedizioni italiane nel Corno d'Africa.

[7] «The Era», 13 gennaio 1867.

[8] Harrington 2020, pp. 62-63.

[9] Harrington 2020, p. 60.

[10] Per un periodo Garibaldi aveva lavorato nella fabbrichetta di candele aperta a Staten Island da un altro illustre espatriato italiano, Antonio Meucci.

[11] Riall 2007, pp. 326-27.

[12] Riall 2007, p. 327.

[13] A East Liverpool, la famiglia Burford aveva avviato con successo una manifattura di ceramiche di terracotta tipica dell'alta valle del fiume Ohio.

[14] Tom T. Jones, *The Sunlit Road*, in «Evening Review», 4 settembre 1934.

[15] «Pittsburgh Daily Post», 7 gennaio 1864, p. 4.

[16] Jones, *The Sunlit Road* cit. La fonte di informazioni citata da Jones è un memoir del figlio di Anthony Burford, George, ma non siamo riusciti a reperire una copia di questo documento probabilmente mai pubblicato.

[17] Marraro *et al.* 1943, pp. 237-38.

[18] «Philadelphia Inquirer», 27 febbraio 1863, p. 6.

[19] «Cleveland Daily Leader», 26 marzo 1863, p. 3.

[20] «Pittsburgh Daily Post», 7 gennaio 1864, p. 3.

[21] «Daily Evening Express», 3 dicembre 1863, p. 2.

[22] «Harper's Weekly», 1862, p. 674.

[23] Una lettera del console americano James W. Quiggle, spedita da Anversa e datata 8 giugno 1861, recava questo messaggio: «Generale Garibaldi. I giornali riportano che siete in procinto di recarvi negli Stati Uniti per unirvi all'armata del Nord nel conflitto ora in corso nel mio paese. Se effettivamente lo fate, sappiate che il nome di Lafayette non sorpasserà la fama del vostro. Migliaia di Italiani e Ungheresi accorreranno tra i vostri ranghi, e decine di migliaia di cittadini americani gareggeranno per ottenere la gloria di servire al comando del "Washington d'Italia"».

[24] Discutendo le controverse circostanze, Marraro e i suoi coautori citano una lettera che il 14 settembre 1862 Garibaldi scrisse da Varignano all'ambasciatore americano Canisius assicurandolo che se per il momento era prigioniero e gravemente ferito, nutriva ancora la speranza che, una volta guarito, avrebbe soddisfatto la sua aspirazione a servire la grande Repubblica americana «della quale sono cittadino, e che oggi combatte per la libertà universale»; citato da Marraro *et al.* 1943, p. 254.

[25] Marraro *et al.* 1943, p. 262.

Parte sesta *L'Italia attraverso lo stereoscopio*

1. SCULTURE SOLARI E OMBRE FOSSILIZZATE

[1] G.J. Smith 1903, p. 604.

[2] Svevo 1993, p. 554.

[3] O. W. Holmes 1859.

[4] O. W. Holmes 1898, p. 31.

[5] *Ibid.*

[6] O. W. Holmes 1898, p. 35.

[7] Lettera consultabile nella piccola antologia di citazioni contenuta in Sontag 1973, p. 143.

[8] O. W. Holmes 1898, p. 34.

[9] «Per una trattazione approfondita del «patchwork di intensità differenti, di rilievi e di profondità che si compenetrano nella stessa immagine» dello stereoscopio, cfr. Crary 1990, pp. 124-26 [trad. it. pp. 131-33]. Qui e in opere successive, Crary mostra come «imporre specifici tipi di sintesi percettiva, dalla diffusione di massa dello stereoscopio negli anni Cinquanta dell'Ottocento alle prime forme di cinema degli anni Novanta» fosse coerente con «un emergente sistema economico che richiedeva l'attenzione di un soggetto in termini di una vasta gamma di nuovi compiti produttivi e spettacolari», mentre «erodeva continuamente la base di qualsiasi disciplina»: Crary 1994, p. 22; cfr. anche Crary 1999.

[10] O. W. Holmes 1898, p. 34.

[11] *Ibid.*

[12] *Ibid.*

[13] O. W. Holmes 1898, p. 35.

[14] O. W. Holmes 1898, pp. 35-36: «Una semplice fotografia può essere manomessa [...] ma provate a correggere uno stereografia e vi renderete subito conto della differenza».

[15] O. W. Holmes 1898, p. 38.

[16] O. W. Holmes 1898, p. 37: «Eppure molte persone di cultura e gusto gli riservano una strana indifferenza, almeno fino a questo momento. Non sembrano aver compreso l'importanza del miracolo che il Signore della Luce sta compiendo per loro».

[17] Hales 2005, p. 89.

[18] O. W. Holmes 1898, p. 40.

[19] O. W. Holmes 1898, pp. 40-41: «Alla vecchia signora mancherebbe una mela da quel mucchio che vedi scintillare sul suo banco. Il giovanotto che ci volge le spalle potrebbe giurare sul disegno del suo scialle. Il signore tra due altri ricorderà senza dubbio che aveva un mal di testa la mattina successiva, dopo questa passeggiata che sta facendo. Nota la cautela con cui tiene le redini – ben separate, una per mano – l'uomo che, su un carro carico di barili, guida il cavallo grigio maculato».

[20] Crary 1990, p. 129 [trad. it. pp. 134-35]: «Alla stregua del fenachistoscopio e di altri dispositivi ottici non proiettivi, lo stereoscopio richiedeva la vicinanza e l'immobilità del corpo dell'osservatore».

[21] McLuhan 1964.

[22] O. W. Holmes 1898, p. 43.

[23] *Ibid.*

[24] O. W. Holmes 1861: «L'intera nazione è ora penetrata dalle ramificazioni di una metallica rete nervosa che lampeggia [*flash*] sensazione e volizione avanti e indietro tra città e province come fossero gli organi e gli arti di un unico organismo vivente [...] Questa diretta intercomunicazione [*intercommunication*], unita al potere di azione istantanea, ci tiene tutti in vita con eccitazione».

[25] O. W. Holmes 1898, p. 43.

II. UN FORMIDABILE LIBRO DI VIAGGI

[1] Gurevitch 2012.

[2] *Ibid.*

[3] De Certeau 1990, cap. IX.

[4] Parmeggiani 2018, p. 20: «La vera novità dei libri di viaggio pubblicati da Underwood & Underwood non era tanto l'uso delle stereografie, ma la loro innovativa compilazione di diversi tipi di media: vale a dire, le *stereoviews*, il testo della guida e le mappe. Questa relazione tra immagini e testo realizza il pieno potenziale dell'effetto 3D».

[5] Zotti Minici 2018, p. 21.

[6] Parmeggiani 2016a, p. 236.

[7] Parmeggiani 2016a, pp. 236-37.

[8] *Ibid.*: «In questo esempio è predominante il ruolo della componente visuale, anche se la componente verbale ha rilievo e importanza. In questo set multimodale, la parte visuale potrebbe essere considerata il codice principale».

[9] Klahr 2016, p. 8 (corsivo mio).

[10] Parmeggiani 2016a, pp. 237.

[11] Klahr 2016, p. 8.

[12] *Ibid.*: «Ogni stereografia presentava un numero in inchiostro rosso all'interno di un circolo, e dal circolo si irradiavano due "linee di confine" che indicavano il campo visivo del fotografo».

[13] *Ibid.*

[14] *Ibid.*

[15] L'età del «moderno sistema-mondo», secondo la definizione di Wallerstein 2011.

[16] O. W. Holmes 1859.

[17] Cfr. Belisle 2013, ora rielaborato in Belisle 2023.

[18] Osborne 1909, p. 72 (corsivo mio).

[19] W. James 1925 (corsivo mio).

[20] «È ormai riconosciuto che [...] l'unità sintetica dell'appercezione è anche una versione teoretica dell'esperienza», scrive Merleau Ponty 1945. Cfr. anche le osservazioni sulla visione stereoscopica.

[21] Sul significato di *Apperzeption* in Husserl, cfr. Dwyer 2007: «Nella sesta delle sue *Ricerche logiche*, Husserl tematizza il surplus (*Überschuß*) dell'intenzione percettiva secondo la quale l'intenzione oltrepassa la datità parziale di un oggetto percepito verso l'intero oggetto».

[22] Osborne 1909, p. 73.

[23] Osborne 1909, p. 74 (corsivo mio).

[24] *Ibid.*

[25] Osborne 1903, p. XXIX.

[26] Osborne 1909, p. 72 (corsivo mio).

[27] M. Twain, *The Innocents Abroad or The New Pilgrim's Progress* [*Gli innocenti all'estero. Il nuovo progresso del pellegrino*], 1869.

[28] Sull'adozione dello stereoscopio nella scuola americana cfr. Bak 2020, cap. VI. Bak adotta una prospettiva che potrebbe essere definita foucaultiana, incentrata sulla disciplina fisica e cognitiva, e sullo sforzo di attenzione richiesto ai bambini per usare questo dispositivo sedentario: «La mobilità mentale che lo stereoscopio incoraggiava potrebbe in definitiva essere imparata e interiorizzata come un modo istintivo di interpretare il mondo. Le reazioni degli educatori allo stereoscopio rivelano un secondo obiettivo di questi metodi didattici: la gestione della classe» (p. 320).

[29] Ellison 1903, p. 16: «Sono cosí tanti i viaggiatori in Italia, cosí diffuso l'interesse per le vedute d'Italia che sembra superfluo domandare perché dovremmo vedere l'Italia. Ma la ricchezza stessa delle esperienze del viaggiatore focalizza tanto la mente su affascinanti dettagli che chi viaggia non si rende conto della portata dei benefici che gli derivano da questo viaggio».

[30] Sweet 2012, p. 211.

[31] Osborne 1903, pp. XVIII-XIX; Parmeggiani 2016b, p. 10.

[32] Osborne 1903 (corsivi miei).

[33] Ellison 1903, p. 583.

[34] *La geografia a colpo d'occhio...* 1853.

[35] La frase risulta essere stata usata per la prima volta il 2 agosto 1814 in una nota di Metternich e in seguito in molte delle sue lettere.

[36] Ellison 1903, p. 314.

[37] Secondo Moe 2002, p. 46, il «paradiso abitato da diavoli» è «un esempio saliente della persistenza di un vecchio regime immaginativo».

[38] Ellison 1903, p. 314.

[39] Come ha scritto Noakes 1986, p. 144: «I poveri di Napoli erano chiamati *lazzaroni*, un epiteto originariamente peggiorativo con cui i dominatori spagnoli, nel XVII secolo, paragonavano coloro che partecipavano a una rivolta popolare al Lazzaro del Nuovo Testamento, il lebbroso deposto davanti alla porta del ricco; i turisti ottocenteschi, tuttavia, li consideravano un'immagine della spensieratezza».

[40] Ellison 1903, pp. 314-15.

[41] Ellison 1903, pp. 315 e 320.

[42] *Ibid.*

[43] Come scrive ancora Noakes 1986, p. 146: «La vita dei *lazzaroni* (la parola non connota piú i lebbrosi o i poveri ma il variopinto o il "pittoresco"), lo scorrere placido del tempo quotidiano (modo di vedere tipico di chi è in vacanza incompatibile con quella che in patria verrebbe vista come stagnazione economica) e la natura poetica della gente comune, evidenziata dai canti popolari napoletani, le "villanelle" (il cui dialetto era per la maggior parte dei viaggiatori incomprensibile), insomma tutti questi motivi vengono applicati ad altri luoghi ma molti scrittori francesi del XIX secolo li identificano soprattutto con Napoli. La posizione mitogeografica di Napoli era altresí importante come portone d'ingresso dell'Asia e dell'Africa».

[44] Frégier 1840; la canzone anonima del savoiardo citata alla fine dell'Introduzione di *Shadow Plays*, la versione digitale di questa monografia, si conclude cosí: «All the tricks and the fancy of the Englitch I know, | I see all ting pass, but I noting say | To ev'ry rig toujours au-fait. | («Ah! mon dieu c'est moi qui fait le façon.)| De picka de pockée» [«So tutti i trucchi e le fantasie degli Anglesi [*sic*] | vedo che tuto va, ma nente dico | di ogni trucco sempre al corrente | (ah mio Dio, sono io che lo faccio) | da borsaieul»].

[45] Alla fine dell'Ottocento il segretario dell'ambasciata italiana a Londra, Raniero Paulucci di Calboli, descrive cosí gli appartenenti a questa classe nomade: «Mutata invero la veste, il carattere è stato sempre lo stesso: perché sia sotto all'attillata maglia del saltimbanco, od ai panni modesti del burattinajo e del figurinajo [*sic*], sia sotto alla nera camiciuola dello spazzacamino od agli immondi cenci del suonatore di organetto e dello spacciatore di gelati, migliaia di nostri nazionali non hanno saputo da due secoli penetrare altrimenti in questo paese»; Paulucci di Calboli 1893, p. 3.

[46] Ellison 1903, p. 317.

[47] Ellison 1903, p. 321.

III. OMBRE LONTANE

[1] Chamisso 1814.

[2] Osborne 1903, p. XXXVI.

[3] Cfr. Malin 2007, pp. 403-24.

[4] Benjamin 1950.

[5] Barthes 1980.

[6] Spinner 2019, p. 94: «A differenza del *punctum* di Barthes, che è localizzato, trattandosi di un aspetto specifico dell'immagine che ferisce lo spettatore, l'immagine stereografica è tutta quanta *punctum*».

[7] Ellison 1903, p. 393.

[8] Ellison 1903, pp. 393-94.

[9] È stato André Bazin, grande teorico del neorealismo, a definire «complesso della mummia» il processo che sta alle origini di pittura e scultura e rimane come tensione fondamentale anche nel cinema; Bazin 1973; cfr. anche Rosen 2001.

[10] In un articolo famoso, pubblicato sul «Corriere della Sera» il 16 giugno 1929, in cui lamentava la morte del cinema con l'avvento del «cinema parlante», Luigi Pirandello aveva espresso un paradosso simile: «Con la parola impressa meccanicamente nel film, la cinematografia, che è muta espressione di immagini e linguaggio di apparenze, viene a distruggere irreparabilmente se stessa per diventare appunto una copia fotografata e meccanica del teatro: una copia per forza cattiva, perché ogni illusione di realtà sarà perduta per le seguenti ragioni: perché la voce è di un corpo vivo che la emette, e nel film non ci sono i corpi degli attori come a teatro, ma le loro immagini fotografate in movimento; perché le immagini non parlano: si vedono soltanto; se parlano, la voce viva è in contrasto insanabile con la loro qualità di ombre e turba come una cosa innaturale che scopre e denunzia il meccanismo».

[11] Ellison 1903, p. 396.

[12] Benjamin 1963 [trad. it. p. 22].

[13] Sontag 1973.

[14] Didi-Huberman 1990: «Laddove [Aby] Warburg decostruí l'intero edificio dello storicismo ottocentesco mostrando che la *Geschichte der Kunst* [storia dell'arte] è una storia di fantasmi, che si appiccicano alla nostra pelle, [Erwin] Panovsky voleva ricostruire la sua storia artistica [*Kunstgeschichte*] come una storia di esorcismi, misure di sicurezza e ragionevoli distanziamenti».

[15] Merleau-Ponty 1964: «Quello che guarda a tutte le cose può anche guardare a se stesso e riconoscere, in ciò che vede, l'altro lato del suo potere di guardare. Vede se stesso che vede; tocca se stesso che tocca; è visibile e sensibile per se stesso». «Vediamo solo ciò che guardiamo. Cosa sarebbe la visione senza il movimento degli occhi? [...] Se non avesse le sue antenne, la sua chiaroveggenza?»

Bibliografia

A Collection...
1757-72 *A Collection of the Dresses of Different Nations. Antient [sic] and Modern*, Thomas Jefferys, London.

Agamben, Giorgio
2015 *Pulcinella ovvero Divertimento per li regazzi*, Nottetempo, Roma.

Aikema, Bernard e Bakker, Boudewijn (a cura di)
1990 *Painters of Venice. The Story of the Venetian «Veduta»*, catalogo della mostra (ed. inglese), Rijksmuseum, Amsterdam.

Algarotti, Francesco
1737 *Il Newtonianismo per le dame ovvero Dialoghi sopra la luce e i colori*, Napoli.
1763 *Saggio sopra la pittura*, Coltellini, Livorno.

Altick, Richard D.
1978 *The Shows of London*, Belknap Press of Harvard University Press, Cambridge (Mass.).

Angelo, Henry
1828 *Reminiscences of Henry Angelo, with Memoirs of his Late Father and Friends, Including Numerous Original Anecdotes and Curious Traits of the Most Celebrated Characters That have Flourished during the Last Eighty Years*, H. Colburn, London.

Anonimo
1860 *The Illustrated Life and Career of Garibaldi. Containing Full Details of His Conduct, Daring Enterprises, Escapes, Conquests, and Reverses*, Ward and Lock, London.

Atkins Wilson, Sarah
1824 *Fruits of Enterprise Exhibited in the Travels of Belzoni in Egypt and Nubia, Interspersed With the Observations of a Mother to Her Children*, Harris and Son, London (1ª ed. Munroe and Francis, Boston 1821).

Baetjer, Katherine e Links, Joseph Gluckstein (a cura di)
1989 *Canaletto*, catalogo della mostra, The Metropolitan Museum of Art, New York.

Bak, Meredith A.
2020 *Playful Visions. Optical Toys and the Emergence of Children's Media Culture*, MIT Press, Cambridge (Mass.).

Balzac, Honoré de
1899 *Lettres à l'Étrangère*, Calmann-Levy, Paris.

Barbaro, Daniele
1569 *La pratica della perspettiva*, Camillo e Rutilio Borgominieri, Venezia.

Barringer, Tim
2020 *The World for a Shilling. The Early Panorama as Global Landscape*, in K. Trumpener e T. Barringer (a cura di), *On the Viewing Platform. The Panorama between Canvas and Screen*, Yale University Press, New Haven, pp. 83-106.

Barthes, Roland
1980 *La chambre claire*, Gallimard-Seuil, Paris; trad. it. *La camera chiara*, trad. di R. Guidieri, Einaudi, Torino.

Bartoli, Adolfo
1880 *Scenari inediti della Commedia dell'arte*, Sansoni, Firenze.

Baudelaire, Charles
1992 *L'art philosophique*, in Id., *Écrits sur l'art*; trad. it. *L'arte filosofica*, in *Scritti sull'arte*, trad. di G. Guglielmi e E. Raimondi, Einaudi, Torino.

Bazin, André
1973 *Qu'est-ce que c'est le cinéma*, Cerf, Paris (1ª ed. 1958-63, in 4 voll.); trad. it. parziale *Che cosa è il cinema?*, trad. di A. Aprà, Garzanti, Milano 1973.

Beckford, William
1835 *Italy. Sketches*, Cormon and Blanc, Paris-Lyons.

Belisle, Brooke
2013 *Total Archive. Picturing History from the Stereographic Library to the Digital Database*, in «Mediascape».
2023 *Depth Effects Dimensionality from Camera to Computation*, University of California Press, Berkeley.

Bellacosa, Juliette
2024 *Through the Eyes of the Beholder. La Resurrezione del Rinascimento italiano di Peter Greenaway*, University of Pennsylvania, diss. inedita.

Belzoni, Giovanni Battista
1820 *Narrative of the Operations and Recent Discoveries within the Pyramids, Temples, Tombs, and Excavations in Egypt and Nubia*, John Murray, London; trad. it. (dall'ed. francese), *Viaggi in Egitto ed in Nubia contenenti il racconto delle ricerche e scoperte archeologiche fatte nelle piramidi nei templi nelle rovine e nelle tombe di que' paesi seguiti da un altro viaggio lungo la costa del Mar Rosso e all'oasi di Giove Ammone*, 4 voll., a spese del Nuovo Gabinetto Letterario, Napoli 1831.

Benjamin, Walter
1950 *Berliner Kindheit um 1900*, Suhrkamp, Frankfurt am Main; trad. it. *Infanzia berlinese intorno al millenovecento*, trad. di E. Ganni, Einaudi, Torino 2007.
1963 *Das Kunstwerk im Zeitalter seiner technischen Reproduzierbarkeit* (1936), Suhrkamp, Frankfurt am Main; trad. it. *L'opera d'arte nell'epoca della sua riproducibilità tecnica*, trad. di E. Filippini, Einaudi, Torino 2000.
1983 *Das Passagenwerk*, Suhrkamp, Frankfurt am Main; trad. it. *I «passages» di Parigi*, Einaudi, Torino 2010.

Biemiller, Lawrence
2007 *Art on an Epic Scale*, in «Chronicle of Higher Education», LIV, n. 6.

Bigg, Charlotte
2007 *The Panorama, or La nature à coup d'œil*, in E. Fiorentini (a cura di), *Observing Nature – Representing Experience. The Osmotic Dynamics of Romanticism 1800-1850*, Dietrich Reimer Verlag, Berlin, pp. 73-96.

Blake, Erin C.
2003 *Zograscopes, Virtual Reality and the Mapping of Polite Society in Eighteenth-Century England*, in L. Gitelman e G. B. Pingree (a cura di), *New Media 1740-1915*, The MIT Press, Cambridge (Mass.).

Bonicatti, Maurizio
1964 *Note sul vedutismo veneziano: sulla cultura artistica di Francesco Guardi e Domenico Tiepolo*, in «Arte Veneta», XVIII, pp. 135 sgg.

Bordini, Silvia
1984 *Storia del panorama: la visione totale nella pittura del XIX secolo*, Officina, Roma.

Bourseul, E.-Ch.
1874 *Biographie du colonel Langlois [...] fondateur et auteur des panoramas militaires*, Paris.

Brewster, David
1832 *Letters on Natural Magic*, John Murray, London.

Brunetta, Gian Piero
1997 *Il viaggio dell'icononauta. Dalla camera oscura di Leonardo alla luce dei Lumière*, Marsilio, Venezia.
2018 *Dalla Stereoscopia al Cinema, alla Rete. Spostamenti progressivi del corpo dello spettatore*, in Zotti Minici, Pinucci e Riva 2018, pp. 70-80.

Buccini, Stefania
1990 *Il dilemma della Grande Atlantide. Le Americhe nella letteratura italiana del Settecento e del primo Ottocento*, Loffredo, Napoli.
1992 *«Nuovo Mondo» e «Teatro» nell'opera di Carlo Goldoni*, in «Annali d'italianistica», X, pp. 211-21.

Calasso, Roberto
2006 *Il rosa Tiepolo*, Adelphi, Milano.

Caluya, Gilbert
2010 *The Post-Panoptic Society? Reassessing Foucault in Surveillance Studies*, in «Social Identities», XVI, n. 5, pp. 621-33.

Calvino, Italo
1972 *Le città invisibili*, Einaudi, Torino.

Casanova, Giacomo
1964 *Storia della mia vita*, edizione integrale tradotta dal manoscritto Brockhaus, a cura di P. Chiara, trad. di G. Buzzi, Mondadori, Milano.
2003 *Le polémoscope: ou la calomnie démasquée par la présence d'esprit*, a cura di G. Gargiulo, Edizioni dell'Orso, Alessandria.
2013 *Histoire de ma vie*, a cura di G. Lahouati e M.-F. Luna, 3 voll., Gallimard, Paris.

Casetti, Francesco
2023 *Schermare le paure. I media tra proiezione e protezione*, Bompiani, Milano.

Castle, Terry
1995 *The Female Thermometer. Eighteenth-Century Culture and the Invention of the Uncanny*, Oxford University Press, Oxford.

Chambet, Daniel
2010 *Tiepolo. Portrait de l'artiste en Polichinelle*, in «Revue des Deux Mondes», luglio-agosto, pp. 62-71.

Chamisso, Adelbert von
1814 *Peter Schlemihls wundersame Geschichte*; trad. it. *Storia straordinaria di Peter Schlemihl e altri scritti sul doppio e sul male*, trad. di L. Bocci, Garzanti, Milano 2022.

Chaney, Edward
2020 *«Mummy First: Statue After». Wyndham Lewis, Diffusionism, Mosaic Distinctions and the Egyptian Origins of Art*, in E. Dobson e N. Tonks (a cura di), *Ancient Egypt in the Modern Imagination. Art, Literature and Culture*, Bloomsbury, London, pp. 47-74.

Choderlos de Laclos, Pierre-Ambroise-François
1782 *Les liaisons dangereuses*; trad. it. *Le relazioni pericolose*, Feltrinelli, Milano 2013.

Christiansen, Keith
1999 *Tiepolo, Theater, and the Notion of Theatricality*, in «The Art Bulletin», LXXXI n. 4, pp. 665-92.

Clark, Stuart
2007 *Vanities of the Eye. Vision in Early Modern European Culture*, Oxford University Press, Oxford.

Classen, Constance
2017 *The Museum of the Senses. Experiencing Art and Collections*, Bloomsbury, London.

Clausewitz, Carl von
1832 *Vom Kriege*; trad. it. *Della guerra*, trad. di G. E. Rusconi, Einaudi, Torino 2007.

Cohen, Margaret
1989 *Walter Benjamin's Phantasmagoria*, in «New German Critique», XLVIII, pp. 87-107.

Colla, Elliot
2007 *Conflicted Antiquities.Egyptology, Egyptomania, Egyptian Modernity*, Duke University Press, Durham-London.

Cometa, Michele
2016 *Archeologie del dispositivo. Regimi scopici della letteratura*, Pellegrini, Reggio Calabria.

Cook, Eliza
1849-54 *Eliza Cook's Journal*, John Owen Clarke, London.

Corboz, André
1985a *Camera obscura, oscura o ottica*, in Corboz 1985, vol. I, pp. 143-54.
1985b *Vuoto atmosferico, pittura chiara e Newton*, in Corboz 1985, vol. I, pp. 173 sgg.

Corboz, André (a cura di)
1985 *Canaletto: una Venezia immaginaria*, Alfieri Electa, Milano.

Crary, Jonathan
1990 *Techniques of the Observer. On Vision and Modernity in the Nineteenth Century*, MIT Press, Cambridge; trad it. *Le tecniche dell'osservatore. Visione e Modernità nel XIX secolo*, trad. di L. Acquarelli, Einaudi, Torino 2013.
1994 *Unbinding Vision*, in «October 1968», pp. 21-44.
1999 *Suspensions of Perception. Attention, Spectacle, and Modern Culture*, MIT Press, Cambridge (Mass.).

Croce, Benedetto
1927 *Uomini e cose della vecchia Italia. Seconda serie*, Laterza, Bari.

Daly, Nicholas
1994 *That Obscure Object of Desire. Victorian Commodity Culture and Fictions of the Mummy*, in «Novel», XXVIII, n. 1, pp. 24-51.

Darrigol, Olivier
2012 *A History of Optics. From Greek Antiquity to the Nineteenth Century*, Oxford University Press, Oxford.

De Certeau, Michel
1990 *L'invention du quotidien*, vol. I: *Arts de faire*, Gallimard, Paris; trad. it. *L'invenzione del quotidiano*, trad. di M. Baccianini, Edizioni Lavoro, Roma 2001.

Deleuze, Gilles
1985 *Cinema 2: L'Image-Temps*, Éditions du Minuit, Paris; trad. it. *Cinema 2: L'immagine-tempo*, trad. di L. Rampello, Einaudi, Torino 2017.

De Maio, Romeo
1989 *Pulcinella. Il filosofo che fu chiamato pazzo*, Sansoni, Firenze.

De Man, Paul
1979 *Allegories of Reading*, Yale University Press, New Haven; trad. it. *Allegorie della lettura*, trad. di E. Saccone, Einaudi, Torino 1997.

Dick, Hugh G.
1943 *The Telescope and the Comic Imagination*, in «Modern Language Notes», LVIII, n. 7, pp. 544-48.

Dickens, Charles (a cura di)
1846 *Memoirs of Joseph Grimaldi*, Richard Bentley, London.

Diderot, Denis
2010 *Salon 1761*, in Id., *Œuvres complètes*, a cura di J. Assézat, Nabu Press, Charleston, vol. X; trad. it. *I Salons*, Bompiani, a cura di M. Mazzocut-Mis, Bompiani, Milano 2021.

Didi-Huberman, Georges
1990 *Devant l'image. Questions posées aux fins d'une histoire de l'art*, Minuit, Paris; trad. it. *Davanti all'immagine. Domanda posta ai fini di una storia dell'arte*, trad. di M. Spadoni, Mimesis, Milano-Udine.

Di Robilant, Andrea
2011 *Irresistible North. From Venice to Greenland on the Trail of the Zen Brothers*, Knopf, New York; ed. italiana *Irresistibile Nord*, Corbaccio, Roma 2012.

Dizionario biografico dei friulani
2009 *Il Nuovo Liruti*, vol. II: *L'età veneta*, Forum, Udine.

Dorey, Helen
1825 *Sir John Soane's Reception of the Sarcophagus of Seti I*, in Taylor 2017.

Drovetti, Bernardino
1857 *Notizie biografiche sul cavaliere Bernardino Drovetti desunte dai documenti scritti da esso lasciati per cura dei suoi esecutori testamentari*, Stamperia dell'Unione Tipografico-editrice, Torino.

Dubbini, Renzo
1994 *Geografie dello sguardo. Visione e paesaggio in età moderna*, Einaudi, Torino.

Duggan, Christopher
2007 *Gran Bretagna e Italia nel Risorgimento*, in *Storia d'Italia*, *Annali*, col. XXII: *Il Risorgimento*, Einaudi, Torino, pp. 795-96.

Dumas, Alexandre
2002 *Vive Garibaldi! Une Odyssée en 1860*, a cura di C. Schopp, Fayard, Paris; trad. it. *Viva Garibaldi. Un'odissea nel 1860*, trad. di M. Botto, Einaudi, Torino 2004.

Dwyer, Daniel J.
2007 *Husserl's Appropriation of the Psychological Concepts of Apperception and Attention*, in «Husserl Studies», XXIII, pp. 83-118.

Eliot, Thomas Stearns
1936 *Burnt Norton*, da Id., *Four Quartets*; trad. it. in *Opere*, a cura di R. Sanesi, Bompiani, Milano 2003.

Elizabeth, Charlotte
1833 *The Museum*, Religious Tract Society for Ireland, Dublin.

Ellison, Daniel James
1897 *Rome through the Stereoscope*, Underwood & Underwood, New York - London.
1903 *Italy through the Stereoscope. Journeys in and about Italian Cities, personally conducted by D. J. Ellison*, a cura di James C. Egbert, Underwood & Underwood, New York - London (1ª ed. 1900).

Emery, Ted
2007 *Queer Casanova. Subversive Sexuality and the (Dis)embodied Subject in History of My Life*, in «Italian Culture», XXIV, pp. 23-44.

Engel, Laura
2019 *Women, Performance and the Material of Memory*, Palgrave Macmillan, London.

Essais sur le Salon de 1817...
1817 *Essais sur le Salon de 1817, or Examen critique des principaux ouvrages dont l'exposition se compose*, Paris.

Extraordinary Characters...
1805 *Extraordinary Characters of the Nineteenth Century*, J. Parry, London.

Ferrari, Riccardo
2016 *Maschere/Agamben tra i Pulcinella del Tiepolo*, in «Doppiozero», 30 luglio (recensione a Agamben 2015).

Fido, Franco
1977 *La poetica del gioco fra «vraisemblance» e «verité»*, in Id., *Guida a Goldoni. Teatro e Società nel Settecento*, Einaudi, Torino, cap. III, pp. 89-101.
1988 *Fra veduta e teatro: Goldoni e il Mondo Nuovo*, in C. A. Zotti Minici (a cura di), *Il Mondo Nuovo. Le meraviglie della visione dal '700 alla nascita del cinema*, Mazzotta, Bassano del Grappa, pp. 44-50.
1995 *Goldoni e Giandomenico Tiepolo interpreti dell'antico regime*, in Id., *Le inquietudini di Goldoni. Saggi e letture*, Costa & Nolan, Genova.

Fiorentino, Giovanni
2018 *Oliver Wendell Holmes, l'immagine virtuale e la nostra vita quotidiana*, in Zotti Minici, Pinucci e Riva 2018, pp. 82-95.

Fitting, Peter (a cura di)
2004 *Subterranean Worlds*, Wesleyan University Press, Middletown.

Foscarini, Jacopo Vincenzo
1844 *Canti del popolo veneziano*, illustrati con note da G. Pullè, Tipografia Gaspari, Venezia.

Foucault, Michel
1975 *Le panoptisme*, in *Surveiller et punir*, Gallimard, Paris; trad. it. *Il panoptismo*, in Id., *Sorvegliare e punire*, trad. di A. Tarchetti, Einaudi, Torino 1976 e 1993.

Fregier, Honoré-Antoine
1840 *Des classes dangereuses de la population dans les grandes villes et des moyens de les rendre meilleures*, J.-B. Baillière, Paris.

Freud, Sigmund
1919 *Das Unheimliche*; trad. it. *Il perturbante*, in Id., *Saggi sull'arte, la letteratura e il linguaggio*, trad. di P. Necchi, Bollati Boringhieri, Torino 1991.

Friedberg, Anne
2006 *The Virtual Window. From Alberti to Microsoft*, MIT Press, Cambridge.

Fritze, Ronald H.
2016 *Egyptomania. A History of Fascination, Obsession and Fantasy*, Reaktion Books, London.

Gale, John
1808 *Gale's Cabinet of Knowledge*, London.

Galilei, Galileo
1610 *Sidereus nuncius*; trad. di L. Lanzillotta, Einaudi, Torino 1976.

Gardiner, Marguerite (Lady Blassington)
1823 *Magic Lantern. Sketches of Scenes in the Metropolis*, Longman, London.

Gaudenzio, Luigi
1936 *Giovan Battista Belzoni alla luce di nuovi documenti*, Draghi, Padova.

Gealt, Adelheid M. e Knox, George (a cura di)
2005 *Giandomenico Tiepolo. Scene di vita quotidiana a Venezia e nella terraferma*, catalogo della mostra, Marsilio, Venezia.

Goethe, Johann Wolfgang von
1816-17 *Italienische Reise*; trad. it. *Viaggio in Italia*, trad. di R. Fertonani, Mondadori, Milano 1983.
1832 *Faust II*; trad. it. *Faust. Seconda parte*, in Id., *Faust*, trad. di F. Fortini, Mondadori, Milano 1970.

Goldoni, Carlo
1750 *Opere*, Bettinelli, Venezia.
1764 *Il Mondo novo. Ottave per la vestizione della Balbi*, in Id., *Delli componimenti diversi di Carlo Goldoni, avvocato veneziano*, Pasquali, Venezia.
1771 *Il mondo della luna*, in Id., *Delle opere drammatiche giocose*, Savioli, Venezia.
1794 *Opere teatrali*, vol. XL, Venezia.
1943 *Tutte le opere*, a cura di G. Ortolani, Mondadori, Milano.

Goldsmith, Oliver
1820 *Letters from a Citizen of the World to His Friends in the East*, J. & R. Childs, Bungay (1ª ed. 1762).

Gunning, Tom
2004a *Illusions Past and Future: The Phantasmagoria and its Specters*, presentazione all'Università di Chicago, 2004.
2004b *Phantasmagoria and the Manufacturing of Illusions and Wonder: Towards a Cultural Optics of the Cinematic Apparatus*, in A. Gaudreault, C. Russell e P. Véronneau (a cura di), *Le cinématographe, nouvelle technologie du XXᵉ siècle = The Cinema, a New Technology for the 20th Century*, Payot Lausanne, pp. 31-44.

Gurevitch, Leon
2012 *The Birth of a Stereoscopic Nation. Hollywood, Digital Empire and the Cybernetic Attraction*, in «Animation», VII, n. 3, pp. 239-58.

Haim, Michael
1998 *Virtual Realism*, Oxford University Press, New York - Oxford.

Hales, Peter Bacon
2005 *Silver Cities. Photographing American Urbanization, 1839-1939*, University of New Mexico Press, Albuquerque.

Harrington, Peter
2020 *The Anatomy of a Moving Panorama. John James Story's Ocean and Overland Journey Round the World*, in S. Thompson *et al.* (a cura di), *Panorama. International Panorama Council Journal*, Selected Proceedings from the 29th IPC Conference, International Panorama Council 2021.

Hayden, Judy A. e Worden, Daniel J. (a cura di)
2019 *Aphra Behn's Emperor of the Moon and Its French Source «Arlequin, empereur dans la Lune»*, Modern Humanities Research Association, Cambridge (Mass.).

Haydon, Benjamin
1853 *Life of Benjamin Robert Haydon, Historical Painter, from His Autobiography and Journals*, a cura di T. Taylor, 3 voll., Longman, Brown, Green, and Longmans, London.

Hegel, Georg Wilhelm Friedrich
1988 *Briefe*, in Id., *Sämtliche Werke*, voll. XXVII: *1785-1812*; trad. it. *Epistolario*, trad. di P. Manganaro e P. Raciti, Guida, Napoli.

Heidegger, Martin
1938 *Die Zeit des Weltbildes*; trad. it. *L'epoca dell'immagine del mondo*, in Id., *Sentieri interrotti*, trad. di P. Chiodi, La Nuova Italia, Scandicci 1999.

Holmes, Lindsey
2019 *Henry James, Cartographer. Charting the Hologram of Venice in Italian Hours*, in «GeoHumanities», V, n. 1, pp. 178-94.

Holmes, Oliver Wendell
1859 *The Stereoscope and the Stereograph*, in «The Atlantic Monthly», III, n. 22, pp. 738-48.
1861 *Bread and the Newspaper*, ivi, VIII, n. 47, pp. 346-48.
1898 *The Stereoscope and Stereoscopic Photography*, Underwood & Underwood, New York - London.

Hom, Stephanie M.
2015 *The Beautiful Country. Tourism and the Impossible State of Destination Italy*, University of Toronto Press, Toronto.

Horodowich, Elizabeth
2014 *Venetians in America. Nicolò Zen and the Virtual New York: Exploration of the New World*, in «Renaissance Quarterly», LXVII, n. 3, pp. 841-77.

Huhtamo, Erkki
2002 *Global Glimpses for Local Realities: The Moving Panorama, a Forgotten Mass Medium of the 19th Century*, in «Art Inquiry: Recherches Sur les Arts», IV, pp. 193-228.
2012 *Toward a History of Peep-practice*, in A. Gaudreault, N. Dulac e S. Hidalgo (a cura di), *A Companion to Early Cinema*, John Wiley & Sons, New York, pp. 32-51.
2013 *Illusions in Motion. Media Archaeology of the Moving Panorama and Related Spectacles*, MIT Press, Cambridge.

Hunt, Leigh
1861 *A Saunter through the West End*, Hurst and Blackett, London.

Hyde, Ralph
2010 *«The Campaigns of Garibaldi». A Look at a Surviving Panorama*, in G. Koller (a cura di), *The Panorama in the Old World and the New*, Buro Wilhelm, Amberg.

Isabella, Maurizio
2011 *Risorgimento in esilio. L'internazionale liberale e l'età delle rivoluzioni*, Laterza, Roma-Bari.

James, Henry
1909 *Italian Hours*; trad. it. *Ore italiane*, trad. di A. Brilli, Garzanti, Milano 1984.

James, William
1925 *Talks to Teachers on Psychology and to Students on Some of Life's Ideals*, Henry Holt & Co. New York (1ª ed. Geo. H. Ellis, Boston 1899).

Jeanne, Paul
1937 *Les théâtres d'ombres de Montmartre de 1887 à 1923*, Presses modernes, Paris.

Johnson, James H.
2011 *Venice Incognito. Masks in the Serene Republic*, University of California Press, Berkeley.

Johnson, Steven
2016 *Wonderland. How Play Made the Modern World*, Riverhead Books, New York.

Kemble, Frances Ann (Fanny)
1880 *Records of a Girlhood*, Henry Holt and Co., New York.

Kemp, Martin
1990 *The Science of Art. Optical Themes in Western Art from Brunelleschi to Seurat*, Yale University Press, New Haven; trad. it. *La scienza nell'arte. Prospettiva e percezione visive da Brunelleschi a Seurat*, trad. di F. Camerota, Giunti, Firenze 1994.

Kentridge, William
2014 *«In Praise of Shadows», Six Drawing Lessons*, Harvard University Press, Cambridge (Mass.) - London; trad. it. *Sei lezioni di disegno*, trad. di N. Poo, Johan & Levi, Monza 2016.

Kepler, Johannes
1604 *Ad Vitellionem paralipomena quibus astronomia pars optica traditur*, Claudium Marnium & heredes Joannis Aubrii, Frankfurt.

1634 *Mathematici olim imperatorii Somnium seu Opus posthumum De astronomia lunari*; trad. it. *Somnium, sive Astronomia lunaris. Sogno, ovvero Astronomia lunare*, testo latino a fronte, La Vita Felice, Milano 2024.

Klahr, Douglas
2016 *Traveling via Rome through the Stereoscope. Reality, Memory, and Virtual Travel*, in «Architectural Histories», IV, n. 1, pp. 1-14.

Kristeva, Julia
1980 *Pouvoirs de l'horreur. Essai sur l'abjection*, Le Seuil, Paris; trad. it. *Poteri dell'orrore. Saggio sull'abiezione*, trad. di A. Scalco, Spirali, Bologna 2006.

Lady Morgan (Sydney),
1821 *Italy*, nuova ed., vol. III: *1819-1820*, Henry Colburn & Co., London.

La geografia a colpo d'occhio...
1853 *La geografia a colpo d'occhio: ossia primarie nozioni di geografia storica e statistica, esposta in 16 tavole. Centesimi 50 ciascuna Tavola*, F. Corbetta Litografo editore, Stabilimento Civelli, Milano.

Lanier, Jaron
2017 *Dawn of the New Everything. Encounters with Reality and Virtual Reality*, Holt & Co., New York.

Leopardi, Giacomo
1834 *Operette Morali*, presso Guglielmo Piatti, Firenze.

Locke, John
1689 *An Essay Concerning Human Understanding*; trad. it. *Saggio sull'intelletto umano*, trad. di C. Pellizzi, Utet, Torino 1982.

Lorenzetti, Giulio
1936 *Ca' Rezzonico*, Ferrari, Venezia.

Lowe, Adam
2020 *The Aura in the Age of Digital Materiality: Rethinking Preservation in the Shadow of an Uncertain Future*, Silvana Editoriale.

Luckhurst, Roger
2012 *The Mummy's Curse. The True History of a Dark Fantasy*, Oxford University Press, Oxford.

Luna, Marie-Françoise
1998 *Casanova mémorialiste*, Champion, Paris.

Malin, Brendan
2007 *Looking White and Middle-Class. Stereoscopic Imagery and Technology in the Early Twentieth-Century United States*, in «Quarterly Journal of Speech», XCIII, n. 4, pp. 403-24.

Mannoni, Laurent
2000 *The Great Art Of Light And Shadow. Archaeology of the Cinema*, University of Exeter Press, Exeter.

Mannoni, Laurent e Brewster, Ben
1996 *The Phantasmagoria*, in «Film History», VIII, n. 4, pp. 390-415.

Mariuz, Adriano
1971 *Giandomenico Tiepolo*, Alfieri, Venezia.

Markovitz, Bryan
2020 *Verum Factum Arte. Scanning Seti and the Afterlife of a Pharaonic Tomb*, in Lowe 2020, pp. 269-80.

Marraro, Harold. R. *et al.*
1943 *Lincoln's Offer of a Command to Garibaldi. Further Light on a Disputed Point of History*, in «Journal of the Illinois State Historical Society», XXXVI, n. 3, pp. 237-70.

Mathews, Harry
1993 *Giandomenico Tiepolo*, Flohic Editions, Charenton.

Mayes, Stanley
2003 *The Great Belzoni. The Circus Strongman Who Discovered Egypt's Treasures*, Tauris Park, London (1ª ed. 1959).

Mazzotti, Massimo
2004 *Newton for Ladies. Gentility, Gender and Radical Culture*, in «British Journal for the History of Science», XXXVII, n. 2, pp. 119-46.

McLuhan, Marshall
1964 *Understanding Media. The Extensions of Man*, McGraw-Hill Book Company, New York - Toronto - London; trad. it. *Gli strumenti del comunicare*, trad. di E. Capriolo, il Saggiatore, Milano 1967.

Merleau-Ponty, Maurice
1945 *Phénoménologie de la perception*; trad. it. *Fenomenologia della percezione*, trad. di A. Bonomi, Bompiani, Milano 2003.
1964 *L'œil e l'esprit*, Gallimard, Paris (1ª ed. 1960); trad. it. *L'occhio e lo spirito*, trad. di A. Sordini, SE, Milano 1989.

Mitchell, Donald. e Nicholson, Andrew (a cura di)
1999 *The Mahler Companion*, Oxford University Press, Oxford.

Moe, Nelson
2002 *The View from Vesuvius. Italian Culture and the Southern Question*, University of California Press, Berkeley; trad. it. *Un paradiso abitato da diavoli. Identità nazionale e immagini del Mezzogiorno*, trad. di M. Zemira Ciccimarra, L'ancora del mediterraneo, Napoli 2004.

Morassi, Antonio
1955 *Problems of Chronology and Perspective in the Work of Canaletto*, in «The Burlington Magazine», XCII, n. 632.

Morgan, Sydney (Lady Morgan)
1833 *«The Widow of Belzoni». Extract of a letter from Lady Morgan, 20 ottobre 1833*, in «The Atheneum. Journal of Literature, Science, and the Fine Arts», p. 697.

Moser, Stephanie
2006 *Wondrous Curiosities. Ancient Egypt at the British Museum*, University of Chicago Press, Chicago.

Noakes, Susan
1986 *The Rhetoric of Travel. The French Romantic Myth of Naples*, in «Ethnohistory», XXXIII, n. 2, pp. 139-48.

Nuova Enciclopedia Italiana
1878[6] *Nuova Enciclopedia Italiana,* Utet, Torino.

Oberthür, Mariel (a cura di)
1992 *Le Chat noir 1881-1897*, collana «Les Dossiers du Musée d'Orsay», Réunion des musées nationaux, Paris.

Oettermann, Stephan
1980 *Das Panorama. Die Geschichte eines Massenmediums*, Syndikat, Frankfurt am Main.

Osborne, Albert E.
1903 *A First Word*, in Ellison 1903.
1909 *The Stereograph and the Stereoscope, with Special Maps and Books Forming a Travel System; What They Mean for Individual Development, What They Promise for the Spread of Civilization*, Underwood & Underwood, New York.

Otto, Peter
2011 *Multiplying Worlds. Romanticism, Modernity and the Emergence of Virtual Reality*, Oxford University Press, Oxford.

Parmeggiani, Paolo
2016a *From Grand Tour to Virtual Tour. Italy through the Stereoscope in 1900*, in «Visual Studies», XXXI, n. 3, pp. 231-47.
2016b *Guardare Venezia: la città come dispositivo visuale*, in «California Italian Studies», VI, n. 1.
2018 *Un tour stereoscopico nell'Italia a cavallo del Novecento*, in Zotti Minici, Pinucci e Riva 2018, pp. 38-47.

Patmore, Peter
1826 *A Guide to the Beauties of the British Museum*, J. M. Kimpton, London.

Paulucci di Calboli, Raniero
1893 *I girovaghi italiani in Inghilterra ed i suonatori ambulanti*, Lapi, Città di Castello.

Pearce, Susan
2000 *Giovanni Battista Belzoni's Exhibition of the Reconstructed Tomb of Pharaoh Sethi I in 1821*, in «Journal of the History of Collections», XII, n. 1, pp. 109-25.

Pellegrino Sutcliffe, Marcella
2010 *Negotiating the «Garibaldi Moment» in Newcastle-upon-Tyne (1854–1861)*, in «Modern Italy», XV, n. 2, pp. 129-44.
2013a *British Red Shirts. A History of the Garibaldi Volunteers (1860)*, in N. Arielli e B. Collins (a cura di), *Transnational Soldiers: Foreign Military Enlistment in the Modern Era*, Palgrave-McMillan, London, pp. 202-18.
2013b *Marketing «Garibaldi Panoramas» in Britain (1860-1864)*, in «Modern Italy», XVIII, n. 2, pp. 232-43.

Perez, Lilian
2008 *Technology, Curiosity and Utility in France and England in the Eighteenth-century*, in B. Bensaude-Vincent e Ch. Blondel (a cura di), *Science and Spectacle in the European Enlightenment*, Ashgate, Aldershot-Burlington, pp. 29-35.

Pernety, Dom (Antoine-Joseph)
1771 *History of a Voyage to the Malouine or Falkland Islands, in 1763 and 1764. And of two Voyages to the Straits of Magellan; with an Account of the Patagonians. Illustrated with Copperplates*, William Goldsmith London (ed inglese; or. 1769).

Pesenti Compagnoni, Donata
1995 *Giovan Battista Della Porta descrive una mise-en-scène per mezzo della camera oscura*, in L. Mannoni, D. Pesenti Compagnoni e D. Robinson (a cura di), *Luce e movimento. Incunabula dell'immagine animata, 1420-1896*, Le Giornate del Cinema Muto - Museo Nazionale del Cinema, Pordenone.
2000 *Once Upon a Time...* in Id. (a cura di), *Vedute del «mondo novo»: vue d'optiques settecentesche nella collezione del Museo Nazionale del Cinema di Torino*, Museo Nazionale del Cinema - Allemandi, Torino-London.

Peteri, Lóránt
2007 *Scherzo and the «Unheimlich». The Construction of Genre and Feeling in the Long Nineteenth Century*, in «Studia Musicologica», XLVIII, n. 3-4, pp. 319-33.

Pigafetta, Antonio
1524 *Relazione del primo viaggio intorno al mondo*, Venezia; n. 63, Hachette Fascicoli, Milano 2023.

Prospettiva...
1854 *Prospettiva della Sala detta dello Scudo nel Palazzo Ducale di Venezia*, in *Emporio artistico-letterario ossia raccolta di amene lettere, novità, aneddoti e cognizioni utili in generale, con disegni intercalati al testo*, vol. VI, Antonelli, Venezia.

Rauer, Constantin
2016 *Kant's Philosophy of Projection. The Camera Obscura of the «Inaugural Dissertation»*, in S. McGrath e J. Carew (a cura di), *Rethinking German Idealism*, Palgrave Macmillan, London, pp. 21-50.

Redford, Bruce
1996 *Venice & the Grand Tour*, Yale University Press, New Haven - London.

Reiko Loader, Alison
2018 *A Rational and Entertaining Species of Amusement to Bipeds of All Ages. The Splendid Camera Obscura*, in M. Dahlquist, D. Galili, J. Olsson e R. Valentine (a cura di), *Corporeality in Early Cinema: Viscera, Skin, and Physical Form*, Indiana University Press, Bloomington, pp. 289-300.

Reynolds, Joshua
1891 *Sir Joshua Reynolds's Discourses*, a cura di E. Gilpin Johnson, McClurgh & Co, Chicago; trad. it. *Discorsi sull'arte*, trad. di P. Prestini, Nike, Segrate 1997.

Riall, Lucy
2007 *Garibaldi. Invention of a Hero*, Yale University Press, New Haven; trad. it. *Garibaldi. L'Invenzione di un eroe*, trad. di D. Scaffei, Laterza, Roma-Bari 2017.

Riva, Massimo
1992 *Saturno e le Grazie. Ipocondriaci e malinconici nella letteratura italiana del Settecento*, Sellerio, Palermo.
2023 *The Roman Revolution in the Garibaldi Panorama*, disponibile sul sito del progetto di D. I. Kertzer (a cura di), *Nicholas Brown and the Roman Republic*, Brown Digital Publications (https://digitalpublications.brown.edu/read/nicholas-brown-and-the-roman-revolution/section/3ed459c9-c29e-4534-9ab5-87f14c175977).

Robertson, Étienne-Gaspard
1831 *Mémoires récréatifs scientifiques et anecdotiques du physicien-aéronaute E.G. Robertson*, Paris.

Robertson, Étienne-Gaspard
2023 *Memorie. Divertenti, scientifiche e aneddotiche di un fisico-aeronauta*, CUE Press, Bologna.

Robichon, François
2005 *Le panorama, spectacle de l'histoire*, in Id., *J.-Ch. Langlois (1789-1870). Le Spectacle de l'Histoire*, catalogo della mostra, Musée des Beaux Arts, Caen.

Rosen, Philip
2001 *Change Mummified. Cinema, Historicity, Theory*, University of Minnesota Press, Minneapolis.

Rousseau, Jean-Jacques
s.d. *Correspondance générale de J. J. Rousseau*, a cura di Th. Dufour, Colin, Paris, vol. XII.
1997 *Les confessions* (1782); trad. it. *Le confessioni*, in Id., *Scritti autobiografici*, Einaudi, Torino.

Rutherford, Emma
2009 *Silhouette. The Art of the Shadow*, Rizzoli, New York.

Samuels, Maurice
2007 *The Spectacular Past. Popular History and the Novel in nineteenth-century France*, Cornell University Press, Ithaca.

Sansovino, Francesco
1765 *Delle cose notabili che sono in Venetia: libri dve, ne quali ampiamente, e con ogni uerità si contengono vsanze antiche. Habiti & vestiti. Officii e magistrati...*, Francesco Rampazetto, Venezia.

Schneider, Jane (a cura di)
1998 *Italy's Southern Question: Orientalism in One Country*, Berg, Oxford.

Scott, Walter
1894 *Familiar Letters*, David Douglas, Edinburgh.

Selva, Lorenzo
1761 *Esposizione delle comuni, e nuove spezie di cannocchiali, telescopj, microscopj, ed altri istrumenti diottrici, catottrici, e catodiottrici perfezionati ed inventati da Domenico Selva ottico*, Pasquali, Venezia.
1787 *Sei dialoghi ottici teorico-pratici...*, Simone Occhi, Venezia.

Settis, Salvatore
2014 *Se Venezia muore*, Einaudi, Torino.

Shakespeare, William.
1623 *Macbeth*; trad. it. di A. Lombardo, in Id., *Le tragedie*, Mondadori, Milano 1976.

Shapiro, Alan E.
2008 *Images. Real and Virtual, Projected and Perceived, from Kepler to Dechales*, in «Early Science and Medicine», XIII, n. 3, pp. 270-312.

Smith, A. Mark
2014 *From Sight to Light. The Passage from Ancient to Modern Optics*, University of Chicago Press, Chicago.

Smith, George J.
1903 appendice a Ellison 1903.

Smith, John Thomas
1915 *A Book for a Rainy Day, or Recollections of the Events of the Years 1766-1833*, Methuen & Co., London (1ª ed. 1803).

Sontag, Susan
1973 *On Photography*, Farrar, Straus and Giroux, New York; trad. it. *Sulla fotografia. Realtà e immagine nella nostra società*, trad. di E. Capriolo, Einaudi, Torino 1978.

Spackman, Barbara
2017 *Accidental Orientalists. Modern Italian Travelers in Ottoman Lands*, Liverpool University Press, Liverpool.

Spieth, Darius A.
2010 *Giandomenico Tiepolo's «Il Mondo Nuovo». Peep Shows and the «Politics of Nostalgia»*, in «The Art Bulletin», XCII, n. 3, pp. 188-210.

Spinner, Cheryl
2019 *Enchanted Optics. Excavating the Magical Empiricism of Holmesian Stereoscopic Sight*, in S. Samuels (a cura di), *Race and Vision in the Nineteenth-Century United States*, Lexington Books, Lanham - Boulder - New York - London.

Stephen, Leslie e Lee, Sidney (a cura di)
1885-1900 *Dictionary of National Biography*, Macmillan, New York.

Stephens, Sonya
2006 *Paris and Panoramic Vision. Lieux de Mémoire, Lieux Communs*, in «Modern & Contemporary France», XIV, n. 2, pp. 173-87.

Sternberger, Dolf
1974 *Panorama oder Ansichten vom 19. Jahrhundert*, Suhrkamp Verlag, Frankfurt am Main; trad. it. *Panorama del XIX secolo*, trad. M. Keller, il Mulino, Bologna 1985.

Stoichita, Victor I.
2000 *Breve histoire de l'ombre*, Librairie Droz, Genève; trad. it. *Breve storia dell'ombra. Dalle origini della pittura alla Pop Art*, trad. di B. Sforza, il Saggiatore, Milano 2008.

Svevo, Italo
1993 *La coscienza di Zeno* (1923), in Id., *Romanzi*, a cura di Mario Lavagetto, Einaudi-Gallimard, Torino.

Sweet, Rosemary
2012 *Cities and the Grand Tour. The British in Italy, c. 1690-1820*, Cambridge University Press, Cambridge.

Taylor, John H.
2017 *Sir John Soane's Greatest Treasure. The Sarcophagus of Seti I*, Pimpernel Press, London.

Thomas, Chantal
1994 *Casanova and the Revolution*, in «Public», X, pp. 61-80.

Thomas, Sophie
2012 *Displaying Egypt. Archaeology, Spectacle, and the Museum in the Early Nineteenth Century*, in «Journal of Literature and Science», V, n. 1, pp. 6-22.

Thornton, Alfred
1821 *Don Juan*, vol. I, Thomas Kelly, London.
1822 *Don Juan*, vol. II: *Life in London or A True Picture of the British Metropoly in London*, Thomas Kelly, London.

Tiphaigne de la Roche, Charles-François
1760 *Giphantie*; trad. it. di M. Bruni, InSchibbolet, Roma 2018.

Trumpener, Katie
2020 *National Vistas, Peripheral Vision. War and the Making of Nations in Alpine Panoramas*, in Id. e T. Barringer (a cura di), *On the Viewing Platform. The Panorama between Canvas and Screen*, Yale University Press, New Haven, pp. 182-203.

Upham, Edward
1822 *Memoranda, Illustrative of the Tombs and Sepulchral Decorations of the Egyptians with a Key to the Egyptian Tomb Now Exhibiting in Piccadilly: Also, Remarks on Mummies, and Observations on the Process of Embalming*, Thomas Boys, London.

Vassalli, Sebastiano
2002 *Dux: Casanova in Boemia*, Einaudi, Torino.

Vescovo, Piermario
2014 *Tarasca. Tra Napoli, Venezia e l'Europa*, in «Drammaturgia», XI, n. 1, pp. 193-215.

Vespucci, Amerigo
2007 *America sive Mundus Novus: le lettere a stampa attribuite ad Amerigo Vespucci*, a cura di L. Formisano e I. Luzzana Caraci, Società geografica italiana, Roma.

Voltaire (François-Marie Arouet)
1770-72 *Questions sur l'Éncyclopedie*, vol. IV, Cramer, Genève.

Wallach, Hans, O'Connell, D. N. e Neisser, Ulric
1953 *The Memory Effect of Visual Perception of Three-Dimensional Form*, in «Journal of Experimental Psychology», XLV, n. 5, pp. 360-68.

Wallerstein, Immanuel
2011 *The Modern World-System*, vol. IV: *Centrist Liberalism Triumphant, 1789-1914*, University of California Press, Berkeley.

Warner, Marina
2006 *Phantasmagoria*, Oxford University Press, Oxford.

White, Jonathan
2000 *Italy. The Enduring Culture*, Leicester University Press, London - New York.

William, James
1925 *Talks to Teachers on Psychology and to Students on Some of Life's Ideals*, Henry Holt & Co., New York (1ª ed. Geo. H. Ellis, Boston 1899)

Wilson, Bronwen
2005 *The World in Venice. Print, the City, and Early Modern Identity*, University of Toronto Press, Toronto.

Wood, Gillen D'Arcy
2001 *The Shock of the Real. Romanticism and Visual Culture, 1760-1860*, Palgrave, New York.

Wordsworth, William
1850 *The Prelude or, Growth of a Poet's Mind; An Autobiographical Poem*; trad. it. *Il preludio*, trad. di M. Bacigalupo, Mondadori, Milano 1990.

Zanetti, Antonio Maria
1771 *Della pittura veneziana e delle opere pubbliche de' veneziani maestri*, Nella stamperia di Giambatista Albrizzi, Venezia.

Zanetti, Francesco Giacomo
1925 *Relazione sul restauro delle carte geografiche del Palazzo ducale di Venezia (1762)*, a cura di G. L. Bertolini, Reale Società Geografica Italiana, Roma.

Zatterin, Marco
2008 *Il gigante del Nilo. Storia e avventure del grande Belzoni*, il Mulino, Bologna.

Zompini, Gaetano Gherardo
1785² *Le arti che vanno per via nella città di Venezia*, Venezia (1ª ed. 1753).

Zotti Minici, Carlo Alberto
1998 *Dispositivi ottici alle origini del cinema. Immaginario scientifico e spettacolo nel* XVII *e* XVIII *secolo*, CLUEB, Bologna.
2018 *Underwood & Underwood and the Travel System*, in Zotti Minici, Pinotti e Riva 2018.

Zotti Minici, Carlo Alberto, Pinucci Massimiliano e Riva, Massimo (a cura di)
2018 *Time Machine. Viaggi fotografici virtuali dal mondo di cento anni fa*, catalogo della mostra, Bandecchi & Vivaldi, Padova.

Indice dei nomi

Elenco delle illustrazioni

13. Giambattista Tiepolo, *Caricatura di uomo con tricorno, visto di spalle*, penna e inchiostro nero, lavatura grigia, 1760 (?).
New York, Metropolitan Museum of Art. (Foto courtesy del Museo).

14. Schema compositivo da Giandomenico Tiepolo, *Il Mondo novo*, 1791 (cfr. Fig. 3).
Disegno di Maurizio Di Serio.

15. Schema compositivo da Giandomenico Tiepolo, *Il Mondo novo*, 1765 circa (cfr. Fig. 12).
Disegno di Maurizio Di Serio.

16. Residenza di Würzburg, scalinata monumentale vista dal pianerottolo intermedio.
(Foto © Bildarchiv Foto Marburg / Bayerische Schlösserverwaltung / Achim Bunz - Corpus der barocken Deckenmalerei in Deutschland).

17. Giambattista e Giandomenico Tiepolo, *Apollo e i Continenti*, affresco, 1751-53, particolare.
Residenza di Würzburg, scalinata monumentale. (Foto © Bildarchiv Foto Marburg / Bayerische Schlösserverwaltung / Achim Bunz - Corpus der barocken Deckenmalerei in Deutschland).

18. Giambattista e Giandomenico Tiepolo, allegoria dell'Europa, particolare dall'affresco *Apollo e i Continenti*, 1751-53.
Residenza di Würzburg, scalinata monumentale. (Foto © Bayerische Schlösserverwaltung, Achim Bunz, Monaco).

19. Giambattista e Giandomenico Tiepolo, allegoria dell'Europa, particolare dall'affresco *Apollo e i Continenti*, 1751-53.
Ibidem.

20. Giambattista e Giandomenico Tiepolo, allegoria dell'America, particolare dall'affresco *Apollo e i Continenti*, 1751-53.
Ibidem.

21. Giandomenico Tiepolo, Stanza dei Pulcinella, affreschi strappati dalla villa di Zianigo, 1791.
Venezia, Ca' Rezzonico - Museo del Settecento Veneziano. (Foto © Archivio Fotografico - Fondazione Musei Civici di Venezia).

22. Giandomenico Tiepolo, frontespizio della serie *Divertimento per li regazzi*, inchiostro bruno e acquerellato e matita nera su carta, 1797-1804.
Kansas City (MO), Nelson Atkins Museum of Art. (Foto Album / Mondadori Portfolio).

23-24. Giambattista Tiepolo, *La scoperta della tomba di Pulcinella* e *Gruppo di figure con Pulcinella*, dalla serie *Scherzi di fantasia*, incisioni, 1743-50 circa.
New York, Metropolitan Museum of Art. (Foto courtesy del Museo).

25. Giandomenico Tiepolo, *Scena carnevalesca, o Il minuetto*, olio su tela, 1754.
Parigi, Musée du Louvre. (© 2024. Foto RMN-Grand Palais / Dist. Foto Scala, Firenze).

26. Giandomenico Tiepolo, *La furlana*, tavola n. 31 della serie *Divertimento per li regazzi*, penna e inchiostro bruno e lavaggio bruno su carboncino su carta vergata, 1797-1804.
San Francisco, Fine Arts Museums. (Foto courtesy del Museo).

27. Giandomenico Tiepolo, *Pulcinella trapezista*, tavola n. 46 della serie *Divertimento per li regazzi*, penna e inchiostro bruno e lavaggio bruno su carboncino su carta vergata, 1797-1804.
Collezione privata.

28. Marco Pitteri, incisione da un disegno di Giovanni Battista Piazzetta, frontespizio da Algarotti 1737.
Londra, British Museum. (Foto © The Trustees of the British Museum).

29. Antoine-Jean Defehrt, da un disegno di Louis-Jacques Goussier, *Camera obscura*, incisione dall'*Encyclopédie* di Diderot e D'Alembert, Paris 1751-72.
Chicago, The Art Institute. (Foto courtesy del Museo).

30. Canaletto, *La piazzetta verso la Torre dell'Orologio*, olio su tela, 1729.
Royal Collection Trust. (Foto Royal Collection Trust © His Majesty King Charles III, 2024 / Bridgeman Images).

31. Canaletto, *La piazzetta verso San Giorgio Maggiore*, olio su tela, 1724 circa.
Ibidem.

32. Canaletto, *La piazzetta verso Santa Maria della Salute*, olio su tela, 1724 circa.
Ibidem.

33a-b. Canaletto, *La piazza vista dalla piazzetta con il Campanile e il lato sud di San Marco*, olio su tela, 1744, dipinto originale e immagine speculare.
Ibidem.

34. Edward Francis Burney, *Guardando l'«eidophysikon» di Philip James de Loutherbourg*, disegno acquerellato su carta, 1782.
Londra, British Museum. (Foto © The Trustees of the British Museum).

35. David Purdie Thomson, *Chiave di lettura dell'«eidophysikon»* o *Diorama mobile di Venezia*, incisione, 1841.
Madison (WI), Memorial Library, Department of Special Collections, University of Wisconsin-Madison. (Foto courtesy della Biblioteca).

36. Canaletto, *Capriccio con edifici palladiani*, olio su tela, 1755.
Parma, Galleria Nazionale. (Foto © Adolfo Bezzi / Electa / Mondadori Portfolio. Su concessione del Ministero della Cultura).

37. Vetro di lanterna magica, 1753-55.
Padova, Museo Giovanni Poleni, Università degli Studi di Padova. (Foto riprodotta per gentile concessione dell'Università degli Studi di Padova).

38. Vetro di lanterna magica, XVIII secolo, particolare.
Versailles, Binetruy Collection. (Foto courtesy Binetruy Collection).

39. Pietro Antonio Novelli, illustrazione per *Il mondo della Luna* (1750), da Goldoni 1794, p. 115.
New York, Public Library. (Foto courtesy della Biblioteca).

40. *Crateri lunari*, illustrazione per il *Sidereus nuncius*, da Galilei 1610.
Washington, Smithsonian Libraries. (Foto courtesy del Museo).

41. Occhialetto della gelosia, Francia, 1750-70 circa.
Londra, British Optical Association Museum. (Foto © Elliot Franks / British Optical Association Museum).

42. Henri-Nicolas van Gorp, *Donna con l'occhialetto*, olio su tela, 1800-19 circa.
Rouen, Musée des Beaux-Arts. (Foto © Photo Josse / Bridgeman Images).

43. Domenico Selva, lente prismatica, 1725-50 circa.
Padova, Museo Giovanni Poleni, Università degli Studi di Padova. (Foto riprodotta per gentile concessione dell'Università degli Studi di Padova).

74b. Incisione da un disegno di George Housman Thomas, *Garibaldi e il suo fedele attendente Andrea Aguyar*, in«The Illustrated London News», 21 luglio 1849.
Providence (RI), Brown University, Digital Repository. (Foto Gift of Dr. James Smith, Anne S. K. Brown Military Collection, Brown University Library).

75. John J. Story, panorama Garibaldi, scena 18: «Garibaldi difende Roma», tempera su tela, 1860.
Ibidem.

76. Incisione da un disegno di Thomas Nast, *La rivoluzione in Sicilia: i volontari a bordo del «Washington» procedono verso Palermo*, in «The Illustrated London News», 7 luglio 1860.
Providence (RI), Brown University, Digital Repository. (Foto courtesy Brown Digital Repository).

77. John J. Story, panorama Garibaldi, scena 43: «Battaglione inglese ai piedi della torre rotonda, cittadella di Milazzo», tempera su tela, 1860.
Ibidem.

78. Manifesto che annuncia l'esibizione del panorama di John J. Story «In giro al mondo» 1869.
Ibidem.

79. John J. Story, panorama Garibaldi, scena 50: «Un leone attacca David Livingstone nell'Africa meridionale», tempera su tela, 1862.
Providence (RI), Brown University, Digital Repository. (Foto Gift of Dr. James Smith, Anne S. K. Brown Military Collection, Brown University Library).

80. Anonimo, *Livingstone e il leone*, diapositiva in vetro per lanterna magica, dalla raccolta *The Life and Work of David Livingstone*, London 1900 circa.
Londra, National Portrait Gallery. (© 2024. Foto National Portrait Gallery, London / Scala, Firenze).

81. John J. Story, panorama Garibaldi, scena 52: «Garibaldi in piedi su una collina, circondato dai suoi volontari, scruta con il cannocchiale l'esercito piemontese nella valle sottostante», tempera su tela, 1862.
Providence (RI), Brown University, Digital Repository. (Foto Gift of Dr. James Smith, Anne S. K. Brown Military Collection, Brown University Library).

82-83. J. J. Story, panorama Garibaldi, scene 53 e 54: «Garibaldi ferito a un piede nella battaglia dell'Aspromonte» e «Garibaldi portato via dal campo di battaglia», tempera su tela, 1862.
Ibidem.

84. Incisione (stampa) da un disegno di Jean-Adolphe Beaucé, *Garibaldi al Varignano*, in «The Illustrated London News», 27 settembre 1862.
Providence (RI), Brown University Library, collezione David I. Kertzer, Garibaldi and the Risorgimento. (Foto della Collezione).

85. Incisione (stampa) da un disegno di Jean-Adolphe Beaucé, *Gli alloggiamenti di Garibaldi alla fortezza del Varignano, La Spezia*, in «The Illustrated London News», 4 ottobre 1862.
Ibidem.

86. John J. Story, panorama Garibaldi, scena 55: «Gli alloggiamenti di Garibaldi alla fortezza del Varignano, La Spezia», tempera su tela, 1862.
Providence (RI), Brown University, Digital Repository. (Foto Gift of Dr. James Smith, Anne S. K. Brown Military Collection, Brown University Library).

87-88. John J. Story, panorama Garibaldi, scene 38 e 39: «Bagno d'Ischia. La prigione di Carlo Poerio e Michele Pironti» e «Camera delle torture, prigione di Monreale, Sicilia», tempera su tela, 1860.
Ibidem.

89. Incisione (o stampa) da uno schizzo di Frank Vizetelly, *Il presidente Abraham Lincoln e il generale Winfield Scott passano in rassegna le truppe federali il 4 luglio: sfila il reggimento di volontari Guardia Garibaldi*, in «The Illustrated London News», 3 agosto 1861.
Providence (RI), Brown University, Digital Repository. (Foto Brown Digital Repository).

90. Stereoscopio a specchi inventato da Charles Wheatstone, legno e vetro, 1844.
Harleem, Teyelers Museum. (Foto courtesy del Museo).

91. Pubblicità dello stereoscopio Holmes.
(Foto courtesy Countway Library Special Collections, Harvard University).

92. Pubblicità di stereoscopio, fine XIX secolo.

93. *Sun Sculpture*, marchio di fabbrica della ditta Underwood & Underwood.
Providence (RI), Brown University Libraries, Brown University. (Foto courtesy Brown University Libraries).

94. *Viaggiare con l'«Underwood Travel System», sistema brevettato di mappe, stereografie e guide dettagliate*, Underwood & Underwood, stampa all'albumina Underwood e Underwood, New York 1908.
(Foto courtesy Art Institute of Chicago, dono di Harold Allen).

95. *Mappa di Roma antica*, da Ellison 1897.
Providence (RI), John Hay Library, Brown University. (Foto courtesy John Hay Library, Brown University).

96. *Lo stereografo come educatore. Modulo del sistema brevettato Underwood in una biblioteca domestica*, stampa fotografica - stereografia Underwood & Underwood, New York 1901 circa.
Washington, D.C., Library of Congress. (Foto courtesy Library of Congress, Prints and Photographs Division). Brown University Library.

97. John F. Jarvis, *Leone di Venezia accanto a San Marco*, dalla serie *Italy through the Stereoscope*, stereografia Underwood & Underwood, New York 1900-10.
Providence (RI), Brown University Library. (Foto courtesy Brown University Library).

98. *Veduta d'Italia* da *La geografia a colpo d'occhio: ossia primarie nozioni di geografia storica e statistica*, Milano 1853.
Stanford, Stanford University Library. (Foto courtesy David Rumsey Map Collection, David Rumsey Map Center, Stanford Libraries).

99. John F. Jarvis, *Chiesa di San Pietro e il Vaticano (ovest), Roma*, dalla serie *Italy through the Stereoscope*, stereografia Underwood & Underwood, New York 1900-10.
Providence (RI), Brown University Library. (Foto courtesy Brown University Library).

100. John F. Jarvis, *I «lazzaroni», come vivono per le strade di Napoli*, dalla serie *Italy through the Stereoscope*, stampa fotografica - stereografia Underwood & Underwood, New York 1900-10.
Washington, D.C., Library of Congress. (Foto courtesy Library of Congress, Prints and Photographs Division). Brown University Library.

101. John F. Jarvis, *Essiccatura dei maccheroni nelle strade sporche di Napoli*, dalla serie *Italy through the Stereoscope*, stereografia Underwood & Underwood, New York 1900-10.
Providence (RI), Brown University Library. (Foto courtesy Brown University Library).

102. John. F. Jarvis, *Nella desolazione della lava, ai piedi del Vesuvio*, dalla serie *Italy through the Stereoscope*, stereografia Underwood & Underwood, New York 1900-10.
Ibidem.

103. John. F. Jarvis, *Vittime dell'immane catastrofe del 14 agosto 79 d. C. a Pompei*, dalla serie *Italy through the Stereoscope*, stereografia Underwood & Underwood, New York 1900-10.
Ibidem.

104. Fotogramma dal film *Viaggio in Italia* di Roberto Rossellini, 1954.
Adolfo Fossataro, Alfredo Guarini, Roberto Rossellini per Sveva / Junior / Italia Produzione / SGC / Ariane / Francinex - distribuzione Titanus.

105-6. *Pecore e pastori, Segesta* e *Ponte di nave affollato di migranti*, stereografie Stereo Travel Company, Corona, New York 1908.
Providence (RI), Brown University Library. (Foto courtesy Brown University Library).

Indice

Stampato per conto della Casa editrice Einaudi
presso ELCOGRAF S.p.A. - Via Mondadori, 15 - Verona
nel mese di gennaio 2025

C.L. 26614

Ristampa							Anno			
0	1	2	3	4	5		2025	2026	2027	2028